論語新解

王人恩　张滇波　著

图书在版编目(CIP)数据

论语新解／王人恩,张滇波著. —上海：上海古
籍出版社，2019.4
ISBN 978-7-5325-9161-9

Ⅰ.①论… Ⅱ.①王… ②张… Ⅲ.①儒家②《论语》
—注释③《论语》—译文 Ⅳ.①B222.2

中国版本图书馆 CIP 数据核字(2019)第 050393 号

论语新解

王人恩　张滇波　著

上海古籍出版社出版、发行

(上海瑞金二路 272 号　邮政编码 200020)

　　(1) 网址：www.guji.com.cn

　　(2) E-mail：guji1@guji.com.cn

　　(3) 易文网网址：www.ewen.co

浙江临安曙光印务有限公司印刷

开本 890×1240　1/32　印张 15.875　插页 2　字数 305,000

2019 年 4 月第 1 版　2019 年 4 月第 1 次印刷

ISBN 978-7-5325-9161-9

B·1098　定价：48.00 元

如有质量问题，请与承印公司联系

前　　言

　　孔子是中国古代最伟大的思想家、教育家、政治家。"天不生仲尼，万古如长夜。"①这两句诗直把孔子比作给人类带来光明的高高的太阳。司马迁精心创作了《孔子世家》之后饱含深情地写道："高山仰止，景行行止，虽不能至，然心向往之。……孔子布衣，传十余世，学者宗之……可谓至圣矣。"自此之后，"至圣"的美誉就成为孔子的专属词语。孔子还是中华文化思想的集大成者，他对于中国文化的继往开来的贡献无与伦比，柳诒徵先生作了精辟的概括："孔子者，中国文化之中心也。无孔子则无中国文化。自孔子以前数千年之文化，赖孔子而传；自孔子以后数千年之文化，赖孔子而开。"②因此，要了解中华文化，须从孔子始；要了解孔子的思想，须从《论语》始；因为《论语》是孔子弟子和后学记录有关孔子言行的儒家经典，其中蕴含着孔子博大精深的思想和智慧，可以说是两千多年来影响着中华民族精神面貌的最伟大的典籍，换言之，《论语》早已成了中国人的人生教科书。

一　孔子小传

　　孔子名丘，字仲尼，春秋时鲁国郰(zōu)邑人，今山东曲阜市附近，一般认为生于鲁襄公二十一年十月庚子(公元前552年9月28日)，③卒于鲁哀公十六年(公元前479年4月11日)，享年73岁。

　　孔子先祖乃是殷末贵族微子启。武王灭商后，封殷纣王嫡子武庚于殷邑。武王死后，周公摄政。武王异母兄弟管叔、蔡叔不服，与武庚合谋叛乱。周公平乱后，封纣王庶子微子启于商丘，国号为"宋"。孔子六世祖孔父嘉迁宗为孔氏。孔父嘉曾为宋殇公时大司马，死于内乱。其曾孙孔防叔为避难逃亡鲁国，自此孔氏为鲁国人。

孔子父亲孔纥（hé），字叔梁，人称叔梁纥。原是鲁国孟氏的家臣，身高力大，以勇敢著称，因战功封于鄹邑，故也称"鄹人纥"。孔纥原有妻妾，生庶子，名孟皮，生而残疾。据《史记·孔子世家》所记，孔纥与颜氏之女"野合而生孔子"。④据说孔子因生来头有圩（yú）顶，故取名为"丘"，⑤另说孔子生于尼丘之山故名"丘"。孔子出生时父亲去世，由母亲抚养长大。⑥从小便无父的孔子曾问母亲其父亲所葬之处，但颜氏始终不曾告诉他。孔子约十七岁时母亲去世，⑦他从邻人得知其父葬于防山，于是将父母合葬。孔子从小喜欢陈设祭祀之礼以为游戏，可能曾以傧相，即丧葬等礼的司仪为生。他十七岁时，曾着丧服赴季氏飨士之宴而遭拒——孔子要绖（dié，服丧时系于腰或头上的麻带）赴宴，由于非礼，故有人以为不可信，然而亦提不出信服理由。今仅录以备说。——之所以如此，可能因生活所迫而急于见用，也有可能想要与士学习。孔子成年后，身高九尺六寸，⑧人称之作"长人"。他十九岁时，娶宋国亓（qí）官氏之女为妻，生有一子，取名孔鲤，字伯鱼。但夫妻两人中道离异，未能白首。二十岁左右，为季氏家臣，任管理簿记、仓库与牲口等的小吏之职。

按周朝国学制度，贵族子弟八岁进小学修习礼、乐、射、御、书、数等"六艺"，十五岁入大学修习治家为政之道。孔子少时贫贱，未受国学教育，但他通过勤奋好学与不耻请教而精通"六艺"以及传统典籍。孔子自述"三十而立"（《论语·为政》），据考他在三十岁的前后几年，曾游学于郑、宋、陈、齐、卫、蔡等国，其时已经以精通礼仪而著称鲁国，以至于鲁国贵族孟僖子临死前嘱咐其子孟懿子与南宫敬叔，要师从孔子学习礼仪。孔子对自己的好学也颇为自得，曾评价自己："其为人也，发愤忘食，乐以忘忧，不知老之将至云尔。"(《论语·述而》)"十室之邑，必有忠信如丘者焉，不如丘之好学也。"(《论语·公冶长》)孔子力行"三人行必有我师"(《论语·述而》)，曾经向许多人学习，据《史记·仲尼弟子列传》所记，"孔子之所严事：于周则老子；于卫，蘧伯玉；于齐，晏平仲；于楚，老莱子；于郑，子产；于鲁，孟公绰。数称臧文仲、柳下惠、铜鞮(dī)伯华、介山子然，孔子皆后之，不并世"。《孔子家语》还记他曾问礼于郯(tán)子、学乐于苌(cháng)弘、学琴于师襄子等。

坎坷的人生经历及其好学不厌的进取精神，使孔子极为博学多能，在其生前便有圣人之称，《论语·子罕》有达巷党人的称颂："大哉孔子，博学而无所成名。"又有太宰惊问："夫子圣者与！何其多能也！"《列子·说符》有记："孔子之劲，能拓国门之关，而不肯以力闻。"《吕氏春秋·慎大览》也有类似记载，《淮南子·主术训》则说得更为详细："孔子之通，智过于苌弘，勇服于孟贲，足蹑郊菟(jiǎo tù，狡兔)，力招城关，能亦多矣。然而勇力不闻，伎巧不知，专行教道。"

春秋中期而后，国学下移，私学风起。据刘向《新序》所记，孔子二十三岁时，即于家乡设教授徒，⑨成为中国私学先驱之一。孔子教学内容以"六艺"以及《诗》《书》《礼》《乐》等传统典籍为主。晚年又刻苦学《易》，以至于"韦编三绝"。《易》也因此成为儒家"五经"之一。孔子教学，因材施教，善于启迪，知无不言。他与弟子之间的关系随和活泼，并不拘谨。孔子将弟子按贤能分为德行、言语、政治与文学四科。孔子主张"有教无类"，学生中既有富贵公子，也有贫贱子弟，甚至还有子路这样刚直好勇的野人，以及颜涿聚这类曾经的大盗：弟子来源几乎遍及各国。他一生门下弟子共约三千，其中博通六艺者达七十二人。分布广泛、人数众多而又人才济济的门人弟子，使孔子学派成为鲁国一支不可忽视的政治力量。

孔子自称"信而好古，述而不作"，是他认为自尧舜以来，历经夏商两代，传统文化在周朝达到了完善，所谓"周监于二代，郁郁乎文哉,吾从周"(《论语·八佾》)。故他较之前人最大的成就,在于将传统文化的解释统贯在"仁义"之上。所谓"仁",就是人人互爱,以此为根本原则,各人依各自社会身份而各行所当,各得其分,此之谓"义"。礼乐作为仁义的外在度量规定,体现在社会现实生活中。春秋以来,正是人们各逞私欲,不顾他人,致使礼崩乐坏,天下无序。孔子因此主张,人们只有克己复礼,才能复兴周朝文化,使天下回归仁爱。孔子认为,天命既已将传统文化集中于他之一身,就在昭示这一复兴重任要由他来完成。

孔子自述"五十而知天命",从其生平来看,大致也可依此而分为两个不同时期。五十岁之前,孔子虽亦试图从政,但主要是个学者与教师,五十岁之后则为践行自己的使命而积极入世从政,为了见用于政治,甚至一度想借用鲁国反叛势力以实现自己复兴周文化的抱负。原来近百年前,鲁国桓公(约前731—前694)有四子,嫡长子继位为鲁庄公;庶长子孟孙氏、庶次子叔孙氏、嫡次子季孙氏三家皆为卿。因三家均为鲁桓公之后,故称"三桓"。至孔子时,"三桓"已两次瓜分公室,控制了鲁国政治,其中,季氏还代管鲁国国君的领土与人口,权势最大而成为实际执政者。但是,类似情形也发生在"三桓"家内。鲁定公时,季氏总管阳虎又控制了季氏桓子,鲁国是谓"陪臣执国命"。鲁定公八年,阳虎与公山不狃等人共谋推翻"三桓"。期间,孔子受公山不狃之招而欲前往。次年阳虎速败逃亡,公山不狃等未及发动故而潜隐,孔子未能成行。平乱后,"三桓"欲借公室之名削弱各自家臣势力,而鲁定公也想借新的政治力量平衡"三桓",于是孔子作为维护公室且弟子众多的名人,就被意外引入政局。鲁定公九年,五十一岁的孔子被启用为中都宰,颇有政绩。次年升任小司空,旋即任命为大司寇,约为今日最高人民法院院长。

孔子在大司寇任上,以两事闻名:[10]

第一件是夹谷之会。彼时齐晋争霸,鲁国倾向晋国而为齐国不满。齐景公于鲁定公十年（前500）以改善关系为由向鲁国提出于夹谷会盟，企图迫使鲁定公就范。孔子作为鲁定公相礼随行，献以文武兼备之策。会时以兵力阻止了齐国的武装胁迫，并以出色的外交才能为鲁国争回了被齐国侵占的汶阳之田。

第二件是堕三都。按周礼，大夫"家不藏甲，邑无百雉之城"，而"三桓"的三座都邑，即叔孙氏的郈邑、季孙氏的费邑、孟孙氏的郕邑，都超过了规定。更关键在于"三桓"的封邑多被家臣盘踞，以之与其主家抗衡。鲁定公十二年，朝廷决定由孔子暂代季桓子，以大司寇摄宰相位，准备平毁三都。孔子任命学生子路为季氏宰，作为该政策的具体执行者。郈邑顺利平毁。而费邑宰公山不狃见势则先发制人，袭入鲁国都城曲阜，鲁定公与"三桓"被逼入季氏宫室。危急时刻，孔子以杰出的军事才能，指挥众弟子率军击败叛兵。公山不狃逃亡，而费邑被毁。到此为止，季桓子在政治上配合孔子，"三月不违"。但由于据守郕邑的公敛处父并不反孟孙氏，而非孟氏的威胁，故"三桓"借公室之力清除家臣反对势力的目的已经达到，于是开始转而暗中支持公敛处父，致使鲁定公与孔子久攻郕邑不下，"堕三都"只好就此作罢。

对"三桓"而言，孔子已完成了他的政治使命。此后不久，季桓子就借故解除了子路的季氏宰。可能由于受到"三桓"的排挤而难以为政，孔子就以季氏沉溺女乐为由，而去职离鲁，周游列国。从进入鲁国政局到去父母之邦，孔子为政前后不到五年。

孔子先后到过卫、曹、宋、郑、陈、蔡、楚等国，遭遇过"桓魋之厄""匡人之难"，两次困厄都使孔子与随行弟子陷入性命之忧，后来在陈国又再遭"绝粮"，追随孔子的人都饿倒而不能站起，以致于不少弟子对孔子所主张的道路产生了动摇，甚至连著名的子路也面带怒气质问孔子，但是，孔子在困境之下依然讲学如常，弦歌不辍，耐心为弟子解答疑问，最后以其对仁义的坚定信念与乐观精神，化解了弟子们的信仰危机。孔子的伟大人格与博学，使不少人认为他代表着天下正道，说"天将以夫子为木铎"(《论语·八佾》)。但历史的现实是终于不遇明君愿意委以重任，施行他的政治主张。孔子曾自嘲为"丧家之犬"。鲁哀公三年，季桓子临终后悔未能用孔子以强鲁国，嘱其子季康子召孔子归国。季康子继鲁国相位，有用孔子之意，但为家臣公之鱼阻止，而只召回了孔子弟子冉求为季氏宰。鲁哀公五年，晋国中牟宰佛肸反叛赵国权臣赵简子而召孔子，孔子有意前往，却也因故未果。鲁哀公十一年，冉求率鲁国左军击败齐国进犯，季康子在得知冉求出众的军事能力学自孔子后，终于下定决心派出使臣迎孔子回到鲁国。孔子此时已经六十八岁，在外漂泊了近十五年。

孔子回国后，被尊为"国老"，约今日之"顾问"，但由于政见与季康子不合，基本被排除在政局之外。于是，孔子就开始把精力专注于教育与学术。春秋晚期，天下动荡，经典衰微散落，孔子就对《诗》《书》《礼》《乐》《易》进行收集、整理与编辑，尤其是以自己的政治价值观重新编纂了《春秋》，为保存中国古代文献做出重要贡献。

自鲁哀公十二年至十五年(前483—前480)，孔子的儿子孔鲤以及颜渊、宰我、子路等得意弟子先后去世，孔子为之哀恸不已。鲁哀公十六年(前479)某夜，孔子预感将逝，望泰山而歌："泰山其颓乎！梁木其坏乎！哲人其萎乎！"又叹惜道："夫明王不兴，而天下其孰能宗予？予殆将死也。"(《礼记·檀弓上》)七天之后，于该年四月十一日，孔子与世长辞。

二 孔子的思想

(一)天人之道

孔子曰："获罪于天，无所祷也。"(《论语·八佾》)意为天是至上神，如果天欲罪之，则再无其他神祇可以祷告了。在殷商甲骨卜辞中，至上天神称为"帝"。帝，从"氏"经"日"通转而来，本义为"根本"。殷人将"帝"与地祇区别，常称之为"上帝"。⑪动词"帝"作"祭祀上帝"用，后来另造"禘"字以分其义。⑫周朝继用殷商旧名，但也常用上帝的居处"天"来代称上帝，犹如后世有时用"朝廷"代指帝王。孔子曰："譬如北辰，居其所而众星拱之。"而上帝即居于北辰之中，⑬故"天"与"帝"或"上帝"在周代有相等的含义。到了汉代，由于"帝"被人王所用，故至上神仅称之为"天""上天""上帝"或"天帝"。应注意之处在于，由于天本身也是上帝所造之物，故天有两种指谓：天地、日月星辰之天为自然之天，用以代称上帝者为主宰之天，应据语境而取义。在上帝之下，有诸如日月星辰、土地山川等各类神祇，助理一方，是为中国古典宗教的神系。

上帝作为至上神，具有创生阴阳，主宰天地万物运行，掌控吉凶祸福的权能。因此，殷商时，人们每行一事，都妄图卜筮天意，以去祸求福。正如孔子所说："殷人尊神，率民以事神。"（《礼记·表记》）这已为大量甲骨卜辞所证实。然而，强盛如商却并未因举国尊神而逃脱灭亡的命运，率民事神如此却仍被蕞尔小邦的周国取而代之，以至于周朝贵族对此亦深自震撼，不得不信"天命靡常"（《诗经·大雅·文王》），人们虽可向上帝祷告祈愿，但是天意如何，却终非人力可测。他们反思之所得，就是所谓"天视自我民视，天听自我民听"（《周书·泰誓》）。上帝不仅是通过祭祀等活动，更是通过人们如何对待自己以及他人，来视察人们是否有敬畏之心，是否胜任天命的。

孔子曰："天何言哉，四时行焉，万物生焉。"（《论语·阳货》）孔子这里道出了中国古典宗教的本质特征之一，即上天并不直接向人言说，更不会向特定的群体留下明文的各类所谓天书、圣经，而只是通过其创作的天地万物的运行，来昭示天命。故《诗经·大雅·文王》曰："上天之载，无声无臭。"《周易·系辞上》曰："神无方而易无体。"正因天不曾言，且无声无臭、无方无体，故完全超绝人的认知能力，从而也昭示了天命的永恒超越性，此老子"道可道，非常道；名可名，非常名"之所谓。天命就绝对而言，终不可测，却又在天地万物的运行之中呈现出相对规律的现象，如斗转星移、日月交替、四季迭代、万物之生成衰亡、社会之此起彼落等，所谓"在天成象，在地成形，变化见矣"（《周易·系辞上》），古人称之为"常象"，是天虽不曾言，但却显示给人看的天道或天理。人们应该去认识这些道理，体会它们之中所可能蕴含的天命，并自觉将之作为根据，在言、行、思等各方面效法运用，"是故天生神物，圣人则之。天地变化，圣人效之。天垂象见吉凶，圣人象之。河出图，洛出书，圣人则之"（《周易·系辞上》）。此之谓"天人合一"，即天道统一人道，而人道只有合于天道才是正道。子曰："惟天为大，唯尧则之。"（《论语·泰伯》）亦有此意。

由此可见，周代较之商代，其信仰精髓并非不再信仰上帝，而在于关注的对象发生了革命性反转，从之前关注上帝或天，转到关注人本身，从外力救赎性宗教而一变为内在超越的自力拯救性宗教。他们相信"昊天疾威"，故而对上天要虔诚敬畏，可是既然"天命靡常"，且"皇天无亲，惟德是辅"（《尚书·蔡仲之命》），因此，人们敬畏上帝的方式就是熄灭臆测天意的僭妄之心，转而效法天道，积极修习自身德行，尽人事以俟天命，所谓"天行健，君子以自强不息"（《周易·乾卦·象传》）、"永言配命，自求多福"（《诗经·大雅·文王》），孔子因之而言"未能事人，焉能事鬼"（《论语·先进》）。孔子还认为，能否胜任天命，在于生前能否践行天道，符合正义；人死的意义，取决于生前的成就，如司马迁所说："人固有一死，或重于泰山，或轻于鸿毛"（《报任安书》），生得伟大自然死得光荣，生而猥琐难免死得渺小，故"未知生，焉知死"（《论语·先进》）。

孔子认为要"畏天命"(《论语·季氏》),要"迅雷风烈,必变"(《论语·乡党》),对怪异之事要沉默不语(《论语·述而》),以体现对上天的敬畏感。但孔子又认为:"务民之义,敬鬼神而远之,可谓知矣。"(《论语·雍也》)意为:使人民致力于正义以践行天道,对鬼神要心怀敬畏,但要远离对它们的淫祀、祷告、占卜等活动,因为"天监在下"(《诗经·大雅·大明》),"帝臣不蔽,简在帝心"(《论语·尧曰》),天下之人无不是上帝的臣民,上帝无时不在天上监察着下民的言行,故而如果言行不合正道,则无论人们在形式上如何尊神事鬼,鬼神也不会庇佑赐福,譬如殷商即是如此。换言之,人行不义即获罪于天,则不论怎么祷愿告请,也都徒劳无益。即使未行不义之事,祷告也未必有效,如孔子疾病,子路想要为他祷告,孔子说"丘之祷久矣"(《论语·雍也》),意即自己祷告鬼神很久了,却仍然身染疾病,可见祷告祈福实际并无用处。上天按自己的意志行事,非任何人力可加以影响,是可以明确的了。孔子认为人只有知道这些,才称得上智慧。由此可知,以董仲舒为代表的天人感应之说,如何之歧路亡羊,由其积弊而成的纬候图谶之学,大谈怪象灾异,所失弥远,早已背离孔门所循之周道,而返于殷商旧径。

《中庸》云"天命之谓性,率性之谓道,修道之谓教",孔子尚无如此清晰的表述,但应该也有类似的思想。

孔子认为上天给每个人都赋予了相应德性,所谓"天生德于予"(《论语·述而》),故每个人都应努力认知并践行自己因之而来的使命。上帝造生天地万物,至大无外,至小无内,其道无所不在,人其所能得之者各异,循大道而行之者则为大人,由小径而行之者则为小人。人生而自由,大小固在人之自由取舍之间,故曰"人能弘道"(《论语·卫灵公》)。孔子自己"五十而知天命",认为:"文王既没,文不在兹乎?天之将丧斯文也,后死者不得与于斯文也;天之未丧斯文也,匡人其如予何?"(《论语·子罕》)即周文王所创作的文化，都传承与集中到了他自己身上，这就意味着上天所给予他的使命就是去成为周文化的复兴者，其他人无论如何都难以阻碍他这一使命的实现。

在人性论方面，孔子实持"性三品"之说，即所谓："生而知之者，上也；学而知之者，次也；困而学之，又其次也；困而不学，民斯为下矣。"（《论语·季氏》）其中"生而知之者"与"困而不学者"是上品与下品，然而"唯上知与下愚不移"（《论语·阳货》），上下两端既非人力可为，且又极为罕见，故只可存而不论，并无实际意义。孔子学说体系真正奠基之处在于绝大多数的中品之人：即学而知之者与困而学之者，两者有程度差异，并无本质不同。孔子针对中品而说"性相近，习相远"（《论语·阳货》）。中品人性的本质特征在于可改易性——既可以向善，亦可以向恶。孔子认为"君子上达，而小人下达"（《论语·宪问》），即君子是积极向上、自我超越而不断完善自己，而小人却是向下成恶的。人之成善还是为恶，只在于人的自由意志，所谓："譬如为山，未成一篑，止，吾止也。譬如平地，虽覆一篑，进，吾往也。"（《论语·子罕》）"为仁由己，而由人乎哉？"（《论语·颜渊》）"仁远乎哉？我欲仁，斯仁至矣。"（《论语·述而》）孔子还认为："有能一日用其力于仁矣乎？我未见力不足者。盖有之矣，我未之见也。"（《论语·里仁》）意为在日常经验之中，我们不仅可以知道人有践行仁义的自由意志，也有践行仁义的天赋能力，故不行仁义而为善，非人性之不能，而只是不愿为而已。故成人之道，要在于立志，一旦"有志于仁"（《论语·里仁》），则为善即成可能，所谓"三军可以夺帅，匹夫不可以夺志也"（《论语·子罕》）。

孔子对人性之善恶，付诸阙如，而专注后天积习对人的影响，实则真正抓住了人的本质，因为人性不论善恶，只要人性的后天可改易性确定存在，则修德成人、教化百姓、移风易俗，就都可以实现。后儒如孟子之"人皆可以为尧舜"（《孟子·告子下》）、荀子之

"涂之人可以为禹"（《荀子·性恶》），虽然扬弃了孔子的上知下愚之说，但本质上无违于孔子的人性论。孔子自认为不是"生而知之者"，而只是好学不厌，勤勉而追求完善的中人（《论语·述而》）。

孔子认为"不知命，无以为君子"（《论语·尧曰》），即若不能理解上述天人之道，就不能树立起成为君子的根据。可知，儒家的君子成人之学，以天人之道为前提。就此而言，儒家确可以称之为儒教。

由上可见，孔子的天人之道，虽不如后世丰富，但绝非无所言说。子贡曾说："夫子之言性与天道，不可得而闻也。"（《论语·公冶长》）然而，子贡所谓"性"当指人性善恶，孔子确未曾言，然其在孔子人性论中却也不关宏旨，后世如孟子之扬性善、荀子之道性恶，都各有偏执，实不如孔子之不言而得中道。要知道，人性之善恶，是哲学即使发展到今天也仍然莫衷一是，且完全看不到希望解决的谜题，因而被不少学者认定为伪命题；子贡所谓"天道"，非天象运行之常，乃实指天命，而天命如上所述，无语无言、无声无臭、无形无象，乃是超绝人之认识能力的终极所在，只应存而不论，实非人所当言。宋明理学以为天命与天理不过异名同谓，故不惮而大谈天理，其实多不过是将自以为是执着为天理，流播之于天下，使人徒增狂妄之见，又借政治力量而拘为"礼教"以强世人所难罢了。后人见不及此，或以为孔子不明天道，或无视孔子自述教学"无隐"（《论语·述而》）之说，以为他另有密传，则就属于无端揣测了。

自近代西学东渐以来，孔子在信仰上到底是有神论还是无神论，认识上是唯心论还是唯物论，一直聚讼不休。其关键在于正反双方皆不能协调孔子屡言天命的有神言论与"敬鬼神而远之""未知生，焉知死"等类似唯物言论之间的矛盾，其实是不理解在上述周代信仰体系中，信仰上的有神论与认识上的唯物论原本可以并行不悖。相对于其他文化的信仰，中国这一宗教传统既可以止熄自命天书在握而可以代言上帝的僭越迷狂，亦可以避免"科学主义"人定胜天的无知骄妄，从而离别两边，中道而行。

（二）仁义之道

"仁"字在春秋之前较为罕见，以地下证据而言，甲骨文或有一见，金文西周晚期则仅见于《夷伯夷簋器铭》；春秋以来也仅见于早期的《鲁伯俞父簋铭》。就传世文献而言，"仁"字不见于《易经》、《诗》之雅颂，仅两见于《诗》之国风，五见于《书》——虑及秦焚书后，《书》乃汉人重出，因此《书》中是否原有"仁"字，也可存疑。——然而于《左传》《国语》中则多有表述。故今人多认为"仁"作为普遍道德观念，始于春秋。

《说文解字》："仁，亲也。从人从二。"其中之"二"有两说：一是重文符号，"人二"犹如"人人"；一是"偶"，"人二"犹"人偶"，即两人之间。不论取舍为何，"仁"总是表示为"人与人相亲"。亲也即爱，古代可以互训。春秋以前，贵族才称"人"，贵族之下皆称"民"，故"人人相亲"本指贵族之间的"亲亲尊尊"。春秋以来，礼崩乐坏，贵族之家没落为贫贱之民者，不可胜数，故"人"在春秋晚期开始在一般意义上使用，"仁"之所谓"人人相亲"始有普遍的道德意义。

"仁"是《论语》的核心概念，据笔者统计，在正文中共有一百一十二见。其实孔子对"仁"的表述，大多可以在《左传》与《国语》中找到类似成语。故孔子对仁学的贡献主要不在于发现"仁"的内容，而在于他所谓"吾道一以贯之"（《论语·里仁》），将"仁"普遍化为根本原则，作为道德前提统贯了其他德目。如子路问君子是否崇尚勇敢？孔子回答："君子义以为上。君子有勇而无义为乱，小人有勇而无义为盗。"（《论语·阳货》）即不论君子还是小人，若其勇敢不以仁义为前提，则不是为乱，就是为盗，皆与道德无关。再如孔子认为："恭而无礼则劳，慎而无礼则葸，勇而无礼则乱，直而无礼则绞。"（《论语·泰伯》）意即诸如恭敬、谨慎、勇敢、直率等行为，若不符合礼义，则本身无所谓道德，而礼义又是仁义的外在形式，故上述德目本质上还是以仁义为前提。

孔子认为："仁者人也。"（《礼记·中庸》）即"仁义"的基础是相互尊重对方为"人"，故而仁义才是人道。在这个基础上有"仁者爱人"（《论语·颜渊》），即"人人互爱"。要实现这点，人们就必须在交往中换位思考，言行中相互体谅。"仁"的根本是"忠信"，即己他两利之心出自真诚且始终如一，否则交往就有利用之心，而不能做到换位思考与相互体谅。然后以"忠信"推及他人之谓"恕"，其消极行为原则是要"己所不欲，勿施于人"（《论语·颜渊》），以明何事人所不当为；积极行为原则则要"己欲立而立人，己欲达而达人"（《论语·雍也》），以明何事人所应当为，今之所谓"互利共赢"近是。两者合称"忠恕之道"，亦即仁义之道。由于仁义是交往双方相互的道德责任规范，故儒家伦理总是成对出现，如"五伦"之君臣、父子、夫妇、兄弟、朋友等，无不如此。孔子所谓"君君，臣臣，父父，子子"（《论语·颜渊》），就是认为在君臣、父子关系中，君与臣，父与子都要相互承担各自的道德责任，如"君使臣以礼，臣事君以忠"（《论语·八佾》），父母之于子女有"三年之爱"，则子女之于父母报以三年之丧等（《论语·阳货》）。若一方未能履行责任，另一方则可以退出关系，不再承担相应责任，如大臣以道事君，"不可则止"（《论语·先进》），即大臣忠于君事，以君主有道为前提，若君主无道，则大臣可不再效忠而辞职他就。可知，一切单向的道德责任，诸如后世所谓"君要臣死，臣不得不死""天下无不是之父母"等，都是违背仁义之道的愚忠愚孝。仁义的相互性外化到礼义上，就有"礼尚往来，往而不来，非礼也；来而不往，亦非礼也"之说（《礼记·曲礼上》）。如果抽象出由于历史条件加诸仁义之上的各种具体内容，即可发现，仁义不可须臾背离的根本精神，正是人与人之间的相互依赖与相互责任。较之尚处于自然状态的个人自由主义，惟有仁义才是社会道德或伦理之所以成立的前提，从而更具社会本真性与普遍性。以仁义为本，还是以个人自由主义为本，构成了中西方主流道德或伦理文化的本质区别。

但是，人在社会中有各种现实的差异，故仁义之道并不要求责、权、利的抽象平等，比如有重大贡献之人与仰取寄生之人，承担重大责任之人与无责之人等，若给予同等礼遇，反而是不平等。可见，不在于社会的责、权、利的等差，而在于等差的合理性。若以"仁"为原则，每人依各自的社会身份地位，做其所当做，得其所应得，这就是"仁义"；义者宜也，仁义即是行仁而宜当如此，比如君宜礼而臣宜忠，父宜慈而子宜孝，夫宜敬而妇宜随，兄宜友而弟宜恭，朋友宜互信等。另一方面，由于上级的权与利都更大，对社会影响也大，故而对社会道德也应承担更大的示范责任，如孔子对鲁国执政者季康子说："政者，正也。子帅以正，孰敢不正？""子欲善，而民善矣。"（《论语·颜渊》）同理，长辈作为社会的先到者，是后辈学习效法的榜样，故而也有道德示范的先在责任。作为来往，下级则对上级事之以忠诚，晚辈则对长辈报之以孝悌。这才是仁义的当然之理。孔子的学生有若可能出于"移孝作忠"的政治需要而提出"孝悌为仁之本"，则将孝悌拔高为父子、兄弟关系的前提条件，看似是对孔子重视孝道的发挥，其实是本末倒置，实开将父子、兄弟的相互责任改为单向义务的绪端，走到了孔子仁义之道的反面。及至孟子，则进一步通过塑造舜对父亲绝对孝顺的形象，将孝道终于奠定为单向的绝对义务，从而全然破坏了仁义内在的逻辑结构，成为儒学义理上至今仍无法理顺而饱受诟病的阿喀琉斯之踵。

仁之所谓相互亲爱，本质上仍是主观情感，若没有客观形式的规定，则"仁义"可能就会成为各人依其好恶的任意，如孔子所说"爱之欲其生，恶之欲其死。既欲其生，又欲其死，是惑也。"（《论语·颜渊》)实在让人举止无措。因此，需要把较普遍的关系性行为度量化，以使"仁义"在社会生活中有可操作的依据，这就是"礼"。故而，在一般情况下，守礼即是践行仁义。仁与礼，是质与文、内与外的关系，亦即：仁是内在的目的，礼是实现仁的外在形式。如果礼丧失了仁的本质，则就蜕变为纯粹的形式而失去存在的意义，故孔子说："人而不仁如礼何，人而不仁如乐何？"(《论语·八佾》)可知，礼不是仁义的教条。相反，人应以仁义为根据，视不同的具体情况，综合考虑各种因素，选择当下最恰当之言行，谓之中庸。中庸之道使仁义与具体情况相结合从而具有最大可行性。孔子曾说："殷因于夏礼，所损益可知也；周因于殷礼，所损益可知也。"(《论语·为政》)可知礼法制度既有历史相因性，亦有变革性。可以代代相因者，多是精华。孔子认为夏之时、殷之辂、周之冕，以及《韶》《舞》之乐，皆可相因而综合以入今日之礼乐制度。近世以来之流俗观念，中庸逮与保守同义，然而孔子却以为是"至德"，因为中庸非惟不保守，反而要与时偕行，故亦曰"时中"，其用之于历史，则有相因与损益之辩证：既传承善法，亦革除恶习，还须随时地之变而综合创作。中庸与保守，圣人与善人由此别焉(《论语·先进》)。由此可见，中庸之道不仅需要有固守原则的勇气，也需要变通形式的智慧，所以是最高的德行，很难达到，故孔子说："中庸之为德也，其至矣乎！民鲜久矣。"(《论语·雍也》)

（三）内圣外王之道

孔子虽然没有明确用"内圣外王"的语词，但考诸孔子之言，却真能梳理出这样的思想，后世的各种"内圣外王"之说，其实皆从孔子发挥而来。

仁义之道从社会而言是人人相亲，从个人而言要从我做起，然后待之于他人，否则，人人相亲的良性循环就无法启动，所谓"为仁由己，而由人乎在？"(《论语·颜渊》)故而修己之道是天下归仁的起点。子张曾问如何才能提高德性？孔子答以"主忠信，徙义"

(《论语·颜渊》)，意即提高德性的方法是以忠信为根本，并且依据仁义来改造自己的言行。从内在建设而言，第一要"有志于学"，以明理知义，并循义而时时践行实习，直至习惯成自然，达到"从心所欲不逾矩"；第二要"有志于仁"，培养见义而为的勇气(《论语·为政》)，进而"克己复礼"而成仁人(《论语·颜渊》)；第三要建立起内向反省与自讼意识，遇事反求诸己，死而后已；第四要形成实事求是的品格：孔子很重视实事求是的精神培养，因为其中本身就体现了忠信与笃敬。孔子教导子路说："由，诲女知之乎！知之为知之，不知为不知，是知也。"(《论语·为政》)他指出，未加求证就道听途说是道德的沦丧。孔子也以实事求是严以律己，做到了"毋意，毋必，毋固，毋我"(《论语·子罕》)；又如他说："吾之于人也，谁毁谁誉？如有所誉者，其有所试矣。"(《论语·卫灵公》)意思是他对人不论作任何评价，都一定是有所验证的。实事求是在孔子的修习体系中既是本也是终，故而至关重要，实在看似容易，却是最难养成。若不能做到实事求是，则公正之心无从树立，"唯仁者能好人，能恶人"(《论语·里仁》)自然无从谈起。

最后为了减少成仁的障碍，人们应主动选择有助于仁义的环境，如择居于仁人之里(《论语·里仁》)，在贤德之人手下做事，与仁人或有志于仁之人交往(《论语·卫灵公》)等。从内向外而言，有"修己以敬""修己安人""修己以安百姓"或"博施于民而能济众"的次第(《论语·宪问》《论语·雍也》)，为《大学》修身、齐家、治国、平天下之所本，从而有贤人、仁人、圣人之别。三者就仁德而言，并无本质的不同，就施惠于社会而言，却有大小的差距。贤人仅能自适而已，仁人则能使亲族安定，圣人则更能安定天下百姓。君子因以众利为己利，故不可不有推行仁义的才能。社会只有仁义风行，才能各得其分，众皆得利。所以，才能虽非个人品德所必要，却是君子所必须。故修己之道不得不磨砺行仁之能。孔子这种"内圣外王"的圣人观，就从本质上区别了思孟学派以为圣人只是"人伦之至"(《孟子·离娄上》),只需完成内心道德建设的道德形而上学。由此也可知阳明心学所谓"满街都是圣人"之误,其流弊所及,大量造就"无事袖手言心性,临危一死报君王"(颜元语)的清谈误国之辈。

政治是"仁义"社会化应用以及儒家君子意志的社会化实现的必要条件,故仁人志士不可不从政,以移风易俗,改革天下。《论语·子罕》记子贡有问:"有美玉于斯,韫匵而藏诸?求善贾而沽诸?"孔子回答:"沽之哉!沽之哉!我待贾者也。"子贡乃外交高才,实际在婉转探询孔子:是要出仕为政,还是怀才隐居?孔子明确志向,是要等待时机出仕为政。孔子又说:"士而怀居,不足以为士矣。"(《论语·宪问》)可知入孔门者,当以天下为志。为政者还应有以身作则、举贤任能(《论语·为政》《论语·卫灵公》)、和而不同(《论语·子路》)等品质,即使不仕在野,也要通过修身孝悌,影响政治(《论语·为政》)。

孔子认为"民无信不立",故而为政者要把信用建设放在首位,他甚至认为,若在经济与信用之间进行两难选择,应舍去经济而选择信用(《论语·颜渊》)。其次要增加人口,注重经济民生(《论语·子路》),而经济政策的原则是要"因民之所利而利之","择其可劳而劳之"(《论语·尧曰》),"使民以时"(《论语·学而》),其分配原则是"不患寡而患不均,不患贫而患不安"(《论语·季氏》),即不论财富与人口多少,都要依据平均分配原则,使人民各得其分。在人民富庶的基础上,兼济刑法与礼乐的教化,导引人民有耻有格(《论语·为政》),趋向正义(《论语·雍也》)。孔子先富庶再教化的思想,与管仲所谓"仓廪实而知礼节,衣食足而知荣辱"(《管子·牧民》)实为异曲同工。孟子据此而发挥有自己的仁政思想。孔子认为善于遵循先王之道的为政者是善人,而能根据具体条件因循而变,创作制度者为圣王。善人治国百年,可达"胜残去杀"的仁政;而圣王治国三十年,就可达仁政(《论语·子路》)。孔子的政治理想是

"天下有道，则礼乐征伐自天子出"，"天下有道，庶人不议"（《论语·季氏》）。但在乱世之时，也不妨借用其他政治力量作为权宜之计，然后逐步使天下复归于有道（《论语·阳货》）。

（四）教育之道

西周实行贵族国学教育，《公羊传·宣公十五年》何休注其制度："十月事讫，父老教于校室。八岁者学小学，十五者学大学。其有秀者移于乡学，乡学之秀者移于庠，庠之秀者移于国学，学于小学。诸侯岁贡小学之秀者于天子，学于大学。"即一般贵族子弟八到十五岁要先在乡里的校室学完小学与大学，其中优秀者再入乡学；乡学之中优秀者才能进入国学的小学。而诸侯子弟则可直接进入国学，其中优秀者才进入国学大学。但是，东周以来，天下渐乱，孔子所谓"天子之失官，学在四夷"（《左传·昭公十七年》），典籍散落，贵族子弟普遍厌学，甚至公开声称"可以无学，不学无害"（《左传·昭公十八年》），于是国学衰落，私学兴起。孔子作为私学潮流中的首位大教育家，其教育思想对今天仍然有启示的意义。

孔子打破了只有贵族才能受学的传统，在中国教育史上首先提出了"有教无类"（《论语·卫灵公》）的思想，表示"自行束脩以上，吾未尝无悔焉"（《论语·述而》）。束脩即十条干肉，[11]是与人相见所持最轻的礼物，孔子的意思是只要能行最轻的见面礼，他就会不分族类、贫富、贵贱，予以教诲。据《史记·仲尼弟子列传》记载，孔子门下分别来自鲁、卫、齐、晋、陈、宋、吴、楚、秦等国，其中既有如孟懿子、南宫敬叔、司马牛等贵族子弟，也有原宪、颜路、颜渊、曾皙、曾参等贫贱之人；既有商人出身的子贡，也有野人出身的子路，甚至还有曾经的大盗颜涿聚。从孔子所用称呼的含义上，也能说明这点。如士君子历来皆指贵族，而孔子则剥离了其中血统贵贱的属性，赋予其新的内涵，用以专指贤能兼备，有资格出仕为政之人。先后从孔子受学的门人弟子约有三千，其中博通六艺的贤达者有七十多人。这些贤者在身通六艺的基础上，又各有所长：如德行突出的有颜渊、闵子骞、冉伯牛、仲弓；语言能力突出的有宰我、子贡；善于政事的有冉有、子路；而长于文学的又有子游、子夏等(《论语·先进》)。"有教无类"的教育思想正是孔子"仁义之道"的切实实践，是题中应有之义；广收寒门弟子，开展私人办学，顺应时代变化和发展，从而扩大了教育的社会基础和人才来源，这无疑开了中国教育史上私人竭力办学的先河，值得大书特书。

孔子在教学实践中提出了一个影响深远的原则，这就是"学而不厌，诲人不倦"(《论语·述而》)。孔子既能有教无类，"自行束脩以上，吾未尝无诲焉"(《论语·述而》)，又能诲人不倦，纵观孔子的一生，真正是活到老，学到老，教到老，晚年还致力于整理文献的事业(《论语·子罕》)，将毕生精力贡献给了文化教育事业。他的这种言传身教的精神强烈影响了他的弟子，也一直影响着后代的老师和学生。至圣先师、万世师表之谥，实至名归！

孔子教育培养的理想目标是成人，即今之所谓全面发展的人。他认为："君子不器，"(《论语·为政》)"君子上达"，即君子不应像器具那样只有片面的功用，而应不断自我超越而达到宏大与完善。孔子认为："若臧武仲之知，公绰之不欲，卞庄子之勇，冉求之艺，文之以礼乐，亦可以为成人矣。"(《论语·宪问》)即同时具有臧武仲的智慧、孟公绰的寡欲、卞庄子的勇敢、冉求的多才多艺，再加上礼乐的修饰，就是成人。孔子认为："唯天为大，唯尧则之。荡荡乎民无能名焉。"(《论语·泰伯》)人致力于全面博大，就是在效法天道。孔子还以冉雍为例表达了他的人才观，说明天生我材必有用的道理，冉雍之父是"贱人"，这样的出身不能不在冉雍的内心留下深重的阴影，产生自卑的情绪，孔子用形象的故事开导冉雍不必介意自己的家世出身，只要你自己德行才华俱佳，别人不想用你，天地神灵也不答应(《论语·雍也》)。这是何等先进的人才观！孔子还经常进行诗教，勉励弟子在气质上达到"文质彬彬"；他以"温而厉"的独特而高贵气质带领学生到野外、水边游玩，吟诗唱歌，以培养学生的审美情操。上述"孔子小传"中，可以看出孔子本人就是一位博学多能、全面发展的人。但孔子心中圣人的典范其实是周公，常以自己不能梦见周公而悲哀（《论语·述而》）。周公即姬旦，周文王之子，周武王之弟，仁孝多艺，辅佐武王伐纣而得天下；武王病危临终，曾属意传位周公而不受；武王崩后，成王年幼，周公摄政，期间平定"三监"之乱，东征灭五十国，归来后实行封建，营建成周，制作礼乐，后者奠定中国此后三千年礼乐文化传统；周公摄政七年后，还政成王；《周书》中多记有周公遗训；以"立德、立功、立言"而论，周公是真正全面发展的"三不朽"圣人。孔子在两千多年前所提出的成人思想，与马克思关于人的自由全面发展的论述多有相合，不但可以成为马克思主义中国化的重要资源，也仍可以对今日提倡之博雅教育提供启发。然而，孔子教育的现实目标主要还是培养士君子，即贤能兼备的政治家，使之可以到各国从政，从而应用政治权力，移风易俗，改革天下。

孔子教学的内容主要是《诗》《书》《乐》以及"六艺"，所谓"兴于诗，立于礼，成于乐"（《论语·泰伯》）"游于艺"（《论语·述而》）。《史记·孔子世家》说孔子"孔子晚而喜易"以至"读易，韦编三绝"。故后可能又把《易》加进了教学内容；马王堆帛书，以及最近海昏侯墓出土文献中，多有孔子论《易》的内容。孔子晚年还以自己的价值观改编了《春秋》，以授弟子（《史记·孔子世家》）。除了文艺以外，孔子还教有军事，如鲁哀公八年，孔子弟子冉求率领季氏军队击败了齐国，季康子惊异于他的军事能力，就问他的军事能力是从何而来？冉有回答：学自孔子。（《史记·孔子世家》）

孔门最重要的教学方式是"博学于文，约之以礼"。想成为君子，不二法门是既要博学，又要守礼，也就是说既要有理论，同时还要有实践，亦即"格物致知"，所以颜渊发出由衷的赞叹："夫子循循然善诱人！"（《论语·雍也》及《子罕》）博学与约礼齐头并进，相辅相成，有如鸟之两翼，车之两轮，不可或缺，不可偏废。《后汉书·范升传》有言："夫学而不约，必叛道也。……孔子可谓知教，颜渊可谓善学矣。"这一教学方式应该在中国教育史上占有突出的地位，是孔子留给后人的无价之宝。

孔子的教学特点，其一是因材施教。每每同样的问题，针对学生的不同特点，孔子的回答也不相同。如子路问：是否听闻了道理就要立即行动？孔子回答要先听父亲与兄长的意见再做决定，而当冉求来问同样的问题，孔子则又回答要立即行动，使得在旁的公西华很困惑，孔子就解释说：子路性急，所以要让他做事退让些，而冉求遇事较退让，所以让他进取。(《论语·先进》)其二是以身作则。比如孔子对颜渊提出"非礼勿听，非礼勿视，非礼勿言，非礼勿动"(《论语·颜渊》)，自己也严守礼义。其三是循循善诱，富于启发。孔子教学常因势利导，随时施教，使人欲罢不能；他重视学生的积极思考，常"不愤不启，不悱不发"，以使学生"举一反三"(《论语·述而》)。需要强调指出的是，"不愤不启"与"不悱不发"是因果关系，后半句之事乃由前半句之事而生，犹云"不愤则不启，不悱则不发"(钱锺书《管锥编》语)，老师对学生进行启发的时机掌握就显得非常重要了，这就要求老师要不断地提高自己的教学能力。其四是知无不言。有学生怀疑孔子在教学中有所隐瞒，孔子说："二三子以我为隐乎？吾无隐乎尔。吾无行而不与二三子者，是丘也。"(《论语·述而》)其五是教学相长。孔子很重视在教学中与学生之间的相互启发，如子夏向他请教《诗》"巧笑倩兮，美目盼兮，素以为绚兮"是何意义？孔子回答："绘事后素。"意为：有白细丝绸在先，绣成彩缎于后，素为本而绚为终。子夏立刻联想到："礼后乎？"意即：是先有仁后有礼吗？孔子于是感叹：子夏启发了我啊！(《论语·为政》)再如孔子评价颜回："回也非助我者也，于吾言无所不说。"(《论语·先进》)可见，孔子是希望弟子们学习后有所反馈，从而对自己也有所助益。其六是教风随和活泼。孔子与学生之间更像朋友交谈，从不当面指斥，而当学生有所质疑时，孔子也都认真作答，从不摆架子，比如孔子曾单独会见卫灵公的夫人南子，引起子路见疑而有所不悦，孔子就发誓："予所否者，天厌之！天厌之！"（《论语·雍也》）正因此故，孔子与学生的关系非常融洽和谐，师生之间"如切如磋，如琢如磨"，如探讨贫富的问题，各抒己见，相互辩难，师生平等商讨，教学相长（《论语·学而》）；再如冉伯牛患有恶疾，孔子前去探病，冉伯牛不让老师进屋，因为他害怕自己的恶疾传染给老师，这是爱师；孔子从窗户间握手致意，不怕恶疾传染于己，这是爱生。这样的师生感情是多么的真挚，多么的令人向往啊！

三 孔子的历史形象变迁

孔子自认负有复兴周代文化的使命，知其不可而为之，最终虽然未能如愿，却因之闻名天下，虽隐居之士也不陌生，比如有次孔子一行向人询问渡口，所遇到的长沮、桀溺两位隐士，就知道鲁国孔丘的救世之名（《论语·微子》）。孔子在周游列国的过程中，展现出了高尚的德行与广博的学识，被不少人认作天下的正道，如卫国仪地有位封疆守吏面见孔子之后兴奋地说："二三子，何患于丧乎？天下之无道也久矣，天将以夫子为木铎。"（《论语·八佾》）意思是让追随孔子的弟子们不要对老师辞去鲁国的大司寇而担忧，因为上天已经将拯救乱世的使命降在了孔子的身上。孔子身前就有圣人之名，但其时所谓圣人，并非如儒家其后用来专指道德上的高尚成就，而主要指人在知识与技能上的全才，如《尚书·洪范》"睿作圣"，孔安国传："于事无不通谓之圣"，可证。关于孔子的博学多能，前"孔子小传"多有所述，兹不赘言。孔子的圣名，其弟子也曾推波助澜，如太宰曾惊叹："夫子圣者与？何其多能也？"子贡就乘机神化老师："固天纵之将圣，又多能也。"意思是因为上天要使孔子成为圣人，所以才赋予了他如此卓越的资质，具有了如此之多的才能。令人肃然起敬的是，孔子以实事求是的态度，拒绝了这种神化，他回答说："吾少也贱，故多能鄙事。"（《论语·子罕》）自己之所以博学多能，是因为小时贫贱，不得不努力学习各种知识技能以求生存。当时像太宰这样诧异于孔子博学多能的人，尚有不少，孔子每次都据实以答，自评"若圣与仁，则吾岂敢?"（《论语·述而》）从不自夸。他的伟光正是通过这种实事求是而体现出来。

孔子去世，鲁哀公个人为之亲致诔文，称孔子为"尼父"。弟子们更是深爱孔子，以至于三年守丧完毕，仍然无法释怀巨大的失落与悲伤，于是请相貌酷似孔子的有若假扮老师，接受诸弟子的礼拜，寄托思念之情。但终因有若与孔子在各方面都差距太大，而难以为继。

《韩非子·显学》曾言：孔子之后，儒分为八。其中产生了墨家与法家两大变异。"墨子学儒者之业，受孔子之术，以为其礼烦扰而不说，厚葬靡财而贫民，服伤生而害事，故背周道而用夏政。"（《淮南子·要略》）墨子是诸子中第一个总体上反对儒家思想的人，但他对孔子个人有所肯定也有所否定，他认为孔子有不可移易的言论，说："今翟曾无称于孔子乎?"（《墨子·公孟》）但墨子又借晏婴之口说孔子并非仁义之人，又通过孔子困于陈蔡时前后不一的表现，说孔子并不真能做到"吾道一以贯之"。（《墨子·非儒》）经典意义上的法家实缘起子夏。孔子逝后，子夏居魏国西河，李悝（kuī）、吴起皆受其学，此二人实开战国法家变革之先，对商鞅影响显著，但《商君书》不见孔子之名；韩非作为战国晚期法家集大成者却对孔子个人颇为称颂，说"仲尼天下圣人也，修行明道以游海内，海内说其仁，美其义，而为服役者七十人，盖贵人者寡，能义者难也"（《韩非子·五蠹》）。尽管他同时也认为孔子不合时宜。

战国以后，道家逐渐发展为一大流派，而孔子在道家著作中常以世俗最高成就者的面目出现，他学问博大高深，却达不到最高境界，常被借以表现世俗知见的局限，需要问道老聃等人，从而彰显道家的超越之处，如《庄子·大宗师》中曾记：子桑户去世，孔子使子贡前往吊丧，却发现死者的两个好友在鼓盆而歌，孔子感叹："彼游方之外者也，而丘游方之内者也。"再比如《列子·汤问》通过孔子不能回答两个小儿关于太阳是早上离地近还是中午近的问题，得出"孰为汝多知乎"的结论。而在庄子后学中，孔子的形象则开始走向反面而被批判，如在《庄子·盗跖》篇中就说孔子"妄作孝悌而侥幸于封侯富贵"，并以盗跖之口痛斥他为"狂狂汲汲，诈巧虚伪"。

先秦儒家归为孟、荀二宗，两人皆称颂孔子，尤以孟子为甚。孟子将圣人分为"圣之清者""圣之任者""圣之和者"，而孔子则是集大成的"圣之时者"，（《孟子·万章下》）他认为"自有生民以来，未有孔子也"（《孟子·公孙丑下》）。孟子还高度评价了"孔子作《春秋》"的价值，认为这是孔子在行"天子事也"（《孟子·滕文公下》），这就直接启发了后世将孔子作为素王的想象。孟子还编撰了儒家圣道从尧、舜、汤、周文王传承到孔子的道统，又直接启发了后儒编撰道统谱系的想象。

《左传·哀公十四年》曾记有一段故事：鲁国人西出狩猎，叔孙氏的驾车者捕获一只未知异兽，认为不祥，就送给了看林人，孔子认出是麒麟，就收下了它，史称"西狩获麟"。汉景帝时传世的《春秋公羊传》对"西狩获麟"赋予了特别意义：麟是仁兽，必待明王而现世，如今麟为孔子所得天下却无明王，就昭示了孔子之道不能行于天下的天意（《公羊传·哀公十四年》）。逮至汉武帝，董仲舒应时而出，在《公羊传》上再加发挥，认为孔子"有非力之所能致而自致者，西狩获麟，受命之符是也。然后托乎《春秋》正不正之间，而明改制之义"（《春秋繁露·符瑞》）。提出"孔子作《春秋》，先正王而系万事，见素王之文焉"（《汉书·董仲舒传》）。"素王”见于《庄子·天道》"玄圣素王之道也"，郭象注："有其道为天下所归，而无其爵者，所谓素王自贵也。"就是说，董仲舒认为孔子乃天下道之所归，虽未得王爵，但上天通过西狩获麟使孔子受命而作《春秋》，以改革制度。董仲舒这一观念为汉儒普遍接受。司马迁认为"自天子王侯，中国言'六艺'者折中于夫子，可谓至圣矣!"(《史记·孔子世家》)故将孔子以布衣之位而写入王侯世家之席，怕亦有视孔子为素王之意。

东汉谶纬之说流行，孔子的出生与形象皆被神化，如说他是"感黑龙之精"而生(《论语撰考谶》)，"长十围，大九围，坐如蹲龙，立如牵牛，就之如昂，望之如斗。"(《春秋演孔图》)已入怪异，殊非人类。纬书认为天命孔子为素王，虽不能践王位，必有垂示于后世者，所谓"圣人不空生，必有所制，以显天心。丘为木铎，制天下法。"(《孝经钩命决》)即孔子的使命就在于为天下改制而立法，再具体而言孔子就是在为汉代制法，"丘览史记，援引古图，推集天变，为汉帝制法，陈叙图"(《春秋纬》)，而为汉制法又是通过《春秋》与《孝经》的微言大义展示出来，"孔子云：欲观我褒贬诸侯之志，在《春秋》；崇人伦之行，在《孝经》"(《孝经钩命决》)。制度已经创作，正等汉帝应运而生以实行之，所谓"玄丘制命，帝卯行也"(《春秋孔演图》)。

天子祭祀孔子始于刘邦，《汉书·高帝纪》："(十二年)十一月，行自淮南还。过鲁，以大牢祠孔子。"汉元帝初元元年(前48)，孔子二十一世孙孔霸以太师身份上书请朝廷祭祀孔子，元帝下召孔霸以自己食邑八百户祭孔(《汉书·孔光传》)。成帝时，孔霸再上书请封孔子后世子孙，绥和元年(前7)汉成帝下召孔子后代子孙世袭殷绍嘉公爵位(《汉书·梅福传》)。汉平帝时，王莽封"孔子后孔均为褒成侯，奉其祀。追谥孔子曰褒成宣尼公"(《汉书·平帝纪》)。由于汉光武帝刘秀称帝时，是以"玄丘制命，帝卯行"作为天命根据，[15]故建武五年(30)，刘秀使大司空祠孔子。(《后汉书·光武帝纪》)汉明帝永平二年(59),"上始帅群臣躬养三老、五更于辟雍。行大射之礼。郡、县、道行乡饮酒于学校,皆祀圣师周公、孔子"(《后汉书·礼仪志》)。至此,汉代就奠定了朝廷祭祀孔子、封孔子后代子孙世袭爵位、学校释奠孔子的传统,尊孔自此进入国家宗教体系,而孔子也由文化圣人变为可以满足政治需要的儒教教主。后世虽各有损益,如唐太宗下召各级学校普设文庙,元武宗封孔子为"大成至圣文宣王"等,直至清代灭亡,大体延续的仍是汉家传统。

近代鸦片战争以来,西方列强入侵,中国屡战屡败,文化自信空前低落,"五四"运动鼓吹对中国传统文化的批判,号召引入西方的"德""赛"两先生,对于反思与弥补中国文化之不足实在功不可没,然其流弊所及甚至要全盘西化,则不免矫枉过正,由文化反思而蜕变为文化自虐。孔子作为传统文化代表,在此过程中其形象一落千丈,成为各种新文化打倒的对象。"文革"是"五四精神"最激进的发扬,孔子以"孔老二"的形象被扫入尘埃,跌入谷底。改革开放以来,人们逐渐对传统文化恢复理性,孔子在人们心中也复原到正常的形象,不再是教主,而只是文化巨人,是中国传统优秀文化的代表。如今,中国在世界各国设立的旨在宣传、推广中国文化的"孔子学院"已有五百所左右,孔子已成为中国文化面向世界的不可替代的名片。

韦政通先生认为:孔子的历史地位不限于中国,他早已是一个世界性人物,要了解他或评论他,都应纳入世界伟人之林。根据史实了解孔子,要有两点:一、孔子以后的诸子或多或少都曾受其影响,认同与责难都往往把焦点集中于他,这已说明在先秦时代,孔子已居于思想史的中心地位;二、孔子是中国平民教育的先驱,后来的诸子中没有一个像孔子能标示出伟大的教育宗旨。对传统文化的继承和转化,也没有一人能扮演孔子那样重要的角色。依据这两点史实,加上孔子在思想和人格方面的成就,使他在中国历史上有一个不朽的地位，是完全可以理解的事。⑯其说平实中肯，可以为本文总结。

四 《论语》源流

孔子思想最可靠者，莫过《论语》。先秦时孔子已有圣人之名，故先秦诸子对《论语》文句，常有称引。及至汉代，视《诗》《书》《礼》《易》《乐》等"五经"为正典，而以《论语》为经传，一度设置博士，又与《尔雅》等入蒙学，为童子诵读必修之书。两汉魏晋，治《论语》大家辈出，孔安国、包咸、马融、郑玄、何晏等，不一而足。而入唐以来，佛教兴盛，儒经不彰，《论语》之学，亦自疲敝，仅韩愈、李翱等少数人意图抗衡。有宋一代，儒摄佛道，重新振起。汉唐之世，《论语》地位，在各经之下。宋学以来，追溯道统，宗圣孔子，《论语》则渐凌诸经，逮成儒学基石。南宋朱熹始倡"四书"，以《论语》为首，后遂传"半部论语治天下"之说。元代后期，朱熹学说成为官学，而以《四书集注》为科举标准，由是垂降明清，《论语》亦成不可易之根本圣典。

《论语》之名首见于《礼记》与《孔子家语》，西汉时多简称为《论》。《汉书·艺文志》最早述其得名："《论语》者，孔子应答弟子、时人及弟子相与言而接闻于夫子之语也。当时弟子各有所记，夫子既卒，门人相与辑而论纂，故谓之《论语》。"以班固之意，孔子门人对孔子与弟子时人应答而由弟子记录之语，相互讨论编纂，谓之"论语"，义同今日之"语录选编"。其实，"论"古有编纂义。章太炎云："'论'者，古但作'仑'，比竹成册，各就次第，是之谓仑。""《论语》为师弟问答，乃亦略记旧闻，散为各条，编次成帙，斯曰《论语》。"⑰如此解题，平实可取。

《汉书》而后，儒者钩深索隐，发挥"论"为三义：一作"伦"，伦理；二作"论"，论理；三作"纶"，经纶。[18]虽不无道理，却难免有失根据而过于发挥。及至当代，有学者更以此三义立论，云《论语》篇内各章、篇篇之间，皆有当然之逻辑，虽言之凿凿，实质却是思求太深，牵强附会。对《论语》传世诸本，若权衡以正常之心，则见邻近数章，或有相关，整体而言，却难理次序。

编纂《论语》者，班固以为是孔子门人。郑玄更指实为"仲弓、子游、子夏等所撰定"，而不知其所本。而柳宗元《论语辩》则认为：孔子弟子曾参比孔子年少四十六岁，而《论语》却记其临死之事，且文中皆称曾参为"曾子"，故《论语》当为曾参弟子乐正子春、子思等人。[19]不仅如此，有若、冉求等人也皆称"子"，其弟子也应参与编辑。故今人多以为，《论语》虽多为孔子亲传弟子所记，但将之编纂成册者，应是再传弟子。因此，《论语》固以孔子言论为主，而其亲传、再传弟子追记之词也在其间，难免多少有将自己理解附加其中，故《论语》中孔子诸弟子所言，体现的是编辑者的思想，而不可将之直接等同于孔子思想本身。

孔子逝后，儒分为八（《韩非子·显学》），《论语》辑成，亦当版系多出，各有师传。逮至班固之时，要为三种，《汉书·艺文志》记有：《古论》二十一篇，《齐论》二十二篇，《鲁论》二十篇。汉成帝时，安昌侯张禹以《鲁论》为本，兼采《齐论》以作训解，世称《安昌侯说》或《张侯论》。因张禹为汉成帝师傅，又曾任丞相，门生故吏遍天下，故《张侯论》流传甚广。东汉末年，大儒郑玄参考《古论》《齐论》，作注《张侯论》，一时风行海内。三国曹魏时，以何晏为主，孙邕、郑冲、曹羲、荀顗等人参与，以郑玄注本为主，择取包咸、孔安国、马融、陈群、王肃、周生烈等他说，作《论语集解》，南朝皇侃为之作疏，是为《论语集解义疏》，自是古、齐两论则衰微而不知所踪。宋真宗咸平二年，邢昺等人奉诏修改皇侃《义疏》而作《论语注疏》，从此邢昺《注疏》流行，而皇侃《义疏》则受人轻视而至南宋失传，直到清初才由日本传回。南宋朱熹为理学集大成者，厘定《论语》《孟子》《大学》《中庸》为"四书"，倾毕生之力以理学为之作注，是为《四书章句集注》，《论语集注》为其中之首。清代自顾炎武起，朴学昌明，清儒以文字音韵成就重诂古籍蔚然成风，《论语》自不例外，其中以刘宝楠为殿军，其所作《论语正义》公认成就最高。近代以来，《论语》注家如黄河沙数，即使名家也多至难以遍举，而其中以程树德《论语集释》与杨伯峻《论语译注》最为代表：《论语集释》搜求完备，选择精当，为《论语》专业研究所必备；《论语译注》则通俗易懂，在普通读者之中传播最广。

迄今能见最古文本，为1973年发掘西汉中山怀王刘修墓出土之《论语》残简，称为"定州简本"。定州简本现存七千多字，文字、行文乃至篇章，与传世本多有不同，对于勘定《论语》，价值最高。另外，敦煌唐写本《论语郑玄注》残卷、唐文宗石刻本等较早文本，也不可忽视。

研读《论语》，似浅实深，似易实难。说其浅，指《论语》皆口语，用词浅显；说其深，指《论语》往往微言大义，若无系统把握，则易亡羊歧路。言其易，是指《论语》流传至今，诸多内容已成常识；言其难，乃是常识未必真知。《朱子语类》卷十九："《论语》要冷看，《孟子》要熟读。""冷看"者，逐句细读、缓读之谓也，而不能一目十行，或囫囵吞枣。

《论语》之难，要在有二：其一，在于语境丢失。《论语》主要为应答对话，但相谈人物、背景、意指对象等，却多未记录，故对文本具体含义，常难以确定。其二，在于古今语言文字之变。《论语》编成，至今两千多年，这期间中国的语言文字有较大变迁，故若不能溯源语言文字之形、音、义，则难索古文之原。

总之，须综合考虑以上各个因素，方有可能探得《论语》本义。

《论语》篇目命名规则为：取每篇第一章的前两字，遇有"子曰"则取其后两字，又或取第一个人名。比如学而篇，就取该篇第一章"学而时习之"的前两字"学而"，而公冶长篇则取该篇第一章"子谓公冶长"的第一个人名"公冶长"。

杨伯峻《论语译注》首先对各篇章进行编号，方便了读者快速查找相关内容，故被广泛采用。其编号规则为：篇次+章次。比如编号 1.1 是指篇次第一的学而篇的第一章，而编号 14.5 则指篇次第十四的宪问篇的第五章，以此类推。本书即借鉴此方式进行编排。

五　几　点　说　明

《论语新解》的撰写、出版都是在厦门工学院董事长李德文先生的潜心思考、亲自构想、指点提示、鼎力支持下完成的。李德文先生喜爱国学，推崇中华传统文化，钦敬孔子，熟稔《论语》，他对孔子的生平行迹了然于心。他大力倡导的博雅教育思想，已经贯穿于学校的教学之中，"国学经典导读""文学经典导读"等博雅教育通识课已经成为厦门工学院每一个学生的必修课，这在全国的高校中也实不多见。正因此故，他及时提出须撰写出版一本雅俗共赏、集学术性和通俗性于一身的《论语》读本，以供学生和教职员工学习。在我们写出样稿后，董事长读后提出了如下意见："看了样稿，我感到编写得很好，既有原著，又有词汇解释，还有文意的简评，通俗易懂，雅俗共赏，是我见过各种《论语》版本中最好的读本。请抓紧时间撰写，早日出版，为学校的文化建设，尤其是为孔子和《论语》进课堂、进校园作出贡献，为实现'百年名校'

的远大目标添砖加瓦。"经过我们的努力,《论语新解》终于问世了。

《论语》为读书人所珍爱,解说者难以计数,《论语新解》所以仍要写作,在于其有所创新:其一是体例新,我们参详诸作,创设体例,似为坊间所未见,读者一看便知。其二是"简评"能够紧扣原意,又能够联系当代的社会状况进行发挥,以期古为今用。其三是语义训诂有所发明。兹举两例:甲、《乡党》篇之"寝不尸"历来注家释为"睡觉不要像死尸"之类,颇为费解。而本书依据既有文字音韵的成就,将"尸"训为"夷",义为箕踞,则该句应释为"躺卧时不要把腿竖起或叉开",如此语义豁然通顺;乙、《乡党》有"凶服者式之",历来注家皆训"凶服"为"丧服",遂与上文"齐衰"重复,而本书则知"凶"本义为夭折,而"服"本义为"车马",从而将之译作"乘车遇见载有夭折之人的车马,则行式礼",如此虽破旧说,然则持之有故,语义晓畅,又避免了旧注的重复。其四是对孔子思想有新的诠释:如孔子是有神论还是无神论,近代以来争论不休,其关键在于正反双方皆不能协调孔子屡言天命与"敬鬼神而远之""未知生,焉知死"之间的矛盾,本书梳理周代天人关系背景而给予新说,使矛盾得到了合理的解决。类似新解之处,还有不少,文繁不能遍举,烦请读者移步一观,自见分晓。

《论语新解》的体例、样稿由王人恩设计、撰写。正文第一至第八章由王人恩撰写,第九至第二十章由张滇波撰写。"前言"由张滇波撰写,王人恩作了一定的补充。

欢迎海内外博雅君子批评指正,有以教我!

花外春来路,芳草不曾遮!

著　者
2018 年 12 月于厦门

————————————

① 《朱子语类》卷九十三引题壁诗，中华书局 1986 年版。

② 柳诒徵《中国文化史》第 271 页，中国人民大学出版社 2012 年版。

③ 《春秋穀梁传》则又记孔子于鲁襄公二十一年十一月庚子生，而《史记·孔子世家》则记为鲁襄公二十二年（前 551）生。

④ "野合而生"自古有不同解释，一般认为应是非婚生子；或以为二人年龄相差悬殊，此种婚姻在当时不合礼法，故谓野合。

⑤ 圩顶：即头顶高凸。自古谓"圩顶"为头顶凹陷，如司马贞《史记索隐》："圩顶言顶上窳也，故孔子顶如反宇。反宇者，若屋宇之反，中低而四傍高也。"等，实乃是误训"圩"为"墟"；圩既可借为丘，亦可借为墟。上古音丘入溪纽之部，墟入溪纽鱼部，溪纽双声而之鱼旁转，丘墟两字其实乃同源而异指，丘指高凸之处，墟指四周高处所围之凹处。孔子既以"丘"得名，则圩自然取高凸之义。

⑥ 《史记·孔子世家》云"丘生而叔梁纥死"，而《孔子家语·本姓解》则云："孔子三岁而叔梁纥卒。"今按：王肃孔子三岁而父卒之说不知所本，而司马迁应不知有此，否则必当记之，故从《史记》之说。

⑦ 孔母何时去世，自古也有不同说法，《史记·孔子世家》约为十七岁，《阙里志·年谱》则记为二十四岁。今按：学者多认同孔子约二十岁即入季氏做家臣，若二十四岁母逝，则不可能有要绖而赴季氏飨士之宴，故今从史记说。

⑧ 有说一周尺合今天 19.91 公分，则孔子身高 1.91 米；有说一周尺合今天 23.1 公分，则孔子有近 2.22 米。

⑨ 孔子何时设教授徒，古有《史记·孔子世家》十七岁、《阙里志·年谱》二十二岁、《新序》二十三岁、司马贞《史记索隐》三十五岁等说法。且从《新序》之说。

⑩ 有说孔子所做另一件大事，是诛杀少正卯。该事不见于《春秋》诸传与《国语》，目前最早见于《荀子》，后又有若干文献记载，其中多为儒家著作。宋之前古人多信其有，而后则时疑其真。今难定真伪，故录以备说，信与不信各取所需。

⑪ 明末利玛窦等西方传教士，用"上帝"来对译基督教的至上神。中国"五

四"运动以后，国学逐渐从公共基础教育中移除，关于古典宗教传统，更是在小学到大学的知识中绝迹，以至于我们今天反而以为"上帝"一词来自基督教。

⑫ "帝"还有一种用法，是作为庙号，比如纣王之父被称为"帝乙"，即指庙号，并非纣王称其先人为"帝"。参见常玉芝：《从商代"帝"看所谓"黄帝"》，载《文哲史》2008 年第 6 期。

⑬ 《公羊传·宣公三年》"帝牲不吉"，何休注："帝，皇天大帝，居于北辰之中"。

⑭ 东汉郑玄注为"谓年十五以上也"，以为童子十五岁后能自行束带修饰。今按：束脩于先秦经传中皆作相见挚礼之义，汉以后才有作十五束带修饰之义，郑玄未辨古今语义流变，故误。

⑮ 刘之繁体"劉"可以分拆出卯金，可以与纬书之卯行相应。

⑯ 韦政通：《中国思想史》(上册)第 89—91 页，水牛出版社 1986 年第八版。

⑰ 章太炎：《国故论衡》第 54 页，上海古籍出版社 2003 年版。

⑱ 皇侃《论语集解义疏》序另云："伦者轮也，言此书义旨周备，圆转无穷，如车之轮也。"然而此义与前三义殊为不类，故舍而不取。

⑲ 赵贞信辑《论语辨》下·一，朴社出版社 1936 年版。

目　录

学而篇第一

1.1　子曰：“学而时习之，不亦说^{yuè}乎？有
孔子说：“学了知识和技艺而按时反复实习它，不也是高兴的吗？

朋自远方来，不亦乐^{lè}乎？人不知而不愠^{yùn}，不
有志同道合的朋友从远方来，不也是令人快乐的吗？别人不了解我而我并不怨

亦君子乎？”
恨，不也是君子吗？”

【注释】

子：指孔子，是孔子弟子对孔子的尊称。《论语》中“子曰”之“子”皆指孔子。

学：学知识和其他技艺，即所谓“六艺”：礼、乐、射、御、书、数。

时：按时，时常。

习：《说文解字》：“鸟数飞也。”如小鸟学飞，经常反复实践。

说：同悦，高兴，喜悦。

朋：志同道合者。

知：深入了解，即“知己”之“知”。

愠：怨恨，恼怒。

君子：有修养、有德行的人。杨伯峻《论语译注》曰：“《论语》的‘君子’，有时指‘有德者’，有时指‘有位者’，这里是指‘有德者’。”

【简评】

《论语》各篇命名均以第一篇开头的二三字作为篇名。"学而"篇是整部《论语》的开篇，其流传之广，影响之大，难以细述，朱熹认为是"入道之门，积德之基"。

"学而时习之"的关键在于"时习"，亦即要把学到的知识和各种技艺按时反复实践，力争达到烂熟于心、得心应手的地步。《为政》篇曰："温故而知新"，学而时习，正是温故！常言说，熟能生巧，正是这个道理。欧阳修《卖油翁》有"此无他，唯手熟尔"的名言，其寓意所有技能都能通过长期反复苦练而达至熟能生巧之境。民间有言：曲不离口，拳不离手；以此方能成为优秀的歌唱家和武术家。有志同道合的朋友从远方来，与自己共同学习，切磋琢磨，共同提高，既是乐事，也是成就一个人道德学问的必要环节，因为"独学而无友，则孤陋而寡闻"（《学记》）。学习中缺乏学友之间的交流切磋，就必然会导致知识狭隘，见识短浅。古今中外许多善于读书治学并且成大器者，大多十分重视结交学友，并在讨论与交流中获益匪浅，道理就在于此。三国时，孟宗就学于南阳李肃，他母亲特意为他缝制了厚褥大被，为的是孟宗多交些学友，厚褥大被就是为夜晚同寝的同学准备的。宋朝大文学家范仲淹在写作过程中，经常请同时代的许多名士同床共读，油灯的烟把蚊帐顶熏得漆黑。

怀才不遇，为人误解，怨天尤人者屡见不鲜。《宪问》篇曰："子曰：'君子不患人之不己知，患其不能也。'"天生我材必有用，应该成为读书人的坚定信念。

杨树达曰："时习而说，学者自修之事也；朋来而乐，以文会友之事也；不知而不愠，则为德性坚定之人矣。孔子之言次第极分明也。"（《论语疏证》）

1.2　有子曰："其为人也孝弟，而好犯上者，
有子说："一个人孝顺父母，敬爱兄长，却喜欢冒犯上级，这种人是

鲜矣；不好犯上而好作乱者，未之有也。君子务
很少的；不喜欢冒犯上级却喜欢造反，就更不会有了。君子要在根本上下功夫，根

本，本立而道生。孝弟也者，其为仁之本与！"
本建立起来了，道也就自然而产生。孝顺父母，敬爱兄长，这就是仁道的根本吧！"

【注释】

有子：孔子学生，姓有名若，比孔子小四十三岁，一说小三十三岁。

孝：善事父母曰孝。《孝经》："夫孝，德之本也，教之所由生也。"弟：通悌，敬爱兄长曰弟。反悌为傲。

犯：冒犯。

上：在上位者，即上级。

鲜：少。

乱：即逆理反常之事。

务：专心，努力。

本：根本。

仁：仁爱的行为，是孔子的最高道德。

与：通欤，感叹词。杨伯峻《论语译注》："《论语》的'欤'字都写作'与'。"

【简评】

孝是中华民族的传统美德。古人云："鸦有反哺之义，羊有跪乳之恩"，又有"万恶淫为首，百善孝为先"之说。"孝"与中华文明史的历史一样久长，是构建于血缘关系上的一种特殊的情感。

中华文化的基础，在一个"孝"字，由此生发出孝心、孝道、孝敬、孝顺等名词。有子采用了两级推演的方法，他认为一个人能够做到孝、悌，既不会犯上也不会作乱。历来主张"求忠臣于孝子之门"，也是由此推论出来的道理。

孔子思想学说的核心是仁字，仁者爱人，那么它的根本立足点立在什么地方呢？立在孝敬父母、敬爱兄长。有孝之后才有仁，将孝实践于家庭内部，进而扩大到国家乃至全人类，这正是孔子一生的追求。而一个对父母不孝的人，你不要对他抱有什么希望。这一观点对于我们判断一个人的品格立下了鲜明的标尺，交友结朋、婚丧嫁娶、读书写作、为人处世诸方面都用得着。

1.3 子曰："巧言令色，鲜矣仁。"

> 孔子说："嘴上花言巧语，脸上伪善嬉笑，这种人的身上仁德是很少的。"

【注释】

巧言：花言巧语。令色：伪善的面貌。

鲜矣仁：即"仁鲜矣"的倒装。

【简评】

《卫灵公》篇曰："巧言乱德。"意谓花言巧语足以败坏道德。清代大学问家顾炎武指出："天下不仁之人有二：一为好犯上作乱之人，一为巧言令色之人。"前者容易识别，后者由于以伪善的面孔出现，往往会迷惑他人，口吐莲花而怀揣利刃者有之，巧舌如簧而包藏祸心者有之，千人千面，心肠千般，仔细分辨，就显得非常重要。白居易《放言五首》之三："周公恐惧流言日，王莽谦恭未篡时。向使当初身便死，一生真伪复谁知?"伪善如王莽之流，哪有什么仁德可言呢? 巧言与令色往往结伴而行，需要仔细甄别。

xīng

1.4 曾子曰："吾日三省吾身：为人谋而不忠

曾子说："我每天多次反省自己：替人做事是否尽心尽力了呢? 同

chuán

乎? 与朋友交而不信乎? 传 不习乎?"

朋友交往是否诚实呢? 老师传授给我的学业是否反复温习了呢?"

【注释】

曾子：名参(shēn)，孔子学生，字子舆，小孔子四十六岁。

三省：多次自我检查。三，多次，非实数，古代"三""九"常表示多数。清代汪中有名作《释三九》。省，自我检查，反省。荀子《劝学》："君子博学而日参省乎己，则知明而行无过矣。"

忠：忠心尽力。

信：诚实守诺。

传：老师传授的知识和技能。

习：即"学而时习"之"习"，反复练习。参看《国语·鲁语下》："士朝而受业，昼而讲贯，夕而习复，夜而计过，无憾而后即安。"

【简评】

孔门弟子各有特质，曾子在孔子的学生中比较"鲁"，就是人比较老实，不太爱说话，而恰恰是人比较"鲁"的曾子后来嫡传孔门道统。

本章是曾子自述反省自查之功，每天多次反省是否忠、是否信、是否习。忠、信、习三者是君子不可或缺的品格，失却其中一点，就不够君子、远离君子了。可以说，反省自查是曾子每天的功课，也是一生的功课。《大戴礼记·曾子立事》载曾子曰："君子攻其恶，求其过，强其所不能，去私欲，从事于义，可谓学矣。日旦就业，夕而自省思，以殁其身，亦可谓守业矣。君子既学之，患其不博也；既博之，患其不习也；既习之，患其无知也；既知之，患其不能行也；既能行之，贵其能让也。君子之学，致此五者而已矣。"曾子认为君子的学问应该包括博、习、知、行、让五者，这是何等博大的胸襟啊！

1.5 子曰："道千乘（dǎo shèng）之国，敬事而信，节用而爱人，使民以时。"

孔子说："治理拥有一千辆兵车的国家，就要谨慎严肃地对待政事而讲信用，节约费用而爱护人民，征用民力要在农闲时间。"

【注释】

道：同导，领导，治理。

乘：古代用四匹马拉的一辆兵车称一乘。千乘之国在当时为大国。

敬：谨慎行事。

节用：节约费用。

以时：按时，指不在农忙之时；即孟子所谓"不违农时"。

【简评】

此章对执政者指出了五点注意事项：一者敬事，二者守信，三者节用，四者爱人，五者使民以时。朱熹《论语集注》云："言治国之要，在此五者，亦务本之意也。"所谓"务本"，也就是"行仁"，仁爱之君，才会给百姓带来平安和幸福，才会给国家带来富裕和强大，也才会受到百姓的真心拥戴。此就治国安邦而言，其实可以运用到各行各业。

孔子看到当时不少诸侯国的执政者违背了以上五点要求而造成了巨大的祸乱，故而郑重提出要求以警醒、提醒执政者。只要翻一翻《左传》，就可看到其中记载了大量不敬事、不守信、不节用、不爱人、不使民以时的事例。北宋名相赵普有"半部《论语》治天下"之说，《论语》中的确包含着不少治国安邦的深刻思想与高明方式，值得做管理者仔细研读。

1.6 子曰："弟子入则孝，出则弟(tì)，谨
孔子说："弟子们在家要孝顺父母，出门在外要尊敬兄长，寡言
而信，泛爱众，而亲仁。行有余力，则以
少语而说出话就要讲信用，博爱众人，而亲近有仁德的人。如果做到这些还有
学文。"
剩余的精力，就去学习书本文献知识。"

【注释】

弟子：古文中"弟子"有二义，一指年幼者，一指受业的门人，即学生。这里指年幼者。

入：居家。

出：离家外出。

谨：寡言。杨树达《论语疏证》："谨谓寡言也。……信谓其言诚实可信也。寡言而不信，虽寡亦无当矣。夫人不言，谨也；言必有中，信也。轻诺扬言，皆不谨也。"其说甚确。

泛爱众：博爱大众。

仁：名词，即仁人，有仁德之人。

余力：剩余的精力。

文：古代文献。主要有诗、书、礼、乐等知识。

【简评】

孔子教育弟子德行为首，读书次之。一个人如果做不到孝悌忠信、爱众亲民，读书再多也没有益处，反有害处！历史上才华横溢而祸国殃民者大有人在。孔子十分注重人的道德伦理教育，这是十分先进的教育观，值得今人借鉴。

本篇对后世的影响很大，如流传甚广的《弟子规》总叙即隳栝本篇："弟子规，圣人训。首孝弟，次谨信。泛爱众，而亲仁。有余力，则学文。"

1.7 子夏曰："贤贤易色；事父母，能竭其力；事君，能致其身；与朋友交，言而有信。虽曰未学，吾必谓之学矣。"

子夏说："对妻子，尊重贤德而改变自己的好色之心；侍奉父母，能够竭尽全力；服侍君主，能够献出自己的生命；同朋友交往，说话诚实守信。这样的人，尽管他自谦说没有读过什么书，我一定说他已经很有学问了。"

【注释】

子夏：姓卜，名商，字子夏，孔子学生，比孔子小四十四岁。孔子死后，他在魏国宣传孔子的思想。

贤贤易色：贤贤，前"贤"字作动词用，尊重；后"贤"字作名词用，指贤德的人。易色，改变好色之心。此"色"字，即《孟子·告子上》所谓"食、色，性也"之"色"。

致其身：把生命奉献给君主。致，献出。

【简评】

此章申述孔门论学首重德行，以夫妇之道、父子之道、君臣之道、朋友之道四点检验为学效果。有理论，有实践检验效果，这是何等高明的学习方法啊！我们非常欣赏孔门弟子的为学之道，更赞赏子夏所倡导的夫妇之道。

《礼记·礼运》载孔子曰："饮食男女，人之大欲存焉。"《孟子·告子上》亦言："食、色，性也。"好色之心，人皆有之。《子罕》篇："子曰：'吾未见好德如好色者也。'"（《卫灵公》篇略同）可见，在孔子的时代，重色轻德之人处处可见，社会风气为之一变。孔门弟子大有"铁肩担道义"的弘毅气概，试图拨乱反正，引导一种新的夫妇之道，主张夫妇之道应当是重德轻色，人品第一，容貌次之。这也是非常先进的思想，即使在今天仍然有其教育意义。

1.8 子曰："君子不重则不威；学则不
孔子说："君子若不庄重就没有威严；即使所学的东西就不会牢
固。主忠信。无友不如己者；过则勿
固。做事要以忠诚、信义这两种品德为主。不要与不如自己的人结交；若有了
dàn
惮 改。"
过错就不要怕改正。"

【注释】

不重则不威：重，庄重，稳重。威，威严。人不稳重，则失威严，不为人敬。

固：巩固，牢固。

主忠信：以忠信为主。主，意动词。

无友：无，通毋，不；友，用作动词，交友。

过则勿惮改：过，犯错，用作动词。惮，害怕、畏惧。

【简评】

本章申明君子应该具备的四个基本条件：一是外观器度须庄重

大方，避免轻佻戏慢，否则会带来两种不良后果，不够威严而不为人尊敬，学习到的东西也会不能牢固而自动丢失。《左传·襄公三十一年》曰："有威而可畏谓之威。"正是说一个人外在的气质非常重要，不苟言笑、气质庄重自然让人敬畏。《礼记·玉藻》规定得非常详细："君子……足容重，手容恭，目容端，口容止，声容静，头容直，气容肃，立容德，色容庄，坐如尸，燕居告温温。"《雍也》篇曰："文质彬彬，然后君子。"可以参读。二是君子的品质要以忠诚和守信为主，这两种道德是君子必备的最重要的品格。三是善于结交朋友，不要结交那些不如自己的朋友，旨在强调从朋友身上得到教益，有"见贤思齐"的意味在内，《颜渊》篇有"以友辅仁"的名言，也正与此相通。这一点很重要，可以作为一个人一生的座右铭。四是有错必改，不断地完善自己。

1.9 曾子曰："慎终追远，民德归厚矣。"

曾子说："慎重地料理父母的丧事，追念过世已久的祖先。民众的道德自然会归于忠厚淳朴。"

【注释】

慎终：慎重地料理父母的丧事。人死为终，这里指父母的去世。

追远：追念过世已久的祖先。远指祖先。

民德：民众的道德。

归厚：归于忠厚。

【简评】

孝乃人伦之本，慎终追远是孝的基本内涵。《荀子·礼论》曰："生，人之始也；死，人之终也；终始俱善，人道毕矣。故君子敬始而慎终，终始如一，是君子之道，礼义之文也。"君子在父母生时能尽孝心，在父母去世时又能够把握住尽孝的最后一个环节，慎重地料理父母的丧事，而万万不能草率从事，更不能停尸不顾，或兄弟阋于墙而让人嗤笑。这就是"终始俱善，人道毕矣"。然而，君子决不能停步于此，还必须做好"追远"之事，即按时追祭已经久逝的先人，这也是君子不忘根本的仁德品质的表现。清明祭祖扫墓，正是中华民族十分注重追远的优秀传统习俗。一些宗族祠堂的正中就高悬着"慎终追远"的匾额。君子能够慎终追远，其表率的作用必将逐渐显现出来，民风民俗也必将随之变化，何愁民众的道德不能归于忠厚淳朴呢？《礼记·经解》曰："丧祭之礼，所以明臣子之恩也。……丧祭之礼废，则臣子之恩薄，而倍死忘生者众矣。"《论语·泰伯》曰："君子笃于亲，则民兴于仁。"孔子经常以孝引导人们培养仁心，慎终追远正是仁心的重要体现。

1.10　子禽问于子贡曰："夫子至于是邦也，必

子禽向子贡问道："他老先生每到一个国家，必定能听得到那个

闻其政，求之与，抑与之与？"子贡曰："夫子温、

国家的政事。他是主动求来的呢？还是人家主动告诉他的呢？"子贡说："他老

良、恭、俭、让以得之。夫子之求之也，其诸异乎

先生凭着温和、善良、恭敬、俭朴、谦让这些德性获得的。他老先生求得别国

人之求之与？"

政事的方法，大概与别人求得的方法不同吧？"

【注释】

　　子禽：姓陈名亢（gāng），字子禽，又字子元，少孔子四十岁。

　　子贡：姓端木名赐，字子贡，卫国人，比孔子小三十一岁，是孔子的学生。

夫子：弟子对孔子的尊称。皇侃《论语集解义疏》："《礼》：身经为大夫者则得称为夫子。孔子为鲁大夫，故弟子呼为夫子也。"

邦：指当时的诸侯国。

闻其政：听闻他国之政事。

抑：还是，选择连词。

与之：给他，即人们主动自愿说给他听。

温、良、恭、俭、让：温和、善良、恭敬、俭朴、谦让。

其诸：大概，或者。

【简评】

常人问路，尚且有"请问"——请您允许我问。——二字的敬辞，而想了解别国的政事这样重要的大事，焉能没有恭敬礼貌的态度呢？本章以子禽与子贡的对话，勾画出了孔子温、良、恭、俭、让五种品德，正是这五德使得孔子能够如愿以偿地得到自己想知道的情况。《老子》六十二章中的第二段写道："美言可以市，尊行可以加人。"这两句话意谓美好的言词可以博得交易，尊贵的德行可以施加于人。温、良、恭、俭、让，正是孔子的尊行，即高尚的道德；孔子有尊行，自然会有人亲近他，自然会主动地向孔子告诉彼国的政事。这也是孔子异于一些人以暴戾骄慢的态度想达到目的而不得的地方。温、良、恭、俭、让，是孔子留给后人待人接物的珍贵经验和享用不尽的财富。

1.11 子曰："父在，观其志；父没（mò），

孔子说："他父亲在世时，要观察他的志向。他父亲去世后，要

观其行（xíng）；三年无改于父之道，可谓

观察儿子的实际行动。如果多年不改变父亲传下来的合理的事业和遗愿，可以

孝矣。"

说是做到孝了。"

【注释】

其：指儿子。

没：通殁，死亡。

行：指行为举止、思想、态度等。

三年：一段较长的时间。三，言其久，非实指。

无：通毋，不。

父之道：指父辈善的、好的、合理的事业和遗愿。

【简评】

不肖子孙，是指不能继承祖先事业的、没有出息的子孙。典型的例子是蜀后主刘禅。刘禹锡《谒先主庙》诗云："得相能开国，生儿不象贤。"不肖，即不贤，亦即不像父辈。观察、判断一个人孝与不孝，孔子指出了一个标准：父在观其志，父没观其行。父亲健在犹如老虎在家，猫不敢胡作非为；父亲离世犹如老虎死去，猫的本性会暴露无遗。孝子会继承父亲的遗志，将父亲生前艰辛创立的事业发扬光大；不孝之子则会在无父管束的情况下骄奢淫逸，将父亲的事业败坏殆尽，成为一个十足的败家子。我们认为，孔子所说的重点在"父没观其行"，因为真正的孝子应该尊重和继承父亲的遗愿，进而做到扬名声、显父母，所谓后继有人，正是对孝子贤孙的称赞。

1.12 有子曰："礼之用，和为贵。

有子说："礼的应用，以和谐为贵。以前圣明君王的治世之道，

先王之道，斯为美；小大由之。有所

最可宝贵的地方就在这里；他们小事大事都以和谐为美。但只顾和谐的办法去

不行，知和而和，不以礼节之，亦不

做而有时就行不通，这是因为只知道以和谐而追求和谐，不懂得以礼来节制的

可行也。"

道理，也是不可行的。"

【注释】

礼：指《周礼》所规定的道德规范。

和：和谐，恰当。《礼记·中庸》曰："喜怒哀乐之未发谓之中，发而皆中节谓之和。"杨树达《论语疏证》云："事之中节者皆谓之和，不独喜怒哀乐之发一事也。说文云：'龢，调也。''盉，调味也。'乐调谓之龢，味调谓之盉，事之调适者谓之和，其义一也。和今言适合，言恰当，言恰到好处。"可以参看。

先王之道：指尧、舜、禹、汤、文、武、周公等圣明君王的治世之道。

斯：这。这里指"和为贵"。

小大由之：小、大事务皆以"和为贵"为原则去做。

有所不行：有行不通的地方。

知和而和：只知道以和谐而追求和谐。盖言不知通变。

节：节制，调节。

【简评】

有子所说的"礼之用，和为贵"，颇合辩证法。礼是经，它在治理国家中是基本法则，不能随意改变；而治理者运用礼，则以运用得恰当为可贵。如何能够运用礼达到恰当的地步，是摆在治理者面前的一道难题。不违背人情，不强力推行，既和顺人心，又礼顺人情，既不越礼，又不胶柱鼓瑟，或矫枉过正，更不能和光同尘，才有可能达到恰当和谐的地步。若只知和稀泥而当好好先生，一味地被"和为贵"所束缚，不知变通，不懂得以礼节和，最终就不能达到恰当和谐的境地。"和"与"礼"，二者缺一不可，守经知权就显得尤为重要。

1.13 有子曰："信近于义，言可复也；恭近于

有子说："许下的诺言符合义，这样的诺言就可以兑现。恭敬的

yuàn

礼，远 耻辱也；因不失其亲，亦可宗也。"

行为符合礼，就能够远离耻辱。所依靠的人关系亲密，也就是靠得住的人。"

【注释】

近：接近，符合。

义：指合宜的、合乎道德的思想、行为和语言。

复：兑现。复言，践诺。

远耻辱：使耻辱远离。远，远离，避免，使动词。

因：依靠，凭藉。亲：关系亲密的人。

宗：主，可靠。

【简评】

有子认为，与人交际，不能轻易许诺，说大话，乱答应，则诺言难践。态度恭敬而不奴膝婢颜，就不会屈节辱身。所依靠的人关系亲密，而非一面之交者，自然就靠得住。这就是慎始而善终。没有慎始，绝没有善终。人往往失之于始。

1.14　子曰："君子食无求饱，居无求安，敏于
孔子说："君子吃饭不贪求饱足，居住不奢求安逸，做事勤劳敏捷
事而慎于言，就有道而正焉，可谓好学也已。"
而说话谨慎小心，经常到有道德修养的人那里去匡正自己，这样可算是好学的了。"

【注释】

无：通毋，不。下"不"字同。

敏：敏捷。

慎：谨慎。

就：向，靠近。

有道：指有道德的人。

正焉：匡正自己。修正，匡正。焉，兼词，于之。

已：同矣，了。

【简评】

本章主要讲君子的道德要求，可以与《雍也》篇合观对读：子曰："贤哉，回也！一箪食，一瓢饮，在陋巷，人不堪其忧，回也不改其乐。贤哉，回也！"君子不会去追求奢侈豪华的物质生活，君子的心思全部用在了做事追求勤勉敏捷、说话追求谨慎小心、亲近有德之人而不断修正自己方面，君子所重视的是精神生命的升华，何暇追求奢侈豪华的物质生活？质言之，一门心思用在追求奢侈豪华的物质生活者，离君子的境界甚远。不劳远征，试看当今高校里刻苦读书、衣着朴素者多是学业上进者，注重穿着打扮、美食和玩乐的美女帅哥，成绩多不如人意。

chǎn

1.15　子贡曰："贫而无谄，富而无骄，何如？"
子贡说："贫穷而不谄媚，富有却不骄纵，人能做到这些怎么样？"

子曰："可也；未若贫而乐，富而好礼者也。"子贡
孔子说："这也算可以，但还不如虽贫穷却乐于道德自修，虽富裕而又好学礼。"子

cuō

曰："《诗》云，'如切如磋，如琢如磨'，其斯之
贡说："《诗》上说，对待骨、角、象牙、玉石的制作，要经过切、磋、琢、磨工

谓与？"子曰："赐也！始可与言《诗》已矣，告诸
序，做人是同样的意思吧？"孔子说："赐呀，现在可以和你讨论《诗》了。你能

往而知来者。"
从我讲过的话中领会到我还没有说到的意思，已经能够举一反三了。"

【注释】

无谄：不谄媚，卑屈于人。无，通毋，不。下"无"字同。谄，谄媚，奉承。

无骄：不骄傲。

贫而乐：皇侃本"乐"下有一"道"字。郑玄注："乐谓志于

道，不以贫为忧苦。”

《诗》：指《诗三百》，或称《诗三百篇》，或称《诗》。《诗》之称经自汉代始，一些注、译称《诗经》，不妥。

如切如磋，如琢如磨：此二句见《诗经·卫风·淇奥》，《毛诗序》云：“《淇奥》，美武公之德也。有文章，又能听其规谏，以礼自防，故能入相于周，美而作是诗也。”《毛传》云：“武公质美德盛，有康叔之余烈。……道其学而成也，听其规谏以自修，如玉石之见琢磨也。”朱熹《诗集传》云：“卫人美武公之德，而以绿竹始生之美盛，兴其学问自修之进益也。”《尔雅·释器》：“骨谓之切，象谓之磋，玉谓之琢，石谓之磨。”切、磋、琢、磨分别指对骨、象牙、玉、石四种不同材料的加工，否则不能成器。

赐：子贡名。孔子对学生都称其名；名贵字贱，孔子称其名是尊重其人。

告诸往而知来者：诸，同之；往，过去的事情，即已知之事；来，未来的事情，即未来之事。

【简评】

本章是一次精彩的师生对话。子贡问孔子：老师！人穷了，倒楣了，还是不谄媚，不拍马屁；发财了，得意了，还能够不骄傲，何如？“何如”二字，十分传神，活画出了子贡的得意之状。子贡自认为自己学问修养做到这个地步已经很不错，很有心得了，心里在想一定可以得到老师的赞赏。不料孔子的评价只是“可也”二字，他向子贡提出了更高的要求：“未若贫而乐，富而好礼者也。”不能满足于贫而无谄、富而无骄的初级阶段，更高的境界是安贫乐道，富而好礼。因为“富贵而知好礼，则不淫不骄”（《礼记·曲礼上》）。在批评子贡的同时，孔子又有了新的引导。子贡非常聪明，想到自己曾经学过的《诗》里面的句子“如切如磋，如琢如磨”，恰好与老师的精益求精的要求十分吻合，于是引《诗》以表达自己的领悟，孔子非常高兴，他表扬子贡能够举一反三了。子贡的兴奋不言而喻，因为能得到老师如此高的评价实属不易。孔子的批评与表扬相结合和循循善诱的教学方法，子贡心有灵犀、举一反三、活学活用、借诗言志的问答方式，实在让人叹服不已。

1.16　子曰："不患人之不己知，患不知人也。"

孔子说："不怕别人不了解自己，只怕自己不了解别人。"

【注释】

患：忧虑。

不己知：不了解自己。不己知，即不知己，否定句中宾语提前。

【简评】

这是《学而》篇的最后一章，也是《学而》篇的精义所在。首篇言"人不知而不愠，不亦君子乎？"末篇承以"不患人之不己知，患不知人也。"对这样的安排，不应该视为编辑《论语》者的偶然巧合，应该看作是其精心布局。孔子主张，多责己而少责人，这是孔子对学生的忠告，也是孔子的处事经验。为什么别人不了解自己呢？是因为自己尚未达到让别人主动了解自己的境地，如并非饱学之士，并非谦谦君子，这就需要不断地提高、完善自己。不知人，正是自己的缺陷所在，要想让别人了解自己，首先要有了解别人的能力。通过别人不了解自己一事，反省我为什么不能够了解别人，找出自己的缺点，对症下药，才有可能进入君子之列。这样的思想孔子"三致意焉"：《宪问》篇曰："子曰：'君子病无能焉，不病人不己知也。'"《卫灵公》篇曰："子曰：'不患人之不己知，患其不能也。'"《里仁》篇曰："子曰：'不患莫己知，求为可知也。'"可谓一以贯之。

为政篇第二

2.1　子曰："为政以德，譬如北辰，居其所而众
孔子说："用道德来治理国家，就好比北极星驻留在自己的位置

星共之。"
上而众多的星星都围绕它。"

【注释】

为政以德：即以德为政，用道德治理国家，即"德治"。
以，用。

北辰：北极星。《尔雅·释天》："天北极谓之北辰。"被古人认
为是天之中心。

所：处所，位置。

共：通拱，围绕，环绕。

【简评】

德政有如北极星，对人民的感化力、吸引力、特别强大，正所
谓葵花自能向阳。孔子论学，首重人道。《孟子·公孙丑上》中孟
子的一段话是对孔子德政思想的最好注脚："孟子曰：'尊贤使能，
俊杰在位，则天下之士皆悦，而愿立于其朝矣。市廛而不征，法而
不廛，则天下之商皆悦，而愿藏于其市矣。关讥而不征，则天下之
旅皆悦，而愿出于其路矣。耕者助而不税，则天下之农皆悦，而愿
耕于其野矣。廛无夫里之布，则天下之民皆悦，而愿为之氓矣。信
能行此五者，则邻国之民，仰之若父母矣。率其子弟，攻其父母，

自生民以来，未有能济者也。如此，则无敌于天下。无敌于天下
者，天吏也。然而不王者，未之有也。'"

2.2 子曰："《诗》三百，一言以蔽之，曰：
孔子说："《诗》三百篇，用一句话便概括它的主旨，就是：'思

^{xié}
'思无邪。'"
想内容没有邪恶。'"

【注释】

诗三百：诗，指《诗经》，三百只是举其整数。此书实有
305 篇，共分为风（160 篇）、雅（105 篇）、颂（40 篇）三大类。共收
入自西周初年至春秋中叶五百多年的诗歌，编成于春秋时代，据说
由孔子编定，经过后人整理加工，被用作经学教材。

一言以蔽之：用一句话来概括它。一言，一句话。蔽，概括。

思无邪：思想内容没有邪恶。思无邪，出《诗经·鲁颂·駉》，
是歌颂鲁僖公的诗。

【简评】

孔子说明《诗》的主旨是"思无邪"，因此，它不会坏人心
术，不会影响君子的修身进德。孔子就教导儿子孔鲤说："不学
《诗》，无以言。"可见，《诗》在孔子心目中的地位很高。

2.3 子曰："道之以政，齐之以刑，民免
孔子说："用法制引导人民，用刑罚来整饬人民，虽然人民只能

而无耻；道之以德，齐之以礼，有耻
免于刑罚，但并无廉耻之心；如果能用道德去引导人民，以礼教来整顿他们，

且格。"
他们不但有廉耻之心，而且会心服归顺。"

【注释】

道之以政：即以政道之，道同导，指领导，引导。下"道"字同导。

齐之以刑：即以刑齐之。齐，使动词，使之齐，整齐，整顿。

免：免罪。《尔雅·释诂》："免，脱也。"杨伯峻《论语译注》："先秦古书若单用一个'免'字，一般都是'免罪''免刑''免祸'的意思。"

耻：辱也，这里指廉耻之心。

格：规范，引申为向义，归服。

【简评】

本章是孔子评论法治与德治的优劣。孔子认为礼治优于法治，主张为政的目的是以德化人，使人民知耻，自动走上正道，而不为非；但是礼治没有完善之前，不能不用法治，亦即须德刑并用。即使礼治实施得很多，也不能完全废弃刑法。一般人认为孔子重视礼治而轻忽法治，甚至主张不用法治，实际上是误解。《孔子家语·刑政》曰："仲弓问于孔子曰：'雍闻，至刑无所用政，桀纣之世是也；至政无所用刑，成康之世是也，信乎？'孔子曰：'圣人之治化也，必刑政相参焉。太上以德教民，而以礼齐之。其次以政导民，而以刑禁之。化之弗变，导之弗从，伤义以败俗，于是乎用刑矣。'"两相对照，刑政相参，以德化来教导，用礼法来规范，这才符合孔子的主张。

2.4　子曰："吾十有五而志于学，三十而立，四

孔子说："我十五岁立志向学，三十岁能用礼来立身行事，四十

十而不惑，五十而知天命，六十而耳顺，七十而从

岁掌握了知识而不被外界事物所迷惑，五十岁时能知道天命的道理，六十岁时

心所欲，不逾矩。"

听到别人的话可以分辨真假是非，到了七十岁就随心所欲也不致逾越规矩。"

【注释】

有：同又。杨伯峻《论语译注》："古人在整数和小一位的数字之间多用'有'字，不用'又'字。"

立：自立，立足。

不惑：掌握了知识而不被外界事物所迷惑。

天命：指不能为人力所支配的事情。

耳顺：指对那些于己不利的意见也能明辨是非，正确对待。

从心所欲不逾矩：随心所欲而不会越出规矩。从，随心；逾，越过；矩，规矩。

【简评】

本篇是孔子对自己一生为学与进德之次序的总结，终身不懈、循序渐进是核心要素。孔子所说的十五、三十、四十、五十、六十、七十诸数字，只不过是举成数言之，不必呆看，但学以年进之意甚明。王充《论衡·知实》曰："从知天命至耳顺，学就知明，成圣之验也。"所论甚确。孔圣人之誉，良有以也！

2.5　孟懿子问孝。子曰："无违。"

孟懿子问什么是孝，孔子说："不要违背礼法。"

樊迟御，子告之曰："孟孙问孝于我，我对曰，

有一天，樊迟给孔子驾车，孔子告诉他："孟孙问我什么是孝，我回答

无违。"樊迟曰："何谓也？"子曰："生，事之以

他说不要违背礼法。"樊迟说："这是什么意思？"孔子说："父母活着，要按

礼；死，葬之以礼，祭之以礼。"

礼法侍奉他们；父母去世后，要按礼法埋葬他们，要按礼法祭祀他们。"

【注释】

孟懿子：鲁国的大夫，鲁三家季孙氏、孟孙氏、叔孙氏之一，姓仲孙，名何忌，"懿"是谥号。曾师事孔子。

无违：不违背礼。鲁三家葬不以礼、祭不以礼，所以孔子以此告诫。

樊迟：姓樊名须，字子迟。孔子的弟子，比孔子小四十六岁。

御：驾驭马车。

孟孙：指孟懿子。

事：侍奉。

【简评】

本篇是两个场景的谈话。前部分是第一个场景，主要是孔子和孟懿子的对话；后面是第二个场景，主要是孔子转述与孟懿子的对话和与樊迟的对话。《论语》中往往有这种不同场景的对话而在同一段文字里，读者须注意辨别。

因为鲁三家往往葬不以礼、祭不以礼，所以孔子以此告诫孟懿子。有一天，孔子告诉了樊迟这件事，并向樊迟申述了什么是"孝"：父母在，事之以礼；父母死，葬之以礼，祭之以礼。生养、死葬、追祭，都不可违背礼法，不违背礼法的孝才是真正的孝，反之则是不孝之意亦甚明。事之以礼、葬之以礼、祭之以礼三句，可以看作一部孝经。

2.6　孟武伯问孝。子曰："父母唯其疾之忧。"

孟武伯问孔子什么是孝。孔子说："父母只是为孝子的得病而忧愁。"

【注释】

孟武伯：孟懿子的儿子，名彘。武是他的谥号。

父母唯其疾之忧：父母只为孝子的得病忧愁。唯其疾之忧，即唯忧其疾。其，指孝子。之，宾语"疾"提前的标志。

【简评】

真正的孝子在各个方面都做得合礼得体，不需要父母为他操心担忧，只有疾病是孝子无法主宰的。汉代大儒马融说得好："言孝子不妄为非，唯疾病然后使父母忧。"一个人出门在外时时让父母提心吊胆，他能算孝子吗？

2.7 子游问孝，子曰："今之孝者，是谓能养。至于犬马，皆能有养；不敬，何以别乎？"

子游向孔子问什么是孝，孔子说："现在的所谓孝子，就是所说的能够养活父母罢了。对于狗和马也都能受到饲养；如果对父母亲不敬的话，那跟饲养狗和马有什么区别呢？"

【注释】

子游：姓言名偃，字子游，吴人，比孔子小四十五岁。

是谓能养：这就是所说的能够养活父母罢了。是，指示代词，这，指"今之孝者"。

【简评】

由本篇可知，孔子生活的时代，就已经有人把父母当狗、马来养的情况存在了，而且不是个别情况，似乎社会舆论也认为那就是孝子了。孔子痛心疾首，针对人子只知爱亲而不知敬亲的现状，以极为深刻的言辞警世矫俗。《礼记·坊记》亦曰："子云：'小人皆能养其亲，君子不敬，何以辨？'"我们现在也时常看到听到，有些富商，腰缠万贯，一掷千金，做得好一点的，给父母安排一个住处，每个月给他几千块钱，而半年不见面；有的工人下岗，很贫穷，住着很窄小的房子，但把父母伺候得很好，尽管是吃地瓜粥、红薯片，但他是发自内心地孝顺父母，哪一种人是孝子呢？当然是第二种，我们要尊重后一种人，因为他是发自内心地孝敬父母，所以说孝的核心内涵是敬，"孝敬"一词中，"敬"字尤为重要，所以说孝是表层的孝，敬才是深层的孝。

2.8 子夏问孝。子曰："色难。有事，
子夏问什么是孝。孔子说："儿子要保持和颜悦色去侍奉父母是

弟子服其劳；有酒食，先生 馔（zhuàn），曾（zēng）是以
很难的。有事情时，后生小子去效劳；有酒有饭时，让长者去吃喝，竟然认为

为孝乎？"
这就是孝吗？"

【注释】

色难：孝子奉侍父母，以能和颜悦色为难。色，脸色，表情。难，不容易。《礼记·祭义》曰："孝子之有深爱者必有和气，有和气者必有愉色，有愉色者必有婉容。"

弟子：指年幼者，如晚辈、学生等。

服：从事、担负。

先生：指年长者，如父母、老师等。

馔：用作动词，吃喝。

曾：副词，竟。

【简评】

后生小子替父母长者跑跑腿、办点事，有好酒好饭，请父母长者吃喝享用，有人认为这就是孝了。孔子认为这是错误的，真正的孝子应该在父母跟前保持和颜悦色，和颜悦色的表情是发自内心

的，心中有孝，脸上自然有一种愉悦之容。现代人把奉养父母当做尽孝，自以为提供给父母充足的物质生活资料，就是尽孝了。岂不知这是早就被孔子所否定的假孝。《吕氏春秋·孝行览》曰："养有五道：修宫室，安床第，节饮食，养体之道也；树五色，施五采，列文章，养目之道也；正六律，和五声，杂八音，养耳之道也；熟五谷，烹六畜，和煎调，养口之道也；和颜色，说言语，敬进退，养志之道也。此五者，代进而厚用之，可谓善养矣。"孔子所谓"有酒食，先生馔"，正是《吕氏春秋》所说的"养口体"；孔子所谓"色难"，正是《吕氏春秋》所说的"养志"。可见，"色难""养志"是最高层次的孝。

2.9 子曰："吾与回言，终日不违，如
孔子说："我整日向颜回讲学，他只是听讲而没有任何疑问，真

xǐng
愚。退而省其私，亦足以发，回也
像个愚人。下课后我考察他私下里讨论学问的言行，发现他能发挥我的观点，

不愚。"
颜回实在不是个愚人。"

【注释】

回：姓颜名回，字子渊，生于公元前 511 年，鲁国人，孔子最得意的门生。《史记·仲尼弟子列传》载，颜回比孔子小三十岁；清代学者考订《史记》"三十"当为"四十"，卒于公元前 480 年，享年三十二，小孔子四十岁。

言：讲学。

不违：不提相反的意见和问题。

退而省其私：下课后我考察颜回私下里讨论学问的言行。朱熹《论语集注》："及退省其私，则见其日用动静语默之间，皆足以发

明夫子之道, 坦然由之而无疑, 然后知其不愚也。"

　　发: 发明, 发挥, 启发。

【简评】

　　这大概是颜回初入孔门听孔子讲学时, 孔子对他的印象和评价。孔子讲学一整天, 颜回没有任何质疑, 像个愚笨之人。孔子完全了解颜回的真实情况, 还有赖于之后自己的私查暗访, 得知颜回不仅听懂了讲学内容, 而且能够进一步发挥老师的见解, 于是, 孔子给予颜回很高的赞誉: 回也不愚! 由此可以看出颜回的天资聪敏, 亦可见出孔子的教学有方。不要根据一个人初次的印象而下结论, 还需要从各个方面深入了解学生, 再做出合乎实际的评价。这是值得后人效仿的知人良方。

　　颜回小孔子四十岁, 是孔子最赏识的一位弟子。他天资聪明, 从来不犯同样的过错。可惜英年早逝, 孔子十分伤悲。杨树达《论语疏证》曰: "惟无所不说, 故终日不违如愚, 正老子所谓'大智若愚'也。"

　　2.10　子曰: "视其所以, 观其所
　　孔子说: "要了解一个人先看他为什么要这些事, 再看他做这些

由, 察其所安, 人焉廋（sōu）哉? 人焉
事所走过的道路, 最后审察他做了这些事所安的心境, 如此观察他怎么掩藏得

廋 哉 ?"
住呢? 怎么掩藏得住呢?"

【注释】

　　视其所以: 看他为什么要这么做。所以, 指原因, 情由。《史记·太史公自序》: "《春秋》之中, 弑君三十六, 亡国五十二, 诸

侯奔走不得保其社稷者不可胜数。察其所以，皆失其本已。"

观其所由：看他为人做事所走过的道路。

察其所安：看他做事之后所安的心境。视、观、察三字义同，变文避复也。

廋：隐藏，藏匿。

【简评】

"视其所以，观其所由，察其所安"，这是孔子谈论知人之法，分三个步骤：第一步先看他行事的动机、原因，第二步看他做事的经过，第三步看他对事情结果的态度，即是安于逸乐，还是安于贫贱，或者安于平淡？如此由表象到动机再到态度层层深入，一个人的品德便无所遁形。

孟子知人的方法是从眼睛方面观察，《孟子·离娄上》："孟子曰：'存乎人者，莫良于眸子。眸子不能掩其恶。胸中正，则眸子瞭焉；胸中不正，则眸子眊（mào）焉。听其言也，观其眸子，人焉廋哉？'"其末句正是袭用孔子的原话。而只从眼睛的变化考察一个人，远不如孔子三个步骤的方法深刻。杨伯峻《论语译注》指出："《史记·魏世家》述说李克的观人方法是'居视其所亲，富视其所与，达视其所举，穷视其所不为，贫视其所不取'。虽较具体，却无此深刻。"也值得参考。

2.11　子曰："温故而知新，可以为师矣。"

孔子说："温习学过的知识而能够有新的体会，可以做老师了。"

【注释】

温：温习。

故：学过的知识。

新：新体会。

【简评】

　　孔子认为为人师表者应该"温故而知新",这与《子张》篇中的"日知其所亡,月无忘其所能"相得益彰。温故知新,既是一种学习方法,也是为人师表者必须具备的一种品格,不能知新者培养不出优秀的学生,自然不是合格的老师,为人师表必须终身学习之意亦在其中。可见,孔子对教师的要求非常之高。关于温故与知新的辩证关系,杨树达《论语疏证》说得十分精彩:"记问博习,强识之事也;温故知新,通悟之事也。孔子之教,以通悟为上,强识次之。故温故知新可以为师,记问博习无与于师道也。所谓温故而知新者,先温故而后知新也。优游涵泳于故业之中,新知忽涌现焉,此非义袭而取、揠苗助长者之所为,而其新出乎故,故为可信也。不温故而欲知新者,其病也妄;温故而不能知新者,其病也庸:皆非孔子所许也。"

2.12　子曰:"君子不器。"

　　孔子说:"君子不能像器皿一般,只有单一的用途。"

【注释】

　　器:器具。

【简评】

　　"君子不器"四字包含着深刻而丰富的内涵,它是孔子通才教育观的高度概括。孔子之教,主张通悟,因此,君子应该是通才,应当博学多识,具有多方面才干,不只局限于某个方面。孔子生活的时代知识范围比较狭窄,孔子就认为应该无所不通,尽管有人批评孔子"博学而无所成名"(《论语·子罕》)。

2.13　子贡问君子。子曰:"先行其言而后从之。"

　　子贡问孔子怎样才算是君子。孔子说:"先做你心里想做的事,行动之后再说出来。"

【注释】

先行：先做你心里想做的事。

从之：跟在行动之后说出来。之，指行动。

【简评】

在言、行两方面，孔子尤重行。一般人说得对而做得少，孔子强调先做后说，言行相副，君子不能只说不做，《大戴礼记·立事》云："君子微言而笃行之。行必先人，言必后人。"可与孔子的观点相互发明。

2.14　子曰："君子周而不比，小人比而不周。"
（bì　　　　　　bì）

孔子说："君子相互团结而不勾结，小人相互勾结而不团结。"

【注释】

周：遍也，谓普遍团结。

比：《说文》："比，密也。二人为从，反从为比。"意谓与个别人私下亲密。"比"与"周"相反。王引之《经义述闻》曰："以义合者周也，以利合者比也。"

小人：没有道德修养的人。

【简评】

孔子论君子与小人的不同是以德别，不以位分。君子以道义交人，小人则以利益交人，以道义交人者，无论富贵贫贱，皆是君子；以利益交人者，无论富贵贫贱，皆是小人，利尽则作鸟兽散。这也是孔子告诉人们的一条判断君子小人的标准。

2.15　子曰："学而不思则罔，思而不学则殆。"

孔子说："只学习而不思考将会迷惘无所知，只思考而不学习就会疲惫而无所得。"

【注释】

罔：通惘，迷惘，无知。

殆：通怠，疲惫。

【简评】

孔子认为"学"与"思"应当并重，不能偏废，边学边思，学思结合，勤学多思，齐头并进，才有可能避免"罔"与"殆"两种不良后果。《中论·治学》曰："孔子曰：'弗学，何以行？弗思，何以得？小子勉之，斯可以为师矣。'"《礼记·中庸》："博学之，审问之，慎思之，明辨之，笃行之。"《卫灵公》篇亦曰："子曰：'吾尝终日不食，终夜不寝，以思，无益。不如学也。'"《为政》篇倡言温故知新可以为师，《卫灵公》篇强调只思不学无益，《中论·治学》引孔子语谓学思并用可以为人师，可见，这是孔子一贯主张的治学方法。

2.16　子曰："攻乎异端，斯害也已。"

孔子说："攻读那些不正确的学说，这就有害了。"

【注释】

攻：攻学，治学。

异端：杂学。皇侃《论语集解义疏》卷一："异端谓杂书也。言人若不学六籍正典，而杂学于诸子百家，此则为害之深。"程树德《论语集释》曰："孔子时虽无今之所谓异端，而诸子百家之说则多萌芽于此时代，原壤之老而不死，则道家长生久视之术也。宰我短丧之问，则墨家薄葬之滥觞也。樊迟学稼之请，则农家并耕之权舆也。异端虽训为执两端，而义实可通于杂学。《中庸》引子曰：'素隐形怪，后世有述焉，吾弗为已矣。'子夏曰：'虽小道，必有可观者焉，致远恐泥，是以君子不为也。'所谓索隐形怪，所谓小道，即异端也。君子止于不为。若夫党同伐异，必至是非蜂起，为人心世道之害，故夫子深戒之也。"程说甚辩。

斯害也已：这就有害了。斯，连词，则。已，同矣，了。

【简评】

自古及今，人们对本章的争论甚大，问题的关键集中于对"攻乎异端"的理解上。或以为"攻乎异端"就是"攻击与自己见解不同的观点"；或以为"攻乎异端"就是"钻研问题的一个方面"。我们认为皇侃、程树德的解释比较合理。孔子主张治学要走正道，读书要读正典，如果分心去读杂学之书，像贾宝玉那样杂学旁收，就会给自己带来危害，危害走正道、读正典。后世所谓"为学入门要正"，正是孔子观点的通俗表述。

$$\overset{\text{huì rǔ}}{}$$

2.17 子曰："由，诲女知之乎？知之为知之，

孔子对子路说："仲由，我教给你的知识都知道了吗？知道就说

$$\overset{\text{zhì}}{}$$

不知为不知，是知也。"

知道，不知道就说不知道，这才是真正的明智！"

【注释】

由：姓仲名由，字子路。孔子弟子，小孔子九岁，长期跟随孔子。

诲：教导，教育。

女：同汝，你。

知：知道，懂得。

之：代词，指孔子所讲授的知识，学问。

是：这，代词。知：同智，明智。

【简评】

　　仲由为人伉直鲁莽，大概有过其实不知而自以为知的表现，孔子不愧为伟大的教育家，针对子路的性格为人，孔子给子路指出了在学习上如何对待知与不知的正确态度：谦虚真诚，老实不欺，而决不能不懂装懂，自欺欺人。孔子的这一思想闪耀着智慧的光芒，是留给人类的极为宝贵的财富，值得后人奉为圭臬。

　　2.18　子张学干禄。子曰："多闻阙疑，
　　子张向孔子请教求得官职的方法。孔子说："多听，把有疑问的

慎言其余，则寡尤；多见阙殆，慎行其
暂置一旁，其余的部分也要谨慎谈论，就可以减少过失；多看，把有怀疑的暂

余，则寡悔。言寡尤，行寡悔，禄在其
置一旁，其余的也要谨慎去实行，就可以减少懊悔。说话少过失，行事少懊

中矣。"
悔，禄位就在这里面了。"

【注释】

　　子张：姓颛孙名师，字子张，春秋陈国人，孔子的弟子，小孔子四十八岁。

　　干禄：求得俸禄，即做官。干，求。禄，俸禄。

　　阙疑：遇到疑问就先暂时空着，即存疑。阙，空。

　　其余：指不"阙疑"的部分。

　　寡尤：减少过失。尤，过失。

　　阙殆：义同"阙疑"。杨伯峻《论语译注》："'疑'和'殆'是同义词，所谓'互文'见义。"可以参考。

【简评】

　　子张请问能够做官的方法，孔子则从做人的角度回答，官亦人，想要做官，应当先学会做人。如何做人？孔子主张多闻多见，阙疑阙殆，慎言慎行，寡尤寡悔，这十六字具体而微，内涵深刻，直可当作座右铭。钱穆《论语新解》论道："多闻多见是博学，阙疑阙殆是精择，慎言慎行是守之约，寡尤寡悔则是践履之平实。人之谋生求职之道，殆必植基于此。孔子所言，亦古今之通义也。"

　　2.19　哀公问曰："何为则民服？"孔子对曰："举直错诸枉，则民服；举枉错诸直，则民不服。"

鲁哀公问："怎样做才能使百姓服从？"孔子回答说："推举正直的人放置在邪曲的人上面，百姓自然服从；推举邪枉的人放置在正直的人上面，百姓就不会服从。"

【注释】

　　哀公：鲁君，姓姬名蒋，定公之子，谥"哀"。孔子是鲁国人，故"哀公"上不加"鲁"字。

　　孔子对曰：杨伯峻《论语译注》："《论语》的行文体例是，臣下对答君上的询问一定用'对曰'，这里孔子答覆鲁君之问，所以用'孔子对曰'。"

　　举直错诸枉：推举正直的人而放置在邪曲的人之上。错，同措，放置。诸，"之于"的合音。枉，弯曲不直曲，引申为邪曲的人。

　　服：服从。

【简评】

　　如何为政，做一个老百姓认可的好君主，是执政者十分重视的首要问题。本章孔子论政，首重品德，主张明君应该"举直错诸枉"，则百姓自然服从统治，亦即诸葛亮《出师表》所谓"亲贤臣，远小人，此先汉所以兴隆也"；如果君主"举枉错诸直"，百姓就不会服从统治，亦即"亲小人，远贤臣，此后汉所以倾颓也"。在《颜渊》篇中，孔子又说"举直错诸枉，能使枉者直"。可见民之服与不服，全由执政者任用什么人而定！《尚书·尧典》载帝尧令舜曰"流共工于幽州，放欢兜于崇山，窜三苗于三危，殛鲧于羽山，四罪而天下咸服"。"春秋三传"中记载君主"举直错诸枉"而天下太平、"举枉错诸直"而天下混乱的事例比比皆是。孔子熟稔历史，他给鲁哀公治国方略绝非迂阔之见，国君若能听从孔子的建议自然会长治久安。遗憾的是，不少国君，尤其是亡国之君往往置若罔闻。

2.20 季康子问："使民敬、忠以劝，如之何？"子曰："临之以庄，则敬；孝慈，则忠；举善而教不能，则劝。"

季康子问："要使百姓既严肃认真，忠实于我而互相劝勉，应该怎么办呢？"孔子说："你对待百姓的态度严肃认真，百姓对待你的政令就恭敬；你能孝顺父母慈爱幼小，百姓就会忠诚于你；你举用好人而教导能力弱的人，百姓自然会相互劝勉了。"

【注释】

季康子：姓季孙名肥，鲁哀公时正卿，当时在政治上权力很大。谥"康"。

以：连词，和，而，与。

劝：勉励。

临：上对下为临，即对待。

庄：庄重严肃。

孝慈：孝敬父母慈爱子女。

不能：指能力弱的人。

【简评】

本章也是孔子论政，所论与上一章略同。执政者所希望老百姓做到的，自己应该首先做到，此所谓以身作则，身先士卒。

2.21　或谓孔子曰："子奚不为政？"子曰：

有人对孔子说："你为什么不出来参政？"孔子说："《尚书》上

"《书》云：'孝乎惟孝，友于兄弟，施于有政。'是

说：'孝啊孝，只有孝顺父母，友爱兄弟，将这种风气影响到卿相大臣。'这也

亦为政，奚其为为政？"

算是从政，为什么一定要自己当官才算从政呢？"

【注释】

或：不定代词，有人。

奚不为政：为什么不从政。奚，疑问代词，何。为政，从政，参政。

《书》：即《尚书》，又名《书经》，被儒家奉为五经之一。杨伯峻《论语译注》："以下三句是《尚书》的逸文，作《伪古文尚书》的便从这里采入《君陈》篇。"

友于：本指兄弟，这里名词动用，友爱。

施：延及，影响。

有政：指卿相大臣。杨树达《增订积微居小学金石论丛·论语子奚不为政解》："政谓卿相大臣，以职言，不以事言。"有，名词

词头，无义，起凑足音节的作用。如有周、有苗等。

是亦为政：这也就是参与政治。是，代词，这。

【简评】

孔子论政，常以孝道为治国之本，所以孝道可以影响政治，直捷点说，在家孝敬友于就是从政。换句话说，不能把出来做官作为从政的标志，在家孝友的人也是在为国家的清明添砖加瓦啊！

2.22　子曰："人而无信，不知其可也。大车无

孔子说："一个人如果不讲诚信，不知道那怎么可以。就像大车

　　ní　　　　　　　yuè

輗，小车无軏，其何以行之哉？"

没有輗，小车没有軏，它怎么能够走动呢？"

【注释】

而：假设连词，如果。

无信：不讲诚信。

輗軏：古代用牛拉的车叫大车，用马拉的车叫小车。两条纵向的车辕前有一道横木，大车的横木叫鬲（通槅），小车的横木叫衡，是驾牲口的地方。鬲与衡的两头都有连接车辕的关键（活销，销钉），輗就是鬲的关键，軏就是衡的关键。车子若无輗軏，车辕与驾牲口的横木是脱离的，自然无法套住牲口，怎么可以行走呢？

【简评】

輗軏是牛马驾车的关键，不可或缺；诚信是人为人处世的关键，不可或缺。人无信不立，诚信是人生的第二性命。孔子曾经反复强调诚信的极端重要性。普通百姓应该讲信用，执政者更应该讲信用。曾子烹彘，以示父母不欺子；孟母买东家豚肉给孟子吃，以

明自己不欺子。这都是著名的诚信教子的事例。

2.23　子张问："十世可知也？"　子曰：

子张问："今后十个朝代的事，可以预知吗?"孔子说："殷商

"殷因于夏礼，所损益可知也；周因于殷

因袭夏代的礼仪制度，所增减的内容现在可以看得出来；周代因袭殷商的礼仪

礼，所损益可知也；其或继周者，虽百世

制度，所增减的内容，现在也看得出来；也许将来有继周而起的人，即使是以

可知也。"

后一百代，也是可以预知的。"

【注释】

世：古称三十年为一世。王充《论衡·宣汉》："且孔子所谓一世，三十年也。"

也：同耶。

殷：即商代。

因：因袭，继承。

夏礼：夏朝的礼仪制度。

损益：减少和增加。

继周者：继承周朝而执政的人。

虽：假设连词，即使。

【简评】

孔子认为，殷朝对夏朝的礼仪制度有继承有变革，周朝对殷朝的礼仪制度也有继承有变革。这种有继承有变革的情况将会继续下去，因此，参考过去，可以预知将来，所谓"百世可知"。社会向前发展，礼仪制度的因革损益必然随之而变化，但万变不离其宗，礼仪制度中有益于人类发展的精华则不会变。

2.24　子曰："非其鬼而祭之，谄(chǎn) 也。见义不
孔子说："不应当祭祀的鬼神而去祭拜，这就是谄媚。遇见应该
为，无勇也。"
做的事却不去做，这就是怯懦。"

【注释】

鬼：人所归为鬼，泛指人死的魂灵，但古代一般指已死的祖先。

谄：谄媚，奉承。

【简评】

《礼记·曲礼下》曰："非其所祭而祭之，名曰淫祀，淫祀无福。"清人孙希旦注释言："非所祭而祭之，谓非所当祭之鬼而祭之也；淫，过也，或其神不在祀典，如宋襄公祭次睢之社，或越分而祭，如鲁季氏之旅泰山，皆淫祀也。淫祀本以求福，不知淫昏之鬼不能福人，而非礼之祭，明神不歆也。"《左传·僖公十年》曰："狐突曰：'神不歆非类，民不祀非族。'"孔子直接将淫祀者斥之为"谄"。钱穆《论语新解》指出："谄媚则非人道也。……本章连举两事，若不为伦类，然皆直指人心。盖社会种种不道与非义，皆由人心病痛中来，如谄与无勇皆是。孔门重仁，乃心教最要纲领也。"不该做的却去做，此非人道；该做的却不去做，亦非人道！

八佾篇第三

3.1　孔子谓季氏："八佾^{yì}舞于庭，是可忍也，

孔子评论季氏说："他用六十四人在庭院里表演，这样的事情都

孰^{shú}不可忍也？"

能容忍，还有什么事情不能容忍呢？"

【注释】

季氏：季氏指季平子，春秋时期鲁国的大夫。杨伯峻《论语译注》："根据《左传》昭公二十五年的记载和《汉书·刘向传》，这季氏可能是指季平子，即季孙意如。据《韩诗外传》，似以为季康子，马融注则以为季桓子，恐皆不足信。"

佾：乐舞的行列，每行八人为一佾。周礼规定：天子八佾，八八六十四人；诸侯六佾，六八四十八人；卿大夫四佾，四八三十二人；士二佾，二八一十六人。

庭：祭祀祖先宗庙的大厅。

忍：忍心。杨伯峻《论语译注》："一般人把它解为'容忍''忍耐'，不好；因为孔子当时并没有讨伐季氏的条件和意志，而且季平子削弱鲁公室，鲁昭公不能忍，出走到齐，又到晋，终于死在晋国之干侯。这可能就是孔子所'孰不可忍'的事。《贾子·道术篇》：'恻隐怜人谓之慈，反慈为忍。'这'忍'字正是此意。"

孰：通谁，什么。《论语·颜渊》："百姓不足，君孰与足。"《后汉书·杨震传》《三国志·魏志·司马芝传》引"孰"作"谁"。

【简评】

季平子是鲁国大夫,季氏与孟孙、叔孙三家是鲁国势力显赫的权贵。鲁昭公二十五年(前517),在鲁昭公将要祭祖时,季平子不仅不参加他必须参加的鲁国祭祖活动,反而在家中举行祭祖;更有甚者,季平子还把鲁昭公要祭祖的乐舞队员四佾调到他家里去了,致使身为诸侯的鲁昭公祭祖时须有六佾的乐舞队员知剩下了两佾,祭祖无法举行。季平子是大夫,家里有四佾,再加上他调动来的四佾就成了八佾,而规定天子才能有八佾的祭祖活动在一个大夫的家里隆重举行了,他竟然摆出了天子的排场。得知此事,孔子说出了那两句名言:"是可忍,孰不可忍?"季平子的猖狂跋扈,于此可见一斑!孔子认为,季平子的行为违背了礼制,僭礼的行为是大逆不道的,表明了自己坚决维护礼制的立场。

3.2 三家者以《雍》彻。子曰:

孟孙、叔孙、季孙三家家祭后也歌唱《雍》诗撤除祭品。孔子

"'相维辟公,天子穆穆',奚取于三
说:"《雍》诗说'助祭的都是诸侯,天子的仪容庄严肃穆'。这两句诗在三家

家之堂?"
庙堂上来唱,取它哪一点呢?"

【注释】

三家:孟孙氏、叔孙氏、季孙氏三家。他们是春秋末期鲁国的大夫,公元前562年,三家瓜分鲁国政权。

《雍》:指《诗经·周颂·雍》,是周天子祭祀宗庙完毕撤去祭品时唱的诗篇。彻食奏《雍》,乃天子之礼。

彻:通撤,指撤去祭品。

相:傧相,助祭者。辟公:诸侯。

穆穆：庄严的样子。

奚：何，哪些。堂：庙堂。

【简评】

上章谴责季孙氏僭礼的行为，本章深斥鲁三家之僭礼妄为，于此亦可见出鲁三家的飞扬跋扈。一个时代社会风气之开始变坏，大都是由有权势者导夫前路。

3.3 子曰："人而不仁，如礼何？人而不仁，如

孔子说："作为人却不仁，礼仪对他有什么意义呢？作为人却不

yuè

乐何？"

仁，音乐对他有什么意义呢？"

【注释】

仁：仁心。

乐：礼仪中的音乐。

【简评】

孔子学说的核心是仁，以仁立人，无仁则不成其为人。礼乐必须以仁为根本，它只是仁的外在表现，只有仁者举行礼乐才有意义，不仁之人举行礼乐，不仅没有意义，反而会使礼乐变质。礼乐会随时而变，而仁则亘古不变！人若无仁心，无异于狼披羊皮、猴戴人冠。

3.4 林放问礼之本。子曰："大哉问！

林放向孔子请教礼的本质。孔子说："意义重大啊，这个问题！

礼，与其奢也，宁俭；丧，与其易也，

一般的礼，与其奢侈，宁可节俭一些。一般的丧礼，与其忍着悲痛而和颜悦

宁戚。"

色，不如大放悲声。"

【注释】

林放：鲁国人。生平不详。

礼之本：礼的本质、根本。

易：和悦，和颜悦色。皇侃《论语集解义疏》卷二引汉代包咸曰："易，和易也。言礼之本意，失于奢，不如俭也；丧失于和易，不如哀戚也。"《礼记·檀弓上》："子路曰：'吾闻诸夫子：丧礼，与其哀不足而礼有余也，不若礼不足而哀有余也。祭礼，与其敬不足而礼有余也，不若礼不足而敬有余也。'"可以参看。

与其……宁：固定句式，与其……不如……。"奢""俭"，一对反义词；"易""戚"，一对反义词。

戚：哀痛。

【简评】

林放问到礼的本质问题，孔子慨叹他问的问题太重要了，问到了礼的根本原则、本质问题。孔子认为，在一般礼仪方面，与其奢侈浪费，不如节俭；在丧礼方面，与其强忍悲痛，不如把内心的哀戚表现出来。因为礼的本质在于内心的真诚恭敬，而外在仪式场面的讲究排场，乃是虚华，是表面文章；宁俭、宁戚，是恭敬诚笃；奢与易，与礼的本质相违背，故不足取。孔子一贯反对礼的奢侈，《述而》篇曰："子曰：'奢则不孙，俭则固。与其不孙也，宁固。'"

3.5 子曰："夷狄之有君，不如诸夏之亡也。"

孔子说："文化落后的夷狄虽然有个君主，还不如中原各国没有君主呢。"

【注释】

夷狄：古代称华夏以外的文化落后的部族，东方的叫夷，北方的叫狄，南方的叫蛮，西方的叫戎，总称夷狄。

之：加在主谓之间取消句子独立性。下"之"字同。

诸夏：周代分封的中原各个诸侯国，亦称华夏，泛指中原地区。

亡：通无；没有。臣下僭越乱分，违背了上下尊卑的礼法，故说无。

【简评】

华夏和夷狄的区别，在于礼乐文明即文化，而不在于种族、肤色、贫富。孔子的思想是以文化为中心，凡没有文化的，称为夷狄，中国则称华夏、中原，是有文化的。可见，孔子十分推崇文化！

3.6　季氏旅于泰山。子谓冉有曰："女(rǔ)弗能救
季氏要去祭泰山。孔子对冉有说："你不能设法补救、阻止他

与？"对曰："不能！"子曰："呜呼！曾(zēng)谓泰山不
吗？"冉有回答道："不能。"孔子说："哎呀！竟然说泰山的神还不如林放那

如林放乎？"
么懂得礼法，愿意接受非礼的祭祀吗？"

【注释】

旅：动词，祭祀。《周礼·春官·大宗伯》："国有大故，则旅上帝及四望。"按周礼规定，天子祭祀天下的名山大川，诸侯祭祀封地内的名山大川，大夫以下不得祭祀山川，否则为僭越礼制。

冉有：孔子的学生，字子有，当时是季氏的家臣，故孔子责

备他。

救：阻止。朱熹《论语集注》："救，谓救其陷于僭窃之罪。"

曾：竟然。

【简评】

本章是孔子再次对季氏僭礼的行为的批评，季氏是鲁国的大夫，不够资格祭拜泰山。当时，冉有正是季氏的家臣，孔子想让冉有阻止季氏的行为，冉有表示无能为力。林放曾经向孔子请教行礼的根本原则，他应该懂得礼的本质，了解礼的规定，所以孔子发出了深深的慨叹。朱熹《论语集注》："言神不享非礼，欲季氏知其无益而自止，又进林放以厉冉有也。"显然，孔子在批评季氏的同时，也对冉有未能维护礼仪的失职行为给予了批评，至于冉有是真的无力阻止还是默许季氏的行为，则不得而知。但由本章可以看出，季氏不断地僭礼，孔子则以维护礼为己任。季氏旅于泰山一事，说明礼崩乐坏已司空见惯，而绝非个案。

3.7　子曰："君子无所争。必也射乎！揖让而升，下而饮。其争也君子"。

孔子说："君子没有什么可争的事。如果有所争，一定是射箭比赛吧！先相互作揖然后上堂，射箭后又相互揖让再喝酒。那一种竞争也是很有礼貌的君子之争。

【注释】

必：假设连词，如果。

揖让而升：指古代射礼时宾主相见的礼仪。宾主并进，互相三揖以示谦让，然后才升堂竞技。升，登堂进入比赛。

下而饮：指全部射完后，胜者先向败者揖让，然后才下堂，取酒立饮。

其争也君子：那一种竞争也是很有礼貌的君子之争。朱熹《论语集注》："言君子恭逊不与人争，惟于射而后有争。然其争也，雍容揖逊乃如此，则其争也君子，而非若小人之争矣。"

【简评】

本章孔子劝导世人谦卑自牧，退让明礼，不争名争利，不为意气之争。若遇到一定要争一高下的事情，也要谦逊礼让，有君子的风度。既要注意竞争的内容，也要讲究竞争的方式。《卫灵公》篇曰："子曰：'君子矜而不争。'"也主张君子庄矜而不争。《荀子·尧问》曰"君子力如牛，不与牛争力；走如马，不与马争走；知如士，不与士争知。"可以参看。

3.8 子夏问曰："'巧笑倩兮，美目
qiàn

子夏问道："'美妙的笑容双颊多好看啊；黑白分明的眼睛顾盼生

盼兮，素以为绚兮。'何谓也？"子曰：
xuàn

姿啊；洁白的脸上再加上五彩的颜色啊。'这几句诗指的是什么意思？"孔子

"绘事后素。"

说："是说画画先把白底抹好，然后加上五彩的颜色。"

曰："礼后乎？"子曰："起予者商

子夏说："是不是如同人要先有仁义的美德，然后再用礼来修饰呢？"孔

也，始可与言《诗》已矣！"

子说："启发我的就是你卜商啊！现在可以跟你谈论《诗》三百篇了。"

【注释】

巧笑倩兮，美目盼兮：出自《诗经·卫风·硕人》，今本《硕人》无"素以为绚兮"一句。巧笑，美好的笑。倩，面颊好看，

形容楚楚动人的笑貌。美目，漂亮的眼睛。盼，眼睛黑白分明。兮，语助词，啊。

素以为绚兮：据考，此句出自《鲁诗》。素以为绚，即以素为绚，在洁白脸上再加上倩盼之态而显得绚丽多彩。素，指脸色素洁。绚，华丽。

绘事后素：即绘事后于素，言彩绘需要以洁白底子为基础，有了洁白的底子再在上面加色添彩。

礼后乎：指子夏悟出礼乐的产生是在仁义之后。

起：启发。

予：孔子自称。

商：子夏的名字。

【简评】

孔门论诗，从不为论诗而论诗，而往往与人生联系起来，以明道德人心。子夏由诗"巧笑倩兮，美目盼兮，素以为绚矣"三句悟出"礼"在"仁义"之后，孔子大加赞赏，行礼如同绘画，须先有洁白的品质，然后才有可能画出光彩夺目的作品；人应该先具备仁义忠信之质，再饰之以礼，才有可能成为文质彬彬的君子。质言之，美好的事物，一定要有美质，之后才配得上文彩。底色是美的前提条件啊！

3.9　子曰："夏礼，吾能言之，杞(qǐ)不足征也。殷
孔子说："夏代的礼制，我能说出来，杞国保存的史料却不足以

礼，吾能言之，宋不足征也。文献不足故也。足，
证明。殷代的礼制，我也能说出来，宋国的史料也不足以证明。因为两国的典

则吾能征之矣。"
籍与贤者不足。若有足够的文件和贤者，我就可以引以为证了。"

【注释】

杞：春秋时国名，是夏朝王室之后，存有夏礼，古城在今河南杞县，后来迁到山东省新泰，后又迁至昌乐、再至安丘一带。

征：验证，证明。

宋：春秋时国名，是商汤的后裔，在今河南商丘一带。

文献：文，指历史典籍；献，指通晓典籍的贤人。杨伯峻《论语译注》："《论语》的'文献'和今天所用的'文献'一词的概念有不同之处。《论语》的'文献'包括历代的历史文件和当时的贤者两项(朱注云：'文，典籍也；献，贤也。')。今日'文献'一词只指历史文件而言。"

【简评】

孔子重礼，而礼存在于历史文献以及通晓典籍的贤人之中，因此，讲礼须通晓前代历史，孔子正是一位严谨的历史学家，他虽然博学多识，好古敏求，而对历史文献材料的态度却十分严谨。他深深慨叹夏礼与殷礼的失传：杞、宋两国之典籍、贤人皆嫌不足，我无法引以为证；文献无征，只得老老实实地存疑。这种态度是真正的科学态度。

3.10　子曰："禘自既灌而往者，吾不欲观之矣。"

孔子说："禘祭的祭礼，用酒洒地以降神之后，我就不想再看下去了。"

【注释】

禘：古代一种只有天子才可以举行的最高规格的大祭典礼。只有一个特例，周公旦可以举行禘祭，因为周公旦对周朝有莫大的功勋，因此周成王允许周公禘祭。作为诸侯的鲁国国君一直举行禘祭，孔子认为是"僭"礼，所以不想看下去了。

灌：禘礼的第一道仪式，用盛酒的礼器装入用香草和黍酿成的香酒献给受祭者"尸"（一般用年幼的男女活人装扮顶替），使"尸"闻到香气而不饮用，之后洒酒于地。这一过程就叫"灌"。灌，本作祼（音 guàn）字，又作盥，乃酌鬯（音 chàng）初献之名。

【简评】

孔子不赞成鲁之禘祭，所以自"灌"以往即不欲观，这无异于说我不想在鲁国看到举行禘礼。孔子十分重礼，对违反礼的行为十分不满。这恰好表明当时的确到了礼崩乐坏的时代。

3.11 或问禘之说，子曰："不知也；知其说者之于天下也，其如示诸斯乎！"指其掌。

有人问禘祭的理论，孔子说："我不知道；如果有人知道它的理论对于治理天下来说，就好比看这只手掌一样的容易。"说的同时，他指着自己的手掌。

【注释】

禘之说：禘祭的理论。

示：同视。

诸：兼词，之于。

斯：这，指手掌。

【简评】

本章当与上章合观对读，上章言孔子"不欲观"，本章言"不知也"，都是委婉地表达他对鲁国禘祭"僭礼"的不满之情。《礼记·祭统》云："禘尝之义大矣，治国之本也。"大家都知道禘祭的理论。孔子熟谙禘祭之礼，他之所以说"不知也"，盖因鲁国国君应该知道禘祭之礼的全部理论，却明知故犯，僭越妄为，旨在批评鲁国国君数典忘祖，而故意说"不知也"。

3.12 祭如在，祭神如神在。子曰："吾不与^{yù}祭，

祭祀祖先时，就好像祖先真临其境受祭；祭神的时候，就好像神真

如不祭。"

临其境受祭。孔子说："我如果不真心诚意地去祭祀，就如同没有祭拜一样。"

【注释】

祭如在：指祭祀祖先一定要诚敬，如同在生时一样。《礼记·玉藻》曰："凡祭，容貌颜色，如见所祭者。"

与：参与。

【简评】

孔子说明祭礼重在诚敬，既然祭祀，就应秉持虔诚之心，表里如一，以表达自己的诚敬心意，如同祖先、神就在自己面前一样，正所谓心诚则灵。如果心不诚，准备不足，敷衍了事，甚至装装样子，那就失去了祭祀的意义。祭祀重在诚敬，做什么事不应该诚敬呢？了解了祭礼，也就可以触类旁通做人的道理了。《春秋繁露·祭义》曰："孔子曰：'吾不与祭，如不祭。祭神如神在。'重祭事如事生。故圣人于鬼神也，畏之而不敢欺也，信之而不独任，事之而不专恃。"可以参看。

3.13 王孙贾^{gǔ}问曰："'与其媚于奥，宁媚于灶'，

王孙贾问道："'与其谄媚房屋西南角的神，不如谄媚灶神'，这两句

何谓也？"子曰："不然；获罪于天，无所祷^{dǎo}也。"

话什么意思？"孔子答道："不是这样的；如果做事得罪了上天，祷告是没有用的。"

【注释】

王孙贾：卫灵公的大臣。

与其媚于奥，宁媚于灶：是当时俗语。"媚"为谄媚。"奥"即屋室的西南隅，是尊神的位置。"灶"指古人祭拜的灶神，地位稍为卑下。这里王孙贾乃以奥比卫灵公，而自比灶神，他认为媚奥不如媚灶，想要孔子奉承他，特以此俗语来刺激孔子。

祷：祈祷，以祈求福泽。

【简评】

本章王孙贾与孔子的对话，使用当时俗语作比喻，形象传神。王孙贾想让孔子巴结自己，本意是说，你与其巴结卫灵公，还不如巴结我这个大臣。可是孔子拒绝在"媚奥"与"媚灶"二者之中做出选择，并斩钉截铁说出了他的观点：获罪于天，无所祷也！孔子尊崇天理，不谄媚求人、神，认为君子心底坦荡，为人仁义，仰不愧于天，俯不怍于地，就不必怕天地鬼神。反之，没有什么人、神能保佑他。《春秋繁露·郊语》曰："天者，百神之大君也。事天不备，虽百神犹无益也。何以言其然也？不祭天而祭地神者，《春秋》讥之。孔子曰：'获罪于天，无所祷也。'是其法也。"可以参看。

3.14 子曰："周监于二代，郁郁乎文哉！吾
_{yù}
孔子说："周代的礼制借鉴了夏商二代而修订，礼制文物丰富多
从周。"
彩啊！我主张遵从周代的。"

【注释】

监：本义是镜子，这里是鉴视、借鉴的意思。二代：指夏代、

商代。

　　郁郁：丰富多彩。

　　从：遵从，赞同。

　　郁郁：通馘馘。《说文》："馘，有文章也。"这里的文章正是指错综华美的色彩或花纹。

【简评】

　　周代在夏商两代之后，周公借鉴了夏商的礼制，制定了丰富多彩、洋洋大观的周礼，此即所谓"周公制礼"，孔子推崇周礼，对周公更为敬仰。"吾从周"，是孔子毕生坚持的基本立场，他毕生都在竭尽全力地捍卫周代的礼制。孔子一生"好古敏求"，信奉"温故知新"的原则，"周监于二代"乃是孔子之"温故"；他厘清了周公制礼的依据，高度赞赏周礼达到了"郁郁乎文哉"的境地，于是发出了"吾从周"的誓言，这是孔子之"知新"。简言之，周礼于夏商二代礼制有继承，更有发展。《汉书·礼乐志》曰："王者必因前王之礼，顺时施宜，有所损益，即民之心稍稍制作，至太平而大备。周监于二代，礼文尤具，事为之制，曲为之防，故称礼经三百，威仪三千。于是教化浃洽，民用和睦，灾害不生，祸乱不作，囹圄空虚，四十馀年。孔子美之曰：'郁郁乎文哉！吾从周。'"班固正是从《论语》中得到启迪而立论的。《论语》的影响之大于此可见一斑

　　　　　　　　　　　　　　　　　　　　　　　　zōu

　3.15　子入太庙，每事问。或曰："孰谓鄹人之

　　孔子进入周公庙，每件事情都要发问。有人就议论他："谁说这

子知礼乎？入太庙，每事问。"子闻之曰："是

鄹人的儿子懂得礼呢？进入周公庙，每件事都要问人。"孔子听到此话便说：

礼也。"

"这就是礼啊。"

【注释】

太庙：杨伯峻《论语译注》："古代开国之君叫太祖，太祖之庙叫太庙。周公旦是鲁国最初受封之君，因之这太庙就是周公的庙。"

鄹人之子：指孔子。鄹，地名，鲁国的一个小邑。《史记·孔子世家》："孔子生鲁昌平乡鄹邑。"有人说即是山东曲阜东南十里的西邹集。鄹人是指孔子的父亲叔梁纥，曾作过鄹邑的大夫，古代经常把某地的大夫称某人。说详杨树达《古书疑义举例续补·大夫称人例》(《古书疑义举例五种》)。鄹人之子，即指孔子，颇有轻视的意思。

每事问：当指问每件不确切知道的事情。朱熹《论语集注》："此盖孔子始仕之时，入而助祭也。……孔子父叔梁纥尝为其邑大夫……孔子自少以知礼闻，故或人因此以讥之。孔子言是礼者，敬谨之至，乃所以为礼也。"

【简评】

本章记述孔子在官府担任职务后，初次进入周公庙的一次非常引人注目的表现：每事问。孔子未进周公庙之前，就以"知礼"而闻名，可是进入周公庙却"每事问"，这自然引起了别人对他"知礼"的怀疑，有人即以不屑的口吻讥笑他名不副实、徒有其名。孔子则认为，问清楚自己不清楚的事情，也是礼；换言之，每事问，正是礼。孔子的"每事问"所蕴含的可贵品质甚多：一是表现出孔子自谦好学、不耻下问、平易近人、不以"知礼"专家自居的优秀品德；二是表现出他一丝不苟、严谨治学、谨慎之至的优秀品德；三是表现出他心胸广阔、不怕别人批评甚至讥笑的优秀品德。这些优秀的品德是孔子留给后人的珍贵无比的精神财富，值得后人永远继承和效法。

近代著名教育家陶行知先生作过一首题为《每事问》的五言律诗，引在下面供读者参考："发明千千万，起点是一问。禽兽不如人，过在不会问。智者问的巧，愚者问的笨。人力胜天工，只在每事问。"

3.16 子曰："射不主皮，为力不同科，古之
<small>wèi</small>
孔子说："比赛射箭，不一定要贯穿箭靶，因为每个人力气不一
道也。"
样，这是古代射礼的规矩。"

【注释】

射不主皮：射，孔子提倡的六艺之一，目的在于提升身体的健康。射分礼射与武射，这里指的是演习礼乐的射，礼射以射中为主，比的是射技，不像武射则以射穿皮革为主，比的是力气。皮，指箭靶子，用布或皮做成，上面画各种猛兽或其他图案，最中心的地方叫做"正"或"鹄（hú）"。

为力不同科：为，因为。同科，同等。等级义。人力强弱不同等，故礼射主中，不主贯穿皮革。

古之道：古代的规矩。《礼记·乐记》曰："武王克商，散军郊射，而贯革之射息。"正与《论语》所言相同。

【简评】

孔子非常重视射礼的教化功能，他针对当时礼崩乐坏、射者主皮的现实，积极提倡"射不主皮"的"古之道"。通过射箭，可以看出一个人是否有遵从礼制的品德。

3.17 子贡欲去告朔之饩羊。子曰："赐也！尔
<small>shuò xì</small>
子贡想要去掉鲁国每月初一告祭祖庙杀只活羊的仪式。孔子说：
爱其羊，我爱其礼。"
"赐啊！你舍不得那只羊，我却舍不得那个礼。"

【注释】

去：去掉，废除。告朔：按照周礼的规定，周天子每年秋冬之际，就把第二年的历书颁发给诸侯，诸侯把历书放在祖庙里，并按照历书规定行使，每月初一日来到祖庙，杀一只活羊祭祀祖先，这就叫告朔。一是表示对祖先的感恩，二是表示每月听政的开始。朔，农历每月的初一。饩羊：祭祀用的羊，只杀死而不煮熟。鲁国自文公起即不认真实行告朔之礼，既不亲临祖庙，也不听政，但每月初一照旧杀一只羊敷衍一下罢了。子贡认为这是"虚应故事"，不如废除"告朔饩羊"的形式，不如连羊也不要杀了。孔子则反驳子贡。

爱：吝惜。

【简评】

本章证明孔子维护周礼的态度是一贯的、坚决的。面对告朔之礼已经名存实亡的现状，子贡想要去掉这些繁文缛节，孔子则认为决不能去掉象征虔诚的仪式，一旦没有了形式，虔诚之心则失去了附着之物，仪式的精神就荡然无存了，要想复活周礼就没有任何希望了。因此，孔子批评子贡爱惜羊，而自己爱惜的是礼，师徒二人的着眼点不同，主张也就大相径庭了。可见，形式绝不是可有可无的东西。

3.18 子曰："事君尽礼，人以为

孔子说："侍奉君主，一切按礼节去做，有的人却认为他是在谄

谄也。"

媚呢。"

【注释】

尽礼：一切按礼节做。

人以为谄：当时事君者大多简傲无礼，或僭用礼乐，看到谨守礼仪者倒以为是谄媚。

【简评】

本章是针对鲁国的现状和孔子的境遇而言。钱穆《论语新解》曰："此章所言，盖为鲁发。时三家强，公室弱，人皆附三家，见孔子事君尽礼，疑其为谄也。凡读《论语》章旨不明，可参以诸章之编次。此处上下章皆言鲁事，故知此章亦为鲁发。"殊为有见。当时周室衰微，礼崩乐坏，君臣失礼在鲁国表现得尤为突出，孟孙、叔孙、季孙三家飞扬跋扈，无礼僭礼之事时有发生。孔子事君之礼完全是按照礼的规定而去做，并无个人对礼节的加多成分，但是却招致来了他人的误解，被认为是谄媚君主，于此亦可看出当时之世风。孔子身处这样的环境之中，而坚持"事君尽礼"，更难得的是"尽礼"，这正是坚决维护周礼的具体行动，也是一种矫枉纠偏的崇高姿态。孔子认为"为君难，为臣不易"（《子路》篇），主张"臣事君以忠"（《八佾》篇）。孔子是真正有独立人格、高度自信的大丈夫也！

3.19　定公问："君使臣，臣事君，如之何？"孔子对曰："君使臣以礼，臣事君以忠。"

鲁定公问孔子："国君指使臣子，臣子服事国君，各应该怎样呢？"孔子回答说："国君要依礼来指使臣子，臣子要忠心地服事国君。"

【注释】

定公：鲁国国君，姓姬名宋，"定"是谥号。

使臣：指使臣子。

【简评】

　　本章强调君臣关系是相互的，君对臣应以礼相待，臣对君应忠心耿耿。如果君不像君，则臣不像臣，君臣关系则难以融洽，国家前途不言而喻。《晏子春秋·杂上》、《新序·杂事》一、《左传·襄五年》、《晏子春秋·谏下》、《荀子·臣道》均有君不君、臣不臣的诸多记载，可以参看。

　　3.20　子曰：“《关雎》乐而不淫，哀而
孔子说：“《关雎》这篇诗表现快乐不至于过分，悲哀也不至于
不伤。”
伤神。”

【注释】

　　《关雎》：是《诗经·国风》之首篇，是一首欢快的爱情诗。杨伯峻《论语译注》：“这篇诗并没有悲哀的情调，因此刘台拱的《论语骈枝》说：‘诗有《关雎》，乐亦有《关雎》，此章据乐言之。古之乐章皆三篇为一。……乐而不淫者，《关雎》《葛覃》也；哀而不伤者，《卷耳》也。’”

　　淫：本义指雨水过多漫溢为害，此处指乐得过分而失当。

　　伤：悲哀得过分而害于和。

【简评】

　　孔子认为中庸是无上的至德，他评论《关雎》一诗也是按照中庸的原则，所谓“乐而不淫，哀而不伤”，是就《关雎》之音乐而言，不是就诗的内容立论。《关雎》之音乐听起来有快乐但不过分失当，有哀伤但不过分伤神锥心，可以用“发乎情，止乎礼义”来形容，“发”而能“止”，即为中庸。孔子深

知音乐之三昧，他认为人的情感的宣泄要有节制，哀和乐都不能过分，"乐而不淫，哀而不伤"正是孔子聆听《关雎》等乐曲时的深刻感悟。

3.21　哀公问社于宰我，宰我对曰："夏后氏
鲁哀公问宰我制作土神的牌位用什么样的木头？宰我回答说：

以松，殷人以柏，周人以栗。曰：'使民战
"夏代用松木，殷代用柏木，周代用栗木。并且说：'意思是要人民战战栗

栗。'"子闻之，曰："成事不说，遂事不谏，
栗。'"孔子听到后，责备宰我说："已经做了的事不用再解释，已经完成的

既往不咎。"
事不能再挽救，已经过去的事不必再追究。"

【注释】

　　社：土神。这里指木制的土神的牌位，又叫木主。古人认为这一木主便是神灵的凭依。

　　宰我：名予，字子我，孔子弟子。

　　夏后氏：指夏朝。下文殷人指商朝，周人指周朝。

　　栗：栗木。

　　战栗：因恐惧而颤抖。

　　成事：已经做过的事。

　　遂事：已经完成的事。遂，成功，实现。

　　既往：已经过去的事。咎：责备。皇侃《论语集解义疏》卷二引汉包咸："事已成，不可复说解也"，"事已遂，不可复谏止也"，"事既往，不可复追非咎也"。

【简评】

鲁哀公问关于社主用什么木头制作的问题，宰我回答夏代用松木，殷代用柏木，周代用栗木。这三句是对的，问题出在宰我臆断了一句：使民战栗——汉孔安国斥之为"妄为之说，因周用栗，便云使民战栗"（邢昺《论语注疏》）。正是这一句引起了孔子的责备，问题在于为什么孔子要责备宰我的"使民战栗"的解释呢？皇侃的答复说得好："宰我见哀公失德，民不畏服，无战栗悚敬之心，今欲微讽哀公，使改德修行，故因于答三代之木意，而又矫周树用栗之义也。"（《论语集解义疏》卷二）孔子认为，宰我的附会暴露出他的政治主张——非以德治国，以礼治国，而是以威治国，以严刑峻法震慑百姓，而周朝是孔子推崇的朝代，周礼是孔子非常拥护的礼制，孔子显然是在偏袒周朝，不愿意让宰我给周朝抹黑。这是孔子责备宰我的主要方面；其次，宰我无知妄说，孔子意在提醒他不要自作聪明，以后说话须倍加小心。这也告诉人们：言多必有失。"成事不说，遂事不谏，既往不咎"这三句十分精炼而内容深刻，可以看作是孔子对宰我的原谅之词，也是孔子留给后人的诫勉之语。

3.22 子曰："管仲之器小哉！"

孔子说："管仲的器量很狭小呀！"

或曰："管仲俭乎？"曰："管氏有三归，官事

有人问："管仲很节俭吗？"孔子说："管仲有多处采邑收市租，他的手

shè

不摄，焉得俭？"

下都不必兼职工作，如何能说是节俭呢？"

"然则管仲知礼乎？"曰："邦君树塞门，管氏

有人又问："那么管仲知道礼节吗？"孔子又说："国君宫殿前立有影壁，

diàn

亦树塞门。邦君为两君之好，有反坫，管氏亦有反

管仲家也有影壁。国君宴请外国君主，堂上有安放酒杯的土台，管仲也有同样

坫。管氏而知礼，孰不知礼？"

的土台。如果说管仲算懂得礼节，那么谁不知礼节呢？"

【注释】

管仲：名夷吾，字仲，又称管敬仲。是春秋时代齐桓公的宰相，辅佐桓公成为春秋时第一个霸主。

器：器量，器度。

三归：市租名，指管仲有可以收税的多处采邑。杨伯峻《论语译注》："'三归'的解释还有：（甲）国君一娶三女，管仲也娶了三国之女（《集解》引包咸说，皇侃《义疏》等）；（乙）三处家庭（俞樾《群经平议》）；（丙）地名，管仲的采邑（梁玉绳《瞥记》）；（丁）藏泉币的府库（武亿《群经义证》）。我认为这些解释都不正确。郭嵩焘《养知书屋文集》卷一释三归云：'此盖《管子》九府轻重之法，当就《管子》书求之。《山至数》篇曰："则民之三有归于上矣。"三归之名，实本于此。是所谓三归者，市租之常例之归之公者也。桓公既霸，遂以赏管仲。《汉书·地理志》《食货志》并云，桓公用管仲设轻重以富民，身在陪臣，而取三归。其言较然明显。《韩非子》云，"使子有三归之家"，《说苑》作"赏之市租"。三归之为市租，汉世儒者犹能明之，此一证也。《晏子春秋》辞三归之赏，而云厚受赏以伤国民之义，其取之民无疑也，此又一证也。'这一说法很有道理。我还再举两个间接证据。（甲）《战国策》一说：'齐桓公宫中七市，女闾七百，国人非之。管仲故为三归之家以掩桓公，非自伤于民也。'似亦以三归为市租。（乙）《三国志·魏志·武帝纪》建安十五年令曰：'若必廉士而后可用，则齐桓其何以霸？'亦以管仲不是清廉之士，当指三归。"

摄：兼职。

树：立。塞门：也叫"萧墙"，即设屏于门，以区隔内外，如今日门前之影壁。塞，遮蔽。此天子诸侯古礼，管仲乃大夫，亦树塞门，实为僭越。

反坫：两国君主宴会时饮酒后将空杯放置坫上，谓之反坫。反，同返。坫，放置器物的土台，用土筑成，位于两楹（厅堂前的两根柱子)之间。

【简评】

管仲是孔子很推崇的名人之一。在《宪问》篇中，孔子对管仲评价非常之高："子曰：'管仲相桓公，霸诸侯，一匡天下，民到于今受其赐。微管仲，吾其被发左衽矣。'"这是对管仲丰功伟绩的高度称赞。本章则对管仲之"器"提出质疑，有人问管仲是否节俭，孔子拿出两条论据否定管仲之"俭"，一是有采邑，二是他的部下只做自己的专职工作就可以生活了，没有人兼职工作。又有人问管仲是否知礼，孔子又拿出两条论据否定管仲之"知礼"，一是他和国君诸侯一样设有萧墙，二是和国君诸侯一样置有搁放酒杯的土台，这两点是管仲僭礼的证据。因此，孔子认为如果把管仲排列在知礼者的范围之内，那么天下就没有不知礼的人了，因为天下不知礼的人或许不少，然而僭礼者却委实不多。如管仲，怎能算作知礼之人？这就是孔子的推理逻辑。可见，孔子对应当赞美者就加以赞美，必须指责者也不随便放过。

3.23 子语鲁大师乐，曰："乐其可知也；始作，
孔子把音乐的道理告诉鲁国的太师，说："音乐是可以晓得的；
翕如也；从之，纯如也，皦如也，绎如也，
刚开始演奏，曲调奔放而热烈；接着曲调放开后，和谐舒展，明快清晰，然后
以成。"
连绵不绝，余音绕梁，于是整首乐曲完成了。"

【注释】

语：告诉。

鲁大师：鲁国的最高乐官，负责诗教和乐教。大师，即太师，乐官的名称。

翕如：奔放而热烈的样子。如，然；下三"如"字同。

从：通纵，展开。

纯如：和谐舒展的样子。

皦如：明快清晰的样子。

绎如：连绵不断的样子。

以成：而后完成。

【简评】

孔子对音乐有很深的造诣，能演奏多种乐器，会弹琴、鼓瑟、吹笙、击磬等，还能作词谱曲，一生重视礼乐教化并躬身力行，强调音乐从道德上感化人心，他曾说："移风易俗莫善于乐，安上治民莫善于礼。"（《孝经·广要道》章）孔子还很喜欢唱歌，听别人唱歌要是认为唱得好，就一定请他再唱一遍，然后和着他一起唱，即"子与人歌而善，必使反之，而后和之"（《论语·述而》）。孔子谦虚好学，经常向各国乐师请教和讨论音乐。他为了弄清乐的根柢，访问了周王室主管乐的苌弘，得到了苌弘的赞扬。《孔子家语》中记载了他向鲁国的乐官师襄子学习弹琴的故事。师襄子教孔子一首曲子，孔子弹了十日还在练习，师襄子说："可以学另一首曲子了。"孔子说："我虽然学会了曲子，但还没有熟悉它的韵律。"过了些天，师襄子说："可以学下一首曲子了。"孔子说："我还不知它所表现的心志。"又过了些天，师襄子说："可以学下一首曲子了吧！"孔子说："可我还没有体会出作曲者是一位怎样的人啊！"再过了些天，师襄子问："知道作曲者是谁了吗？"孔子说："我感受到这个人形象高大，目光明亮而深邃，一心要感化四方，心胸宽大能包容天下。他莫非是周文王吗？"师襄子惊讶地说："不错！我的老师讲过，这个乐曲名就叫作'文王操'。"随后孔子以"精粹微

妙之义入于神化”的娴熟技巧演奏了这首曲子，使师襄子佩服得
“避席而拜”。由此可知，孔子学琴不但重视技法“得其曲”，还能
通过乐曲的体验过程悟出“得其数”“得其意”“得其人”“得其
类”；“故孔子持文王之声，知文王之为人”（《韩诗外传》），孔子从
琴声中竟能感悟出文王的志向和胸怀，可见其领悟乐境之深。

　　本章可以说是孔子给鲁国的最高音乐长官所上的一次音乐理论
课，他非常谦虚地说，音乐的原理大概是可以了解的，然后用“翕
如”“纯如”“皦如”“绎如”四个词作比喻，将无形的、只可闻听
而不可目见的音乐演奏过程形容出来，换言之，孔子将一首乐曲从
开始到进入主旋律再到结尾的主观感受通过文字表述给鲁太师。孔
子音乐修养之深可见一斑。

　　　　　　　　　　　xiàn
3.24　仪封人请见，曰“君子之至于斯也，
　　　仪地掌管边界的官吏求见孔子接见他，说：“所有来到这里的有

　　　　　　　　　　　　　　　　　　　　xiàn
吾未尝不得见也。”从者见之。出曰：“二三
道德学问的人，我没有不会面的。”孔子的随行学生请求孔子接见了他。他见

　　　　　　　　sàng
子，何患于丧乎？天下之无道也久矣，天将以
过孔子出来对孔子的学生们说：“诸位何必担忧丢失了官位呢？天下混乱已经

　　　　　duó
夫子为木铎。”
很久了，上天将会把你们的老师当做宣扬教化的导师的。”

【注释】

　　仪封人：仪，地名。封，边疆；封人，掌管封疆的官吏。杨伯
峻《论语译注》：“《左传》有颍谷封人、祭封人、萧封人、吕封
人，大概是典守边疆的官。说本方观旭《论语偶记》。”

从者：随行孔子的弟子。见之：使孔子接见了他。何焯《义门读书记》云："古者相见必由绍介，逆旅之中无可因缘，故称平日未尝见绝于贤者，见气类之同，致辞以代绍介，故从者因而通之。夫子亦不拒其请，与不见孺悲异也。"

二三子：仪封人对跟随孔子的弟子们的称呼。

丧：失位去国。

无道：暴虐，没有德政。

木铎：木舌的铜铃，金口木舌，故称木铎。古代发布政令时，常摇动木铎来召集百姓。这里以"木铎"比喻孔子将做宣扬教化的导师。《周礼·天官·小宰》："徇以木铎。"郑玄注："古者将有新令，必奋木铎以警众，使明听也……文事奋木铎，武事奋金铎。"《周礼·地官·乡师》："凡四时之征令有常者，以木铎徇以市朝。"

【简评】

仪封人真是孔子的千古知己，孔子真是人类的万古木铎！

仪封人想让孔子接见自己的理由比较充分："所有来到这里的有道德学问的人，我没有不会面的。"他自然把孔子看作是"君子"。在孔子弟子的斡旋下，仪封人如愿以偿，我们不知道孔子和仪封人谈话的内容，然而仪封人辞别孔子出来对孔子弟子们的一番话表明，孔子的谈话和人格魅力震动了仪封人，他相信自己的判断没有错，首先，孔子的确是有道德有学问的君子；其次，尽管目前天下无道，但是天必将降大任于孔子，让孔子成为拯救天下苍生、弘扬教化的导师！"天将以夫子为木铎"，两千多年前仪封人的预言是多么的准确啊！

3.25　子谓《韶》："尽美矣，又尽善也。"谓

孔子评论《韶》乐时说："美极了，而且好极了。"评论《武》

《武》："尽美矣，未尽善也。"

乐时说："美极了，却还不够好。"

【注释】

《韶》：相传为舜时的乐曲名。

美、善；美指表于外的声乐和舞蹈，善指蕴于内的意义和内涵。杨伯峻《论语译注》："舜的天子之位是由尧'禅让'而来，故孔子认为'尽善'。周武王的天子之位是由讨伐商纣而来，尽管是正义战，依孔子意，却认为'未尽善'。"

《武》：周武王时乐曲名。

【简评】

《韶》相传为舜时的乐曲，歌咏舜的德治教化；《武》是周武王时的乐曲，歌咏周武王的平定天下。孔子评论《韶》曲尽善尽美，评价《武》乐尽美而未尽善，可见孔子主张音乐应该美善结合，在《述而》篇里，孔子也是十分赞美《韶》曲："子在齐闻《韶》，三月不知肉味。曰：'不图为乐之至于斯也。'"为什么孔子如此赞美《韶》曲而对《武》乐却持遗憾的态度呢？杨树达先生《论语疏证》指出："声音之道与政通，乐者政之发于声音者也，古人闻其乐而知其政。舜揖让传贤为大同之治，武王征诛世及为小康。故孔子称《韶》乐为尽善尽美，《武》尽美而未尽善也。孔云《武》未尽善，犹季札之言《濩》有惭德也。"谁谓音乐与政治无关呢？

3.26 子曰："居上不宽，为礼不敬，临丧不哀，
孔子说："处在上位不能宽宏大量，行礼时不恭敬，吊祭时不哀
吾何以观之哉？"
痛，这种人的行为叫我还要看他什么呢？"

【注释】

居上：居于上位，即处在统治地位。不宽：不宽宏，刻薄。

为礼：行礼，即举行祭祀仪式。

临丧：到丧家去吊祭。不哀：不悲痛。

【简评】

　　本章是孔子教人要注重道德修养，要重视行为的根本。手中掌权者应以宽宏大量为主，以德行政，宽以待人，而不能对下属过于刻薄乃至严酷，不能要求人人都是圣人。举行祭祀仪式，一定要存恭敬之心，不能敷衍了事，草率做过。参加吊祭要有沉痛的心情，不能面部表情上显露喜悦之色。要之，该宽宏时就宽宏，该恭敬时就恭敬，该悲伤时就悲伤。"宽""敬""哀"三者正是"仁"的具体表现，这是孔子有感于当时社会风气的败坏而言，前人敏锐地看出了其要义，皇侃《论语集解义疏》卷二曰："此章讥当时失德之君也。为君居上者宽以得众，而当时居上者不宽也。又礼以敬为主，而当时行礼者不敬也。又临丧以哀为主，而当时临丧者不哀。此三条之事并为乖礼，故孔子所不欲观。"足资参读。

里仁篇第四

4.1 子曰：“里仁为美，择不处仁，焉
chǔ
孔子说："居住在仁厚之乡为美。选择住处不是风俗仁厚的地方，

得知？"
zhì
怎能算是明智呢？"

【注释】

里仁为美：居住在仁厚之乡为美。里，动词，居住。仁，孔子
思想的核心观点，强调人与人之间应该相亲相爱。

择：选择。处：居住。

知：通智。《论语》里的"智"字都写作"知"。

【简评】

本章是孔子教人慎重选择居住环境。这一思想对后代的影响极
大，著名的"孟母三迁"的故事家喻户晓，还被写入蒙学读物
《三字经》："昔孟母，择邻处。"荀子《劝学》曰："蓬生麻中，不
扶而直；白沙在涅，与之俱黑。兰槐之根是为芷，其渐之滫，君子
不近，庶人不服。其质非不美也，所渐者然也。故君子居必择乡，
游必就士，所以防邪僻而近中正也。"晋傅玄《太子少傅箴》："近
朱者赤，近墨者黑。"南朝宋颜延之《庭诰》云："与善人居，如
入芝兰之室，久而不闻其芳，与之化矣；与不善人居，如入鲍鱼之
肆，久而不知其臭，与之变矣。"此皆与孔子之言一脉相承。俗语
有言：远亲不如近邻，近邻不如对门。仁义之乡，和善之邻的选择

何其重要啊！尤其是在今天城市化的浪潮中，到城市购房者甚众，了解小区的居住环境就显得很重要了。风俗仁厚，大家和谐相处，互助互惠，对全家老少都是一种难得的福分。"里仁为美"应该成为我们首先考虑的条件，千万不要做孔子所批评的那种不明智的人。

4.2　子曰："不仁者，不可以久处约，不可以长

孔子说："不仁的人不可以长久处于贫困中，也不可以长久居于

处乐。仁者安仁，知者利仁。"

安乐之中。有仁德的人能安于守仁，聪明的人知道仁的好处而能行仁。"

【注释】

约：穷困。《礼记·坊记》："子云：'小人贫斯约，富斯骄；约斯盗，骄斯乱。'"

乐：安逸。

安仁：安于守仁。

利仁：知道仁对自己有利而行仁。利，意动词，以仁为利。

【简评】

本章是孔子教人不失仁之本性。"约"代表人生的困境，不仁者不会长久地守在困境中过活，因为他受不了长久的身心折磨，他必定会铤而走险，或胡作非为，或杀人越货，以图改变眼前的困境，即所谓"饥寒起盗心"；"乐"代表人生的顺境，不仁者也不会长久地在顺境中享受，因为他内心中饱暖思淫欲、骄奢狂妄的本性必将膨胀起来，败家毁业的结果随之而来。究其原因，皆因为他们的品德没有达到仁者的境地。只有仁者不仅能长久地处于困境而不改其本性，也能长久地处于顺境中而不失其本性，甚至能够安于

守仁，不改其志，随遇而安，乐天知命，而聪明的人还会利用仁德给他带来的利益而不断地做仁德之事，在仁道中享受自利利他的喜悦。本章文字不长，言若浅而意则深，它包含着深刻的观察人生、参悟人生的生存智慧。孟子的名言"富贵不能淫，贫贱不能移，威武不能屈，此之谓大丈夫"（《孟子·滕文公下》）诸句与本章源流明显。

4.3　子曰："唯仁者，能好人，能恶人。"

孔子说："只有仁人才能喜爱人喜爱得对，才能厌恶人厌恶得对。"

【注释】

好：喜爱。皇侃《论语集解义疏》卷二："孔安国曰：'唯仁者能审人之所好恶也。'"

恶：厌恶。《后汉书·孝明八王列传》注引《东观汉记》：和帝赐彭城王恭诏曰："孔子曰：'惟仁者能好人，能恶人。'贵仁者所好恶得其中也。"杨伯峻《论语译注》："我认为'贵仁者所好恶得其中'，正可说明这句。"

【简评】

言简意赅，是《论语》的突出特点之一，本章亦不例外。喜爱一个人或厌恶一个人，谁都有过这样的经历和体验，关键在于一个人喜爱或厌恶人的标准是什么，是出于公正之心，还是出于一己之私？孔子认为，只有仁者能够正确地好人恶人，因为仁者的善恶标准合乎正义，没有偏私之心，所以仁者的好恶是无偏无私的好恶，是公正、公平、正义的好恶——"贵仁者所好恶得其中也"。仁者既能好人，又能恶人；只好人而不恶人者不是仁者，只恶人而不好人者更非仁者，因此，判断一个人是否仁者，可以通过观察他所爱的人是否好人、他所憎的是否坏人而得出自己的认识；而要达到这样的地步，判断者也须接近仁者的境界，这也是一个非常艰难的终身修身的过程，正如《卫灵公》篇所载："众恶之，必察焉；众好之，必察焉。"

4.4 子曰："苟^{gǒu}志于仁矣，无恶也^è。"

孔子说："如果一个人能够立志实行仁德，他的所作所为就不会有什么恶行了。"

【注释】

苟，假设连词，如果。志：立志，动词。

恶：坏事。皇侃《论语集解义疏》卷二："言人若诚能志在于仁，则是为行之胜者，故其余所行皆善，无恶行也。"

【简评】

本章是孔子勉人实行仁德，专心向善。一个人立志于仁德的实行，他必然会拒绝恶行，他的全部精力都用在了行仁向善方面了，哪有时间再去做坏事呢？孔子十分注重立志，他劝勉大家，要立志仿效圣贤，提高自己的道德修养。只要有志于仁，起码不会做出什么坏事情。所以人的长成，最要紧的是立志行仁。

4.5 子曰："富与贵，是人之所欲也；不以其道得之，不处也。贫与贱，是人之所恶也^{wù}；

孔子说："发财和做官，这是人人所盼望的；但如果不是用正当的途径得到它，君子不会安处其间。贫穷和卑贱，这是人人所厌恶的，但如果

不以其道得之，不去也。君子去仁，恶乎成

不是用正当的途径抛弃它，君子是不会躲避的。君子如果离开仁德，又如何成

名？君子无终食之间违仁，造次必于是，颠沛

就其为君子呢？君子没有一顿饭的短暂时间会离开仁德，仓卒急忙时与仁德同

必于是。”

在，颠沛流离时也与仁德同在。”

wū

【注释】

是：代词，代"富与贵"。下"是"字同此，代"贫与贱"。

先秦文言文中，"是"字多不作判断词用。

不以其道：不用正当的途径。

不处：不安处其间。

恶乎成名：如何能成就君子之名。恶，怎样，如何。

终食之间：吃一顿饭的时间，言时间短。违：离开。

造次：匆忙仓促。是：代词，指仁。下"是"字同此。

颠沛：流离贫困。

【简评】

本章是孔子训诫人们想成为君子就要求仁行仁，仁是君子成名

的必要条件。孔子并非板起面孔教训人，而是很实在地从人生的大

端——富贵贫贱谈起，他承认富贵是每个人都想要的，贫贱是每个

人都不想要的，在《述而》篇里，孔子说："富而可求也，虽执鞭之

士，吾亦为之。如不可求，从吾所好。"又说："不义而富且贵，于

我如浮云。"然而富贵贫贱并非个人能够自行掌握，所以求富贵、去

贫贱就是每个人一生的自觉行为，换言之，每个人一生都行走在求富

贵、去贫贱的征程之中。关键在于，君子爱财，须取之有道；富贵要

以正当手段、途径求得，贫贱要以正当手段、途径摆脱，所谓"以

其道"正是指求仁行仁。若"不以其道"求得富贵，或"不以其道"摆脱贫贱，就是去仁；一旦去仁，就不能成为君子。无论是在顺境或变境中，哪怕一顿饭的工夫，君子都应该求仁行仁而不离开仁，也只有君子才能守节安贫，身处任何环境都须臾不离开仁。

东汉名臣陈蕃就以孔子的训诫为据辞让了窦太后的封赏，可以参看。《后汉书·陈蕃传》载，陈蕃屡次上疏辞让高阳侯之封："窃惟割地之封，功德是为。臣熟自思省，前后历职，无它异能，合亦食禄，不合亦食禄。臣虽无素洁之行，窃慕'君子不以其道得之，不居也'。若受爵不让，掩面就之，使皇天震怒，灾流下民，于臣之身，亦何所寄？"

4.6 子曰："我未见好_{hào}仁者，恶_{wù}不仁者。好仁者，无以尚之；恶不仁者，其为仁矣，不使不仁者加乎其身。有能一日用其力于仁矣乎？我未见力不足者。盖有之矣，我未之见也。"

孔子说："我没有见过喜爱仁德的人和厌恶不仁的人。爱好仁德的人，那是再好不过的了；厌恶不仁的人，他实行仁德，只是不让不仁德的事发生在自己身上。有谁肯花上一整天的功夫用力于仁德呢？我没有见过力量不足的。大概还是有这样的人，只是我还没见到罢了。"

【注释】

无以尚之：没有什么能超过比喜爱仁德。尚，动词，超过。之，指喜爱仁德。

盖：大概，表示推测的副词。

【简评】

本章乃孔子深深慨叹一心向仁的人很少见，也是慨叹修身之不易。同样的慨叹，在《礼记》里也可以见到，《礼记·表记》曰："子曰：'无欲而好仁者，无畏而恶不仁者，天下一人而已矣。'"郑玄注："一人而已，喻少也。"但孔子认为，仁德的培养，没有谁是力量不够，关键在于自己是否想培养仁德，而不是能不能的问题，正如孟子所说"是不为也，非不能也"，只要努力就可以达到仁德的境界。孔子苦口婆心地劝勉弟子、劝勉世人不能以任何借口放松或放弃追求仁德，因为仁德离你并不远："仁远乎哉？我欲仁，斯仁至焉。"真正喜好仁德的人，都可以达到"无以尚之"的境界，只要立志去做，没有做不到的。

4.7　子曰："人之过也，各于其党。观过，斯知仁矣。"

孔子说："什么样的人就犯什么样的错误。考察一个人所犯的错误，就可以知道他仁与不仁了。"

【注释】

党：类，这里指不同品性。

斯：则，就。

【简评】

本章是孔子教人如何观察、了解人，颇具辩证意义。杨树达《论语疏证》曰："观过知仁者，观其过而知其仁与不仁也。有过而仁者，有过而失之不仁者，故曰：各于其党也。"且举两个"过而仁者"的例子，《汉书·外戚·孝昭上官皇后列传》曰："子路丧姊，期而不除，孔子非之。子路曰：'由不幸寡兄弟，不忍除之。'故曰观过知仁。"《后汉书·吴祐传》曰："啬夫孙性私赋民钱，市衣以进其父。父得而怒曰：'有君如是，何忍欺之！'促归伏罪。性惭惧，诣阁持衣自首。祐屏左右问其故，性具谈父言。祐曰:'掾以亲故,受污秽之名,所谓观过斯知仁矣。'使归谢其父,还以衣遗之。"再举两个"过而不仁者"的例子,《韩非子·说林上》载:"乐羊为魏将而攻中山。其子在中山,中山之君烹其子而遗之羹。乐羊坐于幕下而啜之,尽一杯。文侯谓堵师赞曰:'乐羊以我故而食其子之肉。'答曰:'其子而食之,且谁不食?'乐羊罢中山,文侯赏其功而疑其心。"《韩非子·外储说》左下篇载:"梁车为邺令,其姊往看之,暮而后至,闭门,因逾郭而入,车遂刖其足。赵成侯以为不慈,夺之玺而免之令。"

4.8 子曰:"朝(zhāo)闻道,夕死可矣。"

孔子说:"早晨得知真理,当晚死了也值得了。"

【注释】

朝:早晨。

【简评】

道者,天人之道,可以理解为真理。孔子教导世人为人为学的基本原则就是"志于道,据于德,依于仁,游于艺"(《论语·述而》)。本章是孔子劝人学道,可以理解为劝人追求真理。追求真理的人生,才是有价值的人生,才是有意义的人生;反之就是浑浑噩噩的一生,是虚度白活的一生,是浪掷生命的一生。生命有长短,闻道有先后,只要追求真理,就是幸福美满的人生。

4.9 子曰:"士志于道,而耻恶(è)衣恶(è)食者,未足与议也。"

孔子说:"读书人有志于探求真理,而又以身穿破衣烂衫日食粗茶淡饭为耻辱,这种人是不值得和他谈经论道了。"

【注释】

士:"四民"(旧称士、农、工、商为四民。)之一,这里指读书人,即知识分子。

耻:意动词,以……为耻。恶衣恶食:吃粗粮穿破衣,形容生活清贫。

未足:不值得。

【简评】

本章是孔子教人真心、专心追求真理。追求真理,却吃不了苦,受不了磨难,还有什么"志"可言?其"志"不过是虚志假志罢了,跟这样的人论道谈经有什么意义呢?孔子曾有"君子谋道不谋食""君子忧道不忧贫"的慨叹,与本章是相通的。

4.10 子曰:"君子之于天下也,无适也,无莫
孔子说:"君子对于天下的事情,没有一定要怎样做,也没有一

bì
也,义之与比。"
定不要怎样做,一切都取决于是否合乎道义。"

【注释】

适:适合,可以做的。

莫:不适合,不可以做的。无适无莫:即无可无不可。

比:靠拢,挨着。杨伯峻《论语译注》:"从孟子和以后的一些儒家看来,孔子'无必无固',通权达变,'可以仕则仕,可以止则止,可以久则久,可以速则速'(《孟子·公孙丑上》),唯义是从,叫做'圣之时',或者可以做这章的解释。"

【简评】

　　本章是孔子讲君子为人处世的方式方法，不刻板固执，不认死理，而是通权达变，唯义是从。世事本来就错综复杂，变化无穷，能够灵活应对而不违背仁义就是君子了。谁谓君子是不懂人情世故、不知权变的书呆子呢？

　　4.11　子曰："君子怀德，小人怀土；君子怀刑，
　　　　　孔子说："君子惦念着道德，小人惦念着田产；君子惦念着法
小人怀惠。"
度，小人惦念着恩惠。"

【注释】

　　怀：惦念，心里老想着。
　　土：田地。《宪问》篇："子曰：'士而怀居，不足以为士矣。'"怀居，即怀土。可以参读。
　　刑：法度。
　　惠：恩惠。

【简评】

　　本章是孔子论君子和小人的区别，也就是价值观的不同之处。君子因"怀德""怀刑"而使其道德高尚，小人因"怀土""怀惠"而使其道德低下；君子以道德与规范为准则，小人则以自我为中心。杨树达《论语疏证》曰："怀土者怠于迁，所谓安土重迁者是也。安安而能迁，则与怀土怀居者异矣。此孔子劝劳动，戒安惰也。"足资参读。

　　　　　　　　　　fǎng
　　4.12　子曰："放于利而行，多怨。"
　　　　　孔子说："完全依据个人利益而行动，会招致他人很多的怨恨。"

【注释】

　　放：依据。

　　多怨：招致他人很多的怨恨。

【简评】

　　本章是孔子教人不可见利忘义，否则损害了他人的利益，必然会招致他人的很多怨恨。言简意赅，语似浅而实含深刻的辩证法，是洞彻人性入木三分的论断。朱熹《论语集注》引"程子"的解释最为通达明白："欲利于己，必害于人，故多怨。"利益一般有定数，你取的多，他必然得的少；他拿的多，你必然得的少。利害者，有利就有害，害就是"怨"。这个怨，或许是小怨，或许是大怨，或许是仇怨；这个怨，会依据你得利的多少而自动升降，会依据你得利的多少而择时爆发。细细咀嚼，令人如冷水浇背！《史记·孟子荀卿列传》之"太史公曰：余读《孟子》书，至梁惠王问何以利吾国，未尝不废书而叹也。曰：嗟乎，利诚乱之始也。夫子罕言利者，常防其源也。故曰，放于利而行，多怨。自天子至于庶人，好利之敝，何以异哉！"司马迁读《孟子》而叹《论语》，"利诚乱之始也"——他的着眼点在国与国之间的关系方面，其实，个体与集团、人与人之间何尝不是如此呢？

　　4.13　子曰："能以礼让为国乎？何有？不能以
　　　　　　孔子说："能以礼让来治国吗？这还会有什么困难呢？如果不能
礼让为国，如礼何？"
以礼让来治国，又怎么对待礼仪呢？"

【注释】

　　为：治理。

　　何有：何难之有，是"不难"的意思。杨伯峻《论语译注》：

何有，"这是春秋时代的常用语，在这里是'有何困难'的意思。黄式三《论语后案》、刘宝楠《论语正义》都说：'何有，不难之词。'"

如礼何：怎么对待礼。意谓空谈礼仪有什么用。

【简评】

本章孔子论礼让是治国的根本，他特别看重的是"让"。在《八佾》篇里，孔子评论《韶》曲尽善尽美，评价《武》乐尽美而未尽善，因为在孔子看来，舜的天子之位是由尧"禅让"而来，周武王的天子之位是由讨伐商纣而来。综合来看，孔子主张和平礼让，反对杀伐争夺，《史记·伯夷列传》载："尧将逊位，让于虞舜。舜禹之间，岳牧咸荐，乃试之于位，典职数十年，功用既兴，然后授政。"孔子非常推崇尧、舜、禹，也十分推崇伯夷、叔齐，他们都是礼让的典型。孔子生活的时代已是"乱世"，礼乐征伐自诸侯出，本章大概不是泛泛而论，而是有感而发。

4.14　子曰："不患无位，患所以立，不患莫己知，求为可知也。"

孔子说："不必忧愁没有职位，只忧愁没有安身立命的本领。不必忧愁别人不了解自己，只追求可以让人了解自己的真本领。"

【注释】

患：担心，忧愁。位：职位。《宪问》篇："不患人之不己知，患其不能也。"《卫灵公》篇："君子病无能焉，不病人之不己知也。"孔子的主张一以贯之。

立：通位。杨伯峻《论语译注》："'立'和'位'古通用，这'立'字便是'不患无位'的'位'字。《春秋》桓公二年'公即位'，石经作'公即立'可以为证。"杨说甚确。

可知：让人了解自己的真本领。

【简评】

　　本章是孔子劝勉人要学好安身立命的真本领。俗语说：打铁还得自身硬；是金子总会发光；有把金斧头，不愁没有柳木把；大丈夫总患功不成名不就，只要有真才实学，取职位犹如拾草芥耳。即使没有职位，也可以如孔子一样被尊奉为"素王"，追求安身立命的过人本领才是世人应该忧愁的事。

4.15　子曰："参^{shēn}乎！吾道一以贯之。"曾子
孔子说："曾参呀！我的学说有一个观念贯穿始终。"曾子回
曰："唯。"
答："是。"

　　子出，门人问曰："何谓也？"曾子曰："夫子
孔子出去后，别的弟子问曾子："是什么意思呢？"曾子说："他老人家
之道，忠恕而已矣。"
的学说，就是'忠''恕'二字罢了。"

【注释】

　　道：学说。一以贯之："以一贯之"的倒装句。贯，贯穿，贯统。皇侃《论语集解义疏》卷二："贯，犹'统'也，譬如以绳穿物，有贯统也。"

　　唯：表示同意的应答声，这里略等于"是"。

　　忠：为人尽心竭力谓之忠，用孔子的话说即"己欲立而立人，己欲达而达人"。恕：推己及人谓之恕，用孔子的话说即"己所不欲，勿施于人"。

【简评】

本章写孔子自称自己的学说是一以贯之的，曾子归纳为忠恕二字。有人说，曾子的回答很糟糕，忠恕只是曾子自己的感悟，并不等于就是孔子的道。我们认为，曾子对孔子学说之核心思想的总结是基本接近孔子一以贯之的思想本质的；待人忠恕，是仁的基本要求，也是孔子一贯坚持、倡导的仁道，忠恕之道即是仁道。《卫灵公》篇曰："子贡问曰：'有一言而可以终身行之者乎？'子曰：'其恕乎！己所不欲，勿施于人。'"《颜渊》篇也记载仲弓问仁，孔子答以"己所不欲，勿施于人"。《礼记·中庸》："忠恕违道不远。施诸己而不愿，亦勿施于人。"总之，推行仁道，关键是尽己之心以待人，即"己欲立而立人，己欲达而达人"，这就是孔子所指的"忠"；"己所不欲，勿施于人"就是孔子所指的"恕"。"忠""恕"两方面结合起来，就是"忠恕之道"，亦即"仁之方"。

4.16　子曰："君子喻于义，小人喻于利。"

孔子说："君子明白的是义，小人明白的是利。"

【注释】

喻：知晓，明白。

【简评】

本章是孔子论君子、小人心术的区别。义是君子的立身之本，失去义，就失去了生命的意义，所以君子只思义而不考虑利；利是小人追逐的唯一目标，失去利，就失去了赖以生存的物质条件，也同样失去了生存的意义，所以小人只贪利而不顾及义。君子害怕失去义，而小人害怕失去利。心术不同，取向不同，追求的目标自然不同。

4.17 子曰："见贤思齐焉，见不贤而内自

孔子说："看到贤人就想着要向贤人看齐，看到不贤的人，就要

省也。"

自我反省是否有和他一样的毛病。"

【注释】

思齐：考虑向贤人看齐。齐，平等。

内自省：内心自我反省，反省自己有没有与不贤者同样的

毛病。

【简评】

本章是孔子勉人效法贤者和自我反省身上的毛病。榜样的力量
是无穷的，想成为君子，就应该向君子看齐，贤人是接近君子者，
向贤人看齐就是离君子接近了一步，这是每一个想成为君子的一生
的必修课。在成为贤人、君子之前，还应当以不贤者为镜子，察看
自己身上有无与不贤者同样的毛病，以便及时改正，这同样是向贤
人看齐、接近君子的必由之路。因为在成为君子的漫长道路上，人
难免一身毛病，难免犯错误，"过则勿惮改"（《论语·学而》），改过
迁善，也是见贤思齐的一个方面，不可或缺。《述而》篇曰："子
曰：'三人行，必有我师焉。择其善者而从之，其不善者而改
之。'"可与本章合观对读。

jǐ

4.18 子曰："事父母几谏，见志不从，又敬不

孔子说："子女侍奉父母，父母有过错要委婉地劝谏，看到父母的

违，劳而不怨。"

心意实是不听从自己的劝告，仍然要恭敬地不冒犯他们，尽管劳苦而不埋怨。"

【注释】

几：轻微，婉转，含蓄。

见志不从：看到父母的心意实是不听从自己的劝告。志，指父母的思想；不从，指父母不听从。

违：触怒，冒犯。《礼记·祭义》："父母有过，谏而不逆。"

劳：劳苦。

【简评】

本章孔子教人如何劝谏父母，包含着丰富的孝道智慧。父母是人而不是神，难免犯错误，有时还会做出与子女的正确判断相左的判断。面对父母的过错，孔子教人要温和劝谏，不能喊叫哭闹，看到父母不接受自己的劝导，更要恭恭敬敬、和颜悦色地劝谏，即使多次劝谏而感到劳苦，也不能埋怨，更不能盛气凌人，把父母当敌人，要慢慢的用劝谏改变父母原来的决定。《大戴礼记·曾子事父母》曰："单居离问于曾子曰：'事父母有道乎？'曾子曰：'有。爱而敬。父母之行，若中道则从；若不中道则谏；谏而不用，行之如由己。从而不谏，非孝也；谏而不从，亦非孝也。'"可见，孝子若顺从父母的过错是不孝，劝谏而未能让父母听从亦是不孝，劝谏成功以成全父母之德才是孝。总之，真正的孝子一方面要能够使父母改过，一方面要遵循不违不怨的原则。朱熹《论语集注》引《礼记·内则》解释得很好："此章与《内则》之言相表里。几，微也。微谏，所谓'父母有过，下气怡色，柔声以谏'也。见志不从，又敬不违，所谓'谏若不入，起敬起孝，悦则复谏'也。劳而不怨，所谓'与其得罪于乡、党、州、闾，宁熟谏。父母怒不悦，而挞之流血，不敢疾怨，起敬起孝'也。"《礼记》上讲父母有过，孝子应该下气怡色，低声下气，和颜悦色，柔声以谏。你的劝谏，父母如果不采纳，就起敬起孝，给父母说好话劝说他们。说则复谏，孝子不要等到他父母发火的时候跟父母吵闹，而等父母心情好的时候，孝子再一次把你的要求提出来。这就是孔子教给我们的劝谏父母的时机、策略、方法，我们怎么能够不遵从呢？所以和声悦色，下气怡色，柔声以谏，悦则复谏，是子女孝顺父母应该遵循的原则、方法。这尤值得今人参考。

4.19 子曰："父母在，不远游，游必有方。"

孔子说："父母在世，子女不要出远门，如果一定要出远门也必须告诉父母要去的地方。"

【注释】

远游：指游学、游宦或经商。

方：地方，方向。朱熹《论语集注》："远游，则去亲远而为日久，定省旷而音问疏；不惟己之思亲不置，亦恐亲之念我不忘也。游必有方，如己告云之东，即不敢更适西，欲亲必知己之所在而无忧，召己则必至而无失也。"

【简评】

本章孔子仍说孝道，教人体贴父母思念儿女之心。前两句很好理解，父母活着的时候，不要远行外出去游学、经商、做官，也就是不要远离父母，因为在父母身边可以晨昏定省，侍奉父母，《礼记·曲礼上》即言："凡为人子之礼，冬温而夏清，昏定而晨省。"远游，则难免旷日持久而侍奉缺失。这可以说是"经"，是基本原则；而孔子似乎也想到这种情况或许不可避免，因为游学、经商、做官乃人事之常，譬如他的许多弟子就是远离父母追随他求学。怎么办呢？孔子提出了灵活变通的方法，远游者一定要告诉父母自己身在何地，这就是"权"。子女的安全和健康，是父母最为关心的问题。子女现在何处？状况如何？最好让父母知道，以免他们担心。孝子应该守经知权，应该及时地向父母报告自己所在的地方以及自己方方面面的情况，以安慰父母思念儿女的悬悬之心。当今的通讯非常方便，远离父母在外地的游子可以通过电话、网络及时向父母报告平安，也是孝敬的行为。

4.20 子曰："三年无改于父之道，可谓孝矣。"

孔子说："如果多年不改变父亲传下来的合理的事业和遗愿，可以说是做到孝了。"

【注释】

无：通毋，不。

父之道：指父辈善的、好的、合理的事业和遗愿。

【简评】

孔子认为，孝还包括继承父亲的遗志。参看《学而》篇。

4.21 子曰："父母之年，不可不知也；一则以喜，一则以惧。"

孔子说："父母的年龄不可不时时记住，一方面因其高寿而高兴，另一方面又因其衰老而忧惧。"

【注释】

年：年龄。

知：记住。

【简评】

本章孔子教人要及时行孝，以免造成终身憾恨。这段话关键在一个"惧"字上，读来令人心悸！我们知道为人父母者，一般都进入到中年，谁人不希望父母活得年高寿大呢？但是自然是无情的，没有不死的人，没有不死的父母，所以你对父母的年龄要记得清楚，你应该感觉到恐惧，恐惧什么呢？他要离我而去了，我将无法为他尽孝了。要趁着父母健在的时候尽孝，而不要等到父母去世的那一天才懊悔。

大家耳熟能详这样两句话："树欲静而风不止，子欲养而亲不待。"这是《韩诗外传》卷九里面讲的一个故事，有一次孔子带着他的一帮子弟子出行，走到一个地方，远远地听见前面有人放声大哭，哭得痛彻心扉，非常伤感。孔子走近一看，见到皋鱼在路边大哭，孔子说："皋鱼啊，最近你家并没有丧事啊，你为什么哭得如此心伤呢？"皋鱼说："树欲静而风不止，子欲养而亲不待。往而不可追者，年也；去而不可得见者，亲也。吾请从此辞矣。"话说完就死了。孔子当时就给他的弟子们说，你们要记住这一点，皋鱼的经历你们要引以为戒。于是他弟子中有 13 个人马上向孔子告假还乡，用现在的话来讲即休学，说要先回去孝养父母，安葬父母以后再来跟老师你学习。这个故事告诉了我们一个什么样的道理呢？那便是及时行孝。

4.22　子曰："古者言之不出，耻躬之不
　　　　孔子说："古时候的人言语不轻易出口，是因为他们以说出口却
逮也。"
做不到为耻。"

【注释】
　　古者：古代的人。言之不出：话不轻易出口。
　　耻：意动词，以躬之不逮为耻。躬：亲身，亲自，这里指自己的行动。逮：及，赶上。

【简评】

　　本章孔子强调要言行一致，以不能践诺为耻。言之不出，不轻出也，不轻许人；轻出轻许，往往成为空言，古代的人——应读为孔子——以说空话为耻。大言不信，信言不美，君子应该言必信，行必果。所以古人说话很谨慎，一旦说出的话做不到，就觉得是羞耻之事。《礼记·杂记下》曰："有其言，无其行，君子耻之。"可以参看。

　　4.23　子曰："以约失之者鲜矣。"
　　　　　　孔子说："以礼约束自己而犯过失的人是很少见的。"

【注释】

　　约：约束，节制。鲜：少。

【简评】

　　本章孔子教人以礼节制，严于律己。《礼记·曲礼》亦曰："傲不可长，欲不可从，志不可满，乐不可极。"放荡不羁、骄傲自满者容易犯错，能够谨言慎行、自我约束、严于律己者才会把错误减少到最小程度。

　　4.24　子曰："君子欲讷于言而敏于行。"
　　　　　　孔子说："君子要言语迟钝谨慎，而行动要敏捷勤奋。"

【注释】

　　讷：言语迟钝。敏：敏捷。行：做事。

【简评】

　　本章孔子教人轻言重行，其实强调行重于言。这是治疗言快行慢者的一剂良药。《学而》篇曰："敏于事而慎于言。"言行一致，行必先人，言必后人，方为君子；言多、言易往往是空言、狂言，多为小人所为。

4.25 子曰："德不孤，必有邻。"
孔子说："有道德的人不会孤独，必定会有志同道合的人来亲近他。"

【注释】

德：有道德的人。孤：孤单，孤独。

邻：邻居，邻人。居相近为邻，这里指志同道合的人。

【简评】

本章孔子勉人修德。皇侃《论语集解义疏》卷二："言人有德者，此人非孤，然必有善邻里故也。"有德之人无论身处顺境逆境，都不会感到孤独，物以类聚，人以群分，有德者自然亲近有德者，因为同声相应，同气相求。《荀子·不苟》曰："君子絜其身而同焉者合矣，善其言而类焉者应矣。故马鸣而马应之，牛鸣而牛应之，非知也，其势然也。"孔子虽身处乱世，而众多弟子追随不离，孔子孤独吗？所以君子不必、也不会惧怕孤独，君子永远有志同道合的朋友。

4.26 子游曰："事君数，斯辱矣；朋友数，斯
子游说："侍奉君主过于烦琐，就会招致羞辱；对待朋友过于烦
疏矣。"
琐，反而会被疏远。"

【注释】

数：屡次，这里作"烦琐"解。《左传·文公十六年》："无日

不数于六卿之门。"孔颖达《正义》曰："无有一日不数数于六卿之门，言参请不绝也。"《颜渊》篇曰："子贡问友。子曰：'忠告而善道之，不可则止，无自辱焉。'"可以参看。

斯：则，就。

【简评】

本章是子游论事君交友之道，须注意分寸，不能频繁劝谏而让君、友讨厌。否则会事与愿违：求荣而反辱，求亲而反疏。杨树达《论语疏证》曰："孔子于事君处友并云不可则止。数者，不可而不止之谓也。不可而不止，则见辱与疏矣。君臣朋友皆以义合，合则相与，不合则不必强也。"君臣朋友之间是如此，夫妻同事之间也应该注意分寸，避免自取其辱。

公冶长篇第五

5.1　子谓公冶长：“可妻也，虽在缧绁之中，
<small>（cháng）（qì）（léi xiè）</small>
<small>孔子评论弟子公冶长说：“可以把女儿嫁给他。虽然他曾经坐过</small>
非其罪也。”以其子妻之。
<small>监牢，但那不是他的罪过。”于是把自己的女儿嫁给他。</small>

【注释】

　　公冶长：姓公冶，名芝，字子长，齐国人，一说鲁国人，孔子弟子，传说能解鸟语。

　　缧绁：捆绑犯人用的绳索，这里借指牢狱。缧，通纍。

　　子：古代儿女均称子，此处指女儿。

【简评】

　　本章说孔子择婿选中公冶长。公冶长坐过监狱，但是身犯何罪而入狱，于史难征，《史记·仲尼弟子列传》记载很简单，后世传说公冶长因懂得鸟语而被投进囹圄（见后）。既然孔子能把女儿嫁给他，可知公冶长的品德必有可取之处。孔子不为世俗所囿，毅然选中公冶长这个劳改释放犯做女婿，他是了解公冶长入狱不是公冶长罪有应得，或者说是一场冤狱，孔子之嫁女就有了为公冶长洗冤的用意。孔子的胸怀是何等的光明正大！

　　公冶长在《论语》中出现仅此章一次，关于他入狱的原因，皇侃《论语集解义疏》引《论释》有一段较长的文字，引在下面，供读者参考：

　　　　公冶长从卫还鲁，行至二堺上，闻鸟相呼往清溪食死人肉。

须臾，见一老妪当道而哭。冶长问之。妪曰："儿前日出行，于今不反，当是已死亡，不知所在。"冶长曰："向闻鸟相呼往清溪食肉，恐是妪儿也。"妪往看，即得其儿也，已死。即妪告村司。村司问妪："从何得知之？"妪曰："见冶长，道如此。"村官曰："冶长不杀人，何缘知之？"因录冶长付狱。主问冶长："何以杀人？"冶长曰："解鸟语，不杀人。"主曰："当试之，若必解鸟语，便相放也。若不解，当令偿死。"驻冶长在狱六十日。卒日，有雀子缘狱栅上相呼，唶唶嗺嗺。冶长含笑，吏启主："冶长笑雀语，是似解鸟语。"主教问冶长："雀何所道而笑之？"冶长曰："雀鸣唶唶嗺嗺，白莲水边有车翻，覆黍粟，牡牛折角。收敛不尽，相呼往啄。"狱主未信，遣人往看，果如其言。复又解猪及燕语，屡验，于是得放。

杨树达《论语疏证》指出：《左传·僖公二十九年》载介葛卢识牛鸣，《韩非子·解老》记詹何也识牛鸣，"《周礼·秋官》夷隶、貉隶二职，掌与牛马鸟兽言，此亦其类也"。可见，公冶长解鸟语是非常可能的，俗话说："近水知鱼性，在山识鸟音。"现代生物科学研究表明，人可以懂得动物的语言和动作所表达的意思，因此说，公冶长懂得鸟语是可信的。

5.2　子谓南容："邦有道，不废；邦无道，免于

孔子评论弟子南容："国家政治清明时，他有官做而不会被废弃

刑戮（lù）。"以其兄之子妻（qì）之。

不用；国家无道时，他也会避开刑罚。"于是把哥哥的女儿嫁给南容。

【注释】

　　南容：姓南宫，名适（kuò），孔子弟子。

　　不废：有官做不被废弃。意谓国家有道，必被任用。

刑戮: 刑罚。

兄之子: 兄长的女儿。兄, 孔子之兄名孟皮, 见《史记·孔子世家》之《索隐》引《孔子家语》。

【简评】

上章说孔子嫁女儿于公冶长, 本章说嫁侄女于南宫适。孔子很肯定南宫适的才华, 南宫适处治世他能够出仕为官, 遇乱世也能够明哲保身。在《先进》篇里也有"以其兄之子妻之"的记述, 因为南宫适反复诵读《诗三百篇》里的诗句而得到孔子的赏识, 认为他是一个谨慎可靠的人。孔子乃至圣先师, 他择婿的着眼点在人品, 看似平淡, 实则深刻, 因为孔门之教, 首重品行, 这也是孔子高于凡人之处。

5.3　子谓子贱:"君子哉若人! 鲁无君子者, 斯焉取斯?"

孔子评论弟子宓子贱:"真是君子啊这个人! 如果鲁国没有许多君子, 他从哪里取法这样好的品德呢?"

【注释】

子贱: 姓宓(fú), 名不齐, 鲁国人, 孔子弟子, 小孔子四十九岁。

若人: 指子贱。

斯焉取斯: 从哪里取得这种好品德。前"斯"字指代子贱, 后"斯"字指代这种好品德。取, 取法。

【简评】

本章孔子赞美宓子贱的品德。《史记·仲尼弟子列传》载宓子贱做过单父(今山东省菏泽市单县)的长官, 有治声。孔子由宓子贱具备良好的品德推断鲁国有不少君子做榜样，他们影响熏陶出了宓子贱这样的人，而宓子贱尊贤取友以成其德的具体经过则自在不言其中，给读者留下了充分想象的空间。鲁国是礼仪之邦，前代有周公制礼，当代有孔子振铎，鲁国的君子自然不少，在这样的文化背景中，鲁国出现宓子贱这样的尊贤取友的榜样乃是自然不过的事。可见，优秀传统文化的传承、熏陶是何等的重要啊！

5.4　子贡问曰："赐也何如？"子曰："女，器
_{子贡问老师孔子："我是一个怎样的人？"孔子说："你好比是一个}

也。"曰："何器也？"曰："瑚琏也。"
_{器皿。"子贡又问："什么器皿？"孔子说："你是宗庙里贵重而华美的瑚琏。"}

【注释】

赐：子贡名。弟子与师言时自称名，表示恭敬。

女：通汝，指子贡。子贡善言谈，尤长于外交辞令。《史记·仲尼弟子列传》载："田常欲作乱于齐，惮高、国、鲍、晏，故移其兵欲以伐鲁。孔子闻之，谓门弟子曰：'夫鲁，坟墓所处，父母之国，国危如此，二三子何为莫出？'子路请出，孔子止之。子张、子石请行，孔子弗许。子贡请行，孔子许之。……子贡一出，存鲁，乱齐，破吴，彊晋而霸越。子贡一使，使势相破，十年之中，五国各有变。"

瑚琏：古代宗庙中祭祀时盛黍稷用的器具，竹制，以玉饰之，十分贵重而华美。《史记·仲尼弟子列传》之《集解》包氏曰："瑚琏，黍稷器。夏曰瑚，殷曰琏，周曰簠簋，宗庙之贵器。"

【简评】

　　本章是孔子评论弟子子贡，把子贡比作瑚琏。孔子对子贡的批评多于赞扬，尽管子贡是孔门的杰出代表，《史记·仲尼弟子列传》即言："子贡利口巧辞，孔子常黜其辩。"瑚琏尽管贵重而华美，但它只有作祭器一个用途，尚未达到孔子要求"君子不器"的程度，这一评论幽默风趣，形象传神，表明孔子并非一个古板冷峻的人。他在称赞子贡是国之重器的同时，委婉而善意地批评子贡还需要进一步培养多方面的才能，勉励子贡更上层楼之意比较显豁。

　　5.5　或曰："雍也仁而不佞(nìng)。"子曰："焉
有人说："冉雍这个人有仁德之心但没有好口才。"孔子说："何

用佞？御人以口给(jǐ)，屡憎于人。不知其仁，焉
必要口才呢？靠伶牙俐齿和人辩论，常常招致别人的讨厌。我不知道冉雍是否

用佞？"
仁，但君子为什么要有口才？"

【注释】

　　雍：姓冉名雍，字仲弓，鲁国人，孔子弟子，小孔子二十九岁。

　　佞：能言善辩，口才好。

　　御人：辩驳别人。御，原义是驾驶车马，此处指以语言征服别人。口给：口才敏捷。给，足。

　　屡憎于人：每每被别人厌恶。

　　不知其仁：不知道冉雍是否仁。孔子口气委婉，意思是冉雍尚未达到仁的地步。

【简评】

本章孔子评论弟子冉雍。时人已对冉雍作出了评价：冉雍是仁，但是没有口才。这句表明当时的社会风气是看重口才，崇尚舌辩，以佞为贤。孔子则用反问的句式坚决地否定了以佞为贤的评判语，他明确道出伶牙俐齿带来的负面影响：容易招致别人的厌恶。这无疑是对当时崇尚舌辩风尚的拨乱反正，孔子一贯看重仁德，屡屡强调慎言慎语，所以他认为冉雍根本不需要去锻炼口才，而应该进德修身。冉雍为人厚重简默，在孔门中以德行著称，孔子对其有"雍也可使南面"之誉，这是孔子对其他弟子从来没有的最高评价。孔子临终时在弟子们面前夸奖他说："贤哉雍也，过人远也。"于此更可见出孔子重德贬佞的价值观。质言之，人若不仁，口才好又有什么用？

5.6　子使漆彫(diāo)开仕。对曰："吾斯之未能信。"子说(yuè)。

孔子叫漆彫开去做官。漆彫开回答说："我对做官一事还没有足够的信心。"孔子听了很高兴。

【注释】

漆彫开：姓漆彫，名开，字子开，又字子若，鲁国人，孔子弟子，少孔子十一岁。

吾斯之未能信斯：即吾未能信斯。之，宾语"斯"提前的标志。斯，代词，指出仕。

说：同悦，喜悦，高兴。

【简评】

本章说孔子听到弟子漆彫开不急于出仕的话很高兴。为什么孔子很高兴呢? 东汉大儒郑玄认为:"善其志道深。" 也就是说, 孔子看出了漆彫开有远大的志向和深厚的道行。漆彫开认为自己尚未达到出仕的水平, 还需要进德修业, 他对自己有着更高的期许, 而不急着做官。正是这种谦虚上进的精神得到了老师的称赞。孔子并不反对弟子去做官, 他主张"学而优则仕", 但他反对弟子热衷利禄, 汲汲求出仕, 成为一个官迷。漆彫开曾随孔子学习《尚书》,《汉书·艺文志》有"《漆雕子》十三篇", 颜师古注:"孔子弟子漆雕启后。" 已佚。

5.7　子曰:"道不行, 乘桴^{fú}浮于海。从我者, 其
孔子说:"我的主张行不通了, 我就乘上木筏到海外去。能追随
由与!"子路闻之喜。子曰:"由也好勇过我, 无所
我的大概只有仲由吧!"子路听到非常高兴。孔子说:"仲由啊, 你这种喜欢勇
取材。"
往直前的精神超过了我, 只是没地方获取木材。"

【注释】

桴:竹木编成可以航行的工具, 大的称为筏, 小的称为桴。

由:即仲由, 字子路。

从:跟随, 随从。

好勇:喜欢勇往直前。

无所取材:没地方获取制作木桴的木材。

【简评】

本章记述了孔子与子路的一次谈话。子路为人耿直, 性情粗狂, 果敢有勇, 对老师最为忠诚, 孔子周游列国十四年, 他一直追随保护孔子。听到老师对自己的最高评价, 他高兴得很, 很有可能手舞足蹈起来。看到子路沾沾自喜的样子, 孔子以幽默的语言点醒子路:我尽

管有"道不行，乘桴浮于海"的慨叹，但绝不会放弃我的理想和追求，绝不是想高蹈出尘，绝俗辞世，"乘桴浮于海"谈何容易！连制作木桴的木材都没地方获取，何谈"浮于海"？孔子一生以恢复周礼为己任，并把克己复礼称之为仁，尽管道路崎岖，险象环生，但他从未放弃自己的理想和追求，"乘桴浮于海"之慨叹仅仅是孔子身心疲惫时心理活动变化的闪现而已，而子路不能窥探到孔子的真实思想，误以为老师真的想"浮于海"。孔子善于开玩笑，他对子路说"无所取材"，郑玄注得很好："故戏之耳。"正将孔子思想之深沉，子路好勇之性格，一并显现出来。钱穆《论语新解》评论道："此章辞旨深隐，寄慨甚遥。戏笑婉转，极文章之妙趣。两千五百年前圣门师弟子之心胸音貌，如在人耳目前。至情全文，在《论语》中别成一格调，读者当视作一首散文诗玩味之。"可以参看。

钱锺书《管锥编》论孙绰《孙子》先引原文："仲尼见沧海横流，务为舟航。"接下论说道：

> 按二句奇零，无上下文。《论语·公冶长》记孔子欲"乘桴浮于海"，而曰"无所取材"，郑玄注："无所取于桴材"……《论语》仅言孔子兴浮海之叹，《孙子》遂言其造舟；崔鸿《十六国春秋》（汤球辑本）卷九六《北凉录》二记沮渠蒙逊调刘炳曰："昔鲁人有浮海而失律者……见仲尼及七十二子游于海中，与鲁人一木杖，令闭目乘之。……鲁人出海，投杖水中，乃龙也。"则孔子真成飘洋之海客，从者七十二人，不独由也，饰虚坐实，有如此者。

钱先生的论述弥足珍贵，足资参读。

5.8 孟武伯问："子路仁乎?"子曰："不知

孟武伯问孔子："子路是否仁？"孔子说："不知道。"他又问。孔

也。"又问。子曰："由也，千乘（shèng）之国，可使治其

子说："仲由呢，一个有个一千辆兵车的国家里，可让他负责兵役和军政工作。

赋也，不知其仁也。"

至于他是否仁德，我不知道。"

"求也何如？"子曰："求也，千室之邑，百乘之
"冉求又怎么样呢？"孔子说："求呀，千户人口的城邑，百辆兵车的采

家，可使为之宰也，不知其仁也。"
邑，可以叫他担任县长或总管。至于他是否仁德，我不知道。"

"赤也何如？"子曰："赤也，束带立于朝，可使
"公西赤又怎么样呢？"孔子说："赤呀，穿着礼服立于朝堂之上，可以

与宾客言也，不知其仁也。"
叫他接待外宾会谈交涉。至于他是否仁德，我不知道。"

【注释】

赋：兵赋，古代的兵役制度和军政工作皆称赋。

千室之邑：邑是古代居民聚居之所，大致相当于后来城镇。有
一千户人家的大邑，惟卿大夫家始有之。《左传·庄公二十八年》
云："凡邑，有宗庙先王之主曰都，无曰邑。"

百乘之家：指卿大夫家的采地有车百乘。家，卿大夫的封地
采邑。

宰：指县长。古代一县的县长和大夫家的总管都叫宰。

赤：姓公西名赤，字子华，孔子弟子，少孔子四十二岁。

束带立于朝：指穿着礼服立于朝廷。束带，整肃衣冠。程大中
《四书逸笺》卷一云："古人无事则缓带，有事则束带。"

宾客：贵宾叫宾，天子、诸侯的客人名宾，诸侯以下的客人
名客。

【简评】

本章是孔子对他的三个弟子做了恰当的评价。子路、冉求、公
西华都有某一方面的才能，可以代表军事、政治、外交三种人才，

但他们都没有达到"仁"境界。孔子对"仁"的要求极高,包含着孝悌、忠信、礼义廉耻、温良恭俭让等所有的德行,似乎没有一个弟子达到他的这个标准,所以他三次说"不知其仁"乃是一种托词,仁道至大,仁德至高,他之不轻易以"仁"许人的态度是一贯的,他对弟子的了解是非常深入的。可与《先进》篇"子路冉有公西华侍坐"合观对读。

rǔ   shú
5.9　子谓子贡曰:"女与回也孰愈?"对曰:
孔子对子贡说:"你和颜回相比,谁更强些?"子贡答道:"我呀
"赐也何敢望回?回也闻一以知十,赐也闻一以知
怎敢和颜回相比?颜回呀,听到一件事可以推知十件事;我呢,听到一件事只
rǔ
二。"子曰:"弗如也。吾与女弗如也。"
能推知两件事。"孔子道:"赶不上他呀。我和你都赶不上他呀。"

【注释】

　　孰:谁,哪个。愈:胜过,超过。
　　望:仰望。何敢望,是不敢相比的意思。

【简评】

　　本章是孔子对颜回的高度评价。颜回家境贫寒,身居陋巷,每日一箪食、一瓢饮,而乐在其中,是孔子的得意弟子。子贡尽管喜欢评论别人的优劣,但是在回答老师的尖锐问题时却显得客观而得体,"闻一知二"当然是自谦之词,"闻一知十"则无疑是赞美颜回之词。子贡的回答深得孔子的心意,而孔子"吾与女不如也"的评论既有督促子贡不断上进之意,也有安慰子贡之心,似乎还包含着"弟子不必不如师"的意思。一个大教育家循循善诱、自谦自逊

的形象宛在目前。

杨树达《论语疏证》曰："子贡因贫富之问而悟《诗》切磋之义，因孔子赞夷齐而知其不为卫君，皆闻一知二之事也。"可以参考。

5.10　宰予昼寝，子曰："朽木不可雕也，粪土
宰予大白天睡觉。孔子说："腐朽的木头不能雕刻，肮脏的土墙

wū
之墙不可杇也，于予与何诛?"子曰："始吾于人
不能粉饰。对于宰予，我还有什么好责备的呢?"又说："原先我对别人，听他

也，听其言而信其行；今吾于人也，听其言而观其
的话就相信他的行为；现在我对别人，听到他的话还要再观察他的行为。就是

行。于予与改是。"
通过宰予的事情，我改成了现在的态度。"

【注释】

昼寝：白天睡觉。因此孔子责备其志气昏惰。

朽木：腐烂之木。雕：雕刻。

粪土：秽土。杇：抹墙的抹子。这里指粉刷墙壁。《说文》："杇，所以涂也。"

于予：对于宰予。予，指宰予。下文"于予"同此。与：通欤，句中语气词。下文"于予与改是"同此。诛：谴责，责备。

子曰(文中第二个)：杨伯峻《论语译注》："以下的话虽然也是针对'宰予昼寝'而发出，却是孔子另一个时候的言语，所以又加'子曰'两字以示区别。古人有这种修辞条例，俞樾《古书疑义举例》卷二'一人之辞而加曰字例'曾有所阐述(但未引证此条)，可参阅。"

于予与改是：是，代词，代指上文听其言而信其行。意谓因宰

予这件事而改变了态度。

【简评】

本章孔子批评宰予白天睡觉的懒惰行为和言行不一，由此表明了自己识人的方法。其中"朽木不可雕也，粪土之墙不可杇也""听其言而信其行""听其言而观其行"诸句影响巨大，流传很广。宰予是孔子的高徒，他利口辩词，与子贡并列为孔门言语科的优等生，然而因为一次大白天睡觉的事惹得孔子大为发火，指责他是"朽木"，是"粪土之墙"。"昼寝"并不是什么不能饶恕的大错误，可是孔子为什么如此严厉批评呢？这样做旨在奖励勤勉，儆诫懒惰！大白天睡觉，表明宰予大大放松了自强不息的上进心，这与他平日孜孜不倦的言语背道而驰，是可忍，孰不可忍！因此谴责宰予，以使弟子们引以为戒，谨于言而敏于行。于此可见孔门教规之严。《礼记·檀弓上》曰："夫昼居于内，问其疾可也；夜居于外，吊之可也。是故君子非有大故，不宿于外；非致齐也，非疾也，不昼夜居于内。"可见礼制对于何时在何处睡觉都有严格的要求，宰予并没有生病，而"昼寝"，是典型的不遵礼制，怎能不受到一贯严格要求学生的孔子的批评呢？

关于"昼寝"，尚有一说，认为乃"画寝"之误，因畫与晝（繁体字）本易混淆，便为宋人所误。宰予画寝，乃是宰予要在他寝室四壁绘上图画，但因为房子破旧，不甚相宜。孔子见到，就认为是"朽木不可雕也，粪土之墙不可杇也"。劝他不必把图画绘在那不堪的地方。周密《齐东野语》卷十八载：

> 宰予昼寝，夫子有朽木粪土之语。尝见侯白所注《论语》，谓"昼（晝）"字当作"画（畫）"字，盖夫子恶其画寝之侈，是以有朽木粪墙之语。然侯白，隋人，善滑稽，尝著《启颜录》，意必戏语也。及观昌黎《语解》，亦云"昼（晝）寝"当作"画（畫）寝"，字之误也。宰予，四科十哲，安得有昼寝之

责，假或偃息，亦未至深诛。若然，则吾知免矣。

录于此以广见闻。

5.11 子曰：“吾未见刚者。”或对曰：“申
　　孔子说：“我没见过刚毅不屈的人！”有人回答说：“申枨应该

chéng
枨 。”子曰：“枨也欲，焉得刚？”
算是这样的人。”孔子说：“申枨欲望太多了，怎么可能刚毅不屈呢？”

【注释】

刚：指刚毅不屈。

申枨：姓申名枨，字周，鲁国人，孔子弟子，精通六艺，孔子七十二贤之一。《史记·仲尼弟子列传》有“申党”，古音“党”和“枨”相近，“申枨”或即“申党”。

【简评】

本章孔子评论弟子申枨多欲不刚，感叹刚强的人很难得。人欲望过多，就会违背周礼，私欲膨胀，就必然失去刚毅不屈的品格。无欲则刚，孔子极重刚强之德，认为君子应该有铮铮铁骨，不屈不挠，所谓“老当益壮，宁移白首之心；穷且益坚，不坠青云之志”（王勃《滕王阁序》语）。本章可与《里仁》篇“富与贵，是人之所欲也；不以其道得之，不处也。贫与贱，是人之所恶也，不以其道得之，不去也”句合观对读。

5.12 子贡曰：“我不欲人之加诸我也，吾亦欲
　　子贡说：“我不希望别人把不义之事施加在我身上，我也不希望

无加诸人。”子曰：“赐也，非尔所及也。”
把不义之事施加在他人身上。”孔子说：“赐啊，这不是你能做到的呀！”

【注释】

加：施加。皇侃《论语集解义疏》卷三："孔安国曰：言不能止人使不加非义于己也。"非义，指不合乎道义之事。

无：通毋，不。

非尔所及：不是你能做到的。及，达到。

【简评】

本章是孔子与子贡谈论"恕"道，即"己所不欲，勿施于人"。子贡认为自己能够做到"我不欲人之加诸我，吾亦欲无加诸人"，而孔子却认为目下的子贡还做不到这一点。为什么呢？孔子意在批评子贡不能画地为牢，就此止步，旨在激励子贡应该竭力自勉，向忠恕之道前进。杨树达《论语疏证》曰："行忠恕之道，于才质沉潜者为易，而子贡则高明之才也；故孔子因其自言而故抑之，亦欲激厉之，使其自勉云尔。孔子之答问也必因材：子贡有一言终身之问，而夫子以恕教之，亦可证此章之义也。"所谓"一言终身之问"，出自《卫灵公》篇："子贡问曰：'有一言而可以终身行之者乎？'子曰：'其恕乎！己所不欲，勿施于人。'"诚如杨树达先生所言，孔子回答学生的问题的确能够做到因材施教，子贡是高明之才，"恕"道是孔子教给子贡信奉一生的目标，也是孔子的一贯之道，因此，"己所不欲，勿施于人"具有永恒的意义，是君子一生孜孜以求的崇高的道德境界，怎么能够轻言自己已经做到了呢？应该百尺竿头，更进一步啊！

5.13　子贡曰："夫子之文章，可得而闻也；夫
　　　子贡说："老师讲诗、书、礼、乐等文献方面的学问，我们能听

子之言性与天道，不可得而闻也。"
得到；老师关于人性与天道的论述，我们听不到啊。"

【注释】

　　文章：指孔子经常讲述的诗、书、礼、乐等各种文献中的学问。杨伯峻《论语译注》："孔子是古代文化的整理者和传播者，这里的'文章'该是指有关古代文献的学问而言。在《论语》中可以考见的有诗、书、史、礼等等。"

　　性与天道：人的本性和天命。天命，与人道相对，古代一般指自然和人类社会的吉凶祸福的关系。

【简评】

　　本章子贡慨叹听不到孔子关于人的本性与天命的看法。天道即天命，《论语》中仅此次提及；《子罕》篇曰："子罕言利与命与仁。"司马迁在《史记·外戚世家》序中说："孔子罕称命，盖难言之也。非通幽明，恶能识乎性命哉？"

　　钱穆《论语新解》："天道犹云天行，孔子有时称之曰命。孔子屡言知天知命，然不深言天与命之系何也。子贡之叹，乃叹其精义之不可得闻。"为什么孔子不谈天命、因而子贡慨叹听不到呢？明代焦竑《焦氏笔乘续集》卷二有如下的解释："性命之理，孔子罕言之，老子累言之，释氏则极言之。孔子罕言，待其人也。故曰：'不愤不启，不悱不发。''中人以下，不可以语上也。'"焦竑认为孔子罕言性与天道，不是不言，而是虚位以待。这也可以与孔子的观点相印证，《论语·雍也》孔子说："中人以上，可以语上也；中人以下，不可以语上也。"这里的"上"，应当包括性与天道。孔子非常注重因材施教，对于性与天道，他只传授给天分高的弟子，子贡虽然是孔子的高足，似乎还没有达到可以传授性与天道的境地，因此，子贡慨叹听不到老师有关性与天道的看法。

5.14　子路有闻，未之能行，唯恐有闻。

　　子路听到某一道理，还没来得及去实行，就生怕又听到另一道理。

【注释】

有闻（文中第二个）：又听到。有，同又。

【简评】

本章记述子路的为人处世和性格特点。"唯恐"二字道出了子路的心理活动，尤为传神。子路闻善，勇于实践，知行合一，孔子的弟子们都承认赶不上子路。钱穆《论语新解》曰："此见子路之有闻必行，非真恐复有闻也。"殊有见地！子路的可贵精神，无论古今都十分难能可贵，所以特别记述下来，一方面表扬贤人之德，一方面唤醒世人效法。《中庸》："博学之，审问之，慎思之，明辨之，笃行之。"《礼记·杂记下》曰："君子有三患，未之闻，患弗得闻也；既闻之，患弗得学也；既学之，患弗能行也。"由"闻"到"学"再到"行"，层次递进，最终落实到"行"即实践，可与本章合观对读。

5.15　子贡问曰："孔文子何以谓之文也？"

子贡问道："凭什么给孔文子一个'文'的谥号呢？"孔子说：

子曰："敏而好学，不耻下问，是以谓之

"他聪敏灵活，又能不以向地位低下的人请教为耻，所以用'文'字作他的

文也。"

谥号。"

【注释】

孔文子：卫国的大夫孔圉（yǔ），"文"是谥号，"子"是尊称。《逸周书·谥法解》："学勤好问曰文。"杨伯峻《论语译注》："考孔文子死于鲁哀公十五年，或者在此稍前，孔子卒于十六年夏四月，那么，这次问答一定在鲁哀公十五年到十六年初的一段时间内。"

不耻下问：不以向地位低下的人请教为耻。耻，意动词。

【简评】

本章孔子回答子贡所问孔文子谥号何以是"文"的问题。《逸周书·谥法解》："谥者，行之迹；号者，功之表。"谥号是根据死者一生行谊功过而论定的。孔子解释孔文子之所以得到"文"的谥号是因为他"敏而好学，不耻下问"，这与《逸周书·谥法解》"学勤好问曰文"之规定基本一致。

子贡之问，实有原因，据《左传》记载，鲁哀公十一年（前484）冬天，卫国太叔疾逃到宋国。当初，太叔疾娶了宋国子朝的女儿，她的妹妹随嫁。后来，子朝因故逃出宋国。孔文子就让太叔疾休了子朝的女儿，把自己的女儿孔姞嫁给了太叔疾。但太叔疾却派人把他前妻的妹妹引诱出来，安置在"犁"地，还为她修了一所宫殿，就好像他的第二个妻子。孔文子为此事大为恼怒，准备派兵攻打太叔疾。孔子劝说孔文子打消念头。后来孔文子把女儿强行要了回来。作为臣子，孔文子攻打国君是以下乱上，还将女儿嫁来嫁去，都是不符合礼的行为，所以子贡对他死后被授予"文"这一谥号大为不解，于是就问孔子孔文子凭什么得了"文"这一谥号。孔子评价孔文子正是"不以一眚（shěng）掩大德"（《左传》语），即不因为孔文子私德有亏而抹杀他"敏而好学，不耻下问"的善行功绩。朱熹《论语集注》："凡人性敏者多不好学，位高者多耻下问。"孔文子性敏位高，却能够敏而好学，不耻下问，这是多么难能可贵的品德啊，谥之以"文"是多么合规中矩！聪明的子贡听了老师的解释，应该有所感悟：自己所缺者正是敏而好学，不耻下问，能不自警自励？

5.16　子谓子产，有君子之道四焉："其行己也

孔子评论子产说："他有四种行为合乎君子之道：他为人行事庄

恭，其事上也敬，其养民也惠，其使民也义。"

严恭敬，他事奉君上认真恭敬，他教养民众有恩惠，他役使人民合理合义。"

【注释】

　　子产：杨伯峻《论语译注》："公孙侨，字子产，郑穆公之孙，为春秋时郑国的贤相，在郑简公、郑定公之时执政二十二年。其时，于晋国当悼公、平公、昭公、顷公、定公五世，于楚国当共王、康王、郏敖、灵王、平王五世，正是两国争强、战争不息的时候。郑国地位冲要，而周旋于这两大强国之间，子产却能不低声下气，也不妄自尊大，使国家得到尊敬和安全，的确是古代中国的一位杰出的政治家和外交家。"郑国百姓爱戴他，歌颂道："我有子弟，子产诲之；我有田畴，子产殖之。子产而死，谁其嗣之？"（《左传·襄公三十年》）

　　恭：庄严恭敬。

　　惠：给予恩惠。

　　义：合理合义。

【简评】

　　本章孔子高度评价子产。位愈高者德愈卑！位高易生骄横，不顾道德。子产是郑国著名贤相，百姓爱戴，孔子从恭、敬、惠、义四大方面衡量子产，认为子产达到了君子的要求，换言之，君子之道，即为官之道，为官者应该向子产看齐。

5.17　子曰："晏平仲善与人交，久而敬之。"

孔子说："晏平仲善于和别人交朋友，相处越久，别人越尊敬他。"

【注释】

　　晏平仲：姓晏，名婴，字仲。齐国的贤大夫，"平"是他的谥号。

　　敬之：尊敬他。之，指晏子。

【简评】

本章孔子评论晏子的品德。孔子见过晏子，敬爱晏子。交友，乃人生大问题，白头如新者有之，倾盖如故者有之，轻交易绝者更有之。朱熹《论语集注》曰："程子曰：'人交久则敬衰，久而能敬，所以为善。'"晏子的过人之处在于与朋友交往越久朋友越尊敬他。个中技巧不外晏子敬人，敬人越久而人更敬之！"久而敬之"，的确是交真朋友的美德。

5.18　子曰："臧文仲居蔡，山节藻梲，何如其知也！"

孔子说："臧文仲给大乌龟建造了一间房屋，斗栱镂刻了山形，梁上短柱画上了水藻，这个人的聪明怎么样呢？"

【注释】

臧文仲：鲁国大夫姓臧孙辰，字仲。谥号"文"，故死后又称臧文仲。孔子曾批评他不仁不智。居蔡：使蔡居，即给大龟建造居所。居，使动词。蔡，大龟，长一尺二寸，与和氏之璧、隋侯之珠并称为"诸侯三宝"。蔡地，曾出大龟，因此又称大龟为"蔡"。《淮南子·说山训》："大蔡神龟，出于沟壑。"高诱注："大蔡，元龟之所出地名，因名其龟为大蔡，臧文仲所居蔡是也。"《周礼·春官·龟人》："凡取龟用秋时，攻龟用春时，各以其物入于龟室。上春衅龟，祭祀先卜。若有祭事，则奉龟以往。"大龟为国君所藏，供卜筮使用，大夫当用小龟。臧文仲用大龟而且建造豪华的龟室，已属越礼。

山节藻梲：指刻山于节，画藻于梲，都是天子宗庙之饰，亦即雕梁画栋之意。节，是柱头的斗栱；梲，是梁上的短柱。何如其知：即其智何如，意谓这个人的聪明怎么样呢？知，同智。实是批评其不智。

【简评】

　　本章孔子批评臧文仲奢侈而越礼。《礼记·明堂位》："山节藻棁，天子之庙饰也。"臧文仲身为大夫，没有资格保存大龟，更不要说替大龟建造豪华的房间以存养了。臧文仲如此做的目的是谄龟邀福，是一种弃德佞龟的行为，所以孔子批评他不聪明。臧文仲是个毁誉参半的人物，在《卫灵公》篇中，孔子还批评他在位不举贤才，《左传·文公二年》也记载孔子说："臧文仲其不仁者三，不知者三。下展禽，废六关，妾织蒲，三不仁也。作虚器，纵逆祀，祀爰居，三不知也。"杜注云："作虚器，谓居蔡山节藻棁也。"孔子一生以维护周礼为己任，对于臧文仲"居蔡"的行为，当然要指斥为愚蠢了。

5.19　子张问曰："令尹子文三仕为令尹，无喜
子张问道，"楚国令尹子文三次任令尹，没见他有喜悦的脸
色；三已之，无愠色。旧令尹之政，必以告新令尹。
色；三次被免职，也没见他有怨恨的脸色。他当令尹时施政的情形，一定都告诉新
何如？"子曰："忠矣。"曰："仁矣乎？"曰："未
来接替令尹的人。这个人怎么样？"孔子说："算是尽忠了。"子张说："算不
zhì
知，焉得仁？"
算仁者？"孔子说："连明智都谈不上，怎么能算是仁呢？"

shèng
　　"崔子弑齐君，陈文子有马十乘，弃
子张又问："崔杼弑杀齐庄公，齐大夫陈文子有四十匹马，他舍弃不要，
而违之。至于他邦，则曰：'犹吾大夫崔
离开齐国到另一个国家，说：'这里的统治者跟我们的大夫崔子差不多。'又离
子也。'违之。之一邦，又曰：'犹吾大夫
开再到另一国去，又说：'这儿的臣子，还是跟我们的大夫崔子差不多！'于是

崔子也。'违之。何如？"子曰："清矣。"

又离开了。这个人怎么样？"孔子说："算清白的！"子张说："算不算是仁

zhì

曰："仁矣乎？"曰："未知，焉得仁？"

呢？"孔子说："连明智都谈不上，怎么能算是仁呢？"

【注释】

令尹子文：令尹是楚国的官职名，相当宰相。子文，即斗穀於菟（音 dòu gǔ wū tú），子文因五月五日生，父母以为不祥，被弃于云梦草泽中，传说由虎喂乳，后由郧国君收养。楚人称"乳"为"穀"，称"虎"为"於菟"，故名。杨伯峻《论语译注》："根据《左传》，子文于鲁庄公三十年开始做令尹，到僖公二十三年让位给子玉，其中相距二十八年。在这二十八年中可能有几次被罢免又被任命，《国语·楚语下》说：'昔子文三舍令尹，无一日之积。'也就可以证明。"

三仕：多次出仕。三，非实指，指多数。下"三已"之"三"同。

三已：多次去职。

知：同智。下"未知"之"知"同。

崔子：齐国的大夫崔杼。

弑：古代下杀上曰"弑"。

齐君：即齐庄公，姓姜，名光。"崔子弑齐君"的事见《左传·襄公二十五年》。

陈文子：齐国的大夫，名须无。

违：离开。

之一邦：又到了一个国家。之，往。

【简评】

本章孔子与子张讨论子文和陈文子是否达到仁的问题。楚国的

令尹子文三仕三已，而不见其喜怒于形，非有很高的修养难以臻于此境，但是孔子仅仅称许子文忠，而不称许其仁；齐国的陈文子身逢崔杼之乱，不愿与乱臣贼子同流合污，于是逃离齐国前往他国以洁身去乱，但是孔子仅仅称许其清白，也不称许其仁。孔子历来不以"仁"轻许人，子文之忠，忠于其职而已，忠者未必仁，而仁者必忠；陈文子之清，乃洁身去乱，有明哲保身之意味，清者未必仁，而仁者必清。可见，孔子对仁的要求极高。

5.20　季文子三思而后行。子闻之，曰："再，斯可矣。"

季文子遇事都再三考虑然后才做。孔子听到后，说："考虑两次，就可以了。"

【注释】

季文子：鲁国大夫季孙行父，"文"是谥号。历仕鲁文公、宣公、成公、襄公诸代，行事谨慎多虑。孔子说这话时，季文子已死很多年了。

三思：多次思考。三，表示多数，非实指。晚清人宦懋庸《论语稽说》："文子生平盖祸福利害之计太明，故其美恶两不相掩，皆三思之病也。其思之至三者，特以世故太深，过为谨慎；然其流弊将至利害徇一己之私矣。"可参。

再：两次。

斯：则，就。

【简评】

本章孔子论季文子世故太深，谨慎太过，正是孔子"过犹不及"的思想体现。孔子不反对做事谨慎小心，但不主张过度左思右虑，流于烦琐或优柔寡断。钱穆《论语新解》说得好："事有贵于刚决，多思转多私，无足称。"

5.21　子曰："宁武子，邦有道，则知(zhì)；邦无道，
孔子说："宁武子在国家太平时，就显露出他的聪明才智；国家动

则愚。其知(zhì)可及也，其愚不可及也。"
乱时，他就装傻。他的聪明才智，别人还可以赶得上；他那装傻，别人就赶不上。"

【注释】

宁武子：卫国大夫，姓宁，名俞，"武"是谥号。孔子说这话时，宁武子已去世百余年。

愚：愚蠢，这里义近"装傻"。皇侃《论语集解义疏》卷三："孔安国曰：'佯愚似实，故曰不可及也。'"朱熹《论语集注》："按《春秋》传，武子仕卫，当文公、成公之时。文公有道，而武子无事可见，此其知之可及也。成公无道，至于失国，而武子周旋其间，尽心竭力，不避艰险。凡其所处，皆智巧之士所深避而不肯为者，而能卒保其身以济其君，此其愚之不可及也。"

【简评】

本章孔子论宁武子善于明哲保身。孔子历来主张"有道则见，无道则隐"，宁武子智愚兼用，全身保君，与孔子的主张基本接近，所以孔子大加赞许。钱穆《论语新解》曰："今按：上章论季文子，时人皆称其智。本章论宁武子，时人或谓之愚。而孔子对此两人，特另加品骘，其意大可玩味。又按：本篇皆论古今人物贤否得失，此两章及前论臧文仲、令尹子文、陈文子，后论伯夷、叔齐及微生高，时人谓其如此，孔子定其不然。显微阐幽，是非分明。此乃大

学问所在，学者当潜心玩索。"

5.22　子在陈，曰："归与！归与！吾党之小子
孔子在陈国，感叹地说："回去吧！回去吧！我家乡的弟子们志

狂简，斐然成章，不知所以裁之！"
向高大而行事粗疏，文采也斐然可观，我不知道再怎样去引导他们。"

【注释】

陈：国名，妫（guī）姓，舜的后代，周武王灭商后所封。建都宛丘（今河南淮阳县），拥有今河南开封以东、安徽亳州以北一带地方。春秋末为楚国所灭。孔子周游列国，曾困于陈、蔡之间。

归与：回去吧。与，同欤。

吾党：我的同乡（鲁国）。小子：后辈。狂简：志向高大而行事粗疏。

斐然成章：文采斐然可观。斐然，有文采的样子。章，花纹有条理。

裁：剪裁，引中为引导。

【简评】

本章是孔子在陈国思念故乡想念弟子而发出的慨叹。孔子周游四方，在陈并不顺心得意，想到跟随自己的弟子们虽然文采斐然可观，但是行事尚嫌粗疏，需要自己进一步栽培剪裁，雕琢引导，使他们成才。据《史记·孔子世家》载："（鲁）使使召冉求，求将行，孔子曰：'鲁人召求，非小用之，将大用之也。'"是日，孔子有归与之叹。可知，《论语》这段话是鲁季桓子病逝而季康子即位后召冉求回国时所说。一个时刻惦念学生学习情状、担心学生德行有亏的教育家的形象宛在目前。

5.23　子曰："伯夷、叔齐不念旧恶，怨是用希。"

孔子说："伯夷、叔齐不记旧仇，别人对他们的怨恨也就很少。"

【注释】

伯夷、叔齐：商代孤竹国国君的两个儿子，伯夷是兄，叔齐是弟。父亲去世后，两人互相谦让，皆不就国君位。出走到周文王处。周武王起兵伐纣，两人反对"以暴易暴"，曾拦住马车劝阻。周灭商后，两兄弟以食用周粟为耻，隐居首阳山，采薇为食，最终饿死。《史记》有《伯夷列传》。旧恶：夙怨。恶，嫌隙，仇恨。

怨是用希：别人对他们的怨恨也就很少。是用，即是以，所以。用，通以。希，同稀。

【简评】

本章孔子赞美伯夷、叔齐不念旧恶的品德。为人处世，应该向伯夷、叔齐看齐，这就是恕道。孔子是伯夷、叔齐的知音，司马迁在《史记·伯夷列传》中指出了这一点："伯夷、叔齐虽贤，得夫子而名益彰。"

5.24　子曰："孰谓微生高直？或乞醯^{xī}焉，乞诸其邻而与之。"

孔子说："谁说微生高正直？有人向他借点醋，他不直说自己没有却转向邻居借来再给来人。"

【注释】

微生高：鲁国人，一般认为即尾生高。《庄子·盗跖》《战国策·燕策》等书载有尾生高守信的故事，说他和一位女子相约在桥下见面。届时女子未来，他却一直不肯离开，水涨了都不走，终于

淹死。"微""尾"古音相近字通。《汉书·古今人表》有尾生高，
颜师古注："即微生高。"

薿：醋。

诸：兼词，之于。

【简评】

本章孔子论为人处世须真正正直，实事求是。微生高素有正直
之名，但是孔子从细微处观察出他不够正直，因为他没有醋可借，
直接告诉来借醋者即可，这才是正直，是实事求是；可是微生高却
转向他人借醋而给了借醋者，以讨好借醋者。他向别人借醋而给向
他借醋者，正是拿别人的东西做人情，借以博取借醋者的感激赞
扬。孔子不喜欢这类人，而他从细微小事观察人之品德的方法也很
值得后人学习。

5.25 子曰："巧言、令色、足恭，左丘明耻之，
_{孔子说："花言巧语，满脸堆笑，过分恭顺，左丘明以此为耻，}
丘亦耻之。匿怨而友其人，左丘明耻之，丘亦
_{我也以此为耻。心里藏着怨恨，表面上却跟他人很要好，左丘明以此为耻，我}
耻之。"
_{也以此为耻。"}

【注释】

左丘明：姓左丘名明，鲁国太史，《左传》一书的作者。

足恭：过分恭顺。

耻：意动词，以之为耻。下三"耻"字同。

丘：孔子自称。

匿怨：隐藏怨恨于心中。

【简评】

本章孔子教人不要口是心非，表里不一，要以巧言令色、过分恭顺、匿怨友人为可耻。其实，孔子同时教给了人们识别、防备巧言令色、过分恭顺、匿怨友人之人的方法和技巧，因为这类人大多别有用心，不是良善之辈。

hé
5.26 颜渊、季路侍。子曰："盍各言尔志？"
颜渊、子路站立在孔子身边。孔子说："何不各人谈谈自己的志向？"

子路曰："愿车马衣轻裘与朋友共敝之而无憾。"
子路说："我愿将自己的车马衣服与朋友共用，就是用破了我也没有遗憾。"

颜渊曰："愿无伐善，无施劳。"
颜渊说："我愿不自夸长处，不把辛苦的事情交给别人做。"

子路曰："愿闻子之志。"
子路说："希望听听老师的志向。"

子曰："老者安之，朋友信之，少者怀之。"
孔子说："我愿让老人安逸，让朋友信任我，让年轻人怀念我。"

【注释】

季路：即子路。侍：站着服侍长者。杨伯峻《论语译注》："《论语》有时用一'侍'字，有时用'侍侧'两字，有时用'侍坐'两字。若单用'侍'字，便是孔子坐着，弟子站着。若用'侍坐'，便是孔子和弟子都坐着。至于'侍侧'，则或坐或立，不加肯定。"

盍："何不"合音字。《玉篇》："盍，何不也。"

裘：皮衣。此处的"轻"字是后人加上去的，原本无。说见刘宝楠《论语正义》。

敝之：使坏了它们。敝，破旧。之，代指车马衣裘。

无伐善：不夸耀自己的长处。无，同毋。下"无"字同。

无施劳：不把辛苦的事情交给别人做。孔安国解释说："无以劳事置施于人也。"施，施加。

老者安之：让老人安逸。安，使动词。

朋友信之：让朋友信任我。信，使动词。

少者怀之：让年轻人怀念我。怀，使动词。

【简评】

本章孔子与两个弟子交谈言志，子路豪放而慷慨，愿意与朋友共享财物，遗憾的是他没有与其他人共同富裕的想法；颜渊谦虚而恭敬，愿忘记己善而不烦劳他人，遗憾的是他没有带给其他人快乐幸福的想法；孔子的圣贤气象则充分显现出来：老者安之，朋友信之，少者怀之，这是孔子追求的社会理想境界。孔子愿意以全部的仁德礼让给世人，大有心系天下苍生的伟大胸怀。师生各言其志，高下立判，此即所谓圣人境界。《礼记·礼运》曰："大道之行也，天下为公。选贤与能，讲信修睦。故人不独亲其亲，不独子其子。使老有所终，壮有所用，幼有所长，矜寡孤独废疾者皆有所养，男有分，女有归。"《孟子·梁惠王上》曰："老吾老以及人之老，幼吾幼以及人之幼，天下可运于掌。"这一切其实与孔子的社会理想境界完全一致。

5.27 子曰："已矣乎，吾未见能见其过，而内
孔子说："算了吧，我还没有看见过能够发觉自己的错误而又能
　　sòng
自讼者也。"
从内心自我责备的人呢。"

【注释】

内自讼：口不言而内心自责。讼，责备。

【简评】

本章孔子慨叹世人知错能改者几希！旨在提醒人们要反省自己的错误。世人一般都是自己有过而不自知，即使自知有过也不能忏悔，不能自责忏悔就不能改过，这是人性的弱点，所以孔子慨叹没能看到知错而自责进而改过的人。《大学》引当时谚语曰："人莫知其子之恶，莫知其苗之硕。"意谓人们因为偏私而没有知道自己孩子的缺点的，没有知道自己禾苗的茁壮的。人非圣贤，孰能无过？只要自我悔改，那就算是了不起的人了。《后汉书·张奂传》载："建宁元年……时窦太后临朝，大将军窦武与太傅陈蕃谋诛宦官，事泄，中常侍曹节等于中作乱。以奂新征，不知本谋，矫制使奂与少府周靖率五营士围武。武自杀，蕃因见害。奂迁少府，又拜大司农，以功封侯。奂深病为节所卖，上书固让，封还印绶，卒不肯当。"张奂是一个知错自责而能改过的人，可惜他生活的年代上距孔子太远了。

5.28 子曰："十室之邑，必有忠信如丘者焉，

孔子说："只有十户人家的小村子，也一定有如同我这样忠义诚

hào

不如丘之好学也。"

信的人，只是不如我这样好学罢了。"

【注释】

十室之邑：有十户人家的村落，言其小。

【简评】

本章孔子强调自己好学，旨在教导人们不能废学。钱穆《论语新解》解说得非常透彻：

本章言美质易得，须学而成。所谓"玉不琢，不成器。人

不学，不知道"。学可以至圣人，不学不免为乡人。后人尊崇孔子，亦仅可谓圣学难企，不当谓圣人生知，非由学得。

按：本篇历论古今人物。孔子圣人，人伦之至，而自谓所异于人者惟在学。编者取本章为本篇之殿，其意深长矣。学者其细阐焉。

又按：后之学孔子者，有孟轲、荀卿，最为大儒显学。孟子道性善，似偏重于发挥本章上一语。荀子劝学，似偏重于发挥本章下一语。各有偏，斯不免于各有失。本章浑括，乃益见其闳深。

雍也篇第六

6.1　子曰："雍也，可使南面。"

孔子说："冉雍这个人，可以让他做个天子或一方诸侯。"

【注释】

南面：面朝南，古代坐北面南为尊，天子、诸侯听政都是面向南而坐。杨树达《论语疏证》："古之人君向明而治，天子诸侯皆南面，不独天子也。"这里孔子是说可以让冉雍去从政做官。

【简评】

本章孔子高度评价冉雍的德行，认为冉雍可以做天子或诸侯。《史记·仲尼弟子列传》载："冉雍字仲弓。孔子以仲弓有德行，曰：'雍也可使南面。'"可知冉雍在孔子心目中的地位比较高，所以认为他可以做天子或诸侯。

6.2　仲弓问子桑伯子。子曰："可也，简。"仲

仲弓问子桑伯子这人怎么样。孔子说："他也可以，他做事很简

弓曰："居敬而行简，以临其民，不亦可乎？居简而

约。"仲弓说："平时诚敬而行事简约，这样来治理百姓，不也就可以了吗？如

行简，无乃大简乎？"子曰："雍之言然。"

果平时简约而行事再简约，未免就太简略了罢？"孔子说："你这话说得对。"

【注释】

　　子桑伯子：人名，生平不可考。既然称"伯子"，有可能是卿大夫。

　　可也，简：何晏《集解》："以其能简，故曰'可'也。"

　　居敬：平时诚敬。居，平居，平时。行简：行事简约不烦琐。

　　无乃：疑问词，犹"岂不是"。大：同太。

【简评】

　　本章孔子与冉雍讨论子桑伯子处事作风。孔子主张平素处事要慎重，但治理百姓要力求简约而不扰民，这与老子所谓"治大国若烹小鲜"基本一致。但是孔子反对简而又简，因为太简会有苟且率略的负面效应。杨树达《论语疏证》："简者易也，太简则野矣。"质言之，太简则不合中庸之道。

6.3　哀公问："弟子孰为好^{hào}学？"孔子对曰：

鲁哀公问："你的学生中，哪个最好学？"孔子答道："有一个叫

"有颜回者好学，不迁怒，不贰过。不幸短命死矣，

颜回的很好学，他不会将愤怒发泄到无关的人身上，也不会犯同样的过错。不

今也则亡，未闻好学者也。"

幸短命死了，现在再没有这样的学生了，再也没有听说有这样好学的人了。"

【注释】

　　不迁怒：不会将怒气发泄到无关的人身上。迁，转移。

　　不贰过：不犯同样的错误。贰，重复。

　　短命：杨伯峻《论语译注》："《公羊传》把颜渊的死列在鲁哀公十四年(前481)，其时孔子年七十一，依《史记·仲尼弟子列传》，颜渊少于孔子三十岁，则死时年四十一。但据《孔子家语》

等书，颜回卒时年仅三十一，因此毛奇龄(《论语稽求篇》)谓《史记》'少孔子三十岁，原是四十之误'。"

亡：通无。

【简评】

　　本章孔子称赞颜回好学，惋惜他的早死。颜回是孔子最得意的弟子，孔子对他赞赏有加："贤哉回也！一箪食，一瓢饮，在陋巷，人不堪其忧，回也不改其乐。贤哉回也！""回也其心三月不违仁。"(《雍也》篇)孔子称赞颜回好学的内容，不仅仅指读书，重要的是指修身，包括不迁怒，不贰过。《大戴礼记·卫将军文子》载子贡曰："夙兴夜寐，讽诵崇礼，行不贰过，称言不苟，是颜渊之行也。"这是非常高贵的情操，读者须仔细玩味。孔子所指出的颜回不迁怒不贰过的优点，也正是一般人难以做到的。《史记·仲尼弟子列传》载颜回二十九岁时头发尽白，可以感知颜回是多么好学！

　　6.4　子华使于齐，冉子为其母请粟。子曰："与

公西华出使到齐国去，冉有代他母亲向孔子请求小米。孔子说：

之釜 (fǔ)。"

"给他六斗四升。"

请益。曰："与之庾 (yǔ)。"

冉求请求增加一些。孔子说："再给他二斗四升。"

冉子与之粟五秉 (bǐng)。

冉求却给了公西华八十斛。

子曰："赤之适齐也，乘肥马，衣轻裘 (yì)。吾闻之

孔子说："子华到齐国去，乘肥马驾的车，穿轻暖的皮袍。我听说：君子

也：君子周急不继富。"

周济穷困的人，不使富有的人更富有。"

【注释】

子华：姓公西名赤，字子华，孔子弟子，少孔子四十二岁。

冉子：即冉有。粟：小米。

釜：古代容积单位，一釜为六斗四升。

请益：请求增加。益，增加。

庾：古代容积单位，一庾为二斗四升。一说为十六斗。

秉：古代容积单位，一秉为十六斛，五秉为八十斛，十斗为一斛。

乘肥马：杨伯峻《论语译注》："不能解释为'骑肥马'，因为孔子时穿着大袖子宽腰身的衣裳，是不便于骑马的。直到战国时的赵武灵王才改穿少数民族服装，学习少数民族的骑着马射箭，以便利于作战。在所有'经书'中找不到骑马的文字，只有《曲礼》有'前有车骑'一语，但《曲礼》的成书在战国以后。"

周：同"赒"，救济，接济。

【简评】

本章孔子提出了周急不继富的著名观点，君子帮助人只雪里送炭，不去锦上添花。冉有替公西华为母亲请粟，孔子内心本不想给公西华，又不想直接拒绝，于是让冉有给了一点点，公西华不当得粟之意甚明；而公西华不能理解孔子的内心意图，又想再增加一点，孔子又让冉有再给一些。冉有也不理解孔子的内心意图，他私心自用，竟然给了公西华八十斛。孔子于是给冉有直言相告：公西华适齐，乘肥马，衣轻裘，不是贫穷之家，所以不愿多给他小米，由此自然而然地提出了周急不继富的观点。本章有师生对话，有数字罗列，孔子的宽宏大量和及时教导，冉有的私心自用和自作主张，一一宛在目前。尤其值得指出的是，在大是大非目前，孔子直抒己见，及时教育弟子，实在令人感佩不已。

孔子于鲁定公十一年（前499）至十三年（前497）任鲁国大司寇，

本章所述之事应发生在这段时间内。

6.5 原思为之宰，与之粟九百，辞。子曰：
原思当孔子家的总管，孔子给他九百斗小米为俸禄。原思认为太
"毋！以与尔邻里乡党乎！"
多不肯接受。孔子说："别推辞！有多余的可以分给邻里乡党的穷人啊！"

【注释】

原思：姓原名宪，字子思，鲁国人，孔子弟子，生于公元前515年，少孔子三十六岁。为之宰：做孔子家的总管。宰，主管。之，指孔子。孔子做鲁国司法官时，原思曾做过孔子家的总管。

九百：孔安国曰："九百，九百斗也。"

邻里乡党：都是古代地方单位的名称，古代以5家为邻，25家为里，12500家为乡，500家为党。此处泛指原思的乡亲百姓。

【简评】

本章孔子论应该得的俸禄不必辞，若有多余的可以周济邻里乡党的穷人。这是何等博大的胸怀！上章言不必多与，本章言应该领取，有余则可以用来周济他人，可见圣人处事既有原则，又区别对待。君子遇到能够惠及乡里的事情，应该勇于去做，这就是义，这就是践行仁善。

原宪出身贫寒，但是他能够安贫乐道，是贫而无怨的典型人物，唐代王维《山中示弟等》诗即云："莫学嵇康懒，且安原宪贫。"

6.6 子谓仲弓，曰："犁牛之子骍（xīng）且角。虽欲
孔子对仲弓，说："毛色驳杂的牛所生的小牛毛色纯红而且两角
勿用，山川其舍诸？"
端正，人们即使不想用它做为牺牲，但山川之神怎肯舍弃它呢？"

【注释】

犁牛：又作"骊牛"，黄黑杂色的牛。犁，通骊。《汉书·西域传》："西与犁轩、条支接。"颜师古《注》："犁读与骊同。"骍：纯赤色的牛。周人尚赤，用赤牲。角：名词动用，两角长得很周正。古代祭祀用的牛不能用杂色的，而用红毛长角的。王引之《经义述闻》曰："犁与骍对举，则当以杂文之训为长。犁牛之子骍且角，则用以祀山川，犹《列子·说符篇》云'黑牛生白犊，以荐上帝耳'。犁者，黄黑相杂之名也。"骍且角：祭祀用的牛，毛色为红，角长得端正。而据《史记·仲尼弟子列传》载，仲弓的父亲是贱人，而仲弓却是"可使南面"的人才，故孔子如此比喻他们父子。王充《论衡·自纪》曰："母骊犊骍，无害牺牲；祖浊裔清，不牓奇人。鲧恶禹圣，叟顽舜神。伯牛寝疾，仲弓洁全。"所谓"母骊犊骍"正是"犁牛之子骍"，也就是"祖浊裔清"。钱锺书《管锥编》指出："脱若《论衡·自纪》篇所言，仲弓为伯牛之子，则孔子亦双关名字为戏。"足资参读。

虽：假设连词，即使。

山川：指山川之神。其：表示反问的语助词，略同于"岂"，难道。诸："之乎"的合音字。

【简评】

本章孔子以冉雍为例表达了他的人才观，说明天生我材必有用的道理，父贱父顽均不能废弃子善子孝，公正的山川之神并不介意全身纯赤、两角周正的小牛的父亲品行长相如何，它只喜欢小牛已经成长为高洁标准的牺牲。冉雍之父是"贱人"，这样的出身不能不在冉雍的内心留下深重的阴影，产生自卑的情绪，孔子用形象的故事开导冉雍不必介意自己的家世出身，只要你自己德行才华俱佳，别人不想用你，天地神灵也不答应。因材施教，被孔子运用得出神入化！

6.7　子曰："回也，其心三月不违仁，其余则日

孔子说："颜回呀，他的内心能够长久不离开仁德，其他弟子嘛，

月至焉而已矣。"

只能短时间偶然想到仁德罢了。"

【注释】

三月：较长时间。三，虚指而非实指。《述而》篇："子在齐闻《韶》，三月不知肉味。"不违仁：不离开仁德。违，离开。

其余：指除了颜回之外的弟子。日月：较短时间，盖指太阳月亮升落的一天之间。至焉：想到仁德。焉，于此(仁德)。

【简评】

本章孔子赞美颜回能长久地践行仁德。孔子以"仁"为人生的最高境界，了解弟子莫过于老师，他通过比较认为颜回能够长久地践行仁德，而其他弟子只是偶尔想到一下。颜回有恒心"三月"不违仁，其可贵在于坚持不懈，其他弟子则没有。其实，一般人与孔子的其他弟子一样，难以做到持之以恒啊！民间有言：一个人做点好事并不难，难的是一辈子做好事，不做坏事。这与孔子的观点基本相通。

6.8　季康子问："仲由可使从政也与?"子曰：

季康子问："仲由这人可以让他从政吗?"孔子说："仲由果敢勇

"由也果，于从政乎何有?"

敢，让他从政有什么困难呢?"

　曰："赐也可使从政也与?"曰："赐也达，于从

季康子又问："端木赐可以让他从政吗?"孔子说："端木赐通达事理，

政乎何有?"

让他从政有什么困难呢?"

曰："求也可使从政也与?"曰："求也艺,于从政
季康子问:"冉求可以让他从政吗?"孔子说:"冉求多才多艺,让他从

乎何有?"
政有什么困难呢?"

【注释】

与:通欤。

果:果断决断。

达:通晓事理。

艺:多才多艺。

【简评】

本章孔子评论三个弟子的特长。子路有决断,子贡通事理,冉
求多才能,都有经邦济世之才。孔门的确人才济济,孔子致力于因
材施教,也非常重视量才使用。

6.9　季氏使闵子骞为费宰,闵子骞曰:"善为
　　　mǐn qiān bì
季氏叫闵子骞做他的采邑费地的长官。闵子骞对来人说:"好好

我辞焉! 如有复我者,则吾必在汶上矣。"
　　　　　　　　　　　　　 wèn
地帮我辞掉吧! 如果再次来召我,我一定会逃到汶水之北去了。"

【注释】

闵子骞:姓闵名损,字子骞,鲁国人,孔子弟子,少孔子十五
岁。费:季氏的封邑,在今山东费县西北一带。宰:主宰,长官。

复我:再来召我。

汶上:汶水之北。汶,水名,即今山东大汶河,当时流经齐、

鲁两国之间。必在汶上，是说要离开鲁国到齐国去，不愿给季氏做事。

【简评】

本章记述闵子骞不愿依附权贵之事。在孔门中，闵子骞以德行与颜渊并称，他是有名的孝子，为人清高，淡泊名利，不愿给季氏做事而自毁清誉，所以司马迁记述他"不仕大夫，不食污官之禄"（《史记·仲尼弟子列传》）。季氏长期把持鲁国大权，越礼为非之事甚多，孔子多次批评季氏所为，作为孔子的得意弟子，闵子骞焉能接受季氏的邀请而去为虎作伥呢？学而优则仕，但是要看为谁做官，为谁服务，闵子骞做出了榜样！

6.10　伯牛有疾，子问之，自牖^{yǒu}执其手，曰：
冉伯牛生了病，孔子去探望他，从窗户里握住他的手，感叹说："亡之，命矣夫，斯人也而有斯疾也！斯人也而有斯
"失去了这个人，这是命吧！这样的人竟然得了这样的病！这样的人竟然得了疾也！"
这样的病！"

【注释】

伯牛：姓冉名耕，字伯牛，鲁国人，孔子弟子。有疾：《史记·仲尼弟子列传》载冉伯牛"有恶疾"；《淮南子·精神》曰："冉伯牛为厉。""恶疾""厉"病可能是麻风病一类的传染病。

问：探问。

牖：窗户。

亡：丧失，失去。

【简评】

　　本章孔子沉痛惋惜冉伯牛有德行而患恶疾。《先进》篇曰："德行：颜渊，闵子骞，冉伯牛，仲弓。"《白虎通义·寿命》曰："冉伯牛危行正言，而遭恶疾。"有德行的人却得了恶疾，孔子认为这是天命，重言深叹命运无常，悲不自胜！仁慈的他前去探病，给弟子施以温暖和安慰，而他只能站在窗户外面与弟子握手，这是一种多么令人感动的场面啊！为什么"自牖执其手"而不能进屋探病呢？钱穆《论语新解》解说道："古人居室，北墉而南牖，墉为墙，牖为窗。礼，病者居北墉下，君视之，则迁于南牖下，使君得以南面视之。伯牛家以此礼尊孔子，孔子不敢当，故不入其室而自牖执其手。"冉伯牛不让老师进屋，因为他害怕自己的恶疾传染给老师，这是爱师；孔子从窗户间握手致意，不怕恶疾传染于己，这是爱生。这样的师生感情是多么的真挚，多么的令人向往啊！

　　　　　　　　　　　　　　　　dān　　　　　　piáo
　6.11　子曰："贤哉，回也！一箪食，一瓢饮，
　　　　孔子说："多么有修养呀，颜回啊！一筐饭，一瓢水，住在偏僻
在陋巷，人不堪其忧，回也不改其乐。贤哉，
的小巷子里，别人不堪忍受这贫苦的忧愁，颜回却不改变他的自得其乐。多么
回也！"
有修养呀，颜回啊！"

【注释】

　　箪：古代盛饭用的圆形竹筐。
　　瓢：用葫芦干壳对半切开而做成的舀水、盛酒的勺子。
　　陋巷：偏远的里巷。

【简评】

本章孔子赞扬颜回能安贫乐道。颜回吃的是粗食淡饭，住的是偏僻的里巷，一般人承受不了这样艰苦的生活，而颜回自得其乐。孔子曾自言："饭疏食，曲肱而枕之，乐亦在其中矣。"（《述而》篇）杨树达《论语疏证》曰："孔子疏食饮水，乐在其中；颜渊箪食瓢饮，不改其乐，此孔门弟子中颜渊所以独为孔子所称也。"有其师，方能有颜回这样的弟子，师生二人的生活态度何其相似乃尔！本章内容对后代影响极大，孟子所谓"贫贱不能移"直从孔子的观点而来，而后来响应、实践的志士仁人不绝如缕。

yuè
6.12　冉求曰："非不说子之道，力不足也。"子
冉求说："不是我不喜欢老师的道理，实在是因为我的能力不够。"

rǔ
曰："力不足者，中道而废。今女画。"
孔子说："能力不够的人，应该是半途而废；现在你却是画地自限不愿前进。"

【注释】

说：同悦，喜欢。

今女画：现在你自画界限不愿前进。画，画线为界，裹足不前。

【简评】

本章孔子勉励弟子冉有要知难而进。孔子非常了解冉有的种种才能，对于冉有所说的"力不足也"的托词，作为老师的孔子一语揭破了实质：你不是力不足，而是不愿为，你是畏难而退，想做逃兵。借用孟子的话即"乃不为也，非不能也"。"不为"与"不能"有本质差别，"不为"是知难而退，是主动放弃，是不思进取，是

自甘落后，是自暴自弃，这是万万要不得的。孔子劝学的方式也是
有的放矢。

6.13　子谓子夏曰："女^{rǔ}为君子儒，无为小
人儒。"

孔子对子夏说："你要做君子式的儒者，不要去做小人式的儒者。"

【注释】

　　女：同汝。
　　儒：读书人。

【简评】

　　本章孔子教导子夏要做一个君子式的读书人。孔子提出了
"君子儒"和"小人儒"的概念，两者大有区别。何为"君子
儒"？综合孔子的思想来看，品德高尚、志向远大、为国效力、
为民服务、人情练达者就是"君子儒"；品德低下、眼高手低、
表里不一、纸上谈兵、为己谋利者就是"小人儒"，《荀子·非
十二子》称之为"贱儒"。"君子儒"是真君子，"小人儒"是
伪君子。

6.14　子游为武城宰。子曰："女^{rǔ}得人焉尔乎？"

子游做武城的长官。孔子问："你在当地有没有发掘到人才呢？"

曰："有澹^{tán}台灭明者，行不由径，非公事，未尝至
于偃之室也。"

子游答道："有个叫澹台灭明的人，他走路不走小路捷径，不是为了公事，从不到我这里来。"

【注释】

子游：姓言，名偃，字子游，亦称"言游""叔氏"，春秋末吴国人，孔子弟子，少孔子四十五岁，"孔门十哲"之一。武城：鲁国的小城邑，在今山东费县。

得人：发现得到人才。焉尔：于此（武城）。

澹台灭明：姓澹台名灭明，字子羽，武城人，孔子弟子，少孔子三十九岁。杨伯峻《论语译注》："澹台灭明字子羽，《史记·仲尼弟子列传》也把他列入弟子。但从这里子游的答话语气来看，说这话时还没有向孔子受业。因为'有……者'的提法，是表示这人是听者以前所不知道的。若果如《史记》所记，澹台灭明在此以前便已经是孔子学生，那子游这时的语气应该与此不同。"值得参考。

行不由径：杨逢彬《论语新注新译》："类似现在的遵守交通规则。径，小路。上古禁绝穿行小路，而此时这一禁令已经废弛，由《老子》'大道甚夷，而民好径'可知；而澹台灭明仍然遵守，所以子游称许他。"值得参考。

【简评】

本章言孔子弟子子游有识人的能力。子游从两件小事判断澹台灭明是个人才，一是澹台灭明恪守上古禁令，遵守交通规则，不走捷径小道；二是澹台灭明非公事不去武城的长官子游的门，亦即不拉关系，不走后门。二事虽小，但可以见出他的为人正派，心地纯洁，公正无私。《史记·仲尼弟子列传》载，孔子第一次看到澹台灭明"状貌甚恶。欲事孔子，孔子以为材薄"，似乎没有接纳为弟子，"既已受业，退而修行，行不由径，非公事不见卿大夫。南游至江，从弟子三百人，设取予去就，名施乎诸侯。孔子闻之，曰：'吾以言取人，失之宰予；以貌取人，失之子羽。'"孔子也后悔自己的歧视，慨叹"以貌取人"的失误。子游能识人固然值得赞扬，孔子敢于真诚地解剖自己的心路历程更值得后人钦敬。

6.15 子曰："孟之反不伐，奔而殿，将入门，
孔子说："孟之反不夸耀自己的功劳，鲁军败退，他殿后掩护，快进
策其马，曰：'非敢后也，马不进也。'"
城门时，他鞭打着自己的马，说：'不是我敢于殿后，是我的马儿不肯快前行啊！'"

【注释】

孟之反：即孟之侧，鲁国大夫。伐：自夸。

奔而殿：败走而殿后。《左传·哀公十一年》载，鲁与齐战，季氏宰冉求所率领的鲁国右师败逃，孟之侧殿后拒敌，掩护先撤退的同仁。

【简评】

本章孔子赞扬孟之反不自伐其功的谦逊品格。《左传·哀公十一年》载，鲁与齐作战，鲁国大败，孟之反殿后掩护大军撤退，当安全撤退到城门时，孟之反并不自伐掩护有功，而是以幽默、平淡的语气说是因为"马不进也"，而非自己勇于殿后。这是巧妙地自掩其功，所以得到孔子的称赞。自夸功劳，是一般人的通病；孟之反自掩其功，就显得难能可贵了。

6.16 子曰："不有祝鮀之佞，而有宋朝之美，
　　　　　　tuó　nìng　　　　　　cháo
孔子说："如果没有祝鮀那样好的口才，而只有宋朝那样的美
难乎免于今之世矣。"
貌，在如今这世道是不容易幸免于难的了。"

【注释】

祝鮀：字子鱼，卫国大夫，有口才，以能言善辩受到卫灵公重用。佞：口才。

而：却，仅。宋朝：宋国的公子朝，《左传》中记载了他因长得美丽而惹起乱子的事情。

【简评】

　　本章孔子慨叹世风好佞。祝鮀以能言善辩受到卫灵公重用，《左传·定公四年》载有祝鮀的外交辞令；宋朝尽管美丽，但仅仅只有美貌而不会巧言谄谀，也难以在世风好佞的环境里幸免于难。因为"巧言令色，鲜矣仁"。仔细玩味孔子之言，似为世风日下、人心不古所激愤而发，重在慨叹衰世崇尚伶牙俐齿。

6.17　子曰："谁能出不由户，何莫由斯道也？"

　　孔子说："谁能出外不从房门走呢？为什么有人不从这条路上走呢？"

【注释】

　　户：门。

　　何莫：为什么没有人。斯道：此道，指仁道。《孟子·离娄上》："仁，人之安宅也；义，人之正路也。旷安宅而弗居，舍正路而不由，哀哉！"

【简评】

　　本章孔子教人走正道，慨叹天下无道久矣。出入有门户，指示人们正当的必由之路，谁人出入不经过门户呢？孔子把门户这一人们必然要走的途径比作仁义之道，教人走人生正道即仁义之道，谁人想立身成功能不遵循仁道呢？

6.18　子曰："质胜文则野，文胜质则史。文质

　　孔子说："朴实胜过文采就会显得粗野，文采超过质朴就会显得

彬彬，然后君子。"

虚浮。文采和质朴配合得恰当，这样才是个君子。"

【注释】

质：朴实、自然、未加修饰的。文：文采，经过修饰的。野：此处指粗鲁、鄙野，缺乏文采。《礼记》云："敬而不中礼谓之野。"

史：原指宗庙之祝史及在官府执掌文书者。朱熹《论语集注》："史，掌文书，多闻习事，诚或不足也。"长期执掌文书，就会注重修饰文辞而真诚不足，这里指言词华丽、浮夸的意思。

彬彬：文与质的配合恰到好处的样子。

【简评】

本章孔子论文与质的关系，认为君子是内在美和外在美的和谐统一者。只具备未加修饰的本质，就"质"而言必然胜过经过修饰的文采，但是这样的"质"则会流于粗野，所以必须以"文"加以修饰；如果过分修饰"质"，就"文"而言必然胜过未加修饰的"质"，但是这样的"文"则会流于浮夸不实。只有文质配合恰当，才能够称得上是真正的君子。有了良好朴实的本质，加之以仁义道德的熏陶，即内外兼修，才会既朴实无华，又彬彬有礼。《颜渊》篇曰"棘子成曰：'君子质而已矣，何以文为？'子贡曰：'惜乎，夫子之说君子也！驷不及舌。文犹质也，质犹文也，虎豹之鞟犹犬羊之鞟。'"正可合观对读。

为人是如此，为文何尝不是如此呢？以文论，质木无文，或辞采华丽而内容空虚，皆不会有生命力。只有那些既有深刻的思想内容，又有高超的艺术技巧的作品，才会流传不朽。

6.19 子曰："人之生也直，罔（wǎng）之生也幸而免。"

孔子说："人在世上能生存是由于正直，不正直的人也能生存，那是他侥幸地免于祸害。"

【注释】

罔：不正直。

【简评】

本章孔子论正直是人的生存之道。或许有人以"罔者亦能生存"反诘孔子，孔子答以"侥幸免祸"罢了。既然是侥幸，必是个别人，那么不能免祸者就众多了，不正直就要招灾惹祸之意自在其中。《汉纪》卷六《高后纪》荀悦论曰：

疾病有不治而自瘳者，有治之则瘳者。有不治则不瘳者，有虽治而终身不可愈者，岂非类乎？昔虢太子死，扁鹊治而生之。鹊曰："我非能治死为生也，能使可生者生耳。"然太子不遇鹊，亦不生矣。若夫膏肓之疾，虽医和亦不能治矣。故孔子曰："死生有（节）〔命〕。"又曰："不得其死然。"又曰："幸而免。"死生有（节）〔命〕，其正理也。不得其死，未可以死而死。幸而免者，可以死而不死。

可以死而不死，正是侥幸！人之生存由于正直，正是正理。

6.20　子曰："知之者不如好之者，好之者不如
孔子说："对于学问，了解它的人不如喜爱它的人，喜爱它的人

乐之者。"
又不如以它为乐的人。"

【注释】

之：学问。

乐之：以之为乐。乐，意动词。

【简评】

　　本章孔子论学习的三个境界，勉励弟子成为乐之者。孔子把学习的人分为三种，即知之者、好之者、乐之者，知之者了解学习的益处，所以才学习；好之者既了解学习的益处，而且喜欢学习；乐之者不仅了解学习的益处，而且喜欢学习，更能以学习为乐，这是学习的最高境界。三种人对学习的认识程度不同，他们所取得的成就也就相应不同。同师而能出类拔萃者，必定是乐之者；成绩良好者，必定是好之者；成绩平平者，必定是知之者。孔子教人学习，不仅循循善诱，而且深达人性的本质。

　　6.21　子曰："中人以上，可以语上也；中人以下，不可以语上也。"

孔子说："中等资质以上的人，可以告诉他高深的学问；中等资质以下的人，不可以告诉他高深的学问。"

【注释】

　　中人：中等才智的人。
　　语：告诉，用作动词。上：高深的学问。

【简评】

　　本章孔子谈因材施教的教学方法。学问有高下，人的资质也有高下，因材施教就显得十分重要。孔子教学一生，弟子三千，教学经验极为丰富，教学体会极为深刻，本章即以金针度人，可谓真理！

　　6.22　樊迟问知，子曰："务民之义，敬鬼神而远之，可谓知矣。"

樊迟问怎样才算明智，孔子说："管理民众的要义，是既要尊敬鬼神而又远离鬼神，就算是明智了。"

问仁，曰："仁者先难而后获，可谓
又问怎样才算有仁德，孔子说："仁德的人先经历艰难，然后收获果实，

仁矣。"
这可以说是有仁德了。"

【注释】

知：同智。

务民之义：管理民众的要义。务，竭力从事；务民，犹《管子》之"牧民"。何晏《集解》引王肃说："务，所以化道民之义也。"

【简评】

本章孔子回答樊迟问智问仁的问题，孔子主张"敬鬼神而远之"和"先难后获"。务民之义，即管理百姓的首要职责、当务之急是引导百姓不要迷信鬼神，而要尽力于人事；过分迷信鬼神，祀奉鬼神，必然劳民伤财；让百姓懂得"敬鬼神而远之"的道理，这就是开化、引导百姓，这就是管理者的聪明。

"先难后获"的主张具有真理性，吃得苦中苦，方为人上人。先苦后甜，劳而有获，是应当也是必然的，这符合仁；不劳而获，非仁者也；尽管世间有不劳而获者，但相对来说只是极少数而已。杨树达《论语疏证》谈《颜渊》所谓"先事后得"，"即此先难后获也。夫子一再以此告樊迟，盖意在救其短与"。

6.23 子曰："知者乐水，仁者乐山；知者动，
孔子说："智者喜爱效法水，仁者喜爱效法山。智者进取好动，

仁者静；知者乐，仁者寿。"
仁者寡欲好静。智者快乐，仁者长寿。"

【注释】

智者乐水：智者喜爱并效法水。乐：前两个"乐"字指喜爱并效法；第三个"乐"指快乐通达。《韩诗外传》卷三："问者曰：'夫智者何以乐于水也？'曰：'夫水者缘理而行，不遗小间，似有智者；动而下之，似有礼者；蹈深不疑，似有勇者；障防而清，似知命者；历险致远，卒成不毁，似有德者。天地以成，群物以生，国家以宁，万事以平，品物以正。此智者所以乐于水也。'"可以参考。

仁者乐山：仁者喜爱效法山。《尚书大传》："子张曰：'仁者何乐于山也？'孔子曰：'夫山者，其然高。其然高则何乐焉？''夫山，草木生焉，鸟兽蕃焉，财用殖焉。生财用而无私为焉，四方皆伐焉，每无私予焉。出云风，以通乎天地之间，阴阳和合，雨露之泽，万物以成，百姓以飨。此仁者之所以乐于山者也。'"可以参考。

【简评】

本章孔子以山水的特点来形容智者、仁者的个性。智者乐水，因为水流动而不板滞，滑达顺畅，不遗漏一点小小的地方，与智者乐观活泼、无所不知相似；仁者乐山，因为山巍然屹立而厚重不迁，出产万物而嘉惠百姓，与仁者独立不迁、博爱众生相似。动，是水的突出特性，以喻智者非常形象；重，是山的突出特点，以喻仁者非常形象。智者效法水的流动特性，自然乐水而笑对人生，仁者效法山的厚重特性，自然乐山而清心寡欲，健康长寿，正如《吕氏春秋·循天之道》所言："仁人之所以寿者，外无贪而内清静，心和平而不失中正，取天地之美以养其身。"

朱熹《论语集注》曰："非体仁知之深者，不能如此形容之。"的确如此，只有孔子这样的圣人才能说出这样精辟绝伦的话。

6.24　子曰："齐一变，至于鲁；鲁一变，至
孔子说："齐国的政教一有变革，便可达到鲁国的水准；鲁国的

于道。"
政教一有变革，便可达到太平盛世的境界。"

【注释】

变：变革，变化。

道：先王之道，也就是太平盛世的境界。

【简评】

本章孔子认为通过变革齐、鲁都可以达到太平盛世的境界。古
今论本章者甚多，多不得要领，而杨树达《论语疏证》做出了精彩
的解说：

> 齐为霸业，鲁秉周礼，则王道也。齐一变至于鲁，由霸功
> 变为王道也。《礼运》以禹、汤、文、武、成王、周公六君子
> 为小康，是王道为小康也。鲁一变至于道者，由小康变为大同
> 也。《礼运》言大道之行天下为公，此道正彼文所谓大道矣。

也就是说，《礼记·礼运》所谓"大道之行也，天下为公"的
"大同"社会就是孔子所说的理想社会。

gū
6.25　子曰："觚不觚，觚哉！觚哉！"
孔子说："觚不像个觚，这还是觚吗！这还是觚吗！"

【注释】

觚：古代盛酒的器具，上圆下方，腹部、足部都有四条棱角，
容量约有二升。孔子为什么发出这样的慨叹呢？杨伯峻《论语译
注》曰："孔子为什么说这话，后人有两种较为近于情理的猜想：

（甲）觚有棱角，才能叫做觚。可是做出棱角比做圆的难，孔子所见的觚可能只是一个圆形的酒器，而不是上圆下方（有四条棱角）的了。但也名为棱，因之孔子慨叹当日事物名实不符，如'君不君，臣不臣，父不父，子不子'之类。（乙）觚和孤同音，寡少的意思。只能容酒两升（或者三升）的叫觚，是叫人少饮不要沉湎之意。可能当时的觚实际容量已经大大不止此数，由此孔子发出感慨。（古代酿酒，不懂得蒸酒的技术，因之酒精成份很低，而升又小，两三升酒是微不足道的。《史记·滑稽列传》载淳于髡的话，最多能够饮一石，可以想见了。）"我们认为第一种说法为佳。孔子是就一小物而兴感叹，意在正名，天下之物莫不皆然。第二个"觚"是名词动用。

【简评】

本章孔子借物抒情，感叹名不正如"君不君，臣不臣，父不父，子不子"的现实。周礼衰微，传统不再，孔子见一觚而感时伤世，感叹事物的名存实亡。

6.26　宰我问曰："仁者，虽告之曰：'井有仁焉。'其从之也？"子曰："何为其然也？君子可逝也，不可陷也；可欺也，不可罔也。"

宰我问道："有仁德的人，即使告诉他：'井里有仁人掉下去了。'仁者会不会跳下井去救呢？"孔子说："为什么要这样做呢？君子可能受骗到井边救人，但不可能被骗跳下井去！因为他可能会一时受骗，但不会因受骗被愚弄。"

【注释】

仁者：这里指有仁德的人。

虽：即使，假设连词。

仁：仁人。指井中的人。

从之：随从仁人，即下井救仁人。

逝：往。这里指听说有人落井，赶快到井边去看设法援救。

陷：据金文，象人掉进陷阱形。这里指主动下井救人。

罔：愚弄。《孟子·万章上》有一段话有助于理解"欺"和"罔"的含义："昔者有馈生鱼于郑子产，子产使校人畜之池。校人烹之，反命曰：'始舍之，圉圉焉；少则洋洋焉；攸然而逝。'子产曰：'得其所哉！得其所哉！'校人出，曰：'孰谓子产知？予既烹而食之，曰得其所哉、得其所哉。'故君子可欺以其方，难罔以非其道。"校人欺骗子产，正是"欺以其方"，宰我的假设正是"罔以非其道"了。

【简评】

本章孔子回答宰我的尖锐而刁钻的问题，认为仁者即使救人心切，但不可被欺骗，被愚弄。仁者爱人，是矣！遇到他人有难之事，仁者自应见义勇为，挺身而出，但是若不加思索而盲目入井，不仅救不了落井的人，连自己也会白白地丧命井中，于人于己有害无益，这不是有仁德的人的做派。仁者应当是聪明之人，而不是笨蛋，不是黑旋风李逵，仁者救人必然有恰当合理的方法，必然会取得良好的结果。他不盲目入井而人在井边，才能有资本合理施救；若盲目入井，则自陷井中，就无能力救人了。仁者必是智者，他可以被骗到井边去，因为仁者可以被人用正当的理由欺骗，但不会贸然入井，因为他有仁有智，可以被骗一时，而不能昧于事理，不会被迷惑愚弄到贸然入井的地步。故孟子阐发曰："君子可欺以其方，难罔以非其道。"有人认为宰我的问题没有技术含量，恰恰相反，我们认为宰我之问技术含量很高很高，孔子的回答高屋建瓴，内涵极为深刻而丰富，仁者不愚之意甚明，其所包含的对仁者之行为规范的界定具有强烈的现实意义。

6.27 子曰："君子博学于文，约之以礼，亦可
孔子说："君子广泛地学习诗书礼乐等文献，又用礼节来约束自

pàn
以弗畔矣夫。"
己的行为，也就可以不会离经叛道了吧。"

【注释】

博学于文，约之以礼：广泛地学习诗书礼乐等文献，又用礼节来约束自己的行为。文，指诗书礼乐、典章制度等人文知识。约之以礼，即以礼约之。之，代指君子。《子罕》篇曰："颜渊喟然叹曰：'夫子循循然善诱人，博我以文，约我以礼。'"与本章意义相同。或谓"博学于文，约之以礼"即"由博返约"的学习方法，不妥，应该指礼文兼修，皇侃《论语集解义疏》曰："言君子广学六籍之文，又用礼自约束。"甚确。

畔：同叛，背离，背叛。君子能博学会通，约礼并进，礼文兼修，躬行实践，自可不背于正道。矣夫：加重语气的感叹词。

【简评】

本章孔子教人成为君子的具体方法。若想立于君子之林，不二法门是既要博学，又要守礼，也就是说既要有理论，同时还要有实践，这是孔门的最重要的教学方法，所以颜渊发出由衷的赞叹："夫子循循然善诱人！"博学与约礼齐头并进，相辅相成，有如鸟之两翼，车之两轮，不可或缺，不可偏废。《后汉书·范升传》有言："夫学而不约，必叛道也。……孔子可谓知教，颜渊可谓善学矣。"本章应该在中国教育史上占有突出的地位，是孔子留给后人的无价之宝。

6.28　子见南子，子路不说^{yuè}。夫子矢之曰："予

<small>孔子和南子见面，子路不高兴。孔子发誓说："我如果做了不合</small>

所否者，天厌之！天厌之！"

<small>礼法的事，上天厌弃我吧！上天厌弃我吧！"</small>

【注释】

南子：卫国灵公的夫人，当时实际上左右着卫国政权，有淫乱的行为，名声不好。《史记·孔子世家》载："灵公夫人有南子者，使人谓孔子曰：'四方之君子不辱欲与寡君为兄弟者，必见寡小君。寡小君愿见。'孔子辞谢，不得已而见之。夫人在絺帷中。孔子入门，北面稽首。夫人自帷中再拜，环佩玉声璆然。孔子曰：'吾乡为弗见，见之礼答焉。'子路不说。孔子矢之曰：'予所不者，天厌之！天厌之！'"

说：同悦，高兴。

矢之：为此事发誓。矢，同誓，用作动词，发誓。之，代指见南子一事。

予所否者：我如果做了不合礼法的事。所，假设连词，如果，假如。否，不，这里指不好的、与南子有不正当行为的事。

厌：厌弃。《左传·隐公十一年》："天而既厌周德矣，吾其能与许争乎？"

【简评】

本章记述孔子依循礼法和南子见面、指天发誓自己行为端正合礼的事。子见南子一事发生在鲁定公十四年（前496），时年孔子已五十六岁。南子，卫灵公之夫人，有淫行，名声不好，但她深受卫灵公的宠爱，实际上执掌着卫国的大权。孔子至卫国，南子也敬重孔子这样的贤人，所以几次提出见面的要求，孔子推辞不过，不得

已而见之。《史记·孔子世家》详细而生动地记载了这次见面的经过，南子见孔子时，中间挂一幅珠帘，南子穿了上朝的大礼服，在帘子里面向孔子跪拜，非常尊敬孔子。从礼法上讲，孔子去见国君夫人，合情合理，而忠诚直率的子路认为老师去见一个淫乱的女人是自取其辱，大失体面，所以面露不悦之色。孔子看到弟子误解了自己的苦衷，只有对天发誓以表白自己。其实，孔子见南子是不得已之举，或者说是权变之举，是屈己尊人，后代不少人就是这样理解的，如《汉书·王莽传》即载："太后下诏曰：'是以孔子见南子、周公居摄，盖权时也。'"再如《法言·五百》曰："或问：'圣人有诎乎？'曰：'有。'曰：'焉诎乎？'曰：'仲尼于南子，所不欲见也；阳虎，所不欲敬也。见所不见，敬所不敬，不诎，如何？'"皆认为子见南子是孔子屈己尊人。

或以为孔子应当避嫌，不要去见南子，因为"瓜田不纳履，李下不整冠"。这与子路的心思基本一致。殊不知孔子乃"不得已而见之"，为了顾全大局，孔子不怕被人误解，毅然决然地屈己尊人，这也是圣人不同于一般人的地方。

6.29　子曰："中庸之为德也，其至矣乎！民鲜^{xiǎn}

孔子说："中庸这种道德，可算是最高的了，人们缺乏这种道德

久矣。"

已经很久了。"

【注释】

中庸：孔子认为中庸是最高尚的道德标准。中，无过无不及，不偏不倚，即恰到好处。庸，平常。杨伯峻《论语译注》曰："孔子拈出这两个字，就表示他的最高道德标准，其实就是折中的和平常的东西。后代的儒家又根据这两个字作了一篇题为'中庸'的文章，西汉人戴圣收入《礼记》，南宋人朱熹又取入'四书'。司马迁说是子思所作，未必可靠。从其文字和内容看，可能是战国至秦的作品，难免不和孔子的'中庸'有相当距离。"值得参考。

至：极，顶点。

民鲜久矣：人们缺少这种道德已经很久了。民，指背离"中庸"的人，不指一般民众。鲜，少。

【简评】

本章孔子慨叹践行中庸之道的人越来越少了。恰到好处曰中，平平常常曰庸。《礼记·中庸》引孔子语曰："君子中庸，小人反中庸。"《论语》中提及"中庸"一词，仅此一条。"民鲜久矣"意谓反中庸的小人越来越多了。对于本章，钱穆《论语新解》解释得很好："中庸之人，平人常人也。中庸之道，为中庸之人所易行。中庸之德，为中庸之人所易具。故中庸之德，乃民德。其所以为至者，言其至广至大，至平至易，至可宝贵，而非至高难能。而今之民则鲜有此德久矣，此孔子叹风俗之败坏。"

6.30 子贡曰："如有博施于民而能济众，
子贡说："如果有人对民众能广博地施予恩惠而又能普遍救助大
何如？可谓仁乎？"子曰："何事于仁？必也
众，怎么样？可算是仁者吗？"孔子说："为什么说他只是行仁事的仁者？那必
圣乎！尧舜其犹病诸。夫仁者，己欲立而立
定是圣人了！尧舜尚且对此担心难以做到呢！所谓有仁德的人，就是自己想站
人，己欲达而达人。能近取譬，可谓仁之方
立同时也要使别人能站立，自己想事事行得通同时也要使别人事事行得通。能
也已。"
够从身边的事里发现仁道实行仁道，可以说是实践仁道的方法了。"

【注释】

博施于民：对民众能广博地施予恩惠。济众：周济民众。

事于仁：从事于仁道。事，用作动词。

尧舜其犹病诸：尧舜尚且对此担心难以做到。尧舜，上古传说中的两个仁德帝王，孔子尊为圣人。病，心有所不足，遗憾。诸，兼词，"之乎"的合音字；之，指代"有博施于民而能济众"。

立人：使人立。立，使动词。

达人：使人达。达，使动词。

能近取譬：能够从身边的事里发现仁道实行仁道。近取，指身边的事情。譬，打比方，事例。《诗经·大雅·抑》："取譬不远，昊天不忒。"杨树达《论语疏证》曰："能近取譬为行仁之方者，万事万物在此身之外者，皆引之于人身而求其相合。以《易》言之，天行健，君子以自强不息；地势坤，君子以厚德载物；山上有水，蹇，君子以反身修德；洊雷震，君子以恐惧修省；天地不交，否，君子以俭德免难。凡《易·大象传》所称君子以云云者，皆近取譬之事也。以《诗》言之，因素以为绚悟礼后之义，因于缉熙敬止而明君臣父子之道，近取譬也。以本书言之，子欲无言而及天之四时行万物生，子在川上而叹其不舍昼夜，何莫非近取譬之事也？"杨说精辟。

仁之方：实践仁道的路径和方法。也已：也矣，语助词；已，同矣。

【简评】

本章孔子教子贡实践仁道的路径、方法。孔子论德，以圣为第一，仁次之。子贡经商而家财万贯，所以提出了博施济众的话题请教老师。孔子巧妙地回答了这一问题：博施济众连古代的圣贤尧舜都难以做到呀，言外之意我连仁也做不到(《述而》篇曰："若圣与仁，则吾岂敢。"此乃圣人谦辞。)，你子贡焉能做到圣与仁？想成为仁者，只要做到"己欲立而立人，己欲达而达人"，进而能够设身处地地为他人着想，推己及人，用今语说即"换位思考"，这就是行仁，长此以往就能成为一位仁者。孔子的仁道，曾子有深刻的体悟："夫子之道，忠恕而已矣！"（《里仁》篇），可以和"己欲立而立人，己欲达而达人"相对照。己立己达便是忠，是爱己；立人达人即为恕，即爱人。

述而篇第七

7.1　子曰：“述而不作，信而好^{hào}古，窃比于我

孔子说：“只传述前人的著作而不创新制作礼乐文化，信奉且喜

老彭。”

爱古代文化，我私下里把自己比作老彭。”

【注释】

述而不作：传（chuán）述前人的著作而不创新制作礼乐文化。皇侃《论语集解义疏》：“述者，传于旧章也；作者，新制作礼乐也。孔子自言我但传述旧章而不新制礼乐也。”

信而好古：信奉且喜爱古代文化。古，这里专指古代文化。

窃：私自，私下，谦辞。老彭：人名，但究竟指谁，学术界说法不一。或说是殷商时代一位“好述古事”的“殷贤大夫”，或说是老子和彭祖两个人，或说是殷商时代的彭祖。

【简评】

本章孔子自述对待古代文化的态度：述而不作，信而好古。夫子全以谦辞出之。《礼记·中庸》曰：“仲尼祖述尧舜，宪章文武。”柳诒徵先生《中国文化史》有言：“孔子者，中国文化之中心也，无孔子则无中国文化。自孔子以前数千年之文化，赖孔子而传；自孔子以后数千年之文化，赖孔子而开。”孔子的确是继往开来的圣人，他对中国文化的贡献可谓至大至伟！有人机械地理解“述而不作”，误以为孔子仅仅做了整理、传述前人著作的工作，并没有自己的创新。这是厚诬夫子！殊不知，孔子在“述”的同时又

有着自己的创新，朱熹《论语集注》说得好："孔子删诗书，定礼乐，赞周易，修春秋，皆传先王之旧，而未尝有所作也，故其自言如此。盖不惟不敢当作者之圣，而亦不敢显然自附于古之贤人；盖其德愈盛而心愈下，不自知其辞之谦也。然当是时，作者略备，夫子盖集群圣之大成而折衷之。其事虽述，而功则倍于作矣，此又不可不知也。""其事虽述，而功则倍于作矣"，真可谓孔子的异代知音！

知音其难哉！

7.2　子曰："默而识之，学而不厌，诲人不倦，
$\quad$zhì$\qquad\qquad\qquad\qquad\qquad\qquad$huì
孔子说："把所见所闻默记在心里，勤奋学习而不满足，教诲学

何有于我哉？"
生而不疲倦。这些事情我做到了哪些呢？"

【注释】

识：记住。

厌：满足。

诲：教诲。倦：疲倦。

何有：有什么。意谓我做到了三点中的哪些，乃自省自谦之辞。

【简评】

本章自述读书学习为师的态度和方法。"默而识之"蕴含着学习态度和方法论，强调学习上的专注和踏实；"学而不厌"是勤学态度，"诲人不倦"是教育精神，"不厌""不倦"包含着持之以恒、乐在其中的品格。完全可以认为，"学而不厌，诲人不倦"是孔子对自己一生教、学活动的高度概括，这两句名言影响极大，已

经成为中华民族优良教育传统的精髓，值得我们"默而识之"，身体力行。令人钦佩的是，孔子一生以"默而识之，学而不厌，诲人不倦"三事自省自查，令人高山仰止！

孔子这三句话，表面上看容易做到，其实，一般人很难实现。真理都是简单的，而接近真理很难。

7.3 子曰："德之不修，学之不讲，闻义不能
孔子说："品德不加培养，学问不加讲习，听到义之所在却不能

xǐ
徙，不善不能改，是吾忧也。"
奔赴过去，有缺点不能改正，这一切都是我的忧虑呀。"

【注释】

徙：迁移。这里指奔赴义处。

【简评】

本章孔子自述常所忧虑的四件事：修德、讲学、徙义、改过。德之完善关键在于修，不修德焉能有德？学之流传关键在于宣讲，不讲学焉能传播？闻义要慷慨赴义，有错要勇于改过。这是孔子的自勉之辞，也是对弟子的诫勉之辞。

yāo
7.4 子之燕居，申申如也，夭夭如也。
孔子在家闲居的时候，穿戴整齐端庄，神情和悦。

【注释】

燕居：在家闲居。古人退朝闲居叫燕居。

申申如也：整齐端庄。如，通然，……的样子。下"如"

字同。

　　夭夭如也：神情和悦。

【简评】

　　本章是孔子的弟子记述夫子闲居时的神情气质。令人兴"跂予望之"之感。孔子外出参加活动，穿衣打扮、言行举止必然符合礼仪；他教学时给人的外表印象是"望之俨然，即之也温，听其言也厉"，"温而厉"，给人比较严厉庄重的感觉。而孔子回家闲居时，却是神闲气定，表情愉快，享受着舒适、安详、和乐的生活情趣，可知圣人胸中积聚的和顺之气在闲居时就能焕发为悠闲之态。如此的气象，正可见出孔子的胸襟之深广。

7.5　子曰："甚矣吾衰也！久矣吾不复梦见周公。"

孔子说："我衰老得多么厉害啊！我很长时间没再梦见周公了！"

【注释】

　　周公：姓姬名旦，因采邑在周(今陕西岐山北)，故称周公。为周文王的第四个儿子，周武王的四弟，成王的叔父，鲁国国君的始祖，他制礼作乐，是西周典章制度的制定者。孔子把他视为周代文化的代表，是孔子所崇拜的"圣人"之一。

【简评】

　　本章孔子感叹年龄老大而理想不能实现。周公是孔子之前一位伟大的政治家，是孔子心目中的一位圣人，孔子非常推崇周公制定的周礼，他说："周监于二代，郁郁乎文哉，吾从周。"(《八佾》篇)孔子壮盛时的志向就在于恢复周礼，实行周公之道就是他的理想；《吕氏春秋·不苟》曰："盖闻孔丘、墨翟昼日讽诵习业，夜亲见文王、周公旦而问焉。"日有所思，夜有所梦，由于他十分敬仰周公，在睡梦中，都忘不了周公；而到了晚年，他不禁感慨长叹：我的确老了，周公也不再来入我梦了，我的理想难以实现了。读本章，欷歔不已，令人扼腕。

7.6 子曰："志于道，据于德，依于仁，游于艺。"

孔子说："立志于天下太平的理想，坚守道德修养，依据仁爱，游憩熟习六艺。"

【注释】

志：立志。道：指天下太平的政治理想，即"天下有道"的道。《礼记·礼运》："孔子曰：'大道之行也，与三代之英，丘未之逮也，而有志焉。'"

据：坚守，执守。

依：依据，不违。

游：游憩，引申为熟练掌握而得心应手。艺：指孔子教授学生的礼、乐、射、御、书、数等六艺，都是日常所用。《礼记·学记》曰："不兴其艺，不能乐学。故君子之于学也，藏焉，修焉，息焉，游焉。夫然，故安其学而亲其师，乐其友而信其道，是以虽离师辅而不反也。"可与本章参读。

【简评】

本章孔子以志道、据德、依仁、游艺四端展示孔门教学之大纲。立志为第一条，因为学莫先于立志，旨在强调立志于实现崇高的政治理想的极端重要性，这是从心灵方面的教化浸润；据德为第二条，将立志所得积累厚重自然可以到坚守不失的地步。一强调"道"，一强调"德"，足见孔子对学生道德培养的重视。依仁是第三条，所谓爱人、立人、达人，所谓孝悌礼让，所谓洒扫应对等，都是仁的践行范畴；游艺是第四条，是具体的科目训练，更是综合素质的培养，体现出培养德才兼备人才的教学目标。需要强调的是，这四条是齐头并进，而非循序渐进，颜渊称孔子"循循然善诱人"，可知孔子的教学方法非常灵活而不死板。

7.7　子曰："自行束^{xiū}脩以上，吾未尝无诲焉！"

孔子说："凡是自动奉送我一些微薄的礼品来求教的人，我从没有不教诲他的。"

【注释】

束脩：十条干肉。脩，干肉，又叫脯。每条干肉叫一脡(tǐng)，十脡为一束。后来指学生见面时送给老师的酬金。

以上：以之上，把束脩进上；"以"后省略了介词宾语"之"，代指束脩。

【简评】

本章孔子自言诲人不倦。古代交际礼仪规定，拜谒尊长或走亲访友时必携带见面礼物。刘向《说苑·尊贤》："周公摄天子位七年，布衣之士执赞所师者十二人。"孔子开创了私家讲学之风，前来拜师求教者也带礼物，束脩是很薄的礼物，而能够主动进上束脩既是尊礼，也是向善，所以孔子乐意教诲，从来不会拒绝。试想，连一点束脩都不能主动奉送老师者，能修德守礼、尊师好学吗？简言之，进上束脩是拜师入门之礼仪，不可或缺。来者有诚心求学之意，孔子即有不吝教诲之举。当然，因家贫而连很薄的礼品束脩都无法奉送者，孔子仍然接纳为弟子，如颜渊、原思即为显例。孔子既能有教无类，又能诲人不倦，至圣先师、万世师表之谥，实至名归！

7.8 子曰："不愤不启，不悱(fěi)不发。举一隅(yú)不以三隅反，则不复也。"

孔子说："不到苦思冥想而不得其解时，我不去开导他，不到口欲表达而说不出来时，我不去启发他。教给他一角叫隅而不能类推其他三角也叫隅，我给这样的学生不讲第二遍。"

【注释】

愤：苦思冥想而不得其解。《论语集解义疏》引郑玄注："孔子与人言，必待其人心愤愤，口悱悱，乃后启发为之说也，如此则识思之深也。"朱熹《论语集注》："愤者，心求通而未得之意。"

悱：口欲表达而说不出来。朱熹《论语集注》："悱者，口欲言而未能之貌。"刘禹锡《视刀环歌》："常恨言语浅，不如人意深。"正是此情此景。

隅：方角。物之方者，皆有四隅，如房间，有四隅，即四个墙角。反：类推。

不复：不讲第二遍。复，重复，第二次。

【简评】

本章孔子谈论自己的启发式教学方法。"不愤""不悱"是就学生思维状态而言，"不启""不发"是就老师执教心理而言；学生已有了强烈的求知欲，经过了苦思冥想而仍然不得其解，此时老师就要把握好火候，要"启"要"发"了，及时引导、开拓学生的思路，使之越过"愤""悱"的阻塞难关，到达自得其解、畅诉心意的自由境地。这是最好的、最有效的、建立在学生独立思考基础上的教学方法，学生的独立思考能力、悟性无疑会大大提高，学习效果也会随之提高。需要强调指出的是，"不愤不启，不悱不发"乃因果句式，"后半句之事乃由前半句之事而生，犹云'不愤则不启，不悱则不发'"（钱锺书《管锥编》语），老师对学生进行启发的时机掌握就显得非常重要了。优秀的教师都应该熟练掌握启发式教学的真谛，使学生既知其然并且能知其所以然，而不是只告诉学生答案、灌输知识的兔园夫子。

举一反三，是"不愤不启，不悱不发"之启发式教学方法的组成部分，不可割裂出去。孔子举出"举一隅不以三隅反"的例子，旨在说明有的学生只听讲而不思考（这样的学生屡见不鲜。），遇到这样懒惰的学生就不必给他再讲第二遍，即"则不复也"。清人孙枝蔚《示小子》诗云："东向不见西，三隅苦为蔽。古来喻大愚，今世乃常事。"因为启、发、复是教诲，不启、不发、不复何尝不是更为高明的教诲呢？面对不去举一反三的懒惰笨蛋学生，不再重复去讲，而是让他自己去继续思考，等到他进入了"愤""悱"的境地，老师再去启发。《礼记·学记》曰："记问之学，不足以为人师，必也其听语乎！力不能问，然后语之。语之而不知，虽舍之可也。"正可与本章参读。

7.9　子食于有丧者之侧，未尝饱也。

孔子在有丧事的人旁边吃饭，不曾吃饱过。

【注释】

有丧者：办丧事的人家或穿丧服的人。

未尝：不曾。

【简评】

本章当是孔子的弟子记述老师在有丧事的人家的表现。可以见出孔子的恻隐之心，感同身受的仁慈。宋邢昺《论语注疏》曰："此章言孔子助丧家执事时，故得有食。饥而废事，非礼也。饱而忘哀，亦非礼。故食而不饱，以丧者哀戚，若饱食于其侧，是无恻怆隐痛之心也。"圣人的恻隐之心即是圣人之仁心。当代参加人家丧礼者，值得三复斯言。

7.10 子于是日哭，则不歌。

孔子在这一天哭吊过，就不再唱歌了。

【注释】

是日：指办丧事的日子。《礼记·曲礼上》："哭日不歌。"《礼记·檀弓上》："吊于人，是日不乐。"

【简评】

本章亦当是孔子弟子记述老师吊丧那天的表现。朱熹《论语集注》："哭，谓吊哭。日之内，余哀未忘，自不能歌也。"哭日不歌，是致哀之礼，孔子守礼，他人有丧，感同身受，不歌即同情心；孔子平时弦歌不辍，而是日则不歌不乐，可见仁者之胸怀。

7.11 子谓颜渊曰："用之则行，舍之则藏^{cáng}，惟

孔子对颜渊说："有人用我，我就行道于世，不用我时，我就藏

我与尔有是夫！"

道于身。只有我和你才能这样吧！"

子路曰："子行三军，则谁与？"

子路说："如果您统率三军出征，找谁一起共事呢？"

子曰："暴虎冯^{píng}河，死而无悔者，吾不与也。必

孔子说："空手打老虎，徒步过江河，死了也不悔悟的人，我是不和他共

也临事而惧，好谋而成者也。"
事的。必定要面临用兵之事而能谨慎戒惧，善于谋略而能成功的才和他共事。"

【注释】

用之则行，舍之则藏：意谓贤君重用我，就行道于世，即《孟子·尽心上》所谓"达则兼济天下"；君主舍弃不用我，就藏道于身，即《孟子·尽心上》所谓"穷则独善其身"。

行：做，从事，引申为统领。三军：军队的代称。《周礼·夏官·序官》："凡制军，万有二千五百人为军。王六军，大国三军，次国二军，小国一军。"

与：动词，参与，共事。

暴虎冯河：徒手搏虎，徒步过河。这里指不假借工具而冒险行事。

临事而惧：面临用兵之事而能谨慎戒惧。

好谋而成：善于谋略而能成功。

【简评】

本章孔子称许颜渊处事明达而告诫子路临事戒惧。在孔子看来，颜渊已臻于"用之则行，舍之则藏"的境地，这是儒家的人生态度，大器大度，潇洒风流，《季氏》篇则做了相同的表述："孔子曰：'隐居以求其志，行义以达其道。'"孟子则概括为"达则兼济天下，穷则独善其身"。这一人生态度强烈地影响了后世的读书人。

子路见老师称许颜渊，自负其勇，以带兵打仗探询孔子会带文质彬彬的颜渊还是勇敢善战的自己。孔子用了两个精彩的比喻"暴虎冯河"希望与自己同往的是智勇双全者，借以告诫子路勿凭匹夫之勇，要有临事而惧之心。孔子非常了解子路做事大意，不够成熟，故有这两个比喻，可谓善譬而喻，善于因材施教。

7.12　子曰：“富而可求也，虽执鞭之士，吾亦
孔子说：“财富如果可以求得，就是去做手执皮鞭的低贱职业的

为之。如不可求，从吾所好^{hào}。”

人，我也去做。如果不可以求得，还是做我自己喜欢做的事吧。”

【注释】

　　而：假设连词，如果。

　　执鞭之士：从事低贱职业的人。《周礼》载古代有两种执鞭之
士：一种古代为天子、诸侯或官员出入时手执皮鞭清道的人，有二
至八人；一种是市场守门人，手执皮鞭维持秩序。意思指地位低下
的职事。这里似指第二种，因为孔子年轻时的确做过低贱的职业。

【简评】

　　本章孔子告诫人们不要一味贪求富贵。执鞭，是贱者之事，
《周礼》之《地官》《秋官》皆有此职；《秋官·序官》还提到了
条狼氏是下士，亦即执鞭之士。孔子认为，生死有命，富贵在天，
富是不可乱求的。就如执鞭之士这一低贱职业而言，若能求得财
富，我亦乐意去做，这样得来的财富是我应该得的，是凭我自己的
劳动获得的财富，此即俗语所谓“取之有道”；如果财富不能够
“取之有道”，那我就去做我喜欢做的事，因为“不义而富且贵，
于我如浮云”！“从吾所好”指什么呢？远离不义之事。

7.13　子之所慎：齐、战、疾。
孔子所谨慎的三件事：斋戒、战争、疾病。

【注释】

　　齐：同斋，即斋戒。古人在祭祀前要沐浴更衣，不吃荤，不饮

酒，不与妻妾同寝，整洁身心，以示虔诚，这叫做斋或斋戒。《乡党》篇记孔子"斋必变食，居必迁坐"。

战：战争。上文言及孔子遇到战争要寻求临事而惧、好谋而成者共事正是"慎"，因为战争关系到国家兴亡。

疾：疾病。《乡党》篇："康子馈药，拜而受之。曰：'丘未达，不敢尝。'"即记孔子不随便吃药，因为这关系人的生死。

【简评】

本章当是孔子的弟子记述孔子平时最谨慎小心的三件事，即斋戒、战争、疾病。孔子于祭祀之前一定要斋戒，恭恭敬敬，以表示对神灵的虔诚，祈求神灵赐福免祸。战争则关系到国家的兴亡、百姓的生死，因此必须临事而惧，谨慎小心。疾病与人的生死存亡息息相关，也必须慎之又慎，《乡党》篇就记述孔子对不了解的药不随便服用。于此三事可以见出孔子尽人事的态度，今天也值得我们借鉴。

7.14 子在齐闻《韶》，三月不知肉味。曰："不
孔子在齐国听到了《韶》乐，好几个月连吃肉都吃不出滋味，

yuè
图为乐之至于斯也。"
他说："想不到欣赏音乐达到了这样的境界。"

【注释】

《韶》：相传为舜时的乐曲名。

三月：好几个月，非实指。

不图：想不到。为乐：欣赏《韶》乐。

【简评】

本章记孔子欣赏《韶》乐而醉心其中。语带夸张。孔子主张以

礼治国，《韶》乐相传为舜时的乐曲名，代表着舜的精神，舜是孔子尊崇的圣人，因此，他被尽善尽美的《韶》乐所感动，心中涌起无限波澜，可见孔子在音乐方面的造诣何其高深！

《太平御览》卷八十一引《乐动声仪》曰："孔子曰：'《箫韶》者，舜之遗音也。温润以和，似南风之至。其为音，如寒暑风雨之动物，如物之动人，雷动禽兽，风雨动鱼龙，仁义动君子，财色动小人。是以圣人务其本。'"可知舜之尽善尽美的音乐不仅能动人，而且可以感动禽兽鱼龙等动物。

7.15 冉有曰："夫子为 wèi 卫君乎？"子贡曰：

冉有说："老师会帮助卫国的国君吗？"子贡说："好的，我去

"诺，吾将问之。"

请问老师。"

入，曰："伯夷、叔齐何人也？"曰："古

进去见孔子，问："伯夷、叔齐是什么样的人呢？"孔子说："是古代的

之贤人也。"曰："怨乎？"曰："求仁而得仁，

贤人啊。"子贡又问："他俩怨悔了吗？"孔子说："他们追求仁德而终于得到

又何怨。"

仁德，又怎么会怨悔呢？"

出，曰："夫子不为也。"

子贡出来，说："老师不会帮助卫国国君的。"

【注释】

为：这里意谓帮助、支持。

卫君：卫出公，姬姓，卫氏，名辄。杨伯峻《论语译注》："辄是卫灵公之孙，太子蒯聩之子。太子蒯聩得罪了卫灵公的夫人南子，逃在晋国。灵公死，立辄为君。晋国的赵简子又把蒯聩送回，藉以侵略

卫国。卫国抵御晋兵，自然也拒绝了蒯聩的回国。从蒯聩和辄是父子关系的一点看来，似乎是两父子争夺卫君的位置，和伯夷、叔齐两兄弟的互相推让，终于都抛弃了君位相比，恰恰成一对照。因之下文子贡引以发问，借以试探孔子对出公辄的态度。孔子赞美伯夷、叔齐，自然就是不赞成出公辄了。"其事见于《左传》定公十四年、哀公二年，《春秋》哀公二年、三年，《史记·卫康叔世家》）。

诺：好的。

伯夷、叔齐：见本书 5.23 注。

怨：怨悔。

【简评】

　　本章孔子教导子弟要明辨是非，伸张正义。《史记·伯夷列传》载：伯夷、叔齐，孤竹君之二子。其父将死，遗命立叔齐。父卒，叔齐逊伯夷。伯夷曰："父命也"，遂逃去。叔齐亦不立而逃之，国人立其中子。其后武王伐纣，夷、齐叩马而谏。武王灭商，夷、齐耻食周粟，去隐于首阳山，遂饿而死。司马迁将《伯夷列传》置于列传之首，以赞赏而悲愤的笔调简要记述了伯夷、叔齐的事迹，而用大部分篇幅致以慨叹之词，高度赞扬伯夷、叔齐逊国而逃、谏伐而饿、终无怨悔的礼让品质，并引孔子"求仁得仁，又何怨"语赞颂二人。与蒯聩、蒯辄父子争夺王位的行径相比，主张礼让求仁、反对杀伐争夺的孔子焉能帮助卫君呢？伯夷、叔齐敦行孝悌，孝悌之心就是仁心，二人求仁得仁，死而无悔，所以孔子以此回答子贡之问，也是教导弟子要明辨是非，伸张正义。

　　根据孔子行藏考察，本章的事情大概发生在鲁哀公六年（前489）孔子带弟子周游由陈回到卫国之后。

7.16　子曰："饭疏食，饮水，曲肱（gōng）而枕之，乐（lè）
孔子说："吃粗粮，喝凉水，弯着胳膊当枕头睡，乐趣也就在这

亦在其中矣。不义而富且贵，于我如浮云。"
中间了。不合义理求得富与贵，对于我来说就像是天上的浮云一样。"

【注释】

　　饭：吃，用作动词。疏食：粗粮。

　　水：这里指冷水。

　　曲肱：弯曲胳膊。肱，由肩至肘的部位。

【简评】

　　本章孔子自述安贫乐道、不义不处的富贵观，是非常有名的文字。孔子并不是专爱过贫穷生活而不喜欢锦衣玉食的人，而是在艰苦的生活条件下仍然能够保持乐观的人生态度，此谓之难能可贵。孔子也不拒绝富与贵，然而若是采用不道德、不仁义的手段得来的富与贵，他则视作天上飘过的聚散不定的浮云。同样的思想在《里仁》篇也有表述："富与贵，是人之所欲也，不以其道得之，不处也。"可见孔子的这一思想是一以贯之的。这是何等高尚的精神，何等超人的境界！的确令人高山仰止！

　　7.17　子曰："加我数年，五十以学《易》，可以
　　　　　孔子说："让我多活几年，到五十岁的时候去学《周易》，就可
无大过矣。"
以没有大的过失了。"

【注释】

　　易：指《周易》或称《易经》，相传是周文王用来占卜的书，后成儒家"十三经"之一。其中"卦辞""爻辞"是孔子以前的人所作，"十翼"为孔子所作。

【简评】

　　本章孔子自述喜爱《周易》，学习《周易》可以使人少犯错

误。关于孔子开始学《易》的时间和本章的文字，历代注家言人人
殊，难衷一是。我们认为把握住以下两点即可：一，《史记·孔子
世家》载："孔子晚而喜《易》，序《彖》《系》《象》《说卦》《文
言》。读《易》，韦编三绝。曰：'假我数年，若是，我于《易》则
彬彬矣。'"是知司马迁把本章孔子所言系于孔子晚年，明确记述
孔子到晚年喜欢《周易》，还把穿竹简的皮条翻断了多次，可见其
在《周易》上用力之多，他深知《周易》的价值所在。二，孔子
经过研究，认为学习《周易》可以让人则明白吉凶消长之理，进退
存亡之道，可以使人悔过修行，少犯错误，这正是《周易》的巨大
价值。《朱子语类》卷一一七："此书(指《易》)自是难看，须经历
世故多，识尽人情物理，方看得入。"可以参考。

7.18 子所雅言，《诗》、《书》、执礼，皆雅言也。

孔子说雅言的场合是：诵《诗》、读《书》、主持礼仪时，都用雅言。

【注释】

雅言：即正言，指当时各国通行的标准语，在当时被称作"雅
言"。执礼：主持礼仪。

【简评】

本章记述孔子在重要场合率先垂范使用雅言。孔子是鲁国人，
平时谈话用鲁国方言，但在诵读《诗》《书》和赞礼时，则用雅
言，也就是当时的标准语、普通话。如此则无疑会让大多数人听得
懂，就能最大限度地达到交流思想的目的；试想，如果孔子操一口
鲁国口语，荆楚之人则不知所云，交流思想的目的则会大打折扣，
甚至落空。这说明孔子为人庄重，非常重视古代传统文化。

钱锺书《管锥编》论"离骚"的题义时有一段妙论,引在下面供读者参考:

> 夫楚咻齐傅,乃方言之殊,非若胡汉华夷之语,了无共通。诸侯朝廷官府之语,彼此必同大而异小,非若野处私室之语,因地各别。苟布在方策,用以著作,则较之出于唇吻者,彼此必更大同而小异焉。

钱先生指出,战国时期各诸侯国朝廷官府所使用的语言必定是大同小异,否则无法交流。

7.19 叶公问孔子于子路,子路不对。子曰:
叶公向子路讯问孔子为人如何,子路不答。孔子说:"你为什么

"女奚不曰,其为人也,发愤忘食,乐以忘忧,不
不这样说:'他的为人嘛,发愤读书起来连饭都忘了吃,乐在其中连忧愁都忘

知老之将至云尔。"
了,甚至自己快要衰老了都不发觉呢,如此而已。'"

【注释】

叶公:姓沈名诸梁,字子高,楚国大夫,封地在楚地叶城(今河南叶县南三十里),他是叶地的长官,故称叶公,即"好龙"之叶公。

女:通汝,你。奚:疑问代词,为什么。

发愤:自感不满足而奋力去做。愤,苦思冥想而不得其解,即"不愤不启"之"愤"。云尔:如此罢了。尔,同耳,而已,罢了。

【简评】

本章孔子自述进德修业的精神和快乐。因发愤读书而忘记了吃

饭，而当读书有得则乐在其中，这种快乐又把忧愁忘记了，一旦进入有乐无忧的美好境界中，自然也就忘记了自己的年龄已老。孔子之所以成为圣人，靠的就是发愤忘食、乐以忘忧、不知老之将至的精神和快乐；一般人不能望其项背，正是缺少了这样的精神。这一段自述对后世影响非常巨大。

7.20　子曰："我非生而知之者，好古，敏以求之者也。"

孔子说："我不是天生下来就有知识的人，而是喜好古代文化，勤奋敏捷学得知识的人。"

【注释】

生：天生。

好古：喜爱古代文化。

敏：勤奋敏捷。

【简评】

本章孔子自谦非生而知之，他的知识是靠好古敏求获得的。生而知之者，不待后天之学而知之，孔子自认为是学而知之者，是中等之材。《季氏》篇曰："孔子曰：'生而知之者上也，学而知之者次也；困而学之，又其次也；困而不学，民斯为下矣。'"在他划分的四等人中，他置自己于"学而知之者"，他总结了两条进德修身的经验，一是好古，二是敏求，这两点恰恰弥补了非"生而知之"缺憾。连圣人的知识都是后天学习得来的啊！常人焉能不好古敏求呢？

7.21　子不语怪、力、乱、神。

孔子不谈论怪异、暴力、悖乱、鬼神的事情。

【注释】

怪：怪异反常之事。

力：暴力斗狠之事。

乱：悖乱违法之事。

神：神鬼之事。

【简评】

　　本章记孔子不谈怪力乱神之事，因为它们无益于弟子的成长。怪力乱神之事，一般人喜欢谈，喜欢听，而孔子却不谈，孔子施教，崇尚道德，晓以正道；侈谈怪力乱神，不仅无益，反而有害，这正是孔子的大智慧。《论语集解义疏》卷四引晋李充曰："力不由理，斯怪力也。神不由正，斯乱神也。怪力乱神有兴于邪，无益于教，故不言也。"北宋谢良佐《论语说》注解曰："圣人语常而不语怪，语德而不语力，语治而不语乱，语人而不语神。"《困学纪闻》卷五引子思子曰："夫子之教必始于《诗》《书》而终于《礼》《乐》，杂说不与焉。"皆是着眼于孔子施教导人以正道。孔子不语怪力乱神，言简意赅，颇具哲理性、启迪性，今天读来，尤具指导意义。

　　7.22　子曰："三人行，必有我师焉。择其善者
　　　　孔子说："三人一同行走，其中必定有可以做我老师的人。我选
而从之，其不善者而改之。"
择其中有优点的人跟他学习，对照其中有缺点的人来改正。"

【注释】

焉：兼词，于之，即在其中。

其不善者："其"字前承上省略一"择"字。

【简评】

本章孔子言学无常师，善学者能随时随地找到正面、反面的老师学习优点、改正缺点。三个人中有我一个，其余两个人中一个有善，一个有恶，我从他们两个人身上都能找到使我进步的善恶之处，所以他们两个人都可以做我的老师！这是何等辩证、精辟的语言啊！《子张》篇记述卫国的公孙朝问子贡说："孔仲尼的学问是从哪里学来的？"子贡道："周文王武王之道，并没有失传，散在人间。贤能的人便抓住大处，不贤能的人只抓些末节。没有地方没有文王武王之道。我的老师何处不学，又为什么要有一定的老师，专门的传授呢？"圣人无常师，善于取师，所以随时随地都能发现自己的老师，这正是圣人之所以成为圣人的重要原因。《老子》曰："善人，不善人之师；不善人，善人之资。"可与本章合观对读。

今人读此章，应该时时记住，与人相处，须持谦虚的态度，学习他人的长处，改正自己的缺失。

7.23　子曰："天生德于予，桓魋其如予何？"

孔子说："上天在我身上赋予了道德，那桓魋又能把我怎么样呢？"

【注释】

德：道德，指周代的道德传统。

桓魋：宋国主管军事行政的司马向魋，是宋桓公的后代，故称桓魋。《史记·孔子世家》记载："孔子去曹，适宋，与弟子习礼大树下。宋司马桓魋欲杀孔子，拔其树。孔子去，弟子曰：'可以速矣！'孔子曰：'天生德于予，桓魋其如予何？'"

【简评】

本章孔子依据天道福善之理，排解弟子不必担忧老师遭到伤害之意。《史记·孔子世家》记载孔子在宋国险些遭到司马向魋的伤害，桓魋砍掉大树，扬言要杀孔子，弟子们担心老师的安危，催促孔子快快离开，他在离开途中说出了这番话。孔子一生屡遭厄难，如在陈蔡绝粮，在匡地为匡人所困，在宋国遭桓魋等，但是几次都能够逢凶化吉，遇难成祥。究竟是什么原因让孔子能够有这些有惊无险的经历呢？是孔子胆子大，自信心强使然，他相信天道福善，像他这样的上天赋予道德的人，上天自然会眷顾，如桓魋之流焉能加害于己？正因为有这样的胆量和自信，孔子往往能处变不惊，化险为夷。孔子曾说过："知者不惑，仁者不忧，勇者不惧。"读者可以结合孔子经历的厄难仔细玩味这三句话。

7.24　子曰："二三子以我为隐乎？吾无隐乎尔。

孔子说："你们这些后生以为我有什么隐瞒吗？我对你们没有任

吾无行而不与二三子者，是丘也。"

何隐瞒。我的所作所为没有一件不向你们公开的，这就是我孔丘啊。"

【注释】

二三子：诸弟子。隐：隐瞒。

行：行为，即所作所为。与：示，引申为公开。朱熹《论语集注》："诸弟子以夫子之道高深不可几及，故疑其有隐，而不知圣人作、止、语、默无非教也，故夫子以此言晓之。与，犹示也。"

丘：孔子自称。

【简评】

本章孔子表白毫不隐瞒自己的知识，而是向弟子和盘托出。由于孔子知识广博，道行高深，弟子们自感无论怎么学习都赶不上老师，所谓仰之弥高，钻之弥坚，因此怀疑夫子平时教学有所隐瞒。

针对弟子们的疑问，孔子说了这番话。孔子答复极具启迪意义，即既要重言传，更要重身教，二者不可或缺。平日的上课教学，答疑释难，这是言传；平日的所作所为，是身教，身教更重于言教，孔子意在提醒弟子们尤要重视身教。杨树达《论语疏证》指出："孔子语、默、动、作皆所以教弟子，不独以言，故云无行而不与。天不言而以四时行、百物生示人，孔子以自然为师也。"说颇辩证，值得参读。

7.25 子以四教：文、行、忠、信。

孔子教育弟子有四个方面：古代文献、社会实践、待人忠诚、讲求守信。

【注释】

文：古代文献。行：躬行，引申为社会生活的实践。忠：待人忠诚。信：守信不欺。

【简评】

本章记述孔子的教育纲领。孔门之学，首重德行，行、忠、信三者属于德行，文仅占其一。诗书礼乐合称为文，指古代传下来的文化典籍；进德修行，是把所学付诸实践，在力行中提升品德修养；待人忠厚，是对人对事的良好基础，必须尽心而宽厚；讲求守信，做人做事要言行一致，这是与人交往的基本品格。简言之，孔子注重历代文献典籍的传授，但这些只是书本知识，更重要的是身体力行。孔子的这一教育纲领与今天的培养德、智、体、美、劳全面发展的一代新人的教育方针有近似之处，可以见出，两千多年之前孔子的教育纲领是何等的先进。

刘宝楠《论语正义》曰："此四者皆教成人之法，与《学而》

篇教弟子先行后学文不同。"刘说分辨仔细，读者当细心体会。

7.26　子曰："圣人，吾不得而见之矣；得见君子
孔子说："圣人，我不能看见了；能够看见君子，也就可
者，斯可矣。"
以了。"

子曰："善人，吾不得而见之矣；得见有恒者，
孔子又说："善人，我不能看见了；能看见持之以恒坚持操守的人，也就
斯可矣。亡而为有，虚而为盈，约而为泰，难乎有
可以了。本来没有却要装作有，本来空虚却装作充实，本来穷困却装成富裕，
恒矣。"
这样的人便难于坚守一定的操守了。"

【注释】

圣人：天生睿智、道德高尚的人。

斯：则，就。

善人：品德良善的人。

有恒者：有恒心的人，指不论身处任何环境都能坚持操守的人。恒，常久之意，与《孟子·梁惠王上》所谓"无恒产而有恒心"的"恒"同义。

约：穷困。泰：骄奢。《国语·晋语》："恃其富宠，以泰于国。"

【简评】

本章孔子慨叹世风日下，告诫弟子持之以恒坚持操守。孔子身处春秋末年，礼崩乐坏，人尚夸浮，不要说找不到他理想中的圣人、君子，就连持之以恒坚持操守者也越来越少，放眼望去，"亡而为有，虚而为盈，约而为泰"者比比皆是，孔子对此痛心疾首，

但他清醒地做退一步想，告诫、指示弟子做一有恒者，这就是入德之门。读本章，可以感觉到孔子内心的慷慨激昂，也有孤独寂寞，这种等而下之的论说具有很强的警示作用。

7.27　子钓而不纲，弋不射宿。

孔子只用钓竿钓鱼，而不用大网捕鱼；用箭射飞鸟，却不射夜宿的鸟。

【注释】

钓而不纲：钓鱼而不张网捕鱼。纲，用作动词，网上的大绳，用纲来横断水流，绳上再用生丝系钩来取鱼，这种方法也叫纲。《论语集解义疏》卷四引汉孔安国："钓者，一竿钓也。网者，为大纲以横绝流。"

弋：用生丝系矢射飞鸟。宿：夜宿的鸟。

【简评】

本章以钓鱼、射鸟二事记述孔子的仁爱思想。孔门教学之大纲就有"游于艺"一科，钓鱼、射箭正在其中。钓鱼、射鸟的目的是学习技艺，而非获取物质生活资料，因此，可以用竹竿钓鱼，而不能张网捕鱼，更不能竭泽而渔；可以箭射飞鸟，而不能射杀夜宿窝巢的鸟，即所谓"掏鸟窝""一窝端"——或许窝巢中的鸟正在孵化或哺育小鸟，相传白居易的《鸟》诗"劝君莫打枝头鸟，子在巢中望母归"正是此意。质言之，钓鱼、射鸟，不能造成滥捕、滥杀，以免造成物种的生存危机。仁者爱人，仁者亦爱物，孔子崇尚中庸，钓而不纲、弋不射宿正是他对生物的中庸。孔子的这种博爱精神，值得今天的我们认真继承和发扬。

7.28 子曰："盖有不知而作之者，我无是
孔子说："大有一概种不知事理而胡乱著述的人，我没有这种毛

也。多闻，择其善者而从之，多见而识之，知
病。多多地听别人的看法，择取其中好的加以接受；多多地看，默默地记在心

之次也。"
里；我这样的知是仅次于'生而知之'的知啊。"

【注释】

不知而作：不知事理而妄自著述。

识：记住。

次：次等，即比"生而知之"差一等。孔子认为："生而知之
者，上也；学而知之者，次也。"（《季氏》篇）

【简评】

本章孔子批评不知妄作之人，教弟子多闻多见，择善而从。春
秋时，穿凿附会、不知妄作者屡见不鲜，他们做不到多闻多见多
择，因此，臆测妄言的篇籍不仅于人无益，反而有害。孔子对此深
恶痛绝，声明自己不是这类人，告诫弟子不要染上这种毛病，他指
示弟子入学的门径就是多闻多见，择善而从，进行述作；他多次坦
陈不是"生而知之"者，而是比"生而知之"次一等的"学而知
之"者，他以谦逊的口吻、朴实的语言说出了成为圣人的根本
原因。

古籍中有几条材料颇能说明孔子多闻多见的学习态度和见多识
广的过人智慧，引在下面，供读者参读：

《绎史·孔子类记四》引《冲波传》曰：有鸟九尾，孔子
与子夏见之，人以问孔子，曰："鸧也。"子夏曰："何以知
之?"孔子曰："河上之歌云：'鸧兮鸧兮，逆毛衰兮，一身九

尾长兮。'"

《论衡·实知》曰:"孔子未尝见狌狌,至辄能名之。……然而孔子名狌狌,闻昭人之歌。"

7.29 互乡难与言,童子见,门人惑。
互乡这个地方的人们难以交谈,有一个互乡的少年居然得到孔

子曰:"与其进也,不与其退也,唯何
子的接见,弟子们疑惑不解。孔子说:"我赞成他的上进,不赞成他的退步,

甚? 人洁己以进,与其洁也,不保其
又何必做得太过分呢? 人家洁身自好而来,我就赞许他现在的干干净净,而不

往也。"
能保证他离开之后的行为了。"

【注释】

互乡:地名,具体所在已无可考。这里指互乡人。其乡风俗恶,其性刚强难化,难与言善。

与:赞成。下二"与"字同。《史记·五帝本纪》:"万国和,而鬼神山川封禅与为多焉。"司马贞《索隐》:"与,犹许也。"

唯何甚:何必做得很过分。唯,句首语助词,无义。甚,厉害,过分。

不保其往也:不能保证他离开以后的行为了。往,去,离开。皇侃《论语集解义疏》引郑玄曰:"往,犹去也。人虚己自洁而来,当与其进之,亦何能保其去后之行也?"朱熹《论语集注》:"但许其进而来见耳,非许其既退而为不善也。"

【简评】

本章记述孔子宽以待人。互乡风俗恶薄,难与言善说理。可是

孔子却接见了互乡的一个童子，弟子们记得夫子的训导："不可与言而与之言，失言。"看到夫子见互乡童子有失言之病，所以大惑不解。孔子恰好借此事教诲弟子，看到别人有进步，就应该高兴，以鼓励有向善之心者继续向善，至于他离开之后的行为如何，谁又能保证其为非还是向善呢？不能放弃一切机会鼓励、引导人们向善，只要是有心向善者，来者不拒，这正是孔子有教无类的伟大精神的展现，也是圣人博大胸怀的昭示。后人学习孔子这种做法者屡见不鲜，姑举一例：

《后汉书·郭太传》记载：郭太的同乡人贾淑虽是官宦世家，但"性险害，邑里患之"。郭太母亲去世，贾淑来吊唁，巨鹿人孙威直也来吊唁，孙威直看到郭太接受恶人贾淑的吊唁，心中奇怪，不进门而去。郭太追上去告诉孙威直说："贾子厚诚实凶德，然洗心向善。仲尼不逆互乡，故吾许其进也。"贾淑听到郭太的这番话，改过自励，终成善士。

7.30　子曰："仁远乎哉？我欲仁，斯仁至矣。"

孔子说："仁德离我们很远吗？我想求仁德，仁德也就到来了。"

【注释】

斯：则，就。至：到来。

【简评】

本章孔子言仁道并不远，求仁并不难，关键在己，旨在勉励人追求仁德。孔子论仁，一以贯之，《颜渊》篇曰："为仁由己，而由人乎哉？"《里仁》篇曰："苟志于仁矣，无恶也。"又曰："有能一日用其力于仁矣乎？我未见力不足者。"就是屡屡勉励人努力求仁。仁道出于人心，仁德的获得完全由自己主宰，他人不能给你仁德，他人更无法代你行仁，只要你有求仁之心，仁德自然而然地就来到了你的身上，何远之有？为仁由己，不需要去向外驰求，关键在于自己积极不断地追求仁德，成为仁德之人的理想即可实现。

7.31 陈司败问："昭公知礼乎？"孔子曰：
陈国的司败问孔子："鲁昭公是否懂得礼呢？"孔子说："昭公
"知礼。"
懂得礼。"

　　　　　　　　yī
孔子退，揖巫马期而进之曰："吾闻君子不党，
孔子走出来后，陈国的司败向巫马期作揖，请他走近自己说："我听说君
君子亦党乎？君取于吴，为同姓，谓之吴孟子。君
子不会偏袒，孔子也会有所偏袒吗？鲁君从吴国娶妻，吴、鲁又是同姓，叫作
而知礼，孰不知礼？"
吴孟子。鲁君如果算懂得礼的人，那谁不懂得礼呢？"

巫马期以告。子曰："丘也幸，苟有过，人必
巫马期将这些话转告给孔子。孔子说："我孔丘真幸运，如果有过失，人
知之。"
家一定会知道。"

【注释】

陈司败：陈国职官制度中相当于"司寇"的官，姓陈，名不详。《左传·文公十年》载楚子西曰："臣免于死，又有谗言，谓臣将逃，臣归死于司败也。"《左传·定公三年》述唐人"自拘于司败"。由此可知陈、楚、唐诸国都有"司败"之官。或曰"陈司败"是人名，误。

昭公：指鲁昭公，姬姓，名裯。

揖：作揖，用作动词。巫马期：姓巫马，名施，字子期（一说字

子旗），陈国人（一说鲁国人），孔子弟子，小孔子三十岁，以勤奋著称。近之：让巫马期走近他。近，使动词。之，代指陈司败。

党：偏袒，偏私，用作动词。

取于吴：从吴国娶妻。取，同娶。

为同姓：是同姓的国家。鲁为周公之后，姬姓；吴为太伯之后，也是姬姓。周礼规定，同姓不婚，《礼记·曲礼上》："取妻不取同姓。"《国语·晋语上》："同姓不婚，恶不殖也。"昭公娶同姓女，是违礼之举。孔子知道昭公违礼，他之所以不说是为尊者讳。《史记·仲尼弟子列传》载孔子解释曰："臣不可言君亲之恶，为讳者，礼也。"可知，为尊者讳也是一种礼制。

吴孟子：鲁昭公夫人。春秋时代，国君夫人的称号经常是她出生国家的国名加上她的本姓，故应该称吴姬，但昭公娶吴姬违反了同姓不婚的礼制，而改称为吴孟子，是为了掩饰其丑。

而：假设连词，如果。

苟：如果。

【简评】

本章记述孔子回答陈司败之问时为尊者讳、而又闻过则喜的故事。据《左传》之昭公五年、昭公二十五年载，鲁昭公本习于威仪之节，当时有知礼之名，行为名不副实，陈司败因此发问，孔子肯定地回答说鲁昭公"知礼"。陈司败当然不服气，他对孔子的弟子巫马期坦诚地说出了自己的不满，周礼明确规定，同姓不婚，而鲁昭公所娶的夫人是吴国女子，鲁吴皆为姬姓，这明显是不合周礼，可是被认为是君子的孔子却说昭公知礼。巫马期认为，连昭公这样的人都算是知礼的话，那谁是不知礼的人呢？他听说君子不党，而君子如孔子者竟然也偏袒他人的过错，他责备孔子、对孔子失望之意表现得非常明显。当孔子从巫马期那里听到陈司败的责备之后，不但不是暴跳如雷，也未恼羞成怒，或强辩饰非，而是不怒反喜，勇于承认自己的错误，并且以别人指出自己的错误为幸运，孔子完全知道昭公之举是违礼，可是他答以知礼，这是为尊者讳，坦陈自己有过，这是代人受过，圣人的心地是何等的光明正大！

其实，为尊者讳也是一种礼制，《史记·仲尼弟子列传》有孔子的解释，如此而论，孔子为尊一条礼制而违反了另一条礼制，他是不得已只能择取其一罢了。杨树达《论语疏证》曰："居是邦不非其大夫，不非其君可知矣。"极有见地。可以说，孔子代人受过而不辞已有两千多年了，后代研究者大多于此未加细辨，一直批评孔子到现在。

"苟有过，人必知之。"七字令人胆战心惊，警戒意义极强。

7.32 子与人歌而善，必使反之，而后

孔子同别人一起唱歌而别人若唱得好，一定请他重唱一遍，自

hè
和之。

己跟随着一起唱。

【注释】

善：即"善之"，认为好。善，意动词；之，唱歌。

反：重复，再唱一遍。

和：跟随着一起唱。

【简评】

本章记述孔子喜爱音乐、乐推人善、谦恭学习的情状。别人唱得好，不但不嫉妒，反而请人家再唱一遍，不放过学习的机会，这是乐推人善，也是虚心学习；别人唱第二遍时，又能够跟随着练唱，细听其妙处，取人之长，补己之短，以提高自己。圣人的情怀

真令人感动。

7.33 子曰："文，莫吾犹人也。躬行君子，则
孔子说："书本上的知识，我大概同别人差不多；身体力行去做
吾未之有得。"
一个君子，我还没能达到。"

【注释】

文：文献，指书本知识。

莫：约莫，大概。

躬行：身体力行。

【简评】

本章孔子自谦未达到君子的境界。孔子的书本知识常人难以企
及，孔子却说和别人差不多；在身体力行方面，孔子实是超过了君
子而进入了圣人的境界，孔子却说尚未达到。这是一种黾勉终身自
强不息之精神，值得后人继承。

7.34 子曰："若圣与仁，则吾岂敢？抑为之不
孔子说："谈到圣和仁，那我怎么敢当？不过是学习工作而不厌
厌，诲人不倦，则可谓云尔已矣。"公西华曰："正
倦，教导别人而不疲倦，仅可以这样说罢了。"公西华说："这正是我们这些弟
唯弟子不能学也。"
子学不到的啊。"

【注释】

抑：表示转折的连词，"只不过"的意思。

云尔已：如此罢了。云尔，如此，这样。

【简评】

本章孔子自谦尚未未达到圣和仁的境界。圣，是孔子心目中的最高的道德境界，仁，是孔子学问中的核心道德范畴。孔子自谦没有达到圣和仁的境界，仅仅承认自己为之不厌，诲人不倦罢了。听到老师如此谦虚，弟子公西华道出了弟子们的心声：这正是我们弟子学不到的精神境界。满招损，谦受益。孔子深知谦虚的益处，尽管他已经进入仁者、达到了圣人的境界，但是他不以圣人、仁者自居。《孟子·公孙丑上》演绎了本章，其曰："昔者子贡问于孔子曰：'夫子圣矣乎？'孔子曰：'圣则吾不能，我学不厌而教不倦也。'子贡曰：'学不厌，智也；教不倦，仁也。仁且智，夫子既圣矣乎。'"孔子的至为谦虚、诲人不倦、终身自修、永不倦怠的美德光照千古，不惟他的弟子们学不到，后世学到者几希！

7.35 子疾病，子路请祷（dǎo）。子曰："有诸？"子
孔子病重，子路请求祈祷求福。孔子说："有这回事吗？"子路

路对曰："有之。诔（lěi）曰：'祷尔于上下神祇（qí）。'"子
回答说："有这事。诔文上说：'替你向天神地祇祈祷。'"孔子说："我祈祷

曰："丘之祷久矣。"
过很久了！"

【注释】

子疾病：孔子生病严重。疾，名词，病；病，形容词，严重。"疾病"连言，指病重。《三国志·蜀志·诸葛亮传》："其年八月，亮疾病，卒于军，时年五十四。"

请祷：向鬼神请求和祷告，即祈祷。

有诸：有这样的事吗。诸，兼词，"之乎"的合音。

诔：祈祷文。通讄，《说文解字》"言部"之"讄"下引此文作"讄"，是为生者祈祷的文字；诔，古代祭文的文体之一，是为哀悼死者的文字。

祇：地神。

【简评】

本章记述孔子自信为人纯善，不信鬼神。子不语怪力乱神，对鬼神持敬而远之的态度。弟子们不能深知老师的思想，于是在老师病重时自作主张向鬼神祈祷。祈祷的目的是悔过迁善，以祈求鬼神之福佑；一般来说，祈祷者必有过错，内心惊惧鬼神降罪才去进行祈祷。孔子自信一直在修养德行，未尝有过，亦无善可迁，所以子路的为他祈祷纯属多余，故曰"丘之祷久矣"。天道无亲，惟德是辅。孔子有焉！汉代的王充读出了本章的寓意，其《论衡·感虚》曰："圣人修身正行，素祷之日久，天地鬼神知其无罪，故曰'祷久矣'。"

俗语言"平时不烧香，急来抱佛脚"，与孔子的思想有相通之处。

7.36 子曰："奢则不孙，俭则固。与其不孙也，宁固。"
xùn
孔子说："奢侈就显得傲慢，俭朴又显得寒酸。与其傲慢，宁愿寒酸。"

【注释】

不孙：不谦恭，傲慢。孙，同逊，谦逊。

固：固陋，寒酸。

【简评】

本章孔子认为奢、俭都不合乎中庸，二者必居其一，则弃奢取俭。奢侈失之太过，俭朴失之不及，奢侈就会贪婪，就会傲气，就会招灾惹祸；俭朴则会遭人讥讽嘲笑。孔子尤重仁道，二者比较起来，奢侈为害大于俭朴，所以孔子主张弃奢取俭。个中包含的辩证法十分精辟，读者须随着阅历的增多而慢慢体会。

7.37 子曰："君子坦荡荡，小人长戚戚。"
孔子说："君子心胸平坦宽广，小人总是忧虑不安。"

【注释】

坦荡荡：心胸平坦宽广。
长戚戚：经常忧虑不安。

【简评】

本章孔子论君子、小人的不同的个人心境和生活态度。君子循理，乐天知命，无忧无惧，故内心坦然；小人心胸狭窄，追名逐利，患得患失，故长戚戚。《荀子·子道》载子路与孔子的一段对话可以作为本章的注脚："子路问于孔子曰：'君子亦有忧乎？'孔子曰：'君子，其未得也，则乐其意；既已得之，又乐其治。是以有终身之乐，无一日之忧。小人者，其未得也，则忧不得；既已得之，又恐失之。是以有终身之忧，无一日之乐也。'"

7.38 子温而厉，威而不猛，恭而安。
孔子神态温和而严肃，有威仪却不凶猛，恭敬而安详。

【注释】

厉：严厉。

猛：凶猛。

恭：恭敬。

【简评】

本章是弟子记述孔子的神态气质。孔子的气质究竟如何？《论语》中有多处描摹，如《述而》篇曰："即之也温，望之俨然。"如《乡党》篇曰："食不语，寝不言。"总之给人的深刻印象是，温和而又严厉，庄重而不盛气凌人，礼节恭敬而又自然安详，全是中和之气洋溢于容貌之间。从孔子的神态气质可以窥见其内心的修养功夫之深厚，这正是君子风度，这正是圣人气质。孔子有这样的气质，常人没有，故特作记述。后人当以孔子为榜样，内外兼修。

泰伯篇第八

8.1　子曰：“泰伯，其可谓至德也已矣。三以天下让，民无得而称焉。”

孔子说：“泰伯可以说具有最崇高的道德来。他再三将天下让给季历，老百姓简直不知道该怎样称赞他。”

【注释】

泰伯：亦作“太伯”，是周朝祖先古公亶（dǎn）父的长子。古公有三子，太伯、仲雍、季历。据《史记·吴太伯世家》记载，“季历贤，而有圣子昌，太王欲立季历以及昌，于是太伯、仲雍二人乃奔荆蛮，文身断发，示不可用，以避季历。季历果立，是为王季，而昌为文王。太伯之奔荆蛮，自号句吴。荆蛮义之，从而归之千余家，立为吴太伯”。昌，即周文王姬昌，到其子武王时灭了殷商，统一了天下。吴太伯即为吴国始祖。

至德：最高尚的道德。

三以天下让：有二说：一说，泰伯知古公亶父想传位于季历以及昌，于是避而出走，是为一让；古公亶父去世，泰伯故意不返回奔丧，是为二让；发丧之后，断发文身，以示终身不返，是为三让。另说，季历、文、武三人相传而终有天下，皆是泰伯所让。

【简评】

本章孔子称赞泰伯谦让君位的高尚品德。泰伯是长子，按当时的礼制，他可以继承王位，然而他三以天下让，弃天下如敝屦，从而才有了周文王、周武王，才有了大一统的周朝。泰伯之让，是至德，也是隐德——无名可称的道德。孔子所生活的时代，杀伐争夺时有发生，孔子高度称赞泰伯，主张和平、反对杀伐争夺之意甚明。杨树达《论语疏证》指出："《论语》称至德者二，一赞泰伯，一赞文王，皆以其能让天下也。此孔子赞和平，非武力之义也。"

晚唐陆龟蒙即盛赞吴泰伯之能让，其《和袭美泰伯庙》诗云："故国城荒德未荒，年年椒奠湿中堂。迩来父子争天下，不信人间有让王。"

8.2　子曰："恭而无礼则劳，慎而无礼则
孔子说："恭敬有加而不合礼，就未免劳倦；谨慎处世而不合礼，
　　　　　xǐ
葸，勇而无礼则乱，直而无礼则绞。君子
就会畏怯懦弱；刚强勇敢而不合礼，就会犯上作乱；心直口快而不合礼，就会
笃于亲，则民兴于仁；故旧不遗，则民
尖刻伤人。在上位的人能厚待亲族，老百姓也会兴起仁爱的风气。在上位的人
不偷。"
能不遗弃故交旧友，老百姓就不至于人情淡薄了。"

【注释】

恭而无礼：恭敬而不知礼。意谓恭敬有加而不符合礼，义近《公冶长》篇之"足恭"，过分恭顺。

葸：胆怯，畏惧。

绞：尖刻伤人。《经典释文》引郑玄："绞，急也。"

笃：忠诚，感情深厚。

兴：起来。

故旧：故人，旧友。

偷：薄情。

【简评】

本章孔子论述不知礼的各种弊端，旨在强调知礼的极端重要性。不知礼，恭、慎、勇、直的品格就会导致劳、葸、乱、绞的不良结果，以礼节己就显得尤为重要，不可或缺。

杨树达《论语疏证》曰："本章言勇而无礼则乱；直而无礼则绞。而《阳货》篇则曰，好直不好学，其蔽也绞；好勇不好学，其蔽也乱。勇之弊同为乱，直之弊同为绞。然则二章义实同。特彼言不好学，举其因，此章言无礼，明其果，为异耳。此知不好学者正谓不学礼也。"殊有见地。

或以为"君子"以下诸句应为另一章。这几句主要强调在上位者有身体力行，率先垂范，成为带动良好社会风气的引路人，因为上有好者，下必兴焉。

8.3 曾子有疾，召门弟子曰："启予足！启予

曾子有了病，召集学生到床前说："看看我的脚，看看我的手，

手！《诗》云：'战战兢兢，如临深渊，如履薄冰。'

《诗》上说：'战战兢兢，就好像面临深深的水潭边，就好像行走在薄冰上。'

而今而后，吾知免夫！小子！"

从今以后，我才确知我的身体可以免于刑戮毁伤了！弟子们！"

【注释】

门弟子：即门人弟子，泛指学生。

启：开启，察看。曾子让学生掀开被子看自己的手脚有无毁伤。何晏《集解》引郑玄曰："启，开也。曾子以为受身体于父母，不敢毁伤，故使弟子开衾而视之也。"

　　诗云三句：三句引自《诗经·小雅·小旻》，比喻谨慎小心。
履：步行。《周易·履卦》爻辞："眇能视，跛能履。"
　　免夫：免于刑戮损伤。
　　小子：老师对弟子或年轻人的称呼。

【简评】

　　本章记述曾子临终前让弟子们查看自己的身体没受毁伤而十分欣慰的情景。曾参以孝著称，而保全身体不受毁伤是孝的重要内容，《孝经》云："身体发肤，受之父母，不敢毁伤，孝之始也。"——相传《孝经》的作者就是曾子。他一生行孝，到病危时仍然念念不忘保全身体。当他召集弟子们查看、自己确认身体完好无损而可以全而归之于父母后，曾子的欣慰、喜悦之情溢于言表，他引《诗经》的语句道出自己70多年来小心谨慎、战战兢兢、如临深渊、如履薄冰地保护身体，并且大声告知弟子们。曾子之孝，有始有终，乐何如之！因为身处乱世，能保全身体不受毁伤实为难事，《公冶长》篇中孔子评论南宫适曰："邦无道，免于刑戮。"或曰"《诗》云三句，表达的是面临将死的恐惧心情"云云，不仅是厚诬古人，而且是郢书燕说。

　　《礼记·祭义》载："乐正子春下堂而伤其足。数月不出，犹有忧色。门弟子曰：'夫子之足瘳矣，数月不出，犹有忧色，何也？'乐正子春曰：'善如尔之问也！善如尔之问也！吾闻诸曾子，曾子闻诸夫子曰："天之所生，地之所养，无人为大。父母全而生之，子全而归之，可谓孝矣。不亏其体，不辱其身，可谓全矣。故君子顷步而弗敢忘孝也。"今予忘孝之道，予是以有忧色也。'"乐正子春伤足自认为孝道有亏，他还转述了曾子从孔子处听来的"父母全而生之，子全而归之，可谓孝矣"的教导。《礼记·檀弓上》曰："子张病，召申祥而语之曰：'君子曰终，小人曰死；吾今日其庶几乎！'"可知孔门弟子皆以保全身体为孝，至死不息。

8.4 曾子有疾，孟敬子问之。曾子言曰：

曾参病了，孟敬子来探望他。曾子说："鸟将死的时候，它的叫

"鸟之将死，其鸣也哀；人之将死，其言也善。

声悲哀；人将死的时候，他的话充满善意。君子所珍视的道德有三方面：严肃

君子所贵乎道者三：动容貌，斯远暴慢矣；正颜

自己的容貌，就可避免别人的粗暴无礼；端正自己的脸色，就容易让人信任；

色，斯近信矣；出辞气，斯远鄙倍矣。^{biān}笾豆之

说话遣词用语得体文雅，就可远离鄙陋背理的话。至于礼仪方面细碎的事，自

事，则有司存。"

有专管的人去管。"

【注释】

孟敬子：鲁国大夫，姓仲孙，名捷。问：看望，探视。

鸟之四句：也，句中语气词，非副词"亦"。

动容貌：整肃自己的容貌。斯：则，就；下四"斯"字同。暴慢：粗暴无礼，懈怠放肆。

信：诚信。

鄙倍：粗野鄙陋，悖情乖戾。倍，同背，背理。

笾豆之事：祭祀礼仪方面的小事。笾和豆都是古代祭祀和典礼中的用具，笾用竹制，豆用木制。

有司：主管部门的官吏，这里指主管祭祀、礼仪事务的官吏。

【简评】

本章记述曾子临终之言，君子对于礼仪应该注重容貌、表情、言辞三方面的内在修养，不要拘泥于琐事小节。"鸟之将死，其鸣也哀；人之将死，其言也善"几句广为流传，影响巨大。曾子正是以"人之将死，其言也善"做一铺垫，道出君子应该注重内在修养

这一主旨，且自视为"善言"。

刘向《说苑·修文》载："曾子有疾，孟仪往问之。曾子曰：'鸟之将死，必有悲声；君子集大辟，必有顺辞。礼有三仪，知之乎？'对曰：'不识也。'曾子曰：'坐，吾语汝：君子修礼以立志，则贪欲之心不来；君子思礼以修身，则怠惰慢易之节不至；君子修礼以仁义，则忿争暴乱之辞远。若夫置尊俎，列笾豆，此有司之事也。君子虽勿能可也。'"文字有异，可与本章参看。

8.5　曾子曰："以能问于不能，以多问于寡；有

曾子说："自己有才能却能向无才能的人请教，知识丰富却能向

jiào
若无，实若虚，犯而不校。昔者吾友尝从事于

知识缺少的人请教；有学问却像没有学问，满腹经纶却像一无所知一样，被别

斯矣。"

人冒犯也不计较。以前我的朋友就曾做过这样的事。"

【注释】

能：指有才能。

校：同较，计较。

吾友：我的朋友，古今注家大多认为指颜回。

【简评】

本章曾子追怀颜子谦虚的美德，借以教导弟子。颜回的美德，曾子总结了几点：一是不耻下问。《诗经·大雅·板》曰："先民有言：'询于刍荛。'"《淮南子·主术训》曰："文王智而好问，故圣；武王勇而好问，故胜。"谦虚好问是进德修身的必由之路，《公冶长》篇就有"敏而好学，不耻下问"的名句。颜子深谙不耻下问的精髓，从而成为孔子的得意门生。二是谦虚不骄。《大戴礼

记·卫将军文子》曰："满而不满，实如虚，过之如不及……是曾参之行也。"可知曾子不仅仅以此称赞颜子，他也身体力行。

8.6　曾子说："可以托六尺之孤，可以寄百
曾子说："可以把辅佐幼主的重任托付给他，可以把国家的命运
里之命，临大节而不可夺也。君子人与？君子
寄托给他，面临国家生死存亡的关头而也不会让他改变操守，这样的人算得上
人也。"
是君子吗？真的是君子了！"

【注释】

六尺之孤：年幼登基的君主。少而无父曰孤。杨伯峻《论语译注》："古代尺短，六尺约合今日一百三十八厘米，市尺四尺一寸四分。身长六尺的人还是小孩，一般指十五岁以下的人。"

寄百里之命：寄托国家的命运于他身上。百里，方圆百里的诸侯国。

大节：国家安危存亡的关头。何晏《论语集解》："大节者，安国家，定社稷也。"

夺：改变。《论语·子罕》："子曰：'三军可夺帅也，匹夫不可夺志也。'"

【简评】

本章曾子给君子立下了两个判断标准：有德有才。辅幼君，摄国政，主要是才——后代如诸葛亮；临大节而志不可夺，主要是德——后代如文天祥。曾子立下的这一标准强烈地影响了后世的志士仁人。《孟子·滕文公上》则发挥为："富贵不能淫，贫贱不能移，威武不能屈，此之谓大丈夫。"

8.7 曾子曰："士不可以不弘毅，任重而道
曾子说："读书人不可以不宽宏刚毅，因为责任重大而且路途遥
远。仁以为己任，不亦重乎？死而后已，不亦
远。将弘扬仁道当作自己的责任，不是很重大吗？到死才能停止，不是很遥
远乎？"
远吗？"

【注释】

士：读书人。弘毅：宽宏坚毅。朱熹《论语集注》："非弘不能
胜其重，非毅无以致其远。"章太炎《广论语骈枝》说："《说文》：
'弘，弓声也。'后人借'强'为之，用为'彊'义。此'弘'字
即今之'强'字也。《说文》：'毅，有决也。'任重须彊，不彊则
力绌；致远须决，不决则志渝。"其说亦通。

仁以为己任：即"以仁为己任"，介词宾语提前。

【简评】

本章曾子提出了士人的担当责任和奋斗目标。士人一生"仁
以为己任"，"死而后已"，责任重大而征途遥远，若无宽宏的志
向则不能胜任这个重担，若无坚毅的意志则不能行稳致远，因
此，培养弘毅的品格就是士人一生不懈的追求。士人必须"弘
毅"，也强烈地影响了后代的志士仁人，最典型者是诸葛亮，他
"功盖三分国，名成八阵图"，辅佐刘备、刘禅父子，鞠躬尽瘁，
死而后已。

8.8 子曰："兴于《诗》，立于礼，成
孔子说："《诗》可以兴起我的修养心志，礼可以使我立足于社
于乐。"
会，音乐可以最终成就我的事业。"

【注释】

兴于诗：指人的修身从学《诗》开始。兴，起。《季氏》篇曰："不学《诗》，无以言。"

立于礼：指学礼可以立足于社会。

成于乐：指音乐可以使人成就事业。杨伯峻《论语译注》："孔子所谓'乐'的内容和本质都离不开'礼'，因此常常'礼乐'连言。他本人也很懂音乐，因此把音乐作为他的教学工作的一个最后阶段。"

【简评】

本章孔子说明学习、修身的过程、内容和《诗》、礼、乐于人修身的重要性。邢昺《论语注疏》引汉包咸曰："兴，起也。言修身当先学《诗》。""礼者，所以立身。""乐，所以成性。"孔子之教孔鲤就有"不学《诗》，无以言""不学诗，无以立"的庭训，他非常重视《诗》教，一个人想立足于社会就要先学《诗》，再学礼，进而以音乐陶冶性情成就事业。这就是礼乐之化。《困学纪闻》卷五引子思子曰："夫子之教必始于《诗》《书》，而终于《礼》《乐》，杂说不与焉。"

8.9 子曰："民可使由之，不可使知之。"

孔子说："老百姓可以使他们遵照道而行，不可使他们明白为什么这样做的道理。"

【注释】

由：行，遵照。之：指道；下"之"字同。杨伯峻《论语译注》："这两句与'民可以乐成，不可与虑始'（《史记·滑稽列传》补所载西门豹之言，《商君列传》作"民不可与虑始，而可与乐成")意思大致相同，不必深求。后来有些人觉得这种说法不很妥当，于是别生解释，意在为孔子这位'圣人'回护，虽煞费苦心，反失孔子本意。如刘宝楠《正义》以为'上章是夫子教弟子之法，此"民"字亦指弟子'。不知上章'兴于《诗》'三句与此章旨意各别，自古以来亦曾未有以'民'代'弟子'者。宦懋庸《论语稽》则云：'对于民，其可者使其自由之，而所不可者亦使知之。或曰，舆论所可者则使共由之，其不可者亦使共知之。'则原文当读为'民可，使由；不可，使知之'。恐怕古人无此语法。若是古人果是此意，必用'则'字，甚至'使'下再用'之'字以重指'民'，作'民可，则使（之）由之，不可，则使（之）知之'，方不致晦涩而误解。"

知：理解，明白。

【简评】

本章孔子论治理百姓的一般权宜方法。孔子认为"民"属于"中人以下"，而"中人以下，不可以语上也"(《雍也》篇)。《孟子·尽心上》曰："行之而不著焉，习矣而不察焉，终身由之而不知其道者众也。"《礼记·中庸》曰："百姓日用而不知。"与本章含义相近。既然老百姓的才智在中人以下，想让老百姓通晓在上位者所发政令的理由、真谛，不仅没有效果，而且会给老百姓的思想带来混乱，因此，执政者只需引导百姓执行即可，不必做口干舌燥而不可能家喻户晓的无用之功，这也是执政者的权宜应变的方法。民不可知之，"众不可户说"(《离骚》)，这是客观现实。多年来，一些人认为本章反映出孔子的愚民思想，其实是误解，有的简直是曲解。孔子早就预感到他的本意"不可使知之"，如同曹雪芹早就预感到后人难以真正读懂他用血和泪写成的《红楼梦》，所以有"满纸荒唐言，一把辛酸泪，都云作者痴，谁解其中味"的慨叹！

8.10 子曰："好勇疾贫，乱也。人而不仁，疾
孔子说："好勇敢斗而厌恶贫穷，就会犯上作乱。对于不仁的
之已甚，乱也。"
人，过分厌恶他们，也会造成祸乱。"

【注释】

疾：厌恶，憎恨。

已甚：太过分。

【简评】

本章孔子分析了造成祸乱的原由，以警诫执政者。好勇斗狠的贫穷者如果不能安贫乐道，不能遵礼行事，就必然铤而走险，甚至犯上作乱；仇恨不仁之人的富贵者如果不能富而有仁，不能理解怜悯而是深恶痛绝不仁之人，也会使不仁之人似无容身之地而干脆破罐子破摔，为非作歹，制造祸乱。一方面，执政者应当首先让百姓摆脱贫穷，引导他们知礼遵礼，因为衣食足而后知礼节；另一方面，对待不仁之人，也不能不给他们出路，甚至想赶尽杀绝，这样社会就必然动荡不安。人世间贤愚并存，君子小人同在，执政者给愚者、小人一定的生存空间，很有必要。

lìn
8.11 子曰："如有周公之才之美，使骄且吝，
孔子说："即使有周公那样高超的智慧才能，若是骄傲又吝啬，
其余不足观也已。"
其他方面也就不值得一看了。"

【注释】

吝：吝啬。朱熹《论语集注》："才美，谓智能技艺之美。骄，

矜夸。吝，鄙啬也。"

不足观：不值得一看。已：同矣，了。

【简评】

本章孔子批评骄傲而吝啬的人，强调德的重要性。周公有才有德，不骄不吝，才德并美，孔子尊之为圣人。孔子认为，一个人即使有周公的才美而骄傲吝啬，亦即德行有亏，也就不值得一看了；换言之，有才美而无德，可以一票否决。

8.12 子曰："三年学，不至于谷，不易得也。"

孔子说："读书三年，还不念想做官求禄，这种人是很难得的。"

【注释】

至：念想。朱熹《论语集注》："至，疑当作志。为学之久，而不求禄，如此之人，不易得也。"谷：俸禄。古代以谷米作为官吏的俸禄，此指求仕，做官。《宪问》篇："邦有道，谷；邦无道，谷。"

【简评】

本章孔子慨叹专心向学的人不可多得，反映出孔子不以做官为学习目的的思想。他主张"学而优则仕"，但他反对弟子热衷利禄，汲汲求出仕，成为一个官迷，所以《公冶长》篇中他对漆彫开不轻易出仕的行为赞赏有加；他更主张做官之后仍然要不断地学习，所谓"仕而优则学，学而优则仕"（《子张》篇）。总之，他称赞专心求学、不贪图富贵的人。孔子生活的时代，有的人就是把读书学习作为做官的手段，而不是目的；不为做官而读书学习者甚少，更何况已经读书三年而无做官想法者少之又少，所以他发出慨叹"不易得也"。

8.13 子曰：“笃(dǔ)信好学，守死善道。危邦
孔子说：“坚定信仰正道，努力学习正道，至死保全正道。危险

不入，乱邦不居。天下有道则见(xiàn)，无道则隐。
的国家不进入，动乱的国家不居住。天下太平时就出来做官，天下混乱时就隐

邦有道，贫且贱焉，耻也；邦无道，富且贵
居。国家政治清明，如果自己贫贱，那是耻辱；国家政治黑暗，自己反而富

焉，耻也。”
贵，也是耻辱。”

【注释】

笃信好学：即“笃信好学善道”，“学”后省略“善道”二字，意谓坚信不疑而努力学习善道。《子张》篇：“执德不弘，信道不笃，焉能为有？焉能为亡？”可以参看。

守死：死守，守之不变。善道：正道。

危邦不入，乱邦不居：何晏《集解》引包咸曰：“臣弑君、子弑父，乱也。危者，将乱之兆也。”

见：同现，指出仕。

【简评】

本章孔子教导弟子要有学有守，表现了孔子的处事态度和富贵观。大致有四层意思：一，“笃信好学，守死善道”八字强调信善道、学善道、守善道，坚信不疑而至死不变，只有能笃信，又能好学，然后才能守之以至于死。从结构上看，这八字是本章的总纲，是总说，以下是分说。二，“危邦不入，乱邦不居”八字强调要全身远祸，因为皮之不存，毛将焉附？三，“天下有道则见，无道则隐”二句指出出仕的时代特征，即所谓“用之则行，舍之则藏”，君子或现或隐，

皆为守死善道。《史记·蔡泽列传》曰:"进退盈缩,与时变化,圣人之常道也。故'国有道则仕,国无道则隐'。"正隐承本章之意。四,"邦有道"以下诸句点明贫贱富贵的荣辱观,邦有道而我无所作为,甘愿屈居贫贱,是耻辱;邦无道而我随波逐流,哺糟啜醨,甚至变节弃义,自取富贵,也是耻辱。质言之,国家的兴衰存亡与个人的贫贱富贵息息相关。《说苑·说丛》曰:"君子虽贫,不受乱君之禄。尊乎乱世,同乎暴君,君子之耻也。"义较通晓,可以参看。

8.14　子曰:"不在其位,不谋其政。"

孔子说:"不处在那个职位,就不谋划它的政务。"

【注释】

谋:谋划,考虑。

【简评】

本章孔子教人不可逾职越权。皇侃《论语集解义疏》卷四引孔安国曰:"欲各专一于其职也。"其说甚辩。做人做事,正名和定位,十分重要,在其位者,应当兢兢业业,忠于职守,不能尸位素餐,玩忽职守;不在其位者,就不了解在位者职权内中的情况,若说三道四,吹毛求疵,往往不得要领,或流于郢(yǐng)书燕说。各司其职,各尽其责,不越俎代庖,不逾职越权,这就是义——义者,宜也。杨树达《论语疏证》引《左传·僖公三十二年》弦高救郑事指出:"不在其位,不谋其政,经也;弦高佯为郑吏以犒秦,权也。国家存亡在呼吸之顷,如弦高以不在其位而不谋,则悖矣。此又古人行事深合辩证法者也。"值得参读。

8.15　子曰:"师挚之始,《关雎》之乱,洋洋乎盈耳哉!"

孔子说:"从太师挚开始领奏,到最后以《关雎》的合乐作结,动听美妙的乐音充耳不绝呀!"

【注释】

师挚：鲁国的太师(乐官之长)，名挚。始：乐曲的开端；古代奏乐，开始叫做"升歌"，一般由太师演奏，故曰"师挚之始"。

《关雎》：《诗经》的第一篇，这里以《关雎》代指《周南》中的《关雎》《葛覃》《卷耳》和《召南》中的《鹊巢》《采蘩》《采蘋》六篇。乱：乐曲的结束。由"始"到"乱"，叫做"一成"。"乱"是"合乐"，犹如今日的合唱。当合奏之时，奏《关雎》的乐章，故曰"《关雎》之乱"。清刘台拱《论语骈枝》："凡乐之大节，有歌有笙，有间有合，是为一成。始于升歌，终于合乐，是故升歌谓之始，合乐谓之乱。《周礼·太师职》：'大祭祀，帅瞽登歌。'《仪礼·燕》及《大射》皆太师升歌。挚为太师，是以云'师挚之始'也。合乐，《周南·关雎》《葛覃》《卷耳》《召南·鹊巢》《采蘩》《采蘋》凡六篇。而谓之'关雎之乱'者，举上以该下。"

洋洋：充满的样子。《礼记·中庸》："大哉圣人之道，洋洋乎发育万物，峻极于天。"孔颖达疏："洋洋，谓道德充满之貌。"盈耳：满耳。此句盛赞乐曲自始至终，悦耳动听。

【简评】

本章记述孔子盛赞由鲁国太师挚领奏、以《关雎》等六首诗作为结束曲的音乐美妙绝伦。孔子是音乐家，感动他的乐曲一定美妙绝伦，悦耳动听，他的赞美一定非常准确，惜乎现在听不到了。

8.16 子曰："狂而不直，侗而不愿，悾悾而
<small>tóng kōng</small>
孔子说："狂妄而不直爽，无知而不老实，诚恳而不守信用，我
不信，吾不知之矣。"
不知道这种人怎么会这样。"

【注释】

侗而不愿：幼稚而不老实。侗，幼稚无知。愿，谨慎，老实。

悾悾：诚恳的样子。邢昺疏："悾悾，悫也。谨悫之人宜信而乃不信。"《后汉书·刘瑜传》："臣悾悾推情，言不足采。"李贤注："悾悾，诚恳之貌。"

吾不知之矣：朱熹《论语集注》："吾不知之者，甚绝之之辞，亦不屑之教诲也。"

【简评】

本章孔子慨叹今人不如古人，有些今人失去了人的本性。古人狂妄者往往率直，而今人狂妄者却失去了率直；古人幼稚无知者往往忠厚老实，而今人幼稚无知者却失去了忠厚老实；古人诚恳者往往守信，而今人诚恳者却失去了守信。在孔子看来，应该远离这三种人，当然，他也不会让这三种人成为自己的弟子。社会的演进也让人们的人格发生了裂变，人心难测，了解一个人实在很难，这里也用得着孔子一句话作参考："以貌取人，失之子羽。"

8.17 子曰："学如不及，犹恐失之。"

孔子说："学习好像老赶不上似的，学到了又恐怕会忘掉。"

【注释】

及：赶上。

【简评】

本章孔子教诲弟子要终日汲汲学习，既要知新，也要温故，方能有所成就。学无止境，懈怠偷懒必然一事无成之意自在其中。《大戴礼记·曾子立事》曰："君子爱日以学，及时以行。"《淮南子·泰族训》曰："人莫不知学之有益于己也，然而不能者，嬉戏害之也。人皆多以无用害有用，故智不博而日不足。以凿观池之力耕，则田野必辟矣；以积土山之高修堤防，则水用必足矣；以食狗马鸿雁之费养士，则名誉必荣矣；以弋猎博弈之日诵诗读书，闻识必博矣。"《说苑·建本》曰："晚世之人，莫能闲居心思，鼓琴读书，追观上古，友贤大夫，学问讲辩，日以自虞；疏远世事，分明利害，筹策得失，以观祸福；设义立度，以为法式。穷追本末，究事之情，死有遗业，生有荣名。此皆人材之所能逮也。然莫能为者，偷慢懈堕多暇日之故也，是以失本而无名。"珍惜每一天的时间，而不枉费时光，设计好自己的人生目标，汲汲学习，才有可能"死有遗业，生有荣名"。孔子的教诲乃真理，它对后人的影响非常巨大，更值得今人效法。

8.18　子曰："巍巍乎，舜禹之有天下也而不与^{yù}焉！"

孔子说："真伟大啊！舜、禹拥有天下的时候却不参与享受！"

【注释】

巍巍：崇高的样子。

舜禹：舜、禹是传说中的圣君明主，尧禅位给舜，舜后来又禅位给禹，禹是夏朝的第一个国君。不与：不参与，不关联。这里指虽然拥有天下却不参与分享其好处。

【简评】

本章孔子赞叹舜、禹以天下为公，不谋私利。尧、舜、禹是孔子心目中的圣人，尧禅位给舜，舜后来又禅位给禹，他们的善行美德史不绝书。孔子赞叹舜、禹做了君主，富有四海，但能够无为而治，任贤使能，并不像后代帝王的一样高高在上，远离百姓，作威作福，肆意搜刮挥霍民脂民膏，也没有做帝王的自傲和放纵。同样的意思在《卫灵公》篇也有记述："子曰：'无为而治，其舜也与！夫何为哉！恭己正南面而已矣。'"《论衡·语增》也有发挥："舜承安继治，任贤使能，恭己无为而天下治。故孔子曰：'巍巍乎舜禹之有天下，而不与焉。'"这才是圣人的器量，是真正的崇高和伟大！

8.19　子曰："大哉尧之为君也！巍巍乎！唯天
孔子说："真伟大啊尧做君主！崇高啊！只有天最高大无际，只
为大，唯尧则之。荡荡乎，民无能名焉！巍巍乎！
有尧的德行可以效法天的高大。恩德浩荡啊，百姓不能够用语言来充分赞美
其有成功也，焕乎其有文章！"
他！伟大呀！他所成就的大功！光彩啊！他制订了那么多的礼乐法度。"

【注释】

大哉：是谓语提前，强调谓语。

则之：效法天。之，代指天。朱熹《论语集注》："言物之高大，莫有过于天者，而独尧之德能与之准。故其德之广远，亦如天之不可以言语形容也。"

荡荡：广远的样子，这里指尧之恩德浩荡。

民无能名焉：老百姓不能够用语言来赞美他。无，通毋，不。名，名词动用，赞美，称赞。焉，兼词，于之，对他（代指尧）。

成功：大功。《释名》："成，盛也。"

焕：光辉，光彩。文章：指礼乐法度。

【简评】

本章孔子盛赞尧的伟大和他所创造的丰功伟绩，其德可与

天相准。第一，开创了天下为公的先河。《史记·五帝本纪》载："帝尧者，放勋。其仁如天，其知如神。……尧立七十年，得舜，二十年而老，令舜摄行天子之政，荐之于天，尧辟位凡二十八年而崩。……尧知子丹朱之不肖，不足授天下，于是乃权授舜。授舜则天下得其利而丹朱病；授丹朱则天下病而丹朱得其利。尧曰：'终不以天下之病而利一人'，而卒授舜以天下。"尧的最大功劳就是传位于圣君舜，而未将天下传给自己的儿子丹朱，开创了天下为公的先河，司马迁给予极高的赞誉。《孟子·滕文公上》曰："尧以不得舜为己忧，舜以不得禹、皋陶为己忧。……分人以财谓之惠，教人以善谓之忠，为天下得人者谓之仁。是故以天下与人易，为天下得人难。孔子曰：'大哉尧之为君，惟天为大，惟尧则之，荡荡乎民无能名焉。君哉舜也，巍巍乎有天下而不与焉。'"孟子也极为赞赏尧、舜之天下为公，并引孔子的话阐述"为天下得人难"的论点。第二，尧制定了丰富多彩的礼乐法度，使天下人有章可循，百姓安居乐业。《帝王世纪》记载：帝尧之世，"天下大和，百姓无事。有八十老人，击壤于道，观者叹曰：'大哉！帝之德也。'老人曰：'日出而作，日入而息，凿井而饮，耕田而食。帝何力于我哉！'"所以说：唯天为大，唯尧则之！

8.20　舜有臣五人而天下治。武王曰："予有乱

舜有贤臣五人而天下就大治了。周武王说："我有治国的能臣十

臣十人。"孔子曰："才难，不其然乎？唐虞之际，

人。"孔子说："人才难得，难道不是这样吗？唐虞以下，周武王时人才最为兴

于斯为盛，有妇人焉，九人而已。三分天下有其二，

盛，然而其中还有一个妇人，实际上男人不过九个人罢了。周文王做诸侯时就

以服事殷。周之德，其可谓至德也已矣。"

赢得了三分之二的天下，仍然称臣来服事殷商，周的仁德可说是最高的了。"

【注释】

有臣五人：指禹（治水）、稷（教民稼穑）、契（xiè，天文，教育）、皋陶（yáo，法官）、伯益（焚山林，驱猛兽）五人。

武王：周武王。

乱臣：治国之能臣。《说文》："乱，治也。"《尔雅·释诂》同。乱，治理乱丝，引申为治理。《尚书·盘庚》："兹予有乱政同位。"孔传："乱，治也。此我有治政之臣同位。"十人：指周公旦、召公奭、太公望、毕公、荣公、太颠、闳夭、散宜生、南宫适、文母（太姒）。

唐虞之际：尧舜之后。唐，尧的国号；虞，舜的国号。际，下。刘宝楠《论语正义》："唐虞之际者，际犹下也，后也。"

斯：代词，指周武王时。

妇人：指文王之妃、武王之母太姒。

三分天下有其二，以服事殷：据《史记·殷本纪》载：周文王原是殷商的诸侯，居雍州（今凤翔、岐山一带），号西伯。能行仁政，天下三分之二的疆土皆归从文王。皇侃《论语集解义疏》卷四引汉包咸曰："殷纣淫乱，文王为西伯而有圣德，天下之归周者三分有二，而犹以服事殷，故谓之至德也。"

【简评】

本章孔子论人才难得，盛赞周代的大德。舜有贤臣五人，武王有能臣十人，便能够建邦开国，天下归心，可知为政之本，莫若得人。周文王已有三分之二的疆域而仍然遵循规矩向殷纣称臣，这就是最高的仁德，可知政治以德不以力。

8.21 子曰："禹，吾无间然矣。菲饮食而致孝
孔子说："禹嘛，我是找不出缺点来非议他。他的饮食很俭朴，

è
fú miǎn
乎鬼神，恶衣服而致美乎黻冕，卑宫室而尽力乎沟
而尽心用丰盛的祭品孝敬鬼神；穿的衣服很粗劣，而祭祀时穿的礼服却很华

xù
洫。禹，吾无间然矣。"

美；住的房子很简陋，而尽力修建沟渠水道。禹嘛，我是找不出缺点来非议他。"

【注释】

间：间隙，缝隙，引申为挑剔，非议。《方言》："间，非也。"《管子·权修》："授官不审，则民间其治。"

菲：菲薄，即不讲究而节俭。

黻冕：祭祀时穿的礼服叫黻，祭祀时戴的礼帽叫冕；古代大夫以上的人的帽子都叫冕，后来只有帝王的帽子才叫冕。

【简评】

本章孔子衷心赞美大禹的功德。衣、食、住三端，人不可或缺。大禹贵为天子，完全可以吃最美的饭食，可以穿最美的衣服，可以住最美的房屋，恰恰相反，他吃饭节俭，但准备的祭品颇丰，可见其孝敬鬼神之心；他破衣烂衫，但穿的祭服非常华美，可见其尊敬圣人之心；他住的房屋简陋，但尽力在外疏导洪水，三过家门而不入，可见其敬民之心。所以孔子前后盛赞："禹，吾无间然矣。"即此而论，大公无私才是至大的美德。黄宗羲《原君》有一段文字值得参考：

有生之初，人各自私也，人各自利也。天下有公利而莫或兴之，有公害而莫或除之。有人者出，不以一己之利为利，而使天下受其利；不以一己之害为害，而使天下释其害。此其人之勤劳，必千万于天下之人。夫以千万倍之勤劳，则己又不享其利，必非天下之人情所欲居也。故古人之君，量而不欲入者，许由、务光是也；入而又去之者，尧、舜是也；初不欲入而不得去者，禹是也。

子罕篇第九

9.1 子罕言利，与命与仁。

孔子很少谈及利益，却常说到天命与仁。

【注释】

与：通语。另有注为"从"，意思虽亦通，然《史记·孔子世家》引作"子罕与利与命与仁"。可知"言"古本有作"与"，故"与"不当训为"从"。

【简评】

本章有不同句读：一是"子罕言利与命与仁"，意为：孔子对于利与命与仁，三者均少谈及，古注如何晏、皇侃、朱熹等，今人杨伯峻等皆作此读，从者甚多。二是元初陈天祥《四书辨疑》以为："圣人于三者之中所罕言者，惟利耳，命与仁乃所常言。"依此当读为"子罕言利，与命与仁"。从者亦不少见。

今按：两相考较，以后者为胜。《论语》中孔子所言利之处，数次而已，且多作否定，如"君子喻于义，小人喻于利""君子怀刑，小人怀惠""放于利而行，多怨""无见小利"等皆如是；而言天命存在，直接间接多达二三十处，言仁则更有一百多见。以义理言之，天命所之，即是正义所在；仁的普世性与合理性，也是孔子学说的重要概念，且必以天命为据，孔子因之而言"不知天命，无以为君子"。故言仁必涉天命。或有人说，子贡曾言"夫子之言性与天道，不可得而闻也"，可见孔子所罕言者，也有天命。此系误读。子贡所谓天道孔子不言者，并非不言天道存在，所不言者乃天道之具体内容，所谓"天命靡常"之意。读者可参见本书前言"天人之道"部分。

9.2 达巷党人曰："大哉孔子，博学而无所成
达巷地区有人说："孔子真伟大啊，通达六艺却没用其中任何一
名。"子闻之，谓门弟子曰，"吾何执？执御乎，执
项来树立名声。"孔子听到这话，就对门下学生说："六艺之中我更专长什么
射乎？吾执御矣。"
呢？是驾车，还是射箭？我更专长驾车吧。"

【注释】

达巷党：达巷，地名。党，周代划分的行政区，五百家为一党。

博学：《玉篇》："博，通也。"学，从下文孔子的回答，可知指六艺。

无所成名：即无所执成名，亦即成其名无所执。"执"因下省。

执：《说文解字》："执，捕罪人也。"本义为拘囚，引申为固执、偏执等义，再引申有专执义，《荀子·尧问》"执一无失"，杨倞注："执一，专意也。"故朱熹注曰："执，专执也。"这里指学问、才能专于某方面发展，即今所谓"专长""专才"。

【简评】

本条要从达巷党人与孔子两方面的话中互文见义。从孔子的话里可知，达巷党人的关注点应该在于，孔子所通的诸艺之中，到底哪样更杰出。孔子明白大家的意思，所以就向弟子说明：诸艺之中他更长于驾车与射箭，而尤精于驾车。

郑玄曾说，孔子"闻人美之，承之以谦：'吾执御'，欲名六艺之卑也"。钱穆《论语新解》也说："孔子闻党人之称美，自谦我将何执，射与御，皆属一艺，而御较卑。古人常为尊长御车，其

职若为人下。"然其所论均不确。春秋之前从事战争者皆贵族,其私属与国人仅杂从而已。战争主以车战。战车一乘三人,御者居中操纵,为车战关键,其技能须特别而长期的训练,故列御车为贵族六艺。春秋之时,战争虽不再纯以车战,但御车仍多被认作贵族之事,非如后世视车夫为卑贱可比。

孔子提出"君子不器"(2.12),要博大无所能名(8.19),即君子才能不可单一,而应全面发展,这与马克思所提出的个人应当在社会中获得自由全面发展的学说是有所契合的。如此可见孔子在两千多年前提出的人才观之伟大。

9.3 子曰:"麻冕,礼也。今也纯,俭,吾从众。拜下,礼也。今拜乎上,泰也,虽违众,吾从下。"

孔子说:"用细麻来做礼帽,合乎周礼。如今都用丝来做,比较俭省,我赞同大家。臣在堂下拜见君主,合乎周礼。如今都在堂上拜见,比较倨傲啊。虽然与大家相违,但我仍要在堂下拜见。"

【注释】

拜上:清阎若璩《四书释地又续》云:"古者臣与君行礼,再拜稽首于堂下,君辞之,然后升堂,复再拜稽首,故曰升成拜。"

麻冕:孔安国注:"冕,缁布冠也。古者绩麻三十升布以为之。"又《礼记·丧服》郑玄注:"布八十缕为升。"则制一顶礼帽需要两千四百缕的麻料才能织成,非常费事。

纯:丝。用丝料做礼帽比较简易。

泰:倨傲、骄傲。《玉篇》:"泰,骄也。"

【简评】

周礼之中,既有对各种器物形制的规定,也有对人与人,乃至人与神之间关系的规定。对于器物甚至人神之礼，孔子或持俭朴，而对于人与人之上下尊卑，则礼数周到，不避其繁。以至于他"事君尽礼，人以为谄"（3.18）。其实，盖以孔子观之，春秋之乱，多始于上下失据，以致以下凌上，弑君夺权，正如管仲所谓"为君不君，为臣不臣，乱之本也"（《国语·齐语》），而孔子所谓应治之道就是"君君，臣臣，父父，子子"（12.11），故特隆上下之礼，以熄僭越之心。至于如此是否有效？《史记·孔子世家》记有晏婴评论："自大贤之息，周室既衰，礼乐缺有间。今孔子盛容饰，繁登降之礼，趋详之节。累世不能殚其学，当年不能究其礼。君欲用之以移齐俗，非所以先细民也。"其说可为参考。

孔子改行俭礼而从众，说明礼固然有别亲疏上下之能，但更有普及之需。礼仪繁备，则施行条件苛刻，愿意践行之人就少，如此则移风易俗不可能完成；反之，礼仪俭朴，则施行容易，愿意践行则众。自古以来，儒者所关注本章者，多在孔子违众而拜上，忽视其行俭而从众之处。

9.4　子绝四：毋意，毋必，毋固，毋我。

孔子没有四种缺点：不主观臆测，不绝对，不固执，不自以为是。

【注释】

绝四：绝，无、没有。四，指意、必、固、我四种缺点。

意：臆测。

必：绝对。

固：固执。

我：自我，自以为是。

【简评】

今天不论是为人处世，还是科研学问，无不强调"实事求是"

的重要性。但是，实事似简实难，在主观品质上就必须做到本章的"绝四"：不主观臆测，就是要先调查研究，有所根据；不绝对，就是要对事物的复杂性有充分的预估；不固执，就是要随时准备接受正确的道理与意见，而放弃自己错误的观点；不自以为是，就是要对自我的有限性有清醒的认识。以此观之，孔子这方面的素养受到弟子们的充分认可，他也曾自评："盖有不知而作之者，我无是也。多闻，择其善者而从之，多见而识之，知之次也。"(7.28)

《中庸》有所谓："喜怒哀乐之未发，谓之中。发而皆中节，谓之和。中也者天下之大本，和也者天下之达道。"只有心中内在道德建设完成，才能言行随心外发而与仁义合，故内在建设为根本，本固方能至远大，可臻从心所欲不逾矩之人道极致。由本章可知，孔子所以能至乎达道，以其能绝四为前提。宋明理学之于"未发""已发"苛察缴绕，纠结于蚕丝牛毛，其不能得夫子之本意，竟援引佛道修定之法而入心学，本末倒置而终不能绝四，其久假不归而亡羊歧途。

9.5　子畏于匡。曰："文王既没，文不在兹乎？

孔子在匡地遭受危难。他说："周文王去世后，文明不都在我这

天之将丧斯文也，后死者不得与于斯文也。天之未

里了吗？如果上天要让这种文明断绝，那么这种文明就不会被赋予我。上天既

丧斯文也，匡人其如予何？"

然没让这种文明失传，那么匡地的人又能将我怎样呢？"

【注释】

子畏于匡：《广雅·释诂三》："畏，难也。"遭受危难。《史记·孔子世家》有记：阳虎曾暴掠匡地，故受匡人痛恨。孔子相貌与阳虎相像，路过匡地时被误作阳虎而遭匡人围困。一度情势紧急，弟子恐惧。

兹：这里，指孔子自己。

斯文：这种文明。

后死者不得与于斯文：即天于斯文不得于后死者，"天"承上省。后死者，本义为后于周文王而死之人，这指孔子自己。

【简评】

孔子曾说他"五十而知天命"（2.4），而他所谓的"天命"大概就是指本章内容。孔子认为华夏文明经过夏、商，及至到周代经文、武、周公的建设，已臻于完善，为自己心仪，所谓"周监于二代，郁郁乎文哉，吾从周"（3.14）。故自觉努力学习周代文化，成为当时各国学识最为全面之人，但是，周代文化从西周到东周为一变，东周至春秋又一大变，至于礼崩乐坏。孔子大概认为，上天既然把周代文化都集中到了他的身上，那么就是赋予了他要将这些文明传承乃至复兴的使命。虽未明言舍我其谁，却自将大任，意图在政治上恢复西周秩序，在文化上整理典籍，传承六艺。

9.6　大宰问于子贡曰："夫子圣者与！何其多能
　　　　　tài
太宰向子贡问道："孔先生是圣人吧！怎么会这样多才能啊？"子
也！"子贡曰："固天纵之将圣，又多能也。"子闻
贡回答："这是因为上天给予了他卓越的资质以助他成为圣人，才有这么多才
之曰："大宰知我乎？吾少也贱，故多能鄙事。君子
能啊。"孔子听到后就说："太宰了解我吗？我年少时地位卑下，所以会做许多
多乎哉？不多也！"
低贱的事。贵族会这么多低贱之事吗？不会啊！"

【注释】

大宰：即太宰，也称冢（zhǒng）宰，为百官之长，六卿之首。

这里指谁？有多种说法。东汉郑玄认为是吴国太宰嚭(pǐ)，从者较多。

圣者：《说文解字》：“圣，通也。”《尚书·洪范》“思曰睿，睿作圣”，孔安国传：“于事无不通谓之圣。”又《荀子·臣道》“是圣臣者也”，杨倞注：“圣者，无所不通之谓也。”可知，这里圣者指无所不通之人，即今之所谓“全才”，这与那种专指德行上通达的“圣人”不是一回事。

固：《论衡·知实》引作“故”，或是本字。

纵：本义放任，这里指赋予了卓越的资质。

将，资助。《尔雅·释言》：“将，资也。”《玉篇》：“将，助也。”

又：乃，才。定州竹简本作“有”。

贱：《周礼·夏官·司士》“辨其年岁，与其贵贱”，贾公彦疏：“大夫已上，贵；士已下，贱。”又《论语·里仁》“贫与贱”，皇侃疏：“无位曰贱。”就社会地位而言，庶民又无官职的人，称之为“贱”。

鄙事：即鄙人之事。住在城中曰国人，住在郊外曰野人，也叫鄙人，社会身份多为庶民，一般从事农业，士大夫视之为低贱之事。后用鄙事泛指庶民所从事的活动。

君子：《论语》中“君子”一词含义有二：一是指贵族，义同大人，与小人、野人、鄙人相对；二是指贤德之人。这里指贵族。

多乎哉：多，即多能鄙事。

【简评】

春秋时，人们常把通达众多技艺之人称作“圣人”，孔子以博学多能闻名天下，因之也被称为“圣人”。《淮南子·主术训》曾说“孔子之通，智过于苌弘，勇服于孟贲，足蹑效菟，力招城关，能亦多矣”。本章太宰也惊叹于孔子的博学多能，子贡乘机神化老师，但是孔子拒绝了这种神化，实事求是地解释了自己之所以博学多能的原因。孔子的朴实反而更彰显了他的伟大。

9.7　牢曰："子云：'吾不试，故艺。'"

子牢说："孔子说过：'我没机会学官职之事，所以只好学习技艺。'"

【注释】

牢：郑玄注称是孔子弟子子牢，却不见于《史记·仲尼弟子列传》。王肃《孔子家语》以为是孔子弟子琴牢，字子开。注家多不信。《左传·昭公二十年》"琴张闻宗鲁死"，杜预注："琴张，孔子弟子，字子开，名牢。"或为此人。

试：通仕。《说文解字》："仕，学也。"本义指学习官职之事，后引申为担任官职。

艺：本指技艺、才能。这里作动词，学习技艺。

【简评】

本章为孔子弟子转述，与上章"吾少也贱，故多能鄙事"大意相同。可知询问孔子为何能如此博学多能者，不在少数，所以孔子亦反复解释。

9.8　子曰："吾有知乎哉？无知也。有鄙夫问于

孔子说："我有无所不知吗？没有啊。有个乡野之人问我问题，

我，空空如也；我叩其两端而竭焉。"

我对这个问题就一无所知啊。我是通过探询这个问题的两端来彻底了解它的。"

【注释】

知：定州竹简本作"智"。《释名·释言语》："智，知也，无所不知也。"

空空如也：即我于问空空如也，"我""于问"承上省。空空如也，一无所有貌。

两端：问题的始终、表里、正反、上下、左右等。

竭：穷尽，彻底了解。另，该字通揭，亦通。

【简评】

就总体而言，很难说《论语》有系统的安排。但是相邻几章，有时却是主题相关。本章和上几章一样，也是记录孔子在面对他人颂扬时的态度。他人赞孔子"无所不知"，而孔子却未接受这种溢美，并解释了自己面对未知问题时，是通过"叩其两端"而达到对问题的彻底了解的。

9.9　子曰："凤鸟不至，河不出图，吾已矣夫！"

孔子说："凤凰还不来，黄河还不出图，我没有希望了啊！"

【注释】

凤鸟：传说中的神鸟，它的出现被视作祥瑞。

河：先秦文献中的"河"皆指黄河。

图：传说圣人将要受命，神龟就会驮着图在黄河出现。何新《孔子论人生》认为"图"当读作"罴"，可通。

【简评】

本章应是孔子晚年的言论。孔子曾自信上天选定他作为周文化的传播者，所谓"文王既没，文不在兹乎"。但周游列国十数年，皆不被见用。晚年回到鲁国，虽被尊为"国老"，但在政见上与季氏乃至自己的弟子冉求等不合，基本被排除在政局之外，离他实现"兴周道于东方"之志日益渺茫，由此慨叹时不我与，实属自然之情。

9.10 子见齐衰者、冕衣裳^{zī cuī}者、与瞽^{gǔ}者，见之，
孔子看见穿丧服的人、戴礼帽穿礼服的人、以及盲人，遇见他

虽少，必作；过之必趋。
们时，即使是年少的人也必定会站起来；经过他们身边时，必定会快步走过。

【注释】

齐衰：指齐衰与斩衰。

冕衣裳：冕，礼帽。上衣曰衣，下衣曰裳。冕衣裳，这里做
动词。

趋：快步行走。

【简评】

俗话说将心比心，这其实就是儒家仁义中的同情心。人若丧亡
了同情心，就成反社会人格，如同禽兽。孔子遇见身着重孝之人而
生悲戚之情，遇见身着正式礼服之人而生肃穆之情，遇见盲人乐师
而生敬佩之情，触心而生情，即情而外化有"作"与"过而趋"
之行为。后来孟子将之发挥为恻隐之心、恭敬之心、辞让之心、是
非之心，确有所本。

9.11 颜渊喟^{kuì}然叹曰："仰之弥高，钻之弥坚，
颜渊长声叹息说："对于先生，越仰望越觉高大，越钻研越觉艰

瞻之在前，忽焉在后！夫子循循然善诱人：博我以
深，看着他在前面，却忽然又到了后面！先生善于一步步地诱导我们：用文化

文，约我以礼，欲罢不能。既竭吾才，如有所立卓
来广博我们，用礼仪来约束我们，想不学都不行。我们已经竭尽所能，先生却

尔，虽欲从之，末由也已！"
好像还站立在高处，即使再想追随他，也没有办法了啊！"

【注释】

仰之：之，指孔子。

如有所立卓尔：即夫子如有所立卓尔，"夫子"因上下文省。如，则。有，通又，还，仍然。卓尔，高远之貌。

末：穷尽，没有。《玉篇》："末，尽也。"

由：途径、办法。

【简评】

孔子的广博宏富，既让人心悦诚服，如痴如醉，也让人感到难以企及。此外，颜回还从自己的经验中总结了孔子的教学之法：首先是循循善诱，是说孔子对于弟子要先学什么，后学哪些，有计划安排，然后在方法上善于诱导，使学生既能积极寻求知识，又能学而有趣；其次是博文和约礼，是说孔子既要促使学生全面博大，又要使他们用礼来对知识做取舍标准，而不至于汗漫驳杂。这两点，对今日的教师仍然有很强的启发意义。

9.12　子疾病，子路使门人为臣；病间，曰：

孔子病危，子路让初学弟子假扮小臣以备丧事；等到病情缓和，

"久矣哉，由之行诈也！无臣而为有臣，吾谁欺？欺

孔子就说："子路想做假已经很久了啊！没有小臣而假扮小臣，我能欺骗谁？

天乎？且予与其死于臣之手也，无宁死于二三子之

欺骗得了上天吗？况且我与其经由小臣之手死去，不如经由你们几个亲近学生

手乎！且予纵不得大葬，予死于道路乎？"

之手死去啊！再说我即使不能以隆重之礼安葬，难道会死在道路上没人管吗？"

【注释】

疾病：疾，急。疾病，病情危急。

间：通闲，徐缓、缓和。

门人：初学的学生。欧阳修《后汉孔宙碑阴题名》有云："其亲授者为弟子，转相传授者为门生。"(《欧阳修全集》)俞樾引宋人程大昌《演繁露》云："魏文帝黄初五年，立太学。初诣学者为门人，满一岁试通一经者补弟子，不通一经罢遣。"(俞樾：《茶香室丛钞》)综合而言，盖春秋之时，初入师门的学生称为门人，学问由学长代师转授。可见，门人与弟子指谓有别。

臣：周代行封建制，故有天子、诸侯的朝廷之臣，也有卿大夫家的家族之臣。这里指家臣，具体而言是指其中的小臣。程树德《论语集释》引王夫之《四书稗疏》考证："按家臣之属，有家宰，有邑宰，有家司马，有家宗人，有家士，但云家臣，不知何职。且此诸臣皆非缘丧而设。按《周礼》司马、太仆之属，有小臣二人，掌士大夫之吊劳。又《丧大记》云'小臣复'，又云'小臣楔齿用角柶，缀足用燕几'，又云'浴，小臣四人抗衾'，又云'小臣爪足'，又云'小臣爪手翦须'，皆与死者亲，故曰死于臣之手。"

欺天：上天照临下方，无所不知，无时不察，故无法欺骗。

无臣而为有臣：按周礼，大夫自弥留时起就需由家小臣料理入殓前诸事，如洗浴、修剪之类，直至气绝。由于孔子是退职而非致仕，按周礼，大夫退职须降级为士，而士不应有家臣。郑玄注："大夫退，死，葬以士礼。"故子路让门人假扮小臣以备丧事，既是非礼，也是欺人，非君子所为。

大葬：大，盛大隆重。大葬，指隆重地安葬。孔安国传曰："大葬，君臣礼葬也。"甚不能得孔子之意，设若夫子葬之以大夫之礼犹不愿意，更何况君臣之礼？

死于道路：旧注有说是死于返回鲁国途中，不妥。上句所言是死后以什么礼仪规格来安葬，下句亦当如此。上句"大葬"，下句与之对比就是"无人安葬"。

【简评】

《中庸》有"不诚无物"之言，孔子亦倡"为仁由己"之说，其共同所指，皆在若无发自本心的真诚，则道德不成其为道德，正如祭祀的前提在于虔诚认定了神的存在，否则祭祀没有意义(3.12)。同理，作为践行"克己复礼"之人，就在于相信了礼的正义性，遵礼就在行仁。既然尊礼，就应全守，而不能选择执行，否则就是实用主义。仅当出现道德两难之时，才有权衡之说。孔子病危，弟子爱老师，愿其丧礼风光，亦为常人之情，似乎无可非议。然而，此非君子应有之义。儒家君子乃是仁人志士，固非寻常之人。仁人志士尚不可因求生而害仁，更何能为隆丧而僭礼？故孔子所谓孝道即有"死，葬之以礼"(2.5)之说。由此可知孔子本人的德行境界与其弟子之间的区别。

9.13　子贡曰："有美玉于斯，韫匵（yùn dú）而藏诸？求善贾而沽诸？"子曰："沽之哉！沽之哉！我待贾者也！"

子贡说："这里有块美玉，是包裹起来藏在木匣里，还是寻求识货的商人卖掉它？"孔子说："卖掉它啊！卖掉它啊！我在等待识货的商人啊。"

【注释】

韫：包裹。

匵：通椟，木匣。

善贾：好的商人，这里指识货的商人。货物卖给识货者，才能真正体现其价值。

沽：通酤(gū)，买酒或卖酒，引申为买卖，这里指卖。

【简评】

本章大约是在孔子入仕之前，学生子贡用话试探老师的志意。

子贡很有外交才能，说话很有艺术，询问常能一语双关，既文雅含蓄，又能让人明白他之用意（参见7.15）。子贡用美玉是要藏于匣中，还是等待善贾将之卖出，暗问孔子是要怀才隐居，还是积极用世。孔子理会到子贡的意图，表明自己学以致用，只是在等待能赏识自己贤能的人。

从本章可以看出儒家所谓仁人志士，最终的目的都是要学以致用。

9.14 子欲居九夷。或曰："陋，如之何？"子
孔子想迁居九夷。有人说："那地方很鄙陋，怎么住？"孔子说：
曰："君子居之，何陋之有？"
"君子居住在那个地方，怎么还会鄙陋？"

【注释】

陋：粗鄙简陋。

九夷：《说文解字》："夷，东方之人也。"本指居住于中国东边的人，据说有九种，故称九夷。具体在什么位置，有多种说法。后泛指未开化地区。

【简评】

这里的"陋"，不仅仅是指物质条件简陋，也指人与人之间礼仪朴直粗陋。孔子所谓"何陋之有"在于两点：一是君子已具不动之心，故不会因环境变化而更改志意；二是君子非仅为自适，亦当化人。《吕氏春秋·先识览》有记："孔子曰：夫圣人之举事也，可以移风易俗，而教导可以施之于百姓，非独适身之行也。"即是说，而今虽然九夷简陋，但君子去后必能移其风俗，改化文明。

9.15 子曰：“吾自卫反鲁，然后乐^{yuè}正，《雅》

孔子说：“我从卫国回到鲁国，然后订正了《诗》的乐章，使

《颂》各得其所。”

《雅》《颂》的乐章都各自得到自己适当的位置。”

【注释】

乐：先秦“乐”的概念与今不同。大凡诗歌、器乐、舞蹈，皆属于“乐”。

雅颂：指《雅》《颂》的乐章，而非其文字，与前文“乐”互文见义。

【简评】

据《左传》记载，鲁哀公十一年，孔子应鲁国实际执政者季康子之邀，结束了近十五年的漂泊，回到鲁国，被尊为“国老”。然而，由于政见与季康子不合，一直被排挤在政局之外。孔子于是把主要精力都投入到教育与整理典籍之中。订正《诗》乐是其中内容之一。孔子音乐造诣很高，曾与鲁国太师论乐。(参见3.23)

汉代以降，有孔子订正《诗》乐还是删整《诗》篇之争。《史记·孔子世家》曾说孔子删诗三千余篇为三百篇。有人认为不可信，因为一则孔子这里明言为正乐；二则在孔子生前已有《诗》三百之称(13.5)。总之，孔子到底是删整《诗》篇，还是仅订正《诗》乐？至今仍是未解公案。

9.16 子曰：“出则事公卿，入则事父兄，丧事

孔子说：“出外侍奉公卿，回来就侍奉父兄，以及丧事上都不敢

不敢不勉，不为酒困，何有于我哉！”

不尽力，不因饮酒而乱；对我来说还有什么呢！”

【注释】

公卿：公，诸侯之君。卿，上大夫。

不敢不勉：承接"出则事公卿，入则事父兄，丧事"三事。

不为酒困：即饮酒到不乱为止。马融注："困，乱也。"按：困、乱古音通。

【简评】

本章是孔子"修己以敬"的工夫，在工作、家族以及丧葬等祭奠活动等几个方面的体现。参见本书 10.7"唯酒无量，不及乱"。

9.17　子在川上曰："逝者如斯夫！不舍 $\overset{\text{shè}}{\text{昼}}$ 夜。"

孔子在河岸上说："事物变化流逝就像河流一样啊！日夜都不停息。"

【注释】

川上：川，指贯穿通流之水。上，水流之上，指河岸上。

逝者：一切事物变易的形态。

舍：居住、停息。

【简评】

本章孔子感叹世间一切如流水之逝，变易不居。由此可以有两层含义：一则如皇侃疏引江熙云："言人非南山，立德立功，俛仰时过，临流兴怀，能不慨然乎?"所谓功德未立，慨惜岁月不再。二则言时不我待，当如《周易·象传》之"天行健，君子以自强不息"。朱熹注引程子言："天运而不已，日往则月来，寒往则暑来，水流而不息，物生而不穷，皆与道为体，运乎昼夜，未尝已也。是以君子法之，自强不息。及其至也，纯亦不已焉。"

孔子川上之叹，成中国文学之固定意象与表现主题，后代诗家如屈原《离骚》："汩余若将不及兮，恐年岁之不吾与。""日月忽其不淹兮，春与秋其代序。唯草木之零落兮，恐美人之迟暮。""老冉冉其将至兮，恐修名之不立。"李白《将进酒》："君不见黄河之水天上来，奔流到海不复回。君不见高堂明镜悲白发，朝如青丝暮成雪。"如此等等，无不用其故事。

9.18　子曰："吾未见好德如好色者也。"

孔子说："我还未见到爱好德行如同爱好美色的人啊。"

【注释】

色：美色。旧多注为女色，但先秦风气不止于此。

【简评】

《孟子·告子上》中告子曰："食色，性也。"是说饮食与爱好美色都是人的天性。故食色本身无所谓好坏，只有当人们超出仁义，食其不当食，色其不当色时，才是不道德。朱熹注云："《史记》：'孔子居卫，灵公与夫人同车，使孔子为次乘，招摇市过之。'孔子丑之，故有是言。"是说，卫灵公宠爱其夫人南子，为了博南子欢心，以至于不惜违反礼仪，与南子共同乘坐一车，招摇过市。

9.19　子曰："譬如为山，未成一篑，止，

孔子说："好像建造假山，还差一筐土就建成了，如果就此停

吾止也！譬如平地，虽覆一篑，进，吾

止，是我要停止的啊！又像平整土地，虽然才倒下了一筐土，如果进行下去，

往也！"

也是我要继续的啊！"

【注释】

未成一篑：即一篑未成。篑，装土的竹筐。

【简评】

功败垂成，出我自愿，而弃之不惜；前路荆棘，出我自愿，而往之不悔。而本章以为山与平地为喻，强调自由对于道德的基石性作用。其他类似言论还有"我欲仁斯仁至矣"（7.30）"为仁由己，而由人乎哉"（12.1）"三军可以夺帅也，匹夫不可以夺志也"（9.26）等。

9.20　子曰："语之而不惰者，其回也与！"

孔子说："不被动听我讲的，只有颜回了吧！"

【注释】

惰：本义懈怠。这里指颜回不被动听讲，而能积极思考与联想，故能"闻一知十"。

【简评】

孔子十分强调学习的主动性，学生要有"愤""悱"之情，然后启发，从而收到"举一反三"乃至"闻一知十"的学习效果。（参见7.8与5.9）孔子认为只有颜回才能始终保持这种学习的主动性，从而给予褒扬。

旧注多将"惰"训为"懈怠"，意谓孔子以为只有颜回才能始终不懈怠地听讲。如此虽不算错，但不如上述解释更能得孔子之意。

9.21　子谓颜渊曰："惜乎！吾见其进也，未见其止也！"

孔子评论颜渊说："可惜呀！我看到了他的成长，却没能看到他的大成。"

【注释】

　　谓：评论。

　　进：前进、成长。

　　止：这里非"停止"之止，乃"止于至善"之止，训为
"至"，终极、完成。

【简评】

　　本章当在颜渊去世之后。颜渊是孔子最得意的学生，德行卓
越，勤勉好学，闻一知十，假以时日必有大成，孔子视之为道统传
人。可惜天不假年，未及大成就中道而亡，孔子痛呼"天丧予"。
孔子所痛惜者，不仅是颜渊的早夭，更是其应有的更大成就未能
实现。

　　9.22　子曰："苗而不秀者，有矣夫！秀而不实
　　　　孔子说："禾苗生长了而没有吐穗开花的，有啊！吐穗开花了而
者，有矣夫！"
没有结果的，也有啊！"

【注释】

　　苗：作动词，长禾苗。

　　秀：植物吐穗开花。

　　实：结出果实。

【简评】

　　本章与上章相联，仍然是孔子以苗秀之喻来感叹颜渊的中年早
逝。孔子意谓：如果禾苗生长了还未开花，离成果之时尚早，未为
足惜；然而开花了却未结果，就太可惜了。颜渊就是那开了花，却

来不及结果之人。

9.23 子曰："后生可畏，焉知来者之不如今也？
孔子说："年少之人是要敬畏的，怎么知道他们未来比不过今天

四十、五十而无闻焉，斯亦不足畏也已！"
的人呢？如果四十、五十岁还没有通达道理，这也就不值得敬重了啊！"

【注释】

畏：敬畏。

闻：这里非"闻达"之闻，乃"朝闻道"之闻，即通达道理。

【简评】

皇侃疏："言后生虽可畏，若年四十、五十而无声誉闻达于世
者，则此人亦不足可畏也。"他将"闻"解释为"闻名"。但这不
符合孔子的主张。孔子认为："不患无位，患所以立；不患莫己知，
求为可知也。"故而以孔子的义理言之，成名与否不是最重要的，
而是否具有与成名相称的贤能才是最重要的。

年轻人之所以值得敬畏，在于其可塑性大，充满了各种可能
性，既可以小时了了，大未必佳，也可以小未必佳，却大时了了，
乃至大成。古代人平均寿命盖不足四十岁，若四、五十岁还不知
理，其心性已成，思维已固，所剩时间无几，变化几尽，故未足
敬畏。

9.24 子曰："法语之言，能无从乎？改之为贵！
孔子说："符合法度的话，能不让人应从吗？要依从它改正才可

巽与之言，能无说乎？绎之为贵！说而不绎，从而
贵！恭敬谦逊的语言，能不让人喜欢吗？采纳了才可贵！喜欢却不采纳，应从

不改，吾末如之何也已矣！"
却不改正，我不知道怎么办了啊！"

【注释】

法语：法，法度；语，通与。法语，即法与，与法。后文"巽与"同。另有旧注云"语"乃是西周以来流传的一种文体。亦通。

从：即顺从"法语之言"。然而顺从有口从与身从，口从易而身从难。身从须依法度改正前行，故后文曰："改之为贵。"

改之：即以之为改。之，指代法语之言。

巽：定州竹简本作"选"。巽、选古音通。巽当为本字，通逊。皇侃疏："巽，恭逊也。"

绎：定州竹简本作"择"，是为本字。绎、择古音通。择，选择、采纳。

吾末如之何也已矣：定州竹简本作"吾无如之何矣"。

【简评】

本章主旨乃是孔子叙述其教化他人的经验。在言教上，孔子相告以法度；在身教上，孔子以谦恭的态度与之交流，以身作则。但是，如果有乐于接受我示范的行为，认从我言说的道理，自己却并不因此改正，那对他就毫无办法了。因为这类人并非不知道自己错在何处，而是知错而愿错，无可救药，只好弃之。正如今天谚语云：永远无法叫醒装睡的人。

孔子有不能教化之伪善，佛陀有不能开悟之外道。可知，教育有时也并非万能。

9.25　子曰："主忠信。毋友不如己者。过则勿惮改。"

孔子说："以忠信为主。不和与自己不同道的人交朋友。有错不要怕改正。"

【注释】

友：志同道合者称之为友。《说文解字》："友，同志为友。"

如：类似。《诗经·郑风·羔裘》："羔裘如濡。"孔颖达疏："如，似。"段玉裁注《说文解字》"如"："凡相似曰如。"程树德《论语集释》引黄式三《论语后案》："不如己者，不类乎己，所谓'道不同，不相为谋'也。"

【简评】

本章孔子主要论交友之道。所谓"毋友不如己者"，意为不与自己不类似的人交友，所谓"道不同，不相为谋"。《说文解字》："同志为友。"所谓"不如己者"乃指志向不类似己之人。旧注多训"不如"为"不及"之类，不妥。君子交友，在是否道合，不在于能力是否过己；不及自己就不与之为友，功利如此，何足以称君子之名？况且不如己者不与之交，过于己者不屑与己交，则何能交到朋友？可参见"道不同，不相为谋"（15.40）以及"子夏之门人问交于子张"（19.3）。

9.26 子曰："三军可夺帅也，匹夫不可夺志也。"

孔子说："可以夺取三军的主帅，却不能剥夺一个庶民的意志。"

【注释】

三军：周代军制，一万二千五百人为一军，诸侯大国可备三军，后泛指军队。

匹夫：邢昺《论语注疏》："匹夫，谓庶人也。"

【简评】

皇侃《论语集解义疏》引孔安国注："三军虽众，人心非一，则其将帅可夺之而取；匹夫虽微，苟守其志，不可得而夺也。"孔安国得孔子意：以三军之强大，其帅尤有可夺之日，而以匹夫之卑微，其自由意志亦有不可剥夺之时。本章强调自由意志对于道德的重要性。

9.27　子曰："衣敝缊(yùn)袍，与衣狐貉者立，而不
孔子说："穿着破旧绵袍，与穿着狐貉裘的人站在一起，而不感

耻者，其由也与！'不忮不求，何用不臧(zhì)？'"子路
到羞耻的，只有仲由了吧！'不嫉恨不贪求，怎么会用得着不善呢？'"子路

终身诵之。子曰："是道也，何足以臧？"
至死都在吟诵它。孔子又说："仅这种方法啊，凭由它怎么能达到完善呢？"

【注释】

缊：旧絮。

狐貉：用狐皮或貉皮所做的大衣。

臧：《说文解字》："臧，善也。"

何足以臧：即何以足臧。足，周备、完满、完善。以，凭由、凭借。

是道：是，这。道，方法、途径。

【简评】

孟子曾说："口之于味也，目之于色也，耳之于声也，鼻之于臭也，四肢之于安佚也，性也，有命焉，君子不谓性也。仁之于父子也，义之于君臣也，礼之于宾主也，知之于贤者也，圣人之于天道也，命也，有性焉，君子不谓命也。"意思是：感观欲望是自然天性，但君子却并不把感观欲望的满足看做天性，因为它们能否满足依赖于外在条件，并非自己能够自由主宰；道德的实现，虽然需要外在的条件，但

君子却把道德看做是自然天性，因为道德是自己可以自由主宰的。

子路身着破衣旧服与身着穿华衣美服之人并排站立，却没有感到耻辱，正是他知道财富的获得需要可遇不可求的外在条件，故不必在意。因此，孔子用《诗经·邶风·雄雉》中"不忮不求，何用不臧"一句来称赞他。后来孔子看到子路因为自己的称赞而自得时，又用"不忮不求，何用不臧"来警醒子路的不足，以使他更进一步。因为不嫉恨不贪求，只是消极不做不善之事，但还没有足以达到主动做善事的程度。完善非消极可待，而须积极追求。

9.28 子曰："岁寒，然后知松柏之后

孔子说："只有岁月到了最寒冷的时节，然后才知道松柏是最后

彫也。"

凋谢的啊。"

【注释】

寒：岁，岁月，这里做动词。寒，最冷时节；《说文解字》："寒，冻也。"《尚书·洪范》"曰寒"下孔颖达疏云："寒是冷之极。"

彫：通"凋"。

【简评】

清代李光地《读论语札记》发挥微义，寄兴感慨，最是精彩。其曰："此章比喻者广。然当乱世而秉礼行义，守先王之道以待后之学者，此等人最相似也。《诗》曰：'风雨如晦，鸡鸣不已。既见君子，云胡不喜。'又曰：'蒹葭苍苍，白露为霜。所谓伊人，在水一方。'参以古今之说，皆言贤人君子独善其身，虽处淫昏之俗如风雨之晦，生悍戾之邦如霜露之零，而喈喈者不辍其音，苍苍者不改其色，秉礼义以终始。故《诗》人愿见而思从之也。不曰'不彫'而

'后彫'云者，盖松柏未尝不彫，但其彫也后，旧叶未谢而新枝已继，《诗》所谓'无不尔或承'者是也。道之将废，自圣贤之生不能回天而易命，但能守道而不与时俗同流，则其绪有传而其风有继。《易》曰：'枯杨生稊，老夫得其女妻。'盖有传有继之义。而先儒以遁世无闷之君子处大过之时者，当之也然。后知三字泛说，盖言遇变乱乃知道之足恃，勉人之为松柏云尔，不在世之知不知上寄慨。"

9.29　子曰："知者不惑；仁者不忧；勇者
孔子说："有智慧的人不疑惑；有仁德的人不忧虑；有勇气的人
不惧。"
不恐惧。"

【注释】

知：通智。

【简评】

所谓智者，无所不知，故无惑。所谓仁者，践行仁义于不动之心，故无忧。所谓勇者，敢于杀生而行，故无惧。有智而知是非权变，有仁而有根本原则，有勇而能于世情变化中坚持仁义，故《中庸》谓："智、仁、勇三者，天下之达德也。"

9.30　子曰："可与共学，未可与适道；可与适
孔子说："可以与之一起学习，未必可以与之一起追求正道；可

道，未可与立；可与立，未可与权。""唐棣之华，
dì　huā
以与之一起追求正道，未必可以与之一起坚守正道；可以与之一起坚守正道，
偏其反而；岂不尔思？室是远而。"子曰："未之思
未必可以与之使正道权衡变通。""唐棣树的花，纷飞回落。难道不思念你吗？

也，夫何远之有？"
离家太远了啊。"孔子说："还是没有思念罢了，否则有什么遥远的呢？"

【注释】

适：追求。

道：正直的大路。《尔雅·释诂》："道，直也。"《广雅·释诂一》："道，大也。"《说文解字》："道，所行道也。一达谓之道。"可知，道本指人所行走的，没有歧径的正直大路。引申为正大的言行准则以及治国方法。

立：本义为站住，故有驻、定、止等义，引申为坚守。

权：权衡变通。

唐棣：也作棠棣，一种落叶植物。

偏：通翩，飘扬纷飞。

反：通返，回落。

室：家室。另亦可通逝。

【简评】

本章孔子将朋友分为三层：首先是可以在一切学习知识，却不能够一起追求正道之人；其次是可以一起追求正道，但却不能一起坚守到底之人；最后是可以一起坚守正道，但却不能一起使正道权衡变通，最终在社会中推行实现之人。既坚持原则，同时又综合各种条件，取舍利弊，权衡大小，以使正道变通可行，这即是中庸之道。在孔子看来是最高的德行，所谓"中庸其至矣乎！民鲜能久矣！"亦是同样的感叹。

"唐棣之华，偏其反而。岂不尔思？室是远而"不见于今传本《诗经》，应是其逸诗。诗人见棠棣之花飞落归根，兴起家人之思，却又感叹路远难返。宋之前都认为该诗与"可与共学"为同一章。入宋后，朱熹注将此诗从上文分出另立一章，且以为"其所谓尔，亦不知其何所指也"。

乡党篇第十

10.1　孔子于乡党，恂恂如也，似不能言者。其
　　　xún
孔子在家乡之时，诚恳信实，像不善表达的人。当他在宗

在宗庙朝廷，便便，言唯谨尔。朝，与下大夫言，
　　　biàn　　　　　　　　　　　cháo
庙、朝廷之时，是非分明，只是表达谨慎。上朝而君主不在时，与下大夫

侃侃如也；与上大夫言，訚訚如也；君在，踧踖如
　　　　　　　　　　　　yín　　　　　　　　　　　　　cù jí
说话，刚正而直率；与上大夫说话，和悦而直率；君主在时，言语平易，

也，与与如也。
行动安稳。

【注释】

　　乡党：周代对国人的行政划分单位，《周礼·大司徒》有云，周制，五家为比，五比为闾，四闾为族，五族为党，五党为州，五州为乡。这里以乡党指代孔子的家乡。《周礼》另有对"野人"的行政划分单位，《周礼·遂人》："五家为邻，五邻为里，四里为酂，五酂为鄙，五鄙为县，五县为遂。"乡党，犹今日所谓家乡。

　　言：直白地说出或表达出自己的观点。《说文解字》："直言曰言，论难曰语。"徐锴《说文系传》："凡言者，谓直言，无所指引借譬也。"

　　恂恂：诚恳信实。《说文解字》："恂，信心也。"《玉篇》："恂，信也。"《小尔雅·广言》："恂，忧也。"古文信、诚、忧互训，故信心谓诚实之心。朱熹《论语集注》："恂恂，信实之貌。"

如也：复式虚词作语末助词，无实义。

便便：即"便便如也"，"如也"因上下文而省。便，通辩，司马迁《史记·孔子世家》引作"辩辩"，当为本字。郑玄注："便便，辩也。"朱熹《论语集注》："便便，辩也。宗庙，礼法之所在；朝廷，政事之所出；言不可以不明辨。"可知，便便指明辨是非。

侃侃：刚正方直的样子。《说文解字》："侃，刚直也。"孔安国注为"侃，和乐貌也"。乃是"衎"的借字，非本义。

訚訚：定州简本作"言"，言、訚古音通。訚，态度和悦而直说。《说文解字》："訚，和悦而诤。"《广雅·释诂四》："诤，谏也。"又《广雅·释诂一》："谏，正也。"直言规劝上级以匡正之，曰谏，曰诤。

踧踖：本章"恂恂""便便""侃侃""訚訚""与与"皆为叠词，故知"踧踖"亦本当作叠词。踧、踖古音可通，这里训作"踧踧(cùcù)"，乃先秦成语。《诗经·小雅·小弁》有"踧踧周道"，《毛传》曰："踧踧，平易也。"又《说文解字》："踧，行平易也。"知"踧踧"与下文"与与"可互文见义。

与与：与，通徐。《说文解字》："徐，安行也。"可知，"与与"乃是"踧踧"的递进说明，互文见义。

【简评】

本章是描述孔子在乡党、宗庙、朝廷等不同场合与人交谈所采取的不同态度。乡党乃宗族亲戚、故旧乡友所在，故当诚实以待，不逞言语之能。至于宗庙朝堂，朱熹注有云："宗庙，礼法之所在；朝廷，政事之所出；言不可以不明辨。故必详问而极言之，但谨而不放尔。"其言甚是。宗庙朝堂之事，皆关乎国计民生，岂可不做堂堂之争？惟其议论重大，故须深思熟虑，表达严谨。君主不在时，面对上下级态度有所不同，以示尊卑之别，但都要做到直率表达，是非分明，而不应拐弯抹角，含糊其辞，更不能堂上不说，堂下妄议。君主在时，其态度尊重又有所不同：言语平易，行动安稳，以示自己于事有所准备，谋定而后议。

旧注不明"便便""侃侃""訚訚"的本义，将孔子塑造为一团和气之乡愿。有人又以"君子无所争""君子矜而不争"证孔子于庙堂无争辩之事，则不明儒家义理过甚。君子不争者，私利也，庙堂是非关乎国计民生，则不得不争，惟须注意论争方式而已。所谓"必也射乎。揖让而升，下而饮"，即双方所争之处，只在道理，故论争之时，相互尊重，论争完毕，则又私谊如旧。此即孔子所提倡的"君子之争"。

10.2 君召使摈，色勃（bó）如也，足躩（jué）如也。揖所与
国君召唤孔子接待宾客，他神色振作，加紧脚步。向站在两边

立，左右手，衣前后，襜（dàn）如也。趋进，翼如也。宾
的人分别作揖，左右拱手，衣服前后摆动，却又节奏平稳。快步向前，却姿态

退必，复命曰："宾不顾矣。"
恭敬。宾客全都退去了，向君主回复使命说："宾客不再回来了。"

【注释】

摈：也作"傧"，接待宾客的职务。《周礼·秋官·司仪》："掌九仪之宾客摈相之礼，以诏仪容、辞令、揖让之节。"郑玄注："出接宾曰摈，入赞礼曰相。"

色勃如：勃，通字。《说文解字》引作"色孛如也"，徐锴《说文系传》："言人色勃然壮盛，似草木之茂也。孛，人也。"

躩：快速行走。

衣前后：作揖时一俯一仰，衣服的襟裾也随之前后摆动。

襜：本义为衣服前面的围裙，读作"chān"；因勃、躩、翼皆动词，故襜亦当为动词，但襜本为名词，并无动词义项，若作形容

词也与文义不合，故非本字。今按：襜通憺，安定。《说文解字》："憺，安也。"

翼：本义为鸟禽的两翅，这里引申为恭敬。《诗经·小雅·六月》"有严有翼"下《毛传》："翼，敬也。"《尔雅·释诂下》："翼，敬也。"《论语》描述孔子动作，若非写其内在气质，就是关乎道德伦理，诸如"鸟翼之貌"单纯关乎外在形式，一般不取。

宾退必：今本皆句读为"宾退，必"。但何晏、皇侃、邢昺本只言复命，而不言"必复命"，似古本句读当为"宾退必"。今人何新《论语新解》亦持此说，训"必"为"毕"，句意为：宾客退席完毕，可通。今按：毕亦可训为"皆"，《礼记·月令》"寝庙毕备"，郑玄注："毕，犹皆也。"句意为：宾客全都退去。

宾不顾：按周礼，宾客辞别，须由傧相相送。在相送过程中，傧相向宾客拜送，宾客回礼，则傧相再送，直到诸如大门之外，傧相再次拜送，则宾客不再答礼，径直而去，谓之"不顾"。此时送客礼仪才告完成。

命：上级给下级分派任务为下令，下级接受任务叫领命，接受任务而未完成前称之为使命，完成任务后向上级报告称之为复命。

【简评】

本章记录孔子受君之命接待宾客时的仪容礼态。君子所谓"文质彬彬"，不但心中仁义，而将言行发之于外时，也要训练有素，合乎规范，孔子礼仪动作可做示范。

10.3　入公门，鞠躬（jū gōng）如也，如不容。立不中门，

孔子进入朝廷大门时，弯曲着身体，好像大门低矮不够直立。

行不履阈（yù）。过位，色勃如也，足躩如也，其言似不

不在门中间站立，走路不踩踏门槛。走过君主的位子，脸色庄重，脚步加快，

足者。摄齐升堂，鞠躬如也，屏（bǐng）气似不息者。出，降
说话好像低声下气。提起衣服下摆登上大堂，弯曲着身体，闭着气好像不能呼

一等，逞颜色，怡怡如也；没阶趋，翼如也；复其
吸。面君出来，走下一级台阶，脸色舒畅（chěng），怡然和悦；下完台阶快步行走，姿

位，踧踖如也。
态端正；回到自己的位置，平易安适。

【注释】

鞠躬：本义为弯曲身体，引申为恭敬。邢昺疏：“公，君也。
鞠，曲敛也；躬，身也。君门虽大，敛身如狭小不容受其身也。”

阈：门槛。

言似不足：指说话的声气没有足够到正常的高度。皇侃疏：
“言似不足者，下气怡声如似不足者也。”

齐：衣服的下摆。

逞：《说文解字》：“逞，通也。”“楚谓疾行为逞。《春秋传》
曰：‘何所不逞欲。’”本义为通达，引申疾行，再引申为快，又
引申为舒畅、快意、解放、放纵等义。另，逞可通“盈”，故《玉
篇》：“逞，极也，尽也。”引申为满足。定州简本此处已模糊难
辨，但整理者认为：“简文残字不似‘逞’。”（河北省文物研究所定州
汉墓竹简整理小组：《定州汉墓竹简〈论语〉》）

怡怡如也：定州简本作“怠若也”。怡、怠叠韵，可通。《说文
解字》：“怠，慢也。”

没阶趋进：趋后有无“进”字，自古争论已久。定州简本作
“殁阶趋”，可知西汉早期版本该处原无“进”字，应可定论。

复其位：古人多以为此位乃上文孔子所过之位，今人多以为是
孔子自己之位。

踧踖：这里仍训为“踧踧”。

【简评】

本章乃孔子入朝廷见君主时之仪容礼态。详见下章。

10.4 执圭，鞠躬如也；如不胜（shēng）。上如揖，下
孔子执持信圭时，弯曲着身体，好像承受不起它的重量。上堂

如授，勃如战色，足蹜蹜（sù）如有循。享礼，有容色；
时奉呈信圭如作揖，下堂时保持着授圭时的礼姿，神色振作庄重，脚步依着节

私觌（dí），愉愉如也。
拍踩踏。在献享礼时，神色舒缓；以私人代表身份代拜见国君时，神色愉悦。

【注释】

执圭：包咸注："为君使，聘问邻国，执持君之圭。"皇侃疏：
"圭，瑞玉也。《周礼》：'五等诸侯各受王者之玉，以为瑞信。公，
桓圭，九寸。侯，信圭，七寸。伯，躬圭，七寸。子，穀璧，五
寸。男，蒲璧，五寸。五等若自执朝王，则各如其寸数。若使其臣
出聘邻国，乃各执其君之玉而减其君一寸也。'今云执圭，鲁是侯，
侯执信圭，则孔子所执，执君之信圭也。"

胜：承受、承担。

上如揖，下如授：《仪礼·聘礼》："宾入门，皇；升堂，让；将
授，志趋；授如争承；下如送，君还而后退。"其中"授如争承"旧释
为："授圭时要像争着接东西，唯恐掉到地上。"（彭林注译：《仪礼》）值得
商榷。应为：一，如，同、当、均。是指上举信圭的高度，与作揖相
当，下放信圭的高度，与递物给人相当。太高过尊，太低过卑。二，郑
玄注："上，如揖，授玉宜敬；下，如授，不敢忘礼。"意为：孔子将信
圭奉呈给他国君主时，如同作揖；呈圭完毕退下时仪态，保持着授圭时
的礼姿。程树德《论语集释》引陆德明《经典释文》考异："鲁论'下'
为'趋'。"可知，"下"实为"下趋"，即趋下退堂，非为"放下"。

战色：振作、奋发之色。《史记·乐书》引《礼记·乐记》文"发扬蹈厉之已蚤，何也？"唐张守节《史记正义》："厉，颜色勃然如战色也。"《礼记正义》孔颖达疏："初舞之时，手足发扬，蹈地而猛厉。"可知，这里"厉"通"励"，乃振奋之义，故张守节所谓"勃然如战色"是作振奋之用。旧注多训"战色"为"战惧之色"，则孔子是另一形象。

蹜蹜：蹜，不见于《说文解字》，或为晚起字，非本字。通蹴，皇侃疏："谓举玉行时之容也。蹜蹜，犹蹴蹴也。"《说文解字》："蹴，躢也。"《说文解字》："躢，蹈也。"《广雅·释诂二》："蹴，踏也。"《玉篇》："蹴，蹴踏也。"

如有循：如，依照、跟随；《说文解字》"如，从随也。"有，语词。循，本义为依照一定次序行走；《说文解字》："循，行顺也。"《玉篇》："循，次序也。"皇侃疏："循，犹缘循也。言举玉行时，不敢广步速进，恒如足前有所蹴，有所缘循也。"所说是，然犹有未足。《礼记·玉藻》"古之君子……行以《肆夏》，趋以《采荠》"，可知古人于庙堂之所，进退蹜踏皆循乐节。

容色：宽缓之色。容，宽缓、舒缓，《广雅·释诂三》："容，宽也。"

私觌：使者以本国君主私人代表的身份拜见他国君主。觌，相见。《礼仪·聘礼》"宾奉束锦以请觌"，郑玄注："其君亲来，其臣不敢私见于主国君也。以君命聘，则有私见。"即如果是陪同自家君主前来，则臣下不能私见他国君主。如果是代表自家国君前来，则可以君主代表身份私见他国君主。

【简评】

本节讲"聘礼"。聘是问候，分为天子与诸侯之聘，诸侯与诸侯之聘。这里是诸侯之间的聘礼。据《仪礼·聘礼》记载，有如下环节：（1）任命与受命；（2）备置礼品；（3）辞庙、受圭、出行；（4）过邦与入国进关、勘验展示礼品；（5）迎接与慰劳；（6）迎

宾，使者执圭、上圭下堂、献享，私觌、郊劳、辞玉、受玉、私
觌、问卿、还玉等。本章大致记录孔子受君之命聘问他国之中，自
执圭至私觌诸环节的礼仪表现。

人皆有情感，而礼仪则是在社会关系中情感表达所要遵循的分
寸度量，因此，一个在礼仪方面训练有素者，就应该在不同场合，对
不同对象，用不同礼仪形态来恰如其分地表现内心的情感。孔子在这
方面也是典范，如他在执持信圭而代表君主出使他国时，"如不胜"
表现出了对国君的尊重，对自己肩负重任的兢兢业业；在向他国君主
呈上信圭退下时，因所面对是别国之君，故不宜有恐惧之色，而是脸
色振作庄重，以示本国尊严；公事已了而代表主君与他国君主私下相
见时，则又神色愉悦，因为诸侯之间相见本当如此等。

10.5　君子不以绀（gàn zōu）饰。红紫不以为亵（xiè）服。当暑，
君子不用红青与青赤两色做衣领和袖子的镶边。不用红紫两色做居

袗（zhěn chī xì）绤，必表而出之。缁衣羔裘，素衣麑（zī ní）裘，黄衣狐
家便服。在每年夏天，穿粗细葛布的单衣必须罩上外衣才可出门。穿羔裘配黑色单

裘。亵裘长，短右袂（mèi）。必有寝衣，长一身又半。狐貉（hé）
衣，穿麑裘配素色单衣，穿狐裘配黄色单衣。居家穿的皮衣要长，右边衣袖要短。

之厚以居。去丧，无所不佩。非帷裳，必杀（shài）之。羔裘
必须要有小被，长一身半。坐厚的狐貉之皮。丧期结束，什么都可以佩戴。日常所

玄冠不以吊。吉月，必朝服而朝。
穿，必须裁边。羔裘与黑色的礼帽不能用以吊丧。每月初一，必须穿朝服上朝。

【注释】

不以绀缅饰：绀，红青色。缅，青赤色。饰，即"为饰"，
"为"字探下省，做衣领和袖子的镶边。

亵服：居家便服。

袗绤绤：袗，单衣，这里作动词"单穿"。绤，细葛布。绤，粗葛布。

必表而出之：表，外衣，这里作动词"穿外衣"。出之，出门。意为：必须穿上外衣才能出门。

缁衣羔裘，素衣麑裘，黄衣狐裘：杨伯峻《论语译注》云："古代穿皮衣，毛向外，因之外面一定要用罩衣，这罩衣就叫做裼（xī）衣。这里'缁衣''素衣''黄衣'的'衣'指的正是裼衣。"裘，皮衣。今按：罩衣的颜色要与皮衣的颜色类似。

亵裘长，短右袂：亵，居家闲住。裘长，皮衣要长。短右袂，右边衣袖要短。

寝衣：古时大被叫"衾（qīn）"，小被叫"寝衣"。

狐貉之厚以居：狐貉之厚，厚的狐皮、貉皮。以居，用来坐。

去丧：服完丧期之后脱下丧服。

非帷裳，必杀之：帷裳，即上朝和祭祀时穿礼服，用整幅布匹做成，成衣后若还有多余布边，则将之折叠缝制而不再裁剪。非帷裳，就是在非工作与祭祀所穿的日常衣服。杀，删减，这里指裁剪掉多余的布边。

羔裘玄冠不以吊：冠，礼帽。羔裘与玄冠都是黑色，当时是作为吉服，不能用穿去吊丧。

吉月：每月初一。

【简评】

本章是关于服装方面的规制。

10.6 齐 ，必有明衣 ，布 。齐必变食 ，居必
斋戒时，必须要有浴衣，用布来做。斋戒时必须更改平常饮食
迁坐 。
习惯，搬到其他房间居住。

【注释】

齐：即斋之古字，下同。

明衣：皇侃疏："谓斋浴时所着之衣也。浴竟身未燥，未堪着好衣，又不可露肉，故用布为衣，如衫而长身也。着之以待身燥。"按：即今出浴时所着之浴衣。

坐：本义为双膝着地而臀部落在双足之上的止息方式，这里引申为居住之所。

【简评】

古人在举行祭祀以及其他典礼之前数日，参与之人就要开始沐浴，戒酒，忌荤食，搬入专门的房间，与异性分居而不行房事，寡欲熄念以培养虔诚敬畏之心，谓之斋戒。

10.7 食不厌精，脍不厌细。食饐而餲，鱼馁而
<small>饭食不嫌洁净，肉不嫌切得细。饭食潮湿而发臭，鱼腐烂而肉</small>

肉败，不食。色恶不食。臭恶不食。失饪不食。不
<small>败坏，不吃。颜色难看的食物不吃，味道难闻的食物不吃。烹饪不当的食物不</small>

时不食。割不正不食。不得其酱不食。肉虽多，不
<small>吃。不合时令的食物不吃。切割形状不正的食物不吃。没有相应调味品的食物</small>

使胜食氣。唯酒无量，不及乱。沽酒市脯不食。不
<small>不吃。吃肉再多，也不要超过吃饭。只有酒没有定量，以不昏醉为限。买来的</small>

撤姜食，不多食。
<small>酒与肉干不吃。不必撤去有姜的食物，但不多吃。</small>

【注释】

食不厌精：食，本义为动词食用，引申为名词饭食、粮食，

《玉篇·食部》："食，饭食。"精，本义为把米拣择干净，不留杂质；旧注有训"精"为"舂得精"，然"精"固无此义；又有训为"精美"之类者，更是望文生义。

脍：细切的肉。先秦"肉"乃指禽兽之肉，不及鱼，故下文鱼肉并举；皇侃疏："细切鱼及肉皆曰脍也。"已非古义。

鱼馁而肉败：馁与败都是腐坏变质的意思。

食饐而餲：米饭因潮湿而发臭。《说文解字》："饐，饭伤湿也。"《玉篇》："餲，饭臭也。"

食氣：食，吃。氣，今作"气"，但两字古义有别：气，本义是云气；氣，《说文解字》"馈客刍米也"。即赠送与人的饲料与粮食，这里指粮食。

不撤姜食：撤，即"徹"，撤去。姜食，含有姜的食物。孔安国注："斋禁荤物，姜辛而不荤，故不去。"

【简评】

本章讲饮食礼仪。其中"唯酒无量，不及乱"则说明，对于要视各人具体情况而定的礼仪，不宜做硬性规定，如饮酒本为助兴，因为"力不同科"，每人酒量各异，若作硬性规定酒量，则该量对有人或不够，有人则太多。然而，"不及乱"又给人提出了较高的自制标准，酒至半酣而不贪杯，从容截止，常人不经训练而难以做到。

孔子说"学而时习之"，是为德行教育的至理。德行不仅是学习道理，还必须使学到的道理内化于心，这就要通过不断练习，以至于习惯成自然。而在生活的言行中使自己遵守礼仪，其实就是一个通过礼仪的不断练习来培正心性的内化过程，心正则言行外发就可以皆中仁义。

10.8 祭于公，不宿肉。祭肉，不出三日；出三日不食之矣。

参与国家祭祀典礼，祭肉不留过夜。祭祀的肉，不能超出三天；超出三天，就不能吃了。

【注释】

不宿肉：刘宝楠《论语正义》："脤（shèn）、膰（fán）、胙（zuò）皆祭肉名。天子诸侯祭毕，助祭之臣皆班赐之，以均神惠……凡杀牲皆于祭日旦明行事，至天子诸侯祭之明日又祭，谓之绎祭。祭毕，乃颁所赐肉及归宾客之俎。则胙肉之来，或已三日，故不可再宿。"其说有理。

【简评】

旧注或把"祭肉"训为"家之祭肉"，或训为"别的祭肉"，均不确。该章前面既已提出"祭于公，不宿肉"，后面就再以"祭肉不出三日"来进一步解释之所以"不宿肉"的原因。这个原因就是，祭肉从杀牲开始到祭祀结束，君主再将之班赐给群臣，这个过程已经三日。若再将祭肉留至过夜，则已经超出三日，肉可能变坏，故而不再食用。如再食而肉坏，则有负君主班赐祭肉之意。

10.9　食不语，寝不言。

吃饭时不交谈，睡觉时不说话。

【注释】

食不语，寝不言：《说文解字》："直言曰言，论难曰语。"又郑玄注《周礼》："发端曰言，答述曰语。"

【简评】

旧注多将"食不语"训作"吃饭时不说话"，则令人费解。古人聚餐之中常互致祝贺敬颂之语，若"吃饭时不说话"，则饮食时岂非一片死寂？如此则有违聚餐之意。

今按：古人语言有别。回答他人之言或相互交谈曰语，只说而不待他人作答则曰言。如祝贺敬颂，皆单方面言说，而不待与他人交谈。如此可知，"食不语"非指吃饭时不说话，而是指不要交谈。

10.10　虽疏食菜羹、瓜祭，必齐 (zhāi) 如也。

即使是用蔬菜的饭羹、瓜果来祭祀，也必定像斋戒一样。

【注释】

疏食菜羹、瓜祭：疏是蔬的古字，与菜互训，指可食用的草本植物。瓜，蔓生植物，其果实称为瓜，先秦时不属于蔬菜类。

【简评】

孔子说"祭如在，祭神如神在"，祭祀礼仪，不论大小皆对神明，其虔诚敬畏之心，与祭祀上神应出于同一。否则，遇祭礼小即有轻慢之心，则视神鬼如功利，不如不祭。

10.11　席不正，不坐。

席子没有摆放端正，就不坐下。

【注释】

席：古人依地而居，坐卧皆用铺垫。铺在下面较大的为筵，加在上面较小的为席。

【简评】

筵席的摆放依有一定礼制，筵席不正而坐，是不尊礼。

10.12　乡人饮酒，杖者出，斯出矣。

乡人聚集饮酒，老者出去之后，自己才出去。

【注释】

乡人饮酒：乡人聚集饮酒。《礼记·乡饮酒义》孔颖达疏："凡有四事，一则三年宾贤能，二则卿大夫饮国中贤者，三则州长习射饮酒也，四则党正蜡祭饮酒。总而言之，皆谓之'乡饮酒'。"

杖者出，斯出矣：杖者，拄拐杖之人，代指老者。斯，代指孔子。皇侃疏引孔安国注："乡人饮酒之礼主于老者，老者礼毕出，孔子从而后出也。"

【简评】

《礼记·乡饮酒义》："乡饮酒之礼：六十者坐，五十者立侍以听政役，所以明尊长也。六十者三豆，七十者四豆，八十者五豆，九十者六豆，所以明养老也。"可知乡人饮酒礼义主于尊老，其各人尊卑依其年岁之序。孔子深明乡饮酒义，尊老而行。

10.13 乡人傩，朝服而立于阼阶。

乡人迎神驱鬼，孔子穿着朝服站立在东面的台阶上。

【注释】

傩：古代于腊月间由巫师舞蹈而祛鬼的仪式。

阼阶：东阶。

【简评】

乡里举行祛鬼仪式，孔子为何要立于东阶？孔安国解释为："恐惊先祖，故朝服而立于庙之阼阶。"但为何立于东阶能使先祖免于惊恐？则旧注皆付诸阙如。傩，本义不是祛鬼，而是指人行走有节奏，《说文解字》："傩，行人节也。"可知，傩非本字。段玉裁注曰："驱疫字本作难。自假傩为驱疫字。而傩之本义废矣。"《尚书·尧典》"而难任人"，孔安国传曰："难，拒也。"难，有拒止、阻拦之义。可知，"难"作为祛鬼仪式，是通过巫祝舞蹈，来阻挡阴阳之气从而祛除厉鬼的。皇侃疏："傩者，逐疫鬼也。为阴阳之气不即时退，疫鬼随而为人作祸。"所以孔子身着朝服立于家庙东阶之上，阻挡阴阳之气，以使祖先免于厉鬼的惊扰。

朱熹注云："傩虽古礼而近于戏，亦必朝服而临之者，无所不用其诚敬也。"可知宋时"傩"已失古之郑重，仅为流俗而已。

10.14 问人于他邦，再拜而送之。

对受托去他国代人问候的人，送他时要行两次拜礼。

【注释】

问人于他邦：旧有两读：一是托人问于他邦之人，即托人问候在他国的友人；二是于他邦问人，即在他国向人问事。今按："问人于他邦"本指接受委托去他国代人问候的人。《礼记·曲礼》："凡以弓、剑、苞苴(jū)、箪笥(dān sì)问人者，操以受命，如使之容。"这里就是讲受托之人接受他人委托去问候他人。

再拜：行两次拜礼。

【简评】

古代敬礼有拜礼与揖礼两种。其中，揖礼可行于站立，而拜礼必跪。《说文解字》："跪，拜也。"张舜徽《说文解字约注》："古人席地而坐，自膝以下向后屈，而以尻坐于足跟，身向后倚。若必起敬，则直伸其腰与股，惟两膝隐地，是之谓跪。既跪而俯其首，下与腰平。头与腰平，则身若磬折，故头不至于地而两手自至地矣。此乃古拜式也。"拜礼从形式上分两类：拜手与稽(qǐ)首。所谓拜手是指：男礼左手在前，女礼右手在前，双手拱合，然后以首触手；张舜徽所谓古拜式即拜手。而稽首则需先双手拱合在地，再以额到地。日常之中，稽首乃君臣之礼，同事、朋友、平辈拜手即可。在先秦文献中，拜一般指拜手。

《荀子·大略》则云："平衡曰拜，下衡曰稽首，至地曰稽颡（sǎng）。"所说与《周礼》不同。荀子所谓"拜"是指：拱手与心持平，然后以首触手；"稽首"是指：拱手在心以下，然后以首触手；"稽颡"则指：以额到地。可见，荀子所谓"拜""稽首"都是拜手，而其"稽颡"则是《周礼》之"稽首"。

10.15　康子馈(kuì)药，拜而受之，曰："丘未达，不敢尝。"

季康子赠送药物给孔子，孔子跪拜接受，说："我还没有明白药性，不敢品尝。"

【注释】

康子：即季康子，鲁国正卿，当时实际的执政者。

馈药：即赠送药物给孔子。

未达：不了解所赠之药的药性。

【简评】

朱熹注："范氏曰：'凡赐食，必尝以拜。药未达则不敢尝。受而不饮，则虚人之赐，故告之如此。然则可饮而饮，不可饮而不饮，皆在其中矣。'杨氏曰：'大夫有赐，拜而受之，礼也。未达不敢尝，谨疾也。必告之，直也。'此一节，记孔子与人交之诚意。"朱说可取。

一般而言，收取他人可用的礼物，不论好坏贵贱，都应当用过之后反馈给赠送者知晓，但是，该礼仪却不适合于药物，因为药物事关健康甚至性命，而送礼者所赠药物却未必适合病情，贸然品尝可能加重病情，严重者可能危及性命，故不得不慎。

10.16 厩^{jiù}焚，子退朝，曰："伤人乎?"不问马。

马厩失火，孔子退朝回来，问："伤到人了吗?"没有问马的情况。

【注释】

厩：养马用的房屋。

【简评】

春秋之时，马属于大牲口，是人的重要财产。马厩失火，孔子却只问人之安危，而不问马之损失，说明在他心中，人的价值高于财产，此诚为中国人本主义之先驱。

10.17 君赐食，必正席先尝之。君赐腥，必

君主赐予熟食，必会端正坐位先品尝一下。君主赐予生肉，必

熟而荐之。君赐生，必畜之。侍食于君，君祭，

会煮熟并进献给祖先。君主赐予活物，必会把它畜养起来。陪伴君主吃饭，君

先饭。

主祭祀时，就自己先吃。

【注释】

赐食：与下文"赐腥"互文见义，指赐予熟食，熟因下省。

赐腥：赐给生食。

荐：本义为草席。古本作"薦"，本义牧草。这里通"进"，进献之义。

赐生：赐给活畜。

君祭，先饭：这里"先饭"的主语有两解：一是君主；二是孔子。后者云君主祭祀而臣下先食，似不合礼，故自古注解歧出。李炳南《论语讲要》之释读可备一说："侍食于君，是鲁君邀孔子聚

餐。虽是国君邀宴，但就为臣的孔子而言，仍然称为侍食。君祭，古人食前都有祭食之礼，例如《礼记·曲礼》说：'主人延客祭。'注解说：'古人不忘本，每食，必每品出少许，至于豆间之地，以报先代始为饮食之人，谓之祭。'当鲁君祭食时，孔子先饭，表示先为君主尝食，试其烹调可否。这是侍食于君的礼节。"

【简评】

本章记录孔子如何处理君主赐食，以及如何侍食于君主。

10.18　疾，君视之，东首加朝服，拖绅。

孔子病了，君主来看望他，孔子脑袋向东，身披上朝服，拖着大带。

【注释】

拖绅：绅，束腰的大带。拖，牵，提。

君：鲁国国君，当是鲁哀公。

【简评】

本章述鲁国国君探望孔子病情，孔子在病中仍坚持待君之礼，以示对君主的极力尊重。皇侃疏："孔子病而鲁君来视之也。此君，是哀公也。云'东首'者，病者欲生，东是生阳之气，故眠头首东也。故《玉藻》云：'君子之居恒当户，寝恒东首'者是也。""孔子既病不能复着衣，而见君不宜私服，故加朝服覆于体上，而牵引大带于心下，至是如健时着衣之为。"

孔子与人相交，主于忠信。朱熹《中庸集注》云："尽己之心为忠。"孔子身染急病，鲁国国君前来探望，出于内心对鲁君的尊重，孔子虽然已不能动弹，但也用微弱的力气，尽己所能地表达了臣下对君主的敬意。由此可见，孔子坚持违众而在阶下礼拜君主，虽有示范他人之意，也当是出于对国君真诚的尊重。

10.19　君命召，不俟驾行矣。
　　　　　　　君主下命召见，孔子不等马车驾好就走了。

【注释】

　　俟：本义为壮大，因与"待"相假借而有等候之义。

【简评】

　　本章体现臣下对国君的尊重以及对所招之事的重视。所谓"不俟驾而行"，是听到君主招命后，立刻吩咐仆从驾车，同时自己先走，等车驾好后来追赶自己。

10.20　入大庙，每事问。

【简评】

　　见本书 3.15。

10.21　朋友死，无所归，曰："于我殡。"
　　　　　　　朋友死了，不能安葬，孔子就说："殡在我那里。"

【注释】

　　无所归：不能安葬。《孔子家语·哀公问政》："孔子曰：'人生有气有魄。气者，神之盛也；魄者，鬼之盛也。夫生必死，死必归土，此谓鬼；魂气归天，此谓神。'"又《礼记·祭义》："众生必死，死必归土，此之谓鬼。"又《左传·昭公七年》："子产曰：

'鬼有所归，乃不为厉，吾为之归也。'"可知，古人认为，人死后若不能入土安葬，则其魂魄就没有归处。因此，人死无所归乃指其不能安葬。

殡：按周礼，将死者殓于棺椁之中，暂停在家里西阶之上，等待安葬，叫作殡。作动词指出殡，即将灵柩迁往埋葬或安厝之处。这里指安葬。

【简评】

本章述朋友之道，历来是儒家五伦之一，实属重要。盖君子以道行世，欲移风易俗，不可不交朋友以聚义。古代朋友之义，与今日所谓朋友不同。《易·兑·象传》"以朋友讲习"，孔颖达疏："同门曰朋，同志曰友。"实则志同道合者，方可称为朋友。古代朋友之间，虽无明文礼仪，但约定俗成有一定礼义，如下章"朋友有通财之义"等。朋友去世，无法入土为安，孔子就为其殡葬，主动履行朋友义务。朱熹注云："朋友以义合，死无所归，不得不殡。"所说甚是。

10.22　朋友之馈，虽车马，非祭肉，不拜。

对于朋友的馈赠，即使是车马，只要不是祭肉，都不跪拜。

【简评】

皇侃疏："车马，家财之大者也，朋友有通财之义，故虽复见饷车马而我不拜谢也。所可拜者，若朋友见饷其家之祭肉，虽小亦拜受之。敬祭故也。"可从。祭肉事关鬼神，虽是朋友赠送，也当拜受——不是拜朋友馈赠之恩，而是显示对鬼神敬畏之意。

10.23　寝不尸，居不容。

躺卧时不要把腿竖起或叉开，坐着时不要摇动。

【注释】

寝：本义为寝室，引申为躺卧休息。

尸：夷之本字，本义为蹲踞之形，即将膝盖树起或两腿前伸叉开。《说文解字》："夷，东方之人也。"容庚认为："尸，《说文解字》：'陈也，象卧之形。'案：金文作𡰪，象曲膝之形，意东方人其状如此，后假夷为尸而尸之意晦。祭祀之尸其陈之而祭，有似于尸，故亦以尸名之。《论语》'寝不尸'，苟尸为象卧之形，孔子何为寝不尸？故尸非象卧之形矣。"（容庚著，张振林、马国权摹补：《金文编》）姚孝遂、肖丁亦云："我们认为，'尸'非象卧形，当为箕踞之形。古文字'尸'均用作'夷'，典籍多作'夷'。《论语·宪问》：'原壤夷俟。'《贾子·等齐》：'织履蹲夷。''夷'通箕踞之义，亦即'尸'之本义。"（姚孝遂、肖丁：《小屯南地甲骨考释》）今按：夷与跠乃古今字；《广雅·释诂三》："跠，踞也。"又《广雅·释言》："跠，蹲也。"《慧琳音义》卷二十四引《考声》注"蹲踞"云："竖膝坐曰蹲，伸足坐曰踞。"可知蹲踞皆可约称为"夷"。旧注自西汉以降，皆训"尸"为"屍"，义为死人，甚误。

居：即坐。《周礼·春官·神仕》"以犹鬼神示之居"，郑玄注："居，谓坐也。"旧注多训"居"为"居家"之类，遂不能与"寝"相应。寝卧乃人之姿态，居家则为人之状态，两不相应，故不取。

容：黄怀信《论语汇校集释》认为当通搈。其说甚是。《说文解字》："搈，动搈也。"朱骏声《说文通训定声》云："搈，犹言动摇。"唐石经本作"客"，今程树德、杨伯峻等人皆从之。但何本、皇本、邢本、朱子本等皆作"容"，陆德明《经典释文》亦云："客，本或作容。"更兼作"容"则文义直顺，为"客"则句意难通。故今舍"客"而取"容"。

【简评】

本章述躺卧与安坐时应有的礼态。关于古人的坐姿，段玉裁注《说文解字》"居"字时所说甚明："古人有坐、有跪、有蹲、有箕踞。跪与坐皆厀(即膝)着于席，而跪耸其体，坐下其臀。""若蹲，则足底着地，而下其臀，耸其厀曰蹲。""若箕踞，则臀着席而伸其脚于前。"在古人看来，不论将膝盖立起，还是将足前伸皆不合礼。

10.24 见齐衰(zī cuī)者，虽狎(xiá)必变。见冕
　　　碰见穿齐衰丧服的人，即使与之关系熟识也必定会变为哀戚之色。

者与瞽(gǔ)者，虽亵(xiè)必以貌。凶服者式
碰见穿戴礼服礼帽之人与盲人，即使关系亲近也必定会端正容颜来对待。乘车遇见

之；式负版者。有盛馔，必变色而
载有夭折之人的车马，则行式礼；遇到载有邦国典籍的车马，也行式礼。遇到有丰

作。迅雷、风烈必变。
盛的菜肴，则改变神色而站起来。遇到迅疾的雷、强烈的风，也必定会变动神色。

【注释】

齐衰：依照亲疏关系，古代将丧服分为五等：斩衰、齐衰、大功、小功、缌麻。斩衰的丧服是用最粗之生麻布制成，不缝衣边，是诸侯为天子，臣为君，子与未嫁女为父母、妻妾为夫等所服，丧期三年；齐衰的丧服用粗麻布制成，缝齐衣边，是子与未嫁女为伯父母、嫁女为父母、夫为妻等所服，丧期一年。

狎：关系亲近、熟习。

变：即变色。变为哀戚之容。

冕者与瞽者：穿戴礼服礼帽之人与盲人。

亵：关系亲昵。

以貌：端正容颜对待。《广雅·释诂三》："貌，治也。"

凶服：凶，本义为险恶，引申为短命夭折。《玉篇》："凶，短折也。"《尚书·洪范》"一曰凶短折"，郑玄注："未齿曰凶。"蔡沈《书经集传》卷四云："凶者，不得其死也。短折者，横夭也。祸莫大于凶短折也。"(《书经集传》卷四《洪范》)定州简本作"六者式"，校者注："六，疑读为'戮'。"(河北省文物研究所定州汉墓竹简整理小组：《定州汉墓竹简论语》)可从。今按：戮，本义为杀，这里做意动词"被杀"，亦为短折之命。服，本义指拉车之马，这里代指车马；《说文解字》"服，一曰车右骑。"段玉裁注："古者夹辕曰服马，其旁曰骖马。此析言之。许意谓浑言皆得名服马也。"可知，许慎尚知"服"之本义为拉车之马；"服"由此引申有"负载"义，《广雅·释诂二》："服，任也。"故"凶服"意为：载有夭折之人的车马。旧注皆训"凶服"为"丧服"则与上文"齐衰"重复，实不可取；今人有借"凶"为"匈"者，取其甲胄之义，则失之更远。

式：乃"轼"之古文，本指车厢前横木，亦引申为礼仪之名，《尚书·武成》"式商容闾"，孔颖达疏："式者，车上之横木，男子立乘，有所敬则俯而凭式，遂以'式'为敬名。"

负版者：版，古本多作"板"。孔安国注："负版者，持邦国之图籍者也。"所说或误。先秦邦国图籍，尽皆木板，甚为沉重，人所难持，非车马不能负载。故"负版者"当为负载邦国图籍的车马。又，负或通服。

迅雷风烈，必变：朱熹注："必变者，所以敬天之怒。《（礼）记》曰：'若有疾风、迅雷、甚雨则必变，虽夜必兴，衣服冠而坐。'"

【简评】

本章意义与 9.10 类似。惟其旧注自古不知"凶服"本义，尽皆望文而误解为"丧服",遂与上文"齐衰"意义重复;又将"负版者"释读为"负版之人",而不知负者为车马。由此亦可知确诂《论语》之难。今按:孔子乘车,与"凶服""负版者"等车马相交而行式礼,礼义通顺。

仁者同情,见齐衰者感受其失去至亲之痛,而变有悲戚之貌;见着正式礼服者与盲人,感受其严肃与辛苦,而变有端正尊重之貌;见载有夭折者之车,感受天命无常之威,不法者不得正命,行式礼而表示敬畏之心;见负有邦国图籍之车,行式礼而表示敬重之意;被待之以盛宴,变有幸甚之色,起立以表感激之情;迅雷疾风,感受上帝之怒,变色以示敬畏之心。

10.25　升车,必正立,执绥^{suí}。车中不内顾,不

孔子上车时,必定会端正站立,然后拉住绳索。在车里不回头

疾言,不亲指。

看,不高声急促说话,不乱指方向。

【注释】

升车:上车。

执绥:拉住绳索。绥,车上用来帮助登车的绳索。

不内顾:不回头看。

不疾言:不高声急促说话。皇侃《论语集解义疏》:"疾,高急也。"

不亲指:不指指点点。《礼记·曲礼》曰:"车上不妄指。"刘宝楠《论语正义》据此认为"亲指"为"妄指"之误。

【简评】

本章述坐车礼仪。行车时,驾车者事关一车安危,车内高声说

话，妄指方向，都可能干扰驾车者的正常驾驶，从而引发不必要的危险。今日常见车内坐车之人，有指导司机如何开车之好，应当以此反思。

10.26 色斯举矣，翔而后集。曰："山
雌雉受到小的惊吓就飞散开来，盘旋过后又聚集下来。孔子于

梁雌雉，时哉时哉！"子路共之，三嗅
是说："山梁上的雌雉，真是适时啊适时啊！"子路听后就向雌雉拱手礼敬，它

而作。
们却几次张开翅膀想要飞起。

【注释】

色斯举：即"雌雉色斯举"，"雌雉"因后省；有旧注以为该句主语为孔子，甚为费解。色，通歙(sè)，小惊恐之貌。《春秋公羊传·哀公六年》"皆色然而骇"，王引之案："色者，歙之借字也。"（王引之：《经义述闻》）《玄应音义》"歙歙"注引《通俗文》云："小怖曰歙。"斯，则、就。举，飞起。

共：通拱。

嗅：通臭(jú)，《尔雅·释兽》"鸟曰臭"，邢昺疏云："鸟之张翼臭臭然摇动者，名臭。"

作：起、动。

【简评】

本章述雌雉受惊飞散，待安全后又落下聚集，孔子见此情景，感叹其随机而动。子路听后，盖以其为缘得老师教诲而受益，故向雌雉拱手敬礼。却不料此举又惊吓到雌雉，使之展翅欲飞。

先进篇第十一

11.1　子曰：“先进于礼乐，野人也；后进于礼
乐，君子也。如用之，则吾从先进。”

<small>孔子说："先发展礼乐文明的，是居于郊外的殷人；进一步发展礼乐文明的，是周朝的贵族。"如果要选用它们的话，我就依从殷人的礼乐。</small>

【注释】

进：本义为向上或向前，与“晋”同源字，引申为发展。

野人：野，本指城郊之外所有地方，《尔雅·释地》：“邑外谓之郊，郊外谓之牧，牧外谓之野。”皇侃《尔雅注疏》云：“郊外之地总称野也。”故“野人”可以两指：一是通指居住在城郊之外的庶民，没有资格受国学教育，故不知礼仪，言行粗率；二谓特指殷商遗民，亦居于野外。后者或者更确，殷商遗民非不知礼，然其礼质木无文，尤其宗法制度，远较周礼为粗率。《礼记·仲尼燕居》：“敬而不中礼谓之野”。这里所谓“不中礼”，乃指不中周礼。

君子：《论语》中“君子”有两义：一指德行高尚之人；另指贵族。这里指贵族。

【简评】

本章注释异说百出，自古未有确解。考校比之，则以江永《群经补义》、潘维城《论语古注集笺》、古棣《论语译说》综而述之，似合理之说。

江永《群经补义》卷四《论语》：“说者谓周末文胜，今未见其然。如《仪礼》诸篇皆是周初制作，委曲繁重，非周末也。春秋

时相尚者，如饮酒赋诗赠答，似从前未之有事。此尚文而有风雅之意，正不嫌其文胜。及春秋之末，则绝无此事矣。时人所谓先进之礼乐为野人，后进之礼乐为君子，意其指殷以前为野人，周以后为君子。孔子从先进，正欲去繁文而尚本质耳。当用文者从周，当用质者从殷——殷辂、周冕及已悫、已戚之类，是其凡例。"

潘维城《论语古注集笺》卷六："江氏谓先进为统指殷以前，实足弥缝其阙，然其以周以后为君子尚有可议者。盖周至春秋时，诸侯、大夫僭礼越乐，非复周初。此君子当指周初文质彬彬之君子，夫子之从先进，直欲矫其弊而救其失，是犹国奢示俭之意。春秋之礼乐有文无质，类于府史之文书，是掌祝史之矫举以祭，故曰'文胜质则史'也。今不谓之史，而谓之君子，是直指周初言之。夫子以流弊已久，非文质彬彬之君子所能救止，故用之必从先进也。不然，夫子固从周者，岂有舍周而从先进之时哉？合《雍也》篇观之，可以知夫子之意矣。"其说惟训"史"为"祝史"之失，大致可从。

古棣《论语译说》："为什么他不从文质俱备的周人礼乐，而要'从先进'呢？这就是前人弄不通而生出种种异说的关键。历史进入春秋以来，由于经济、政治的重大变化，西周的一套礼乐制度也越来越文胜于质，以至有文无质、有名无实。……在这种情况下，孔子倡导'仁'的学说，以'克己复礼'为己任。为达到这个目的，对礼乐本身也要强调实质，强调质胜文。所以孔子说'如用之，吾从先进'，'从先进'即依从殷人的礼乐精神，克服'文胜质'流于形式的弊病。这是恢复周礼的实质的必要，是'克己复礼'的一种手段。如此解释，于本章文通理顺，于全书亦顺适无碍。"

11.2 子曰："从我于陈、蔡者，皆不及门也。"

孔子说："跟随我在陈国与蔡国受困的，都是在这两国没有做官的。"

【注释】

陈蔡：陈国与蔡国，这里指在陈国与蔡国受困之时。《史记·孔子世家》："孔子迁于蔡三岁，吴伐陈。楚救陈，军于城父。闻孔子在陈、蔡之间，楚使人聘孔子。孔子将往拜礼，陈、蔡大夫谋曰：'孔子贤者，所刺讥皆中诸侯之疾。今者久留陈、蔡之间，诸大夫所设行皆非仲尼之意。今楚，大国也，来聘孔子。孔子用于楚，则陈、蔡用事大夫危矣。'于是乃相与发徒役围孔子于野。不得行，绝粮。从者病，莫能兴。"

及门：该条旧注解说多出，今从郑玄注："言弟子之从我而厄于陈、蔡者，皆不及仕进之门而失其所也。"

【简评】

本章孔子所感叹之"不及门"是为何意？自古以来就有争论：一是郑玄所言：孔子感叹追随自己的弟子，无人在陈、蔡两国做官，因此，失去进退根据，遭遇困厄。《孟子》有云："君子之厄于陈、蔡之间，无上下之交也。"所言正是此事，可证郑玄不为无据。二是朱熹注所言："孔子尝厄于陈、蔡之间，弟子多从之者，此时皆不在门，故孔子思之。盖不忘其相从于患难之中也。"即孔子在陈蔡事件之后，感叹当时与他在陈、蔡一同受难的弟子们，都没在身边。两种释读皆通，但所反映孔子形象却是不同。

若依郑玄所言，则孔子较为现实；若依朱熹之言，则孔子情深义重。或许朱熹正是不满郑玄言论中孔子的现实，以新解刻意规避之。其实，孔子虽然情操高尚，思虑问题的确也现实变通。如他为兴周道于东方，而欲受叛臣公孙不狃以及佛肸之招。正所谓"切问近思"。故孔子感叹若有弟子在陈、蔡为职，或可免受困厄，是极有可能的。

11.3　德行：颜渊、闵子骞、冉伯牛、仲弓；言语：
德行好的有：颜渊、闵子骞、冉伯牛、仲弓；善于辞令的有：宰

宰我、子贡；政事：冉有、季路；文学：子游、子夏。
我、子贡；善于治政的有：冉有、季路；熟悉文章制度的有：子游、子夏。

【简评】

　　本章述孔子的十位弟子各有擅长。可能是孔子评论，弟子所记；也可能是其他弟子对这十位弟子的总结。应注意的是，这里并非说他们分别只擅长德行、言语、政事、文学之中一事，而其他一无所长。孔子持"君子不器"即君子全面发展的人才观，故而其门下弟子所谓专长，都是在全面发展的同时，某些艺能更加突出而已。比如子路，虽以政事为长，但其勇武天下闻名，鼓瑟之能，亦在登堂之列。而冉有之艺则更加全面，以致子路问成人，孔子即举有"冉求之艺"。

　　11.4　子曰："回也，非助我者也！于吾言，无
　　　　　　孔子说："颜回啊，在学问上不是对我有帮助的人。因为他对我

　　　yuè
所不说。"
说的话，没有不心悦诚服的。"

【注释】

　　说：通悦。

【简评】

　　本章言孔子注重教学相长。

　　11.5　子曰："孝哉闵子骞，人不间于其父母昆
　　　　　　孔子说："孝顺啊闵子骞，人们用任何语言都不能离间他与父母

弟之言。"
兄弟的关系。"

【注释】

　　昆：兄长。

人不间于其父母昆弟之言：即人之言不间于其父母昆弟。

【简评】

本章是孔子对其弟子闵子骞的评价。《太平御览》卷四一三引师觉授《孝子传》云："闵损字子骞……以德行称。早失母，后母遇之甚酷，损事之弥谨。损衣皆槁枲（xǐ）为絮，其子则绵纩重厚。父使损御，冬寒失辔，后母子御则不然。父怒诘之，损默然而已。后视二子衣，乃知其故，将欲遣妻。损谏曰：'大人有一寒子，犹上垂心。若遣母，有二寒子也。'父感其言乃止。"

儒家有所谓修身、齐家、治国、平天下的践行次第。齐家虽重要莫过于家长，但并非只有家长才有齐家之义。人不论在家族中何种身份，只要做好自己所当做，即是齐家。

11.6 南容三复白圭，孔子以其兄之子妻之。

南容反复吟诵"白圭"之诗，孔子就把自己兄长之女嫁给了他。

【注释】

南容：即南宫韬，字子容。据刘宝楠《论语正义》，南宫为复姓，亦可单称"南"，故南宫子容亦叫南容。

【简评】

"白圭"是指《诗经·大雅·抑篇》之"白圭之玷，尚可磨也；斯言之玷，不可为也"。是说：如果白圭有了污点，尚可把它磨去；然而人的言行有了污点，就再也不能抹掉。诗意是要人们对自己的德行谨小慎微。三国时刘备曾言："勿以恶小而为之，勿以善小而不为。"亦是此意。

11.7 季康子问："弟子孰为好学？"孔子对曰：

季康子问："你的弟子中谁爱好学问？"孔子回答："有个叫颜

"有颜回者好学，不幸短命死矣！今也则亡^{wú}。"

回的很好学，不幸的是寿命短促已经死了！现在也没有好学的人了。"

【简评】

此章与本书 6.3 类同。

11.8 颜渊死，颜路请子之车以为之椁^{guǒ}。子

颜渊死了，颜路请求用孔子的车来为颜渊作椁。孔子说："（弟

曰："才不才，亦各言其子也。鲤也死，有棺而

子）不论有才还是无才，我都将他们看作自己的孩子。孔鲤死了，也只有棺没

无椁；吾不徒行以为之椁，以吾从大夫之后，不

有椁；我不能用车来为孔鲤做椁后徒步行走，因为我自从有了大夫的身份后，

可徒行也。"

就不可以徒步行走了。"

【注释】

颜路：颜渊的父亲。

请子之车以为之椁：椁，定州简本作"郭"，郭、椁古音通。古代棺材分为内外两层，里面的叫棺，外面的叫椁。孔安国注：颜路"家贫，欲请孔子之车，卖以作椁"。而东条弘《论语知言》则驳之曰："请子之车以为之椁者，盖欲得孔子之车，而直用之以为其椁也。卖车以贾椁之事，文中不见。《注》非也。"东条弘所说是。

才不才：定州简本作"材不材"。才、材古音义相通。

各言其子：言，反身代词，我。《诗经·小雅·都人士》"我不见兮，言从之迈"，郑玄注："言，亦我也。"又，言作语气词，亦通。其子，以其为子。

鲤：即孔鲤，字伯鱼，孔子之子。

吾不徒行以为之椁：倒装句，即"吾不以为之椁徒行"。

以吾从大夫之后，不可徒行也：孔子曾任鲁国司寇，有大夫之位。按周礼，大夫出行不应徒步。

【简评】

作为社会成员，个人情欲外化为言行，在社会关系中就必须具有公共性，体现着个人对社会公利的态度。将各种社会关系加以公利性量化，则为礼法，因而节制情欲以遵守礼法，就体现了对社会公利的认可与尊重。因此，孟武子问孝，孔子答之以："生，事之以礼；死，葬之以礼；祭之以礼。"

本章所涉礼义参见本书9.12。

11.9 颜渊死，子曰："噫！天丧予！天丧予！"

颜渊死了，孔子说："噫！这是天要亡我之道啊！这是天要亡我之道啊！"

【注释】

予：本义为我，这里引申作"我之道"讲。

【简评】

孔子认为在贤能两方面，颜渊都最得自己真传，在求道上亦与自己最像，好学不厌，闻一知十，聪慧过人，且安贫乐道，德行卓异，其他弟子与之相比，则都各有所偏，故孔子将颜渊视作自己道统的传承所在。颜渊比孔子小三十岁，死时约四十岁，正当壮年，孔子周游列国近十五年而其道不能为世间所用，晚归鲁国，垂老之年，惟有寄希望于后学，不料却遇颜渊之丧，而失本门未来之木铎，其痛惜之剧，实在可想而知。

11.10　颜渊死，子哭之恸(tòng)。从者曰："子恸矣！"曰："有恸乎？非夫人之为恸而谁为！"

颜渊死了，孔子痛哭至于过度哀伤。随从的人说："老师过分哀伤了！"孔子说："我有过分哀伤吗？不为这样的人过分哀伤还为谁过分哀伤呢？"

【注释】

恸：本义为内心震动摇荡，引申为极度哀伤，王充《论衡·问孔》："夫恸，哀之至也。"皇侃疏："恸，谓哀之极也。"定州简本作"动"，动、恸古今字。

非夫人之为恸而谁为：倒装句，即非为夫人之恸而为谁。

【简评】

本章述孔子对颜渊去世之痛惜，以至于恸哭。孔子虽说视学生皆如子(11.8)，然而颜渊之于孔子毕竟只是师生，实非父子，而礼别亲疏，孔子按礼不应至哀颜渊如此之痛，故恸哭时人或以为过礼。马融注："恸，哀过也。"但恸本无"过度"之义。过与不过皆要以礼衡之，父母子女之丧，哭之恸不亦宜乎？但孔子之于颜渊，在学生、父子之外，更视其为自己道统所在(见11.9)，故夫子恸哭，实有晚年道统无归，我道不传之哀痛。孔子所谓"非夫人之为恸而谁为"，或即是"七十而从心所欲不踰矩"之意吧。

11.11　颜渊死，门人欲厚葬之，子曰："不可。"

颜渊死了，门人想要隆重安葬他，孔子说："不可以。"门人

门人厚葬之。子曰："回也，视予犹父也，予不得视

却隆重安葬了颜渊。孔子说："颜回啊，把我视作父亲，我却不能把他视作儿

犹子也。非我也，夫二三子也。"

子。厚葬颜回的不是我，是我那些弟子啊。"

【注释】

门人：参见本书4.15。

厚葬：隆重地丧葬。

非我也：即厚葬非我也，"厚葬"因上省。

【简评】

本章述孔子在情与礼之两难选择中，克己复礼。礼法按血缘而别亲疏，故虽有父子之情，如无父子之实，也不得相待以父子之礼。按《礼记·檀弓》："子游问丧具，夫子曰：'称家之有亡。'子游曰：'有亡恶乎齐？'夫子曰：'有，毋过礼。苟亡矣，敛首足形，还葬，县棺而封，人岂有非之者哉？'"以此可推知孔子之意：按礼，其丧葬厚薄应与其家贫富相称，颜渊家贫，故不应厚葬。

11.12　季路问事鬼神。子曰："未能事人，

季路问该如何侍奉鬼神。孔子回答："如果不能侍奉活着的人，

焉能事鬼？"曰："敢问死？"曰："未知生，

又怎么能侍奉死去的人？"季路说："我冒昧问死是怎么回事？"孔子回答：

焉知死？"

"如果不知道生前之事，又怎么会知道死后之事？"

【注释】

季路：即子路。

敢：自谦冒昧之意。

【简评】

在中国古典宗教中，上天作为至上神，具有创生万物，主宰天地运行，掌控吉凶祸福的权能。因此，殷商时，人们每行一事，都妄图占卜天意，以去祸求福。正如孔子所说："殷人尊神，率民以事神。"（《礼记·表记》）这已为大量甲骨卜辞所证实。然而，商朝却未因其强大而逃脱灭亡，尊神如此却仍被蕞尔小邦的周国改革天命，取而代之。周朝贵族对此亦深自震撼，不得不信"天命靡常"，虽可愿求祷告，却终非人力可测。他们反思之所得，就是《尚书·泰誓》所谓"天视自我民视，天听自我民听"。上帝是通过如何对待自己以及他人，来视察人们是否敬畏，是否胜任天命的。因此，人们敬畏上帝的方式不再是妄测天意，而是"天行健，君子以自强不息"，积极修习自己的德行，尽人事以俟天命。

因此，子路问鬼神，孔子要他先做好人事，鬼神非人之可测；问生死，则要他先知生前，死后亦非人力可为。参见前言之"天人之道"。

11.13 闵子侍侧，訚訚如也；子路，行行如
　　　 yín　　　　　　　　　　　　　 *hàng*
闵子骞在孔子身边侍立，态度和悦率直；子路，态度刚强；冉

也；冉有、子贡，侃侃如也。子乐。"若由也，不
　　　　　　　　kàn
有、子贡，态度和乐安定。孔子很高兴。他说："像子路那样啊，怕要不得

得其死然。"
善终。"

【注释】

闵子：即闵子骞。定州简本作"黾子"。

行行：郑玄注："刚强之貌。"古棣《论语译说》云："行无刚义，当是'行'假通'刚'；而重言之，则是特别刚强的样子。"

侃侃：孔安国注："侃，和乐貌也。"今按：孔注之义，侃当通衎。定州简本原字因地震扰动而残损，校者定作"衎"。今按：简本原字或为"衎"之异体而似"衍"。《尔雅·释诂上》："衎者，饮食之乐也。"皇侃疏："衎，乐也。"《方言》卷十三："衎，定也。"《说文解字》："衎，行喜貌。"

【简评】

本章述孔子几个弟子，虽性格各异而表现不同，却都自在本真，孔子为之高兴。惟其评论子路之言，不幸而成谶语：子路最后果然中道而亡，未得寿终。

11.14　鲁人为长^{cháng}府。闵子骞曰："仍旧贯，如

鲁国人要改建府库。闵子骞说："因循长久以来的法度，有什

之何？何必改作？"子曰："夫人不言，言必

么不好呢？为什么一定要改变呢？"孔子说："这人要么不说，一说就符合

有中^{zhòng}。"

正道。"

【注释】

长府：郑玄注："藏名也，藏财货曰府。"

仍：因循。

旧：既有过去义，亦有长久义。

贯:《说文解字》云:"以绳穿物谓之贯。"引申为穿过、贯通、通达等义,再引申为经、统,即法度、道理、纲纪。

作:变。《礼记·哀公问》"孔子愀然作色而对",郑玄注:"作,犹变也。"

中:指符合正道。

【简评】

孔子之所以赞扬闵子骞,在于他话中之理:对于长期行之有效的传统法度,若非必要因由,遵循好于乱改。遵循传统,因循而变,是孔子所谓正道。旧注多训"贯"为"事",未及闵子骞本义,以及孔子赞叹之深意。参见本书2.23。

11.15 子曰:"由之瑟,奚为于丘之门?"

孔子说:"仲由鼓瑟成这样,是怎么在我门下学习的?"于是

门人不敬子路。子曰:"由也升堂矣,未入于

孔子的初学弟子们不再尊敬子路。孔子又说:"仲由的学问已经'升堂',只

室也。"

是还未'入室'而已。"

【注释】

由:仲由,即子路。

瑟:作动词,鼓瑟。马融注:"子路鼓瑟不合《雅》《颂》。"

奚为于丘之门:倒装句,即于丘之门奚为。为,学习。《论语·述而》"抑为之不厌"、《阳货》"女为周南"、《子张》"是以君子不为也",皇侃皆疏:"为,犹学也。"

升堂入室:古代居所由浅入深的次序是:入门由院而到正堂,正堂之后是居室。用以喻学问深浅:入门者为初学,是为门人;升堂者学问高于门人,而浅于入室者。

【简评】

孔子批评子路鼓瑟未达，门人学弟因之不敬子路。孔子又以肯定子路，再对门人提出婉转批评。所谓"由也升堂矣，未入于室也"在于：子路学问虽需改进，然其水平却高于诸门人，故门人尚无不敬子路之资，责诸门人应该反求诸己，而不是责备他人。

11.16　子贡问："师与商也孰贤？"子曰："师也过，商也不及。"曰："然则师愈与？"子曰："过犹不及。"

子贡问："颛孙师和卜商谁更有贤德？"孔子说："颛孙师过了，卜商还没达到。"子贡说："既然如此，那么颛孙师是要更贤德些吗？"孔子说："过度与达不到都是相同的过失。"

【注释】

然则：承接连词，既然这样，那么。

犹：相同、等同。

【简评】

本章孔子指明中庸之道就在于为人处事应把握相应的分寸界限，超出分寸与达不到界限，都是同等的过失。辩证唯物主义以为真理有相对性与绝对性：真理都相对于相应的条件而成立，而在相应条件内真理才具有绝对之正确性。孔子"过犹不及"之说，与今之真理学说，颇有相合之处。

11.17　季氏富于周公，而求也为之聚敛而附益之。子曰："非吾徒也。小子鸣鼓而攻之，可也。"

季康子比鲁国公室还要富有，然而冉求还在为他搜刮从而增加他的财富。孔子说："冉求不再是我的弟子。学生们擂起鼓来攻击他，是可以的。"

【注释】

　　季氏：这里指季康子。

　　周公：旧注有二：一是认为指周公旦；二是认为周公旦是鲁国始封之祖，故以周公代指鲁国公室。后者符合史实。

　　求：冉求。

　　为之聚敛：指冉求通过税赋来为季康子聚敛财富。孔安国注："冉求为季氏宰，为之急赋税。"《礼记·大学》云："百乘之家，不畜聚敛之臣。与其有聚敛之臣，宁有盗臣。"

　　附益：同义复词，增加。

　　小子：学生。

【简评】

　　本章背景在《左传·哀公十一年》有记："季孙欲以田赋，使冉有访诸仲尼。仲尼曰：'丘不识也。'三发，卒曰：'子为国老，待子而行，若之何子之不言也？'仲尼不对。而私于冉有曰：'君子之行也，度于礼，施取其厚，事举其中，敛从其薄。如是则以丘亦足矣。若不度于礼，而贪冒无厌，则虽以田赋，将又不足。且子季孙若欲行而法，则周公之典在。若欲苟而行，又何访焉？'弗听。"

　　季氏要"用田赋"，即按田地所有者实际占有的田地量收取赋税，于是派冉求去咨询孔子。孔子认为应该轻赋薄敛，因而不赞同实行田赋。但冉求却仍然跟随季氏，实行田赋制度。孔子因此而认为冉求背离了本门为政的根本宗旨，已算不得自己的学生。

　　今日审视田赋制度的利弊，恐远非孔子所评论的那么简单。兹不赘言。有意者可以搜寻相关文献，以作自己的判断。

11.18　柴也愚，参也鲁，师也辟，由也喭。
　　　　　　　　　　　　　shēn　　　　　　　　　　　　　　　xiàn

　　高柴刚直，曾参迟钝，颛孙师偏激，仲由直露。

【注释】

柴：姓高名柴，字子高。参，曾参。师，颛孙师。由，仲由，字子路。四人皆孔子弟子。

愚：刚直。

鲁：迟钝。

辟：偏僻。

喭（xiàn）：本读为 yàn，这里通"见"，显露。《庄子·则阳》"得其两见"，成玄英疏："见，显也。"《荀子·劝学》"天见其明"，杨倞注："见，显也。"句意谓子路形于色，易显露。旧注训为"鲁莽"，喭固无此义，实不知其所本。考之文献，孔子或谓子路其勇，或谓其野，称其有为政之能，其鲁莽之事亦不见于史。定州简本作"献"，亦可通"见"。

【简评】

本章当为孔子评价诸位弟子。汪绂《四书诠义》卷十五："愚鲁者皆不及一边；辟喭者皆太过一边。然有一边太过便有一边不及；有一边不及亦有一边太过。有其病则有其善，愚者必厚重，鲁者必诚朴，辟者才必高，喭者性必直。此皆圣门气质有偏而未为习染所坏者，充以学问。鲁者励以敏求；辟者敛以忠信；喭者文以礼乐。只因他好处，克去他偏处，便都可至于中庸。故语之使自励也。"

汪氏之论颇得本章之意。

11.19 子曰："回也，其庶乎！屡空；赐不受
孔子说："颜回啊，他是庶民之命吧！志意经常落空；端木赐

zhòng
命，而货殖焉，亿则屡中。"
不认命，因而去做买卖积累财富，志意却经常实现。"

【注释】

　　回：颜回。

　　庶：即庶命，"命"与下文"不受命"互文见义而省；程树德《论语集释》引苏秉国《四书求是》云："'其庶乎，未明指其所庶若何。以下文"不受命"对观之，盖即指受命而言。'其说良确。"庶，本义为"众"，引申为庶民，如《左传·文公十年》："三后之姓，于今为庶。"庶命，即庶民之命。

　　屡空：即"亿则屡空"，"亿则"与"亿则屡中"互文见义而省。屡，定州简本作"居"，校者以为或是"屡"之省体。

　　赐：端木赐，即子贡。

　　亿：定州简本作"意"，《汉书·货值传》亦引作"意"，当为本字。今按：亿通意，志意。

　　中：本义为射箭正中靶心，朱骏声《说文通训定声》："中，其本训当为矢箸正也。"这里指实现目的。

【简评】

　　旧注不知"庶"与下文"不受命"互文见义，"屡空"与"亿则屡中"也是互文见义，故解释曲折难解，皆不能得本章之义。

　　颜回为孔子所属意之道统传人（见 11.9），然其一生以庶民而终，而未能入仕为政。尽管颜回自己疏食陋巷不改其乐，但对于他时命不济，未能获取更大机会以充分展示自己的贤能，作为老师的孔子却不能不深表叹惜，有所谓"秀而不实"之慨（见 9.22）。所以如此，乃是孔子所欲培养的终究是能"修己以安百姓"的政治家（见 14.42），而非仅能自适的道德家。与颜回不同，端木赐面对贫困却并不安贫，而是选择致富，从而改变了"命运"，使自己的人生目的较易实现，其贤能得以在更大平台上展示。《史记·仲尼弟子列传》有记，"子贡一出，存鲁，乱齐，破吴，强晋而霸越。子贡一使，使势相破，十年之中，五国各有变"，乃至于"常相鲁卫"。孔子将颜回与端木赐作比，其惋惜则更见深沉：若以颜回之贤，能为子贡之政，其成就何可限量？然而，刘向却将本章读作孔子讥刺子贡之言，实乃腐儒之见。孔子所谓"富而可求也，虽执鞭之士，吾亦为之"（7.12），正可答彼言。

11.20 子张问善人之道。子曰："不践迹，亦不

子张问善人的为政之道。孔子说："善人如果不遵循先王之道，

入于室。"

也进不到室内。"

【注释】

善人之道：善人的为政之道。

不践迹，亦不入于室：假设句，若不践迹，亦不入于室。定州简本作"浅迹"，践、浅叠韵。迹，陈迹，入室之故道，这里用"室"喻善政，用"迹"喻先王之道。

【简评】

孔安国解本章为："言善人不但循追旧迹而已，亦少能创业。然亦不入于圣人之奥室。"可谓得意。由此可知圣人与善人之别：圣人可以因时创局，善人仅能循规守成。

11.21 子曰："论笃是与，君子者乎？色庄

孔子说："考察忠厚在于，是君子的忠厚呢，还是外表伪装的

者乎？"

忠厚呢？"

【注释】

论：讨论，评判、考察。《礼记·王制》"凡官民材，必先论之"，郑玄注："论，谓考其德行道艺。"

笃：忠实、忠厚。定州简本作"祝"，与笃叠韵，可相假。

是与：即是以，或是于。

色庄者乎：色，脸色，引申为外表。庄，通妆，伪饰。定州简本作"仁状者乎"；仁，校者未明何字。状、庄叠韵相假。

【简评】

唐以前古注多将本章归于上章，朱熹注则另辟一章。今从朱子。

人之复杂在于可以伪饰，为达目的可以"大奸似忠"。本章孔子教人不为外表忠厚所迷，要进而察其所以。君子修己以敬，洞达世情亦是以敬处世所应有之义。

11.22　子路问："闻斯行诸?"子曰："有父兄在，如之何其闻斯行之!"冉有问："闻斯行诸?"子曰："闻斯行之!"公西华曰："由也问'闻斯行诸?'子曰'有父兄在'；求也问'闻斯行诸?'子曰'闻斯行之'。赤也惑，敢问?"子曰："求也退，故进之；由也兼人，故退之。"

子路问："听闻了道理就要付之行动吗?"孔子说："有父亲兄长在，怎么能听了道理就行动呢!"冉有问："听闻了道理就要付之行动吗?"孔子说："听闻了道理就要付之行动!"公西华说："仲由问：'听闻了道理要付之行动吗?'先生说：'有父兄长在'；冉求同样问：'听闻了道理就要付之行动吗?'先生却说：'听闻了道理就要付之行动。'我困惑了，请问是怎么回事?"孔子说："冉求遇事退让，所以让他进取；仲由遇事急躁，所以让他退让。"

【注释】

闻：闻道。

行：行动。

兼：本义为并、倍，引申为急。又，兼可以通"捷"，也有急义。

【简评】

中庸之道(见13.21)在教育上的实现，必然是因材施教。本章孔子面对同一问题，却对两名弟子分别以不同答复：子路性急而直率，做事容易思虑简单，故孔子要他先征询父兄意见；冉有性缓而谦让，做事容易多虑而裹足不前，故孔子要他果断。

11.23　子畏于匡，颜渊后。子曰："吾以女为死

孔子曾在匡地受困，颜渊随后才来。孔子说："我以为你死了

矣！"曰："子在，回何敢死？"

啊！"颜渊说："先生还在，我怎么敢死？"

【注释】

子畏于匡：畏，旧注四义：其一，受难，《广雅·释诂三》："畏，难也。"其二，通围，受围。其三，通威，受威逼。其四，通危。今按：畏、围、威三字皆入微部，可以相借，然危字在歌部，未必能转。故取前三义皆可。

颜渊后：这里可有两解：一是颜渊后畏，即颜渊也随后被困；二是子畏于匡后，即颜渊是孔子脱困后才来。二者皆通。

【简评】

本章具体内容于《史记·孔子世家》有记：孔子"将适陈，过

匡，颜刻为仆，以其策指之曰：'昔吾入此，由彼缺也。'匡人闻之，以为鲁之阳虎。阳虎尝暴匡人，匡人于是遂止孔子。孔子状类阳虎，拘焉五日，颜渊后，子曰：'吾以汝为死矣。'颜渊曰：'子在，回何敢死！'匡人拘孔子益急，弟子惧。孔子曰：'文王既没，文不在兹乎？天之将丧斯文也，后死者不得与于斯文也。天之未丧斯文也，匡人其如予何！'孔子使从者为宁武子臣于卫，然后得去"。

司马迁这里将"颜渊后"理解为颜渊随后一同被困，也是一家之言。

11.24　季子然问："仲由、冉求，可谓大臣与？"

季子然问："仲由、冉求，可称得上大臣吗？"孔子说："我以

子曰："吾以子为异之问，曾由与求之问！所谓大臣

为您要问特别之事，竟是问仲由与冉求可否称得上大臣！能称得上大臣的人，

者，以道事君，不可则止。今由与求也，可谓具臣

以正道为主君办事，不能这样就辞职。如今仲由与冉求可以称得上能办事的

矣。"曰："然则从之者与？"子曰："弑父与君，亦

臣。"季子然又问："那么他们会听从季氏的命令吗？"孔子说："杀害父亲与

不从也。"

君主，也是不会听从的。"

【注释】

季子然：为人事迹略不可考。孔安国注："季子然，季氏之子弟也。"

以子为异之问：倒装句，即以子之问为异。异，特异、特别。

曾：竟。

具臣：在某些方面有才能的臣下，或能具体做事的臣下。

【简评】

本章对话应在孔子结束列国之游刚回鲁国不久。其时，季氏已

用子路、冉求为家臣，进而想看孔子是否能为己所用，故使季氏子弟子然来探询孔子之意。

季子然颇有子贡外交之才（参见7.15、9.13），入手并不直接询问孔子本心，却欲观孔子如何评价子路与冉求，以探明孔子之意。季子然所问即出，孔子立知来意，以大臣与具臣之别，彰显自己不同于子路与冉求等人。所谓大臣是以道事君，若君主不听则辞去；具臣则只替君主做事，而不问道义。言下之意，若季氏用我为大臣则可，若不能则不必相招。季子然既知孔子态度，则再问他可以容忍子路与冉求追随季氏到何种程度，孔子所划的底线是不能"弑父与君"。

孔子弟子三千，分布广泛，以贤能著称者就有七十多人，这就使孔门集团成为鲁国一支不可忽视的政治力量。因此，探明孔子的政治意向，看能否得其支持，就成为鲁国各政治势力的重要事项。故而孔子不能容忍"弑父与君"的态度，对鲁国政局有一定的稳定作用。

季子然与孔子的对话在看似平淡中波澜起伏，实为《论语》中最具欣赏性的章节之一。

11.25 子路使子羔为费宰。子曰："贼夫人之
子路让子羔去做费邑的主管。孔子说："这是害了人家的子弟
子！"子路曰："有民人焉，有社稷焉，何必读书，
啊！"子路说："那里有庶民与贵族，有土地与五谷，为何非要读书，然后才学
然后为学？"子曰："是故恶夫佞者。"
做为政之道呢？"孔子说："这就是我讨厌能言善辩者的原因。"

（费：bì　恶：wù　佞：nìng）

【注释】

费宰：费，费邑。宰，主管。

贼夫人之子：贼，害人。包咸注："子羔学未熟习而使为政，

所以为贼害也。"

　　佞：能言善辩。

【简评】

　　本章背景应在"堕三都"期间。鲁国政权被叔孙氏、孟孙氏、季孙氏所谓"三桓"实际控制，其中又以季氏实力最强而成为鲁国实际的执政者。但在"三桓"各家族内部，却又被各自的家臣控制，而使鲁国形成所谓"陪臣执国命"。季氏总管阳虎还不满足于此，进而联合其他家族家臣发动推翻"三桓"的叛乱，最后事败逃亡。平乱后，"三桓"欲借公室之名削弱各自家臣势力，而鲁定公可能也想借其他力量平衡"三桓"，于是孔子作为维护公室且有众多弟子的名人，就被意外引入政局。鲁定公九年，孔子被启用为中都宰，次年升任小司空，旋即任命为大司寇。按周礼，大夫"家不藏甲，邑无百雉之城"，而"三桓"各自的都邑，即叔孙氏的郈邑、季孙氏的费邑、孟孙氏的郕邑，都超过了礼数。更关键在于"三桓"都邑多被家臣盘踞，成为抗衡主家的根据。鲁定公十二年，朝廷决定由孔子暂代季桓子，以大司寇摄宰相位，以平毁三都。孔子则让子路来做执行者。《左传·定公十二年》记曰："仲由为季氏宰，将堕三都。"子羔可能正是这时被子路任命为费邑宰。

　　对于子路费邑宰的人选，孔子表示反对，认为子羔学尚未成，却把他放在费邑这么重要的地方，是在害他。但子路认为将子羔放到费邑去实践，依然可以学习进步，而不必一定非要先把书读好。孔子却认为子路的言论是在诡辩。客观而论，子路所说就抽象而言并没有错，但具体到当时的政治局势下未必正确了。"三桓"的关键在于季氏，"堕三都"的关键在于费邑。若费邑堕都失败，则全体皆败，故应命一政治成熟之人坐镇费邑，以保证堕都的完成。更兼费邑乃敌对势力盘踞之地，若有不慎，可能反受其害。

　　子羔是否成行，史无所载。考虑到孔子其时既是老师又是上级，估计子路亦难一意孤行。

　　11.26　**子路、曾皙、冉有、公西华侍坐。子曰：**
　　子路、曾皙、冉有、公西华陪着孔子坐下。孔子说："我大你
"以吾一日长乎尔，毋吾以也。居则曰：'不吾知
们一点年岁，不要在意。平时你们总说：'没人了解我啊！'如果有人要了解你
也！'如或知尔，则何以哉？"
们，那要说些什么呢？"

　　　　　　　　　　　　　　　　shèng　　　　niè
　　子路率尔而对，曰："千　乘　之国，摄乎大国之
　　子路急忙抢先回答："如果有一个千乘之国，被钳制在大国之间，由
间，加之以师旅，因之以饥馑，由也为之，比及三
于被侵略而发生战争，因此导致了荒年，让我去治理它，等到三年，就可
　　　　　　　　　　　　　　　　　　　　shěn
年，可使有勇，且知方也。"夫子 哂 之。
以使民众有勇气，并且知道礼仪。"先生对此大笑。

　　"求，尔何如？"
　　又问："冉求，你会怎么做？"

　　对曰："方六七十，如五六十，求也为之，比及
　　冉求回答："方圆六七十里，或五六十里的国家，让我去治理它，等到三
三年，可使足民。如其礼乐，以俟君子。"
年，就可以使民众富足。至于他们的礼乐，就等着君子来教化吧。"

　　"赤，尔何如？"
　　孔子又问："公西赤，你会怎么做？"

　　对曰："非曰能之，愿学焉！宗庙之事，如会
　　公西华回答："还说不上能做什么，不过我愿意学习！宗庙的祭祀与召开
同，端章甫，愿为小相焉。"
盟会，我愿整齐穿戴礼服与礼帽，做一个小助手。"

"点，尔何如?"

孔子又问："曾点，你怎么样?"

鼓瑟希，铿尔，舍瑟而作。对曰："异乎三子者

曾点弹完瑟，铿的一声，扔下瑟站了起来，回答："我与他们三人的选择

之撰。"

不同啊。"

子曰："何伤乎? 亦各言其志也。"

孔子说："说说有什么坏处呢? 不过是各自述说自己的志向而已。"

mù

曰："莫春者，春服既成，冠者五六人，童子六七

曾晳回答："暮春时节，当春服已经制成，就和五六个成年朋友，六七个

yú

人，浴乎沂，风乎舞雩，咏而归。"

小童，在沂水里沐浴，在舞雩台上吹风，吟唱着诗歌归来。"

夫子喟然叹曰："吾与点也!"

先生长叹说："我认可曾点的看法啊!"

三子者出，曾晳后。曾晳曰："夫三子者之言

子路、冉有、公西华出去了，曾晳留在后面。曾晳问："他们三人说得怎

何如?"

么样?"

子曰："亦各言其志也已矣!"

孔子回答："不过是各自述说自己的志向而已。"

曰："夫子何哂由也?"

曾晳问："那先生为什么要笑仲由呢?"

曰："为国以礼，其言不让，是故哂之。唯求则非

孔子回答："要用礼仪治国，自己发言却又不谦让，所以笑他。冉求的志

邦也与? 安见方六七十，如五六十，而非邦也者。唯赤

向就不是治国吗? 怎么见得治理方圆六七十里，或五六十里的地方，就不是治

则非邦也与? 宗庙会同，非诸侯而何? 赤也为之小，孰

国呢? 公西赤的志向就不是治国吗? 宗庙祭祀与参与盟会，不是诸侯之事又是

能为之大?"
什么? 公西赤愿做小助手, 谁又能做大助手呢?"

【注释】

　　子路、曾皙、冉有、公西华: 子路, 即仲由, 字子路。曾皙, 姓曾名点, 字子皙。冉有, 姓冉名求, 字子有。公西华, 复姓公西名赤, 字子华。四人均是孔子弟子。

　　以吾一日长乎尔: 即"以吾长乎尔一日"。以, 语气助词, 无实义。一, 少量。《玉篇》:"一, 少也。"日, 日月的省称, 指时光、年岁。

　　毋吾以也: 省略句倒装句, 即"毋以吾长乎尔一日也", 一日承上省。

　　居: 平常, 经常。

　　率尔: 急忙抢先的样子。

　　摄: 通籋(niè), 钳制。

　　因之以饥馑: 因, 顺着, 随着。之, 指代上句"加之以师旅"。饥, 通饑, 两字古义有别, 前者指饥饿, 后者指谷菜歉收导致的荒年。

　　知方: 知道礼法。方, 礼法。

　　哂: 该字不见于《说文解字》, 当通"矧", 本义为齿龈, 引申为大笑而露出了齿龈。刘宝楠《论语正义》云:"《曲礼》'笑不至矧', 郑玄注:'齿本曰矧, 大笑则见。'《释文》:'矧, 本又作哂。'是哂与矧同。"

　　方六七十, 如五六十: 指国家大小方圆六七十里, 或五六十里。

　　如其礼乐, 以俟君子: 如果要人民遵循礼乐, 就要等待君子来了。其, 指代上句的"民"。

　　宗庙之事, 如会同, 端章甫, 愿为小相焉: 郑玄注:"宗庙之事，谓祭祀也。诸侯时见曰会，众频曰同。端，玄端也。衣玄端，冠章甫，诸侯日视朝之服。小相谓相君之礼。"

鼓瑟希，铿尔，舍瑟而作：希，《老子》第十四章："听之不闻，名曰希。"这里指曾点鼓瑟已罢，余音已听不见。铿尔，指扔下瑟时发出的声音。作，站起来。

撰：通选，选择。

莫春者，春服既成：晚春时节，春服已经备好。莫，通暮，本义日色已暗，引申为晚。成，制成、完成、齐备。

冠者五六人，童子六七人：冠者，古代男子年满二十举行冠礼，故戴冠者为成年人。童子，未成年人。

舞雩：即舞雩台，鲁国求雨的祭坛。古人求雨设坛，以女巫作舞而祭天，谓之舞雩。

吾与点：与，许可。

【简评】

本章内容是述孔子与其弟子们各谈理想，但有两点引人注意：

其一是子路谈完理想，孔子大笑。子路所谈的理想，其实并无问题，所以曾点很是困惑老师何以会笑话他。孔子认为：治国者对于自己提倡的事情，应该以身作则。子路想要以礼治国，自己却抢着回答问题，做不到礼让。所以，孔子所笑的只是子路的言行与自己的理想背道而驰。

其二是孔子在众弟子中只认可了曾点。众弟子的理想，无非都是在乱世中有所作为，而曾点的理想却寄托了天下太平后，自己无须作为的生活。有为于乱世，理想固然可观，然而在孔子看来仍嫌短狭，仁人志士自然应当志在天下。

颜渊篇第十二

12.1 颜渊问仁。子曰："克己复礼，为仁。一
<small>颜渊问怎么成为仁人。孔子说："克制自己完成礼义，就可以成</small>

<small>kuì</small>

日克己复礼，天下归仁焉。为仁由己，而由人乎
<small>为仁人。一旦克制自己完成了礼义，天下人都会把仁人之名馈赠给他。成为仁</small>

哉？"颜渊曰："请问其目？"子曰："非礼勿视，非
<small>人是靠自己，难道是靠他人吗？"颜渊问："请问具体怎么做？"孔子说："不</small>

礼勿听，非礼勿言，非礼勿动。"颜渊曰："回虽不
<small>合礼义的不看，不合礼义的不听，不合礼义的不说，不合礼义的不做。"颜渊</small>

敏，请事斯语矣！"
<small>说："我虽然不够聪明，却愿意按照先生的话去做。"</small>

【注释】

问仁：仁，即为仁，成为仁人。"为"因后省。旧注这里皆训
"仁"为"仁德"，不明古文省略之法，不确。在《论语》语境中，
"仁"与"仁人"连用意义不同："仁"指有仁义之人，"仁人"
指完成了仁义的人。参见 14.9、14.16。

克己复礼：克，战胜，胜过，引申为克制、约束。复，当通
"赴"。《说文解字》："赴，趋也。"趋亦训"行"；《说文解字》
"行，人之步趋也。"段玉裁注："步、行也。趋、走也。二者一徐
一疾。皆谓之行，统言之也。"行，可同义复词为践行。又《尔
雅·释诂上》："赴：至也。"至，本义为到达，亦可引申为完成。
合言之，"赴"可引申为践行而完成。其实，"赴礼"是成语，《左
传·昭公二十五年》"故人之能自曲直以赴礼者，谓之成人"，实

乃孔子所用之典。

一曰：条件连词，一旦。

天下归仁：仁，仁名。归，通馈。

【简评】

《左传·昭公十二年》云："仲尼曰：古也有志：'克己复礼，仁也。'"可知，"克己复礼"乃是孔子引用成语。而"复礼"本义乃是"赴礼"，义为践行而完成礼，亦是春秋成语。《左传·昭公二十五年》有赵简子与子大叔论礼："子大叔见赵简子，简子问揖让周旋之礼焉。对曰：'是仪也，非礼也。'简子曰：'敢问何谓礼？'对曰：'吉也闻诸先大夫子产曰："夫礼，天之经也。地之义也，民之行也。"天地之经，而民实则之。'……简子曰：'甚哉，礼之大也！'对曰：'礼，上下之纪，天地之经纬也，民之所以生也，是以先王尚之。故人之能自曲直以赴礼者，谓之成人。大，不亦宜乎？'简子曰：'鞅也请终身守此言也。'"可知，春秋时"礼"有"礼仪"与"礼义"两解。除了详略有别，上述对话与孔子、颜渊如出一辙，则可知"非礼勿视，非礼勿听，非礼勿言，非礼勿动"所言之"礼"当是"礼义"无疑。践行礼义，实乃行中庸之道，是为至德，故孔子才对颜渊特意交代。

《孟子·离娄上》有淳于髡(kūn)对孟子设两难之问："男女授受不亲，礼与？"孟子曰："礼也。"曰："嫂溺，则援之以手乎？"曰："嫂溺不援，是豺狼也。男女授受不亲，礼也；嫂溺，援之以手者，权也。"若"非礼勿动"乃"非礼仪不动"，岂非应见死不救以全礼仪？可知，但知恪守礼仪而不明中庸者，终是教条腐儒。

本章旧注不是失之过浅，就是求之太深，能得其意者甚少。

12.2 仲弓问仁。子曰："出门如见大宾；使

仲弓问怎么践行仁义。孔子说："离家出仕要如同去面见贵宾；

民如承大祭；己所不欲，勿施于人，在邦无怨，

役使人民如同承办重大的祭祀；自己所不想接受的，就不要施加给他人，那么

在家无怨。"仲弓曰："雍虽不敏，请事斯
在邦国为政就不会有怨恨，在卿大夫家管理也不会有怨恨。"仲弓说："我虽不

语矣！"
够聪明，却愿意按先生的话去做。"

【注释】

问仁：《史记·仲尼弟子列传》作"问政"。按：仁在真部，政在耕部，耕真通转，故"政"可通"仁"。刘宝楠《论语正义》云："《史记·弟子传》作'仲弓问政'，冯氏登府《异文考证》以为古论。然前后章皆是'问仁'，不应此为'问政'，《史记》误也。"刘说甚是。仁，为仁。

出门：指出门为诸侯或卿大夫做事。包咸注："在邦为诸侯，在家为卿大夫。"既出门不是于诸侯为国臣，则为卿大夫家为家臣，此与下言"在邦无怨，在家无怨"互文见义而省"邦""家"。现代可以引申为出门工作。

大宾：重要的外宾。

使民：指为政治民之时。

怨：抱怨、怨恨。至于"无怨"之主体，旧注有二：一是自己无怨；二是他人无怨。两者皆通。

【简评】

"出门如见大宾；使民如承大祭。"见于《左传·僖公三十三年》，晋臼季曰："臣闻之，出门如宾，承事如祭，仁之则也。"而"己所不欲，勿施于人。"亦见《管子·小问》："其所不欲，勿施于人，仁也。"可知孔子所言皆为古时成语。元冯椅《论语解》："《左传》仲尼曰：'古也有志，克己复礼，仁也。'盖古有此语，惟颜子可以从事于此。又曰：'出门如宾，承事如祭，仁之则也。'古有此语，惟仲弓可以从事于此。"可谓得意。

本章宗旨，孔安国注："为仁之道莫尚乎敬。"所言甚是。"修己以敬"是君子为人处世之基础，只有对人对事心怀敬意，才能认真处事，待人真诚，换位体谅，从而所在之处可以已他无怨。

12.3 司马牛问仁。子曰："仁者，其言也讱^{rèn}。"

司马牛问怎么践行仁义。孔子说："践行仁义，就是说话缓慢谨慎。"

曰："其言也讱，斯谓之仁已乎？"子曰："为之难，

司马牛问："说话缓慢谨慎，这就叫做践行仁义了吗？"孔子说："践行

言之得无讱乎？"

仁义很难，说话怎能不缓慢谨慎呢？"

【注释】

司马牛：复姓司马，名耕，一说名犁，字子牛。孔子弟子。

讱：迟钝缓慢。

【简评】

孔子因材施教，同一问题对不同弟子答复各异。大约平日司马牛视为仁为易事，致使出言不慎，故本章孔子嘱其"为仁难"，故应先思量周详，言行谨慎。各人遇事而出言，其快慢因人而异，不过，出言迅捷，大致不假思索，而出言缓慢，则似谋定而后动。孔子要人"修己以敬"，而不假思索则可能是心中对人处事不怀敬意，故可能言行轻率，误人害己。

12.4 司马牛问君子。子曰："君子不忧不惧。"

司马牛问什么是君子。孔子回答："君子不忧愁也不恐惧。"

曰："不忧不惧，斯谓之君子矣乎？"子曰："内省

司马牛问："不忧愁不恐惧，这就叫做君子了吗？"孔子说："反省内心没有愧

不疚，夫何忧何惧？"

疚，又会有什么忧愁与恐惧呢？"

【注释】

省：视察、审查。

【简评】

本章正是俗语所谓"未作亏心事，不怕鬼叫门"。人都是欺人容易，而自欺难，所以儒家内心建设的一个重要方法就是反省，即以仁义为准绳，在内心对自己的言行进行审查。若言行不义，则内省有愧，需要"内自讼"（5.27），即内心进行自责，以使不再重复过失；若言行正义，则内省不疚，于是不忧不惧，勇气由此而生。曾子严于律己，甚至要"日三省吾身"（1.4）。

孟子在此义理上发挥出了"养气"与"养勇"之道：

养气即培养自己的浩然正气，他说：浩然之气"其为气也，至大至刚，以直养而无害，则塞于天地之间。其为气也，配义与道；无是，馁也。是集义所生者，非义袭而取之也。行有不慊（qiè）于心，则馁矣"（《孟子·公孙丑上》）。浩然正气是人通过正义言行的不断集聚而成，由小而大，直至于充塞于天地之间。

养勇即培养自己的勇气，他说："昔者曾子谓子襄曰：'子好勇乎？吾尝闻大勇于夫子矣：自反而不缩，虽褐宽博，吾不惴焉；自反而缩，虽千万人，吾往矣。'"（《孟子·公孙丑上》）内省有愧，则不敢面对庶民；内省不疚，则敢于抵挡千军万马。

wú

12.5 司马牛忧曰："人皆有兄弟，我独亡！"子

司马牛忧愁着说："其他人都有兄弟，唯独我没有！"子夏说：

夏曰："商闻之矣：死生有命，富贵在天。君子敬而

"我听说过：'死生与否取决于命运，贵贱与否取决于上天。君子敬畏上天而没

无失，与人恭而有礼，四海之内，皆兄弟也。君子

有过失，与人交往恭敬而合礼，四海之内的人，都会是他的兄弟。君子怎么会

何患乎无兄弟也?"

担心没有兄弟呢?"

【注释】

　　富贵:这里指富贵与贫贱,与死生互文见义。

　　敬而无失:即敬天而无失,"天"与下文"人"互文见义而省。

【简评】

　　本章子夏之言,深合儒家天人之道。所谓"死生有命,富贵在天",意为"天命靡常"终非人力可测。人之所能,唯有尽人事而待天命。所谓尽人事者,敬畏上天,修己安人,与人为善等,乃"为仁由己""我欲仁而斯仁至矣"之事,至于生死富贵非求之可得,则不妨听由天命,而无须烦心。

　　12.6　子张问明。子曰:"浸润之谮（zèn）,
子张问什么是明辨谗言。孔子说:"像脏水渐渐浸污东西那样的

肤受之愬（sù）,不行焉,可谓明也已矣。浸
谗言,像灰尘渐渐玷污皮肤那样的谤语,都行不通,可以说是明辨谗言了。像

润之谮,肤受之愬,不行焉,可谓远也
脏水渐渐浸污东西那样的谗言,像灰尘渐渐玷污皮肤那样的谤语,都行不通,

已矣。"
可以说是洞察甚远了。"

【注释】

　　问明:即问明谮,"谮"因后省。谮,谗言。

　　浸润之谮,肤受之愬:邢昺《论语注疏》:"夫水之浸润,

渐以坏物，皮肤受尘，渐成垢秽。潜人之言，如水之浸润，皮肤受尘，亦渐以成之，使人不觉知也。若能辨其情伪，使潜之言不行，可谓明德也。"润，污渍。愬，本义告发，引申为谗言。

【简评】

本章孔子要人防谗言于微小。君子无害人之心，却不可无自保之意。

12.7　子贡问政。子曰："足食，足兵，民信
子贡问为政之道。孔子说："使政府财用充足，军备充足，人民
之矣。"子贡曰："必不得已而去，于斯三者何
信任它。"子贡问："迫不得已要去掉一个，那在这三者中先去掉哪个呢？"孔
先？"曰："去兵。"子贡曰："必不得已而去，
子说："去掉军备"子贡又问："迫不得已要去掉一个，那在这二者中先去掉
于斯二者何先？"曰："去食；自古皆有死；民
哪个呢？"孔子说："去掉粮食；自古以来人都是要死的，可是如果没有人民的
无信不立。"
信任政府就不会存在。"

【注释】

足：使充足。

食：本义为粮食，这里代指政府的财用。

民信之：民众信任政府。之，代指政府。

民无信不立：即民无信政不立，"政"承上省。

【简评】

本章孔子强调了信誉建设对政府成立的极端重要性。孔子认为

政府要从三方面建设：财用、军备、公信力，其中以取信于民最为重要。可见，孔子认为政府真正的基础不在于财力雄厚与军备强大，关键在于民心的向背。秦朝一统六国，兼天下之财而为己用，财用不可谓不多，收天下之兵而有虎狼之师数十万，军备不可谓不强，然而，陈胜、吴广之众不满千，登高一呼，天下响应，而秦朝灭亡。由此可证，孔子所谓民无信不立，确实抓住了政府成立的本质。

12.8　棘子成曰："君子质而已矣，何以文为？"子贡曰："惜乎，夫子之说君子也，驷不及舌。文犹质也，质犹文也；虎豹之鞟^{kuò}，犹犬羊之鞟。"

棘子成说："君子追求实质就可以了，要文采来做什么呢?"子贡说："小心啊，您在谈论君子的时候，一言既出驷马难追啊。文采的作用与实质相同，实质的作用也与文采相同；虎皮与豹皮如果褪去了毛，就与褪去毛的狗皮和羊皮没有区别了。"

【注释】

棘子成：卫国大夫。

驷不及舌：驷，四匹马所拉的车。舌，舌头，这里指所说的话。意为：一言既出，驷马难追。

鞟：去掉毛的兽皮。

【简评】

孔子曾说："质胜文则野，文胜质则史。文质彬彬，然后君子。"（6.18）子贡在这里批驳了棘子成只质不文的思想，维护了老师"文质彬彬"之论。

12.9　哀公问于有若曰："年饥，用不足，如之
鲁哀公向有若咨询："遇到饥年，国用不足，应该怎么办呢？"

何？"有若对曰："盍彻乎？"曰："二，吾犹不足，
有若回答说："为什么不按十分之一抽税呢？"鲁哀公说："按十分之二抽税，

如之何其彻也？"对曰："百姓足，君孰与不足？百
我的财赋尚且不够，怎么还能按十分之一抽税呢？"有若回答："如果百姓富

姓不足，君孰与足？"
足，谁能使国君不富足呢？如果百姓不富足，谁又能使国君富足呢？"

【注释】

　　有若：字子有。孔子弟子。

　　盍：何不。

　　彻：按十分之一抽税。

　　二：按十分之二抽税。

　　君孰与不足：即孰与君不足。下同。旧释皆不合语法。

【简评】

　　有若在解决国用不足时，提出先减少赋税，使人民富足，从而扩大税基，政府收入反会因此增加。有若这个经济思想颇有现代意味，非常难得。

12.10　子张问崇德辨惑。子曰："主忠信，徙
子张问怎么提高德行与分辨迷惑。孔子说："以忠信为根本，

义，崇德也。爱之欲其生，恶之欲其死；既欲其生
改变自己以符合仁义，这就是提高德行。爱他就想他活，厌恶他又想他死；既

又欲其死，是惑也！"
想要他活又想要他死，这就是迷惑！"

【注释】

崇：崇，高，这里作动词"提高"。

主：根本。《礼记·礼器》"必有其主也"，郑玄注："主，谓本与古也。"《礼记·礼器》："忠信，礼之本也。"

徙义：即以义为徙。徙，本义为移动，这里指言行从不合仁义向符合仁义变动。

【简评】

本章最后原有"诚不以富，亦只以异"二句，因与上下文意皆不能合，故移至看似更为恰当的 16.12。

这里深可注意者有二：首先，是孔子与有若之别：有若以孝为仁之本，而孔子则以忠信为本。其次，是德与惑的关系：情欲若无节制，则必陷于自相矛盾之惑，否则，就必须使情欲有度量分寸，此之谓德。

12.11 齐景公问政于孔子。孔子对曰："君
齐景公向孔子问为政之道。孔子回答："以君主的规范来做君
君，臣臣，父父，子子。"公曰："善哉！信如君
主，以臣子的规范来做臣子，以父亲的规范来做父亲，以儿子的规范来做儿
不君，臣不臣，父不父，子不子，虽有粟，吾得
子。"齐景公说："说得好啊！假如君没有君的规范，臣没有臣的规范，父没有
而食诸？"
父的规范，子没有子的规范，即使有粮食，我能收取来食用吗？"

【注释】

齐景公：姜姓，吕氏，名杵臼。春秋时齐国君，公元前 547—前 490 年在位。

君君：即以君主的规范来做君主。前"君"是意动词，以

为君；后"君"为名词，君之规范、礼义。旧注皆谓"君君"为"君要像君"，不合语法。下文"臣臣、父父、子子"与之皆同。

【简评】

本章故事于《史记·孔子世家》有记："孔子年三十五，而季平子与郈昭伯以斗鸡故得罪鲁昭公，昭公率师击平子，平子与孟氏、叔孙氏三家共攻昭公，昭公师败，奔于齐，齐处昭公干侯。其后顷之，鲁乱。孔子适齐，为高昭子家臣，欲以通乎景公。"

齐景公继位以来虽荒淫享乐，却也素有雄图伟略。然而，孔子此次入齐，齐景公已是晚景堪虑：陈田氏于国内收买人心阴谋夺权，自己却还未立嗣，正如朱熹注所评："其君臣父子之间，皆失其道。"在此背景下，齐景公向孔子问政，孔子进以"君君，臣臣，父父，子子"之策。所谓"君臣"即要整顿朝纲，以弭陈田氏篡权威胁；而"父子"则要早定嗣位，以免传统不继，致使他人生觊觎之心。孔子所陈颇得齐景公欣赏，欲封尼溪田于孔子，但为晏婴所阻，终于未获见用。

12.12　子曰："片言可以折狱者，其由也与？"

孔子说："只通过分析言语就可以断案的人，只有仲由了吧？"

子路无宿诺。

子路没有停留一夜的诺言。

【注释】

片言可以折狱：片，作动词，通判，两字双声叠韵；《玉篇》："片，判也。"《说文解字》："片，判木也。"段玉裁注："判，半分而合者。"故知片言意为：分析综合言辞。折狱，断案。

无宿诺：宿，本义为夜晚休息，引申为停留一夜。

【简评】

本章记子路两个特点：一是审案分析能力强，但也可能失之轻率，有实际调查不足之偏；二是言必行，行必果，但也可能因小信而伤大义之失。

12.13 子曰："听讼，吾犹人也。必也使无讼乎！"

孔子说："审理案件，我和别人相同。但最好是没有诉讼案件发生！"

【注释】

犹：与相同。

必：最好。《说文解字》："必，分极也。"

【简评】

本章孔子"必也使无讼乎"的理想，与 11.26 如出一辙。

12.14 子张问政。子曰："居之无倦；行之以忠。"

子张问为政之道。孔子说："居于政位时不懈怠，执行政令时要忠实。"

【注释】

居之：居于政位时。

行之：行使政令时。

【简评】

本章孔子述从政的两个基本素质：勤政与忠实。

12.15　子曰："博学于文，约之以礼，亦可以弗
　　　　孔子说："要广泛学习文化，但要用礼义来约束，因此也就不
畔矣夫。"
会离经叛道了。"

【注释】

约之以礼：约，约束。之，代指博学于文。

【简评】

本章孔子述其学习方法：以礼义统贯，故能博学文化而不杂。一切所学皆衡之以礼义而抉择之，合则存，违则去，自然无悖逆之念存焉。

12.16　子曰："君子成人之美，不成人之恶；小
　　　　孔子说："君子使人的美好得以成长，而不使人的丑恶得以成
人反是。"
长；小人则相反。"

【注释】

成：使成长，使兴盛。

【简评】

君子与人相交，待以忠恕之道，故可使人不足之处得以改善，美善之处得以发扬。而小人与人相交，只为私计，故只能

使人不足之处更坏，美善之处不彰。例如，君子见人之过，谋以人己两立（6.30），助其改善；小人见人之过，衡以私利得失，往往谄媚溢美，使人更错，故孔子说"佞人殆"（15.11），即小人危险。

12.17　季康子问政于孔子，孔子对曰："政者，正也。子帅以正，孰敢不正？"

季康子向孔子询问为政之道。孔子回答："为政之道，在于公正。您以公正统率臣下，谁还敢不公正呢？"

【注释】

帅：通率，率领。

【简评】

孔子在政治伦理上与后世儒家的本质不同之处在于：孔子强调上位者的示范责任，后儒强调下位者的忠顺义务，从而使君臣相互规范的仁义，变为单向负责的愚忠。

12.18　季康子患盗，问于孔子。孔子对曰："苟子之不欲，虽赏之不窃。"

季康子忧虑鲁国偷窃严重，向孔子询问办法。孔子回答："如果您没有贪欲，就是奖励偷窃也不会有人去做。"

【注释】

盗：《左传·文公十八年》："窃贿为盗。"可见春秋时，"盗"主要指偷窃。

【简评】

本章意义同上章。

12.19 季康子问政于孔子曰："如杀无道以就有

季康子向孔子询问为政之道："如果杀掉无道之人，来成就有

道，何如？"孔子对曰："子为政，焉用杀？子欲善

道之人，怎么样？"孔子回答："您当政，怎么用得着杀人？如果您想要为善，

而民善矣。君子之德风，小人之德草；草上之风

那么人民就会为善。君子的本性像风，小人的本性像草，草迎上风就会随之

必偃。"

倒下。"

【注释】

德：这里不作"道德"之"德"，而应训为"天性""本性"
之类，《淮南子·齐俗》："得其天性谓之德。"《礼记·乐记》："德
者，性之端也。"

上：迎上、碰上。

【简评】

细思本章，颇有玄妙。季康子"杀无道以就有道"所言欲杀何
人？旧注有二：

一指普通坏人，孔安国所谓"欲多杀以止奸"是之。持该论
者，多引《韩诗外传》卷三为证：鲁国有父子相讼，季康子以"治
民以孝"为由要杀其子。孔子曰："未可杀也。夫民为不义，则是
上其失道。上陈之教而先服之，则百姓从风矣。"（西汉·韩婴：《韩诗
外传集释》）然而，韩诗故事真伪难辨，且与"杀无道以就有道"未
必相应。

二指政治人物，如古棣《论语译说》认为："'无道''有道'

显然指为政者。"（古棣等：《论语译说》）其实"杀无道以就有道"出自《国语·晋语三》：秦穆公攻打晋国擒获晋惠公，与臣下商议如何处置，公子縶主张杀掉晋惠公以重耳相代，说："杀无道而立有道，仁也。"可知其典故本意乃是杀无道之君而代之以有道之人。周行封建，天子、诸侯、卿大夫皆以嫡长子传统，其利在继承明确，弊在选嗣单一，众多贵戚再有贤能，也只得望君位而叹，故有人心生怨恨亦是人之常情。如此积蓄久远，一旦君主失道，公室疲弱，庶支坐大，则难免不起夺权取代之心。本章季康子与孔子问对之时，"三桓"瓜分公室，季氏实际执政鲁国，已有数代之久。期间，以为季氏可代立为鲁君之声，时有所闻，如《左传·昭公三十二年》所载："赵简子问于史墨曰：'季氏出其君，而民服焉，诸侯与之；君死于外而莫之或罪也。'对曰：'……鲁君世从其失，季氏世修其勤，民忘君矣。虽死于外，其谁矜之？社稷无常奉，君臣无常位，自古以然。'"史墨虽未说"杀无道以就有道"，但认为季氏之有道应代替鲁公之无道，意义甚明。孔子熟读"春秋"，如何听不出季康子所问乃是试探自己对取代鲁君的态度？故而孔子婉转表达出三层意思：其一，默认有道代替无道之正义性；其二，季氏若果真有道，鲁国臣民自会望风归服，何必要用诛杀？其三，故季氏当以修己安人为本，本立而道生，其余都是水到渠成之事。孔子之说话艺术如此！

汉代以来注家，未必无人识得其中玄机，但对孔子未反对"以有道代替无道"皆刻意避讳，如是观之，韩诗故事或有炮制之嫌。

12.20 子张问："士何如斯可谓之达矣？"子曰：
子张问："士人怎么样才可以称得上通达？"孔子说："你所说的
"何哉，尔所谓达者？"子张对曰："在邦必闻，在
通达是什么意思呢？"子张回答："在朝廷做事一定出名，在卿大夫家做事也一定出
家必闻。"子曰："是闻也，非达也。夫达也者，质
名。"孔子说："这是名人，而不是达人。通达的人，本质正直而爱好仁义，能辨别
直而好义，察言而观色，虑以下人。在邦必达，在
他人的言语又善于观察他人的颜色，以谦卑的态度考虑事情。在朝廷做事通达，在

家必达。夫闻也者，色取仁而行违，居之不疑。在
卿大夫家做事也通达。而出名的人，外表采取仁义而实际行动却又违背，安然作伪

邦必闻，在家必闻。"
而不被见疑，这种人在朝廷做事定会出名，在卿大夫家做事也定会出名。"

【注释】

达：本义为通行无碍。这里指仕途通达。《说文解字》："达，行不相遇也。"《广雅·释诂一》："达，通也。"

闻：出名。

虑以下人：即以下人虑。

居之：安然如此。居，安然，《玉篇》："居，安也。"之，代指"色取仁而行违"的作伪。

疑：被动用法，被疑。

【简评】

孔子区分了"达人"与"闻人"之不同。"达人"是本质正直，爱好仁义，察言观色，态度谦逊，从而赢得声誉；"闻人"则是伪装仁义，阳奉阴违，骗取声名。

还有孔子公案一件，可论于此。

《荀子·宥坐》有记："孔子为鲁摄相，朝七日而诛少正卯。门人进问曰：'夫少正卯，鲁之闻人也。夫子为政而始诛之，得无失乎？'孔子曰：'……人有恶者五，而盗窃不与焉：一曰心达而险，二曰行辟而坚，三曰言伪而辩，四曰记丑而博，五曰顺非而泽。此五者有一于人，则不得免于君子之诛，而少正卯兼有之，故居处足以聚徒成群，言谈足以饰邪营众，强足以反是独立。此小人之桀雄也，不可不诛也。'"

该事不见于《国语》《春秋》及其诸传，传世文献首记于《荀子》，转载广泛，多为儒家著作。宋之前人多信其有，而后则时疑

其真，以至于今日仍是不解之公案。然而，姑且不论真伪，《荀子》中孔子诛杀少正氏之所谓"五恶"，就本章否定"色取仁而行违，居之不疑"言之，未必不符合孔子思想。

12.21 樊迟从游于舞雩之下，曰："敢问崇德，
樊迟随从孔子在舞雩台下面游览，说："请问怎么提高德行，

修**慝**，辨惑？"子曰："善哉问！先事后得，非崇德
_{tè}改正过错，以及辨别迷惑？"孔子说："问得好啊！先努力做事然后获得，这不

与？攻其恶，无攻人之恶，非修**慝**与？一朝之忿，
就是提高德行吗？改正自己的不足，而不是纠正别人的过失，这不就是改正错

忘其身以及其亲，非惑与？"
误吗？凭一时的愤怒，忘记了自己的身体和亲人，这不就是迷惑吗？"

【注释】

从游：随从伴游。

舞雩：即舞雩台，鲁国求雨的祭坛。

修慝：修正过错。慝，过错。

先事后得：先忠其事，后获其得。

攻其恶，无攻人之恶：改正自己之过，而非改正他人之过。攻，改正、改善；《尔雅·释诂上》："攻，善也。"这里"善"作使动词，使改善。其，反身代词，指自己。恶，过错；可参考《卫灵公》篇第二十一章(15.21)"君子求诸己，小人求诸人"。

一朝之忿：一时的愤恨。

【简评】

除了"修慝"，本章樊迟与子张所问相若(12.10)，但是孔子答复不同，应该是针对樊迟应当改进之处而言的。至于樊迟有何不

足，文献难征，故不好猜测。

12.22 樊迟问仁。子曰："爱人。"问知。
樊迟问什么是仁。孔子说："爱人。"问什么是智。孔子说：

子曰："知人。"樊迟未达。子曰："举直错
"识别人才。"樊迟没有理解。孔子又说："举荐正直的人使他位于邪恶的人之

诸枉，能使枉者直。"樊迟退，见子夏曰：
上，这样可以使邪恶的人变得正直。"樊迟退了出来，去见子夏说："不久之

"乡也，吾见于夫子而问知，子曰：'举直
前，我拜见先生问他什么是智，先生说：'举荐正直的人使他位于邪恶的人之

错诸枉，能使枉者直。'何谓也？"子夏曰：
上，这样可以使邪恶的人变得正直。'是什么意思？"子夏说："这话含义多么

"富哉言乎！舜有天下，选于众，举皋陶，
丰富啊！舜治理天下时，在众人之中选拔人才，使皋陶被举荐出来，不仁之人

不仁者远矣；汤有天下，选于众，举伊尹，
就逃到了远处；商汤治理天下时，也在众人之中选拔人才，使伊尹被举荐出

不仁者远矣。"
来，不仁之人也逃到了远处。"

【注释】

问知：知，通智。

知人：知，认识、识别。

乡：通晌，过去不久。《说文解字》："晌，不久也。"旧注有训为"向"，不确。向字有"过去"义，但无"不久"义。

举直错诸枉：举，举荐。直，正直。错，本义是把金涂于物件

之上，引申为放置之上；《说文解字》："错，金涂也。"段玉裁注："谓以金措其上也。"枉，本义弯曲，这里指邪恶、不正直的人。句意为：举荐正直的人位于邪恶的人之上。

【简评】

元代陈天祥云："惟仁者能好人，能恶人，仁则亦有爱恶之择也。樊迟问仁，孔子答以爱人，非谓不择善恶，普皆爱之也。盖仁者以爱人为本耳。至于遇有一直一枉，亦不直，须枉直皆举，然后为爱也。由是观之，爱人知人，本不相悖。"（元·陈天祥：《四书辨疑》卷六）其说是。

12.23 子贡问友。子曰："忠告而善道之，不可
子贡问朋友之道。孔子说："诚心劝告并且善于引导，不听从

则止，毋自辱焉。"
就停止，不要自取其辱。"

【注释】

道：通导，引导。

【简评】

这里可见亲人之道与朋友之道的区别：亲人出自天伦，故劝谏亲人要劳而不怨(4.18)，朋友出于义合，故劝谏朋友要适可而止，不认可而强谏，则未必能达到劝人的目的，而徒使朋友之间相互疏远。

12.24 曾子曰："君子以文会友，以友
曾子说："君子用文艺与朋友聚会，通过朋友来帮助自己成为

辅仁。"
有仁德的人。"

【注释】

文：刘宝楠《论语正义》注："文，谓诗书礼乐也。"《论语·学而》"则以学文"，皇侃注："文，谓五经六艺也。"朱熹注："文，谓诗书六艺之文也。"

【简评】

孔安国注："友以文德合也。友有相切磋之道，所以辅成己之仁。"《说苑·说丛》："贤师良友在其侧，诗、书、礼、乐陈于前，弃而为不善者鲜矣。"二者所论甚是。

子路篇第十三

13.1 子路问政。子曰："先之劳之。"请益。
子路问为政之道。孔子说："先以身作则再劳役人民。"子路请
曰："无倦。"
增添点内容。孔子说："不懈怠。"

【注释】

先之劳之：即先之劳而劳之，前一个"劳"因后省。之，代指
民。意为：先以身作则，再劳民以役。旧注有训"先"为"导"，
即导民以德，再劳民以役。然而，导民以德也不离以身作则，故前
者义胜。又有旧注读作"先之，劳之"，俞樾《群经平议》云：
"'先之劳之'四字作一句读，犹《阳货》篇曰'使之闻之'，不得
因有两'之'字而分为二事也。《诗·緜蛮》篇'为之载之'，《孟
子·滕文公》篇'与之食之'，句法皆与此同。先之劳之，谓先民
而任其劳也，天子亲耕、后亲蚕之类，皆其事矣，孔谓先导之以
德，然后劳之，似于文义未合。下文子路请益，而告以'无倦'，
盖先任其劳则易倦，故戒之也。"（俞樾：《群经平议》卷三十一）俞氏所
言甚是。

【简评】

本章孔子叮嘱子路注重身教，要为政勤勉。参见本书12.10。

13.2 仲弓为季氏宰，问政。子曰："先有司，
仲弓当上了季氏的总管，问为政之道。孔子说："先使官吏各有司

shè

赦小过，举贤才。"曰："焉知贤才而举之？"曰：

职，宽免小的过错，举荐贤能之才。"仲弓又问："怎么能识别贤能之才从而举荐他

"举尔所知，尔所不知，人其舍诸？"

们呢？"孔子说："先举荐你所能识别的，你所不能识别的，别人难道会遗弃吗？"

【注释】

有司：设官分职，使官吏各有专司。

知：识别，《大戴礼记·本命》："审伦而明其别，谓之知。"
《吕氏春秋·有始》："以寒暑日月昼夜知之。"高诱注："知，犹别
也。"旧注多训为"知道"，不确。

【简评】

本章孔子教导仲弓为政管理之道，注重四点：其一，明确分
工；其二，留有余地；其三，识别并举荐贤才；最后，注意领导的
示范作用。

13.3　子路曰："卫君待子而为政，子将奚先？"

子路说："卫国国君等待先生去治理国政，先生会先做什么呢？"

子曰："必也正名乎！"子路曰："有是哉？子之迂

孔子说："一定是先纠正名分。"子路说："有这样做的吗？先生也太迂阔了！

也！奚其正？"子曰："野哉，由也！君子于其所不

为什么要纠正呢？"孔子说："粗野啊，仲由！君子对他所不知道的事，都会存

知，盖阙如也。名不正，则言不顺；言不顺，则事

疑不论。如果名分不正，那么政令就不通达；政令不通达，那么政事就不会有

不成；事不成，则礼乐不兴；礼乐不兴，则刑罚不

成效；政事没有成效，那么礼乐就不能振兴；礼乐不能振兴，则刑罚不适当；

zhòng

中；刑罚不中，则民无所错手足。故君子名之必

刑罚不适当，那么人民就不知道该依照什么行事。所以君子订立的名分必定可

可言也，言之必可行也。君子于其言，无所苟而
以使政令通达，政令通达了就必定可以执行。这是因为君子对于他所拟的政

已矣！"
令，不轻率而已。"

【注释】

正名：使人言行与各自身份相符。名，名分，即上文"君君、臣臣、父父、子子"之类。

盖阙如：盖，都、皆，《诗经·小雅·黍苗》"盖云归哉"，郑玄笺："盖，犹皆也。"阙，通缺。意为：全都要存疑不论。

言不顺：言，这里不做一般性的言语讲，具体指命令、政令、教令，《诗经·小雅·彤弓》"受言藏之"，郑玄笺："言者，谓王策令也。"《国语·周语上》"有不祀则修言"，韦昭注："言，号令也。"《孟子·尽心上》"仁言不如仁声之入人深也"，焦循《孟子正义》："国家号令谓之言。"故刘宝楠《论语正义》云："言者，所以出令不治也。"按：现代注家几乎都训"言"为语言，不确。

君子名之：名，作动词，订立名分。

刑罚不中：刑法不符合正义。中，符合正义。

错：同措，安置。

【简评】

旧注有人以哲学认识论来分析孔子的"正名"思想，其实意义不大。孔子本章所谓正名，乃是有感卫国情势而发。卫灵公的夫人南子淫乱，太子蒯聩意欲刺杀，事败逃亡。卫灵公死后，南子立蒯聩之子辄为卫国国君，是为卫出公。而蒯聩在赵国支持下，也欲复国，于是有父子相争。这时卫出公欲请孔子为政，故有本章言论。

何为名实相副？即人人依其身份，做其所当做，得其所当得。若人之言行不合自己身份，如蒯聩父子，虽有君臣父子之名，实际

却是君不君，臣不臣，父不父，子不子。名实不副，则制度紊乱而礼乐不兴，如此又可使官吏失职，礼法不尊，政令自然难以通达与执行。

13.4　樊迟请学稼，子曰："吾不如老农。"请学
樊迟请求学习种庄稼，孔子说："种庄稼我不如老农。"樊迟又
为圃，曰："吾不如老圃。"樊迟出，子曰："小人
请孔子教学种菜，孔子说："种菜我不如老菜农。"樊迟出去后，孔子说："真
哉，樊须也！上好礼，则民莫敢不敬；上好义，则
是农民啊，樊须！如果君主爱好礼，那么民众就不敢不尊敬他；君主爱好仁
民莫敢不服；上好信，则民莫敢不用情。夫如是，
义，那么民众就不敢不服从；君主爱好诚实，那么民众就不敢不据实以告。如
　　　　　　qiǎng
则四方之民，襁负其子而至矣，焉用稼！"
果这样，那么四方的民众，就会背负着子女前来，哪里用得着学种庄稼！"

【注释】

稼：种植五谷。《尚书·洪范》"土爰稼穑"，孔安国传："种曰稼。"孔颖达疏："种谷曰稼。"

圃：种植蔬菜。《说文解字》："圃，种菜曰圃。"

小人：本义为从事百工的庶民，亦称小民，这里当指农民。

上：先秦文献中多指上天或君主。

信：诚实。

情：实情。

【简评】

孔子杏坛讲学之现实目的，在于培养仁人志士，即德才兼备的政治人才，而非诸如农工之专才，故"君子不器"（2.12），要博学

多能。按理，为政者管理农工，需要一定的农工知识，学之本无可厚非。但从孔子"老农""老圃"之言揣测，樊迟所要学的或仅是稼圃技能，故孔子以为，就成为政治人才而言学之无益，徒成小民罢了。

13.5　子曰："诵《诗》三百，授之以政，不达；
孔子说："背诵了《诗》三百篇，授予他政务，不能通达；让
使于四方，不能专对；虽多，亦奚以为？"
他出使四方，也不能独立应对；这样《诗》虽然背诵得多，又有什么用呢？"

【注释】

诵：背诵。

专对：独立应对。

【简评】

《诗》涉及广泛，其《雅》《颂》部分尤其关乎政治、祭祀等内容；同时，《诗》皆有曲，亦属"乐"（9.15），要与礼仪相配，故《诗》三百可作政治教材之用。另外，诸侯卿大夫相交，既唱和《诗》以为娱乐，又寄托《诗》以表达婉转之意，皇侃疏引袁氏云"古人使赋诗而答对"，故孔子谓之"不学诗，无以言"（16.13）。可知，熟诵《诗》三百是外交人员必备的技能。

司马迁认为："古者诗三千余篇，及至孔子，去其重，取可施予礼仪三百五篇。"（《史记·孔子世家》）然而，本章孔子已有《诗》三百之言，故有可能《诗》今之三百之数，早已有之，孔子只是对其调整了乐章，以使《雅》《颂》各得其所。（参见9.15）

13.6　子曰："其身正，不令而行；其身不正，
孔子说："如果自身行为端正，不用发布命令也能推行政见；如
虽令不从。"
果自身行为不端，即使发布了命令也没人服从。"

【注释】

其：其，反身代词，自己。

【简评】

本章孔子正面阐述以身作则的示范作用对于领导工作的重要性。《礼记·缁衣》有云："下之事上也，不从其所令，从其所行。上好是物，下必有甚焉者。"《大学》亦云："尧、舜帅天下以仁，而民从之；桀、纣帅天下以暴，而民从之。其所令反其所好，而民不从。"此两篇之论皆可作为本章注释。

领导的以身作则，孔子在《论语》多处反复强调，可参阅。

13.7　子曰："鲁、卫之政，兄弟也。"

孔子说："鲁国与卫国的政治，像兄弟般大致相同。"

【注释】

鲁、卫：鲁国与卫国。

【简评】

鲁、卫两国始祖分别为周公与康叔，两人是同母兄弟；两国制度也同源于周王室，虽年代久远而各有变迁，仍是大同小异。所以，包咸注："鲁，周公之封。卫，康叔之封也。周公、康叔既为兄弟，康叔睦于周公，其国之政亦如兄弟。"不仅如此，两国所经历的政治乱象也有相似之处。程树德《论语集释》引苏轼《论语解》云："是时鲁哀公七年、卫出公五年也。卫之政，父不父，子不子；鲁之政，君不君，臣不臣。卒之哀公孙邾而死于越，出公奔宋而亦死于越，其不相远如此。"故而，孔子所谓"鲁、卫之政，兄弟也"真是意味深长。

13.8　子谓卫公子荆："善居室。始有，曰：'苟
孔子评论卫公子荆说："他善于安家。刚有（财产）时就说：
合矣。'少有，曰：'苟完矣。'富有，曰：'苟
'诚然足够了。'等有了一些积累时说：'诚然富裕了。'等到富有时说：'诚然
美矣。'"
完备了。'"

【注释】

谓：评论；《说文解字》："谓，报也。"段玉裁注："引伸凡论
人论事得其实谓之报。谓者，论人论事得其实也。"

卫公子荆：卫国的公子，名荆。诸侯的庶子称公子。

善居室：居，安。室，家。善于使家室安定。

始有：开始有（财富）。

苟合：苟，诚，《广雅·释诂一》："苟，诚也。"合，通给，
足够。

完：通宽，富裕。旧注以为"完"是本字，训为"完备"，则
与下文"美"重复，不确。

美：成、完备。《吕氏春秋·至忠》"而欲其美也"，高诱注：
"美，成也。"《诗经·齐风·猗嗟》"仪既成兮"，郑玄笺："成，
犹备也。"

【简评】

孔子所谓卫公子荆善于安家，在于能知足常乐，随遇而安。

13.9　子适卫，冉有仆。子曰："庶矣哉！"冉有
孔子去到卫国，冉有为他驾车。孔子说："民众真多啊！"冉有
曰："既庶矣，又何加焉？"曰："富之。"曰："既
问："民众已经这么多了，还要增添什么呢？"孔子说："使民众富裕。"冉有
富矣，又何加焉？"曰："教之。"
又问："民众富裕了，又要增添什么呢？"孔子说："要教化他们。"

【注释】

仆：古本作"僕"，二字古义有别。仆，倒下；僕，驾车，《玉篇》："僕，驭车也。"

庶：人口众多。《说文解字》："庶，屋下众也。"段玉裁注："光取众盛之意。"

富：使富裕。

【简评】

《管子·牧民》有名言曰："仓廪实而知礼节，衣食足而知荣辱。"孔子本章所述，也有此意。

13.10　子曰："苟有用我者，期月^ji^而已可也，三
孔子说："如果用我主政，初见成效只需一年而已，三年就可
年有成。"
以成功。"

【注释】

期月：期，古人凡一整日、整月、整年等一个周期，皆可称期。期月，既可以指一月，也可以指一年。这里指一年。

可：实现意图。《荀子·富国》"皆有可也"，杨倞注："可，谓合意也。"成：成功实现治理意图。

【简评】

本章孔子所谓"有成"并非皇侃疏之"大成"，而是相对于自己提出的施政目标有所初成，而实现仁政方可谓之大成。从下章可知，孔子以为即使圣王再世，实现仁政犹需三十年，可见三年有成非指大成。孔子的意思是：自己若能为政，会提出施政目标，用一

年时间就可以初步达成这些目标，三年则可完成。故"有成"仅是相对于阶段性目标而言，而非就仁政这一终极目标而言。

13.11 子曰："善人为邦百年，亦可以胜残去杀
孔子说："善人治理诸侯之国一百年，也可以做到消灭残暴废

矣。诚哉是言也！"
除刑杀。这话真对啊！"

【注释】

善人：参见 11.21 注。

为邦：治埋诸侯之国。

胜残去杀：王肃注："胜残者，胜残暴之人，使不为恶也；去杀者，不用刑杀也。"定州简本作"胜俴（jiàn）去杀"，上古音"残"与"俴"可通。

【简评】

"胜残去杀"已入仁政之地。善人虽能循先王之道，却少变通之能，故而达成仁政，比之圣王要缓慢许多。

13.12 子曰："如有王者，必世而后仁。"
孔子说："如果有圣人为王，一定要经过三十年才能实现仁政。"

【注释】

王：皇侃《论语集解义疏》："王者，谓圣人为天子也。"指诸如尧、舜、禹、汤、文、武、周公之类。

世：三十年为一世。

【简评】

孔子谓即使圣王再世，治理当今社会以达仁政，犹需三十年之功。其难可见。皇侃疏引颜延之云："革命之王，必渐化物以善道。染乱之民，未能从道为化，不得无威刑之用，则仁施未全。改物之道，必须易世，使正化德教，不行暴乱，则刑罚可措，仁功可成。"

13.13　子曰："苟正其身矣，于从政乎何有？不
孔子说："如果能端正自身，在从政上有什么困难呢？如果不

能正其身，如正人何？"
能端正自身，怎么能够去端正他人呢？"

【注释】

何有：《论语·里仁》："能以礼让为国乎？何有？"何晏："何有者，言不难。"

【简评】

参见 13.9 注。

13.14　冉子退朝，子曰："何晏也？"对曰："有
冉求退朝回来，孔子说："为何这么晚？"冉求回答："有国

政。"子曰："其事也。如有政，虽不吾以，吾其与
政。"孔子说："那只是家事啊。如果有国政，虽然我不被任用了，我自己也能

闻之！"
从朋友那里听到。"

【注释】

冉子：冉求。时为季氏宰，即家臣总管。
晏：晚。

政：政务，指国之公务。

事：季氏家事。

不吾以：倒装句，不以吾，即不用我。

吾其与闻之：其，反身代词，自己。与，古本作"與"，两字古义有别，"与"义为给予，"與"义为乡党、朋党；旧注也有训"與"为参与，亦通。

【简评】

　　周代行封建，因此有国与家之别，在朝廷为官为国臣，在卿大夫家做事为家臣。卿大夫到国家朝廷议政，称为外朝或公朝，退还自家商讨家事称为内朝或家朝。家臣虽可随其主家入公朝，却无权参议国政。按礼，国政不得在卿大夫家私议，但鲁国实际上是由季氏摄理国政，故而其家也分为议论国政的外朝，与议论家事的内朝。议论国事曰政，商议家事曰事。冉求当时为季氏宰，因之可以家臣身份在季康子家参议国政。而孔子身份是所谓"国老"，即今之所谓"顾问"，季氏有时会派人咨询孔子意见，如《左传·哀公十一年》记载："季氏欲以田赋，使冉有访诸仲尼。"但由于孔子政见与季氏不合，孔子也知道季氏未必政事都会来咨询自己。

　　《国语·晋语五》有记："范文子暮退于朝。武子曰：'何暮也？'"与本章孔子问冉求如出一辙。可见，晚退于朝，按礼该问，看是否因为朝廷有大事商议，以至于晚归，以表示对国事的关心。

　　13.15　定公问："一言而可以兴邦，有诸？"

鲁定公问："一句话就可以使国家兴盛，有这样的话吗？"孔

孔子对曰："言不可以若是，其几也。人之言曰：

子回答："一句话不能有这样的作用，却有接近这样作用的话。人们说：'做君

'为君难，为臣不易。'如知为君之难也，不几乎

主艰难，做臣下也不容易。'如果知道做君主的艰难，不是几乎可以一句话就

一言而兴邦乎？"曰："一言而丧邦，有诸？"孔

使国家兴盛了吗？"鲁定公又问："一句话就使国家丧亡，有这样的话吗？"孔

子对曰："言不可以若是，其几也。人之言曰：

子回答："一句话不可能至于如此的作用，却有接近如此作用的话。人们说：

'予无乐乎为君，唯其言而莫予违也。' 如其善而

'我做君主没有别的乐趣，乐趣只在于没有人违背我的话。' 如果他说得正确而

莫之违也，不亦善乎？如不善而莫之违也，不几

没有人违背，不也很好吗？如果不正确而没有人违背，不是几乎一句话就使国

乎一言而丧邦乎？"

家丧亡了吗？"

【注释】

言不可以若是其几也：此句自古两读：一是"言不可以若是其几也"；二是"言不可以若是，其几也"。今从后读。几，古本作"幾"，是为本字，此处义为接近，《尔雅·释诂下》："幾，近也。"句意为：一句话不可能至于如此，却有近似如此的话。

予无乐乎为君：即予为君无乐乎。乐，意动词，以为乐。

唯其言而莫予违：唯乐其言而莫违予。

【简评】

本章"一言兴邦""一言丧邦"皆对国君而言。

国君乃一国之主，一般而言是对国家影响力最巨之人，一言一行都可能关乎大局，故有所谓"楚王好细腰，宫中多饿死"之事。明白这点，就知道何以"为君难"，故须为君者以身作则，言行谨慎，谋定而后动。如果国君真能如此，则离兴邦不远。

国君本该执政为民，而当君主认为"予无乐乎为君，唯其言而莫予违也"，不在乎自己言行的对错，而只以无人敢违抗自己为乐，则其执政不是为国为民，而只在满足自己权力与主宰的贪欲。如果国君真能如此，则若夏桀殷纣，是离丧邦不远。

13.16 叶公问政。子曰："近者说(yuè)，远
者来。"

叶公问为政之道。孔子说："使附近的人心悦诚服，使远方的人前来投奔。"

【注释】

叶公：姓芈(mǐ)名诸梁，字子高。楚国大夫，封于叶邑，故称叶公。即成语"叶公好龙"中之叶公。

说：通悦，心悦诚服。

【简评】

详见 15.21。

13.17 子夏为莒父(jǔ)宰，问政。子曰："无欲速，无见小利。欲速则不达；见小利则大事不成。"

子夏做了莒父邑的长官，问为政之道。孔子说："不要贪图快捷，不要只关注小利。贪图快捷就不能达到目的；只关注小利就办不成大事。"

【注释】

莒父：鲁国的一个邑。

欲：贪求。《说文》："欲，贪欲也。"

见：关注，执念不忘。《管子·形势》"见与之交"，尹知章注："见，谓不忘而恃之也。"

【简评】

本章孔子提出快与慢、大与小的辩证关系：贪图快速则容易在

仓促之中留下漏洞，最后反而容易出事；贪图小利则容易忽视长远的利益，故而难成大事。

13.18 叶公语孔子曰："吾党有直躬者，其父

叶公告诉孔子说："我家乡有一名叫躬的直率之人，他的父亲

攘羊，而子证之。"孔子曰："吾党之直者异于是。

偷了羊，而被儿子告发了。"孔子说："我家乡的直率之人与这人不同。父亲为

父为子隐，子为父隐，直在其中矣。"

儿子隐瞒，儿子为父亲隐瞒，直率就体现在这样的行为之中了。"

【注释】

党，周时行政户籍单位，《周礼·地官·大司徒》有：五家为比，五比为闾，四闾为族，五族为党，五党为州，五州为乡。后人们用"乡党"或"乡里"泛指家乡所在。

直躬：旧注两读：一是"直躬"，一名叫直躬的人；二是直"躬"，陆德明《经典释文》云："郑本作'弓'，云直人名弓。"今按："直躬"之"直"与下文"直者"之"直"互文见义，故当从郑玄所读。

攘羊：偷羊。旧注释之为："因羊来入己家，父即取之。"攘固无此义，不知所本。

证：古本作"證"，二字古义有别："证"为证明，"證"为向上级告发。

【简评】

孔子"父子相隐"的思想，曾在国内思想界引起过巨大的争论。否定者以为"父子相隐"是将私情置于公义之上，缺乏法治观念；赞成者认为"父子相隐"符合现代法学的容亲思想。其实，正

反双方似乎都未能真正把握孔子原意，颇有关公战秦琼之感。

人之内心所想，不假伪饰而直露于言行之中，谓之直率。叶公乡党之直躬者，因小罪而告发父亲，直露出他心中的父子亲情抵不过小法小规，所反映出的是直躬者的不仁无孝。孔子家乡的直率之人面临同样情形，则选择父子相隐，所直射出的是父慈子孝的仁义。

在春秋时代的历史背景下，对"攘羊"采取父子相隐，未必就与法治精神相悖。其一，在熟人社会，微小犯罪可以通过相应调解，从而既可使受害人得到私下赔偿，又可使亲人尽量免于刑罚的羞辱。亲情与法理如此可获相容。即便是现代法治社会，微小犯罪也多通过调解来解决。这当然不是说调解是唯一的两可之法。直躬者之所以不被孔子认可，正是由于他未做任何努力以使父亲免于受辱，从而显露出他对父亲没有同情之心。直躬者对父亲尚且如此，又何况对于他人？其二，儒家仁义是相互的义务，如"五伦"所谓君礼臣忠、父慈子孝、夫敬妇随、兄友弟恭、朋友互信等无不如此。在微小犯罪下，父慈子孝在儒家伦理中就会必然体现为父责子谏，其防止再次过犯的效力，未必弱于法律惩戒。

论者多将《孟子·尽心上》中"窃负而逃"与孔子"父子相隐"作等量齐观，则又是误读。兹将故事附录于下，读者自辨之，而无须赘言：

> 桃应问曰："舜为天子，皋陶为士，瞽瞍（舜的父亲）杀人，则如之何？"孟子曰："执之而已矣。"（桃应又问：）"然则舜不禁与？"（孟子）曰："夫舜恶得而禁之？夫有所受之也。"（桃应再问：）"然则舜如之何？"（孟子）曰："舜视弃天下犹弃敝屣也。窃负而逃，遵海滨而处，终身诉然，乐而忘天下。"

13.19 樊迟问仁。子曰："居处恭，执事敬，与
樊迟问怎么践行仁义。孔子说："在家期间态度严肃，从事工作内

chú

人忠。虽之夷狄，不可弃也。"
心慎重警醒，与人交往诚心诚意。即使去边远未开化之地，也不可放弃这样做。"

【注释】

仁：行仁。

居处：居，在什么期间，如居丧。处，在家，如处士、处女皆得此为义。古之所谓居家者，非谓不出家庭之门，凡不出仕为官，皆可称之。

恭：指外在姿态所表现出的尊敬。《尔雅·释诂下》"恭，敬也。"皇侃疏："恭，敬貌也。"又《曲礼》"毋不敬何允"，孔颖达《礼记正义》引何胤云疏："在貌为恭，在心为敬。"

敬：内心谨慎而警醒。《玉篇》："敬，慎也。"《释名·释言语》："敬，警也；恒自肃警也。"

夷狄：相对中原而言，古代东方称夷，西方称羌，南方称蛮，北方称狄。这里用夷狄代指四边未开化民族。

【简评】

"居处恭，执事敬，与人忠"是践行仁义所应遵行的基本原则，在孔子看来具有普遍性，所以任何时候都不能放弃。

13.20 子贡问曰："何如斯可谓之士矣？"子

子贡问道："怎样才称得上士大夫？"孔子说："对自己的言行

曰："行己有耻，使于四方，不辱君命，可谓士

有羞耻之心，出使外国，不辱没君主赋予的使命，就可以称为卿大夫了。"子

矣。"曰："敢问其次。"曰："宗族称孝焉，乡

贡说："冒昧问次一等的卿大夫。"孔子说："在宗族之中有孝顺父母的名声，

tì

党称弟焉。"曰："敢问其次。"曰："言必信，

在家乡有尊敬兄长的名声。"子贡说："冒昧问再次一等的卿大夫。"孔子说：

kēng

行必果，硁硁然小人哉！抑亦可以为次矣。"

"承诺了就一定兑现，做事就一定坚持到底，像顽固的小人啊！或许是最次一

曰：“今之从政者何如？”子曰：“噫！斗筲^{shāo}之
人，何足算也！”

斗筲般器量狭小之人，怎么算得上卿大夫！

等的卿大夫了。”子贡又说："当今的从政者算哪等?"孔子说："唉! 都是如
斗筲般器量狭小之人，怎么算得上卿大夫！

【注释】

士：皇侃疏：“谓问在朝为士之法，是卿大夫可知也。”《周
礼·考工记序》：“坐而论道，谓之三公；作而行之，谓之士大
夫。”《礼记·曲礼》：“列国之大夫，入天子之国，曰某士。”

行己有耻：即己行有耻。皇侃疏：“士行也。言自行己身，恒
有可耻之事，故不为也。”又按：或通“省”，行在阳部，省在耕
部，耕阳旁转。行己即省己，内省自己的言行。

弟：通悌。

硁硁然：本义是形容石头相互撞击的声音，这里引申为顽固的
样子。又《孟子·公孙丑下》“悻悻然见于其面”，赵岐《孟子章
句》引《论语》作“悻悻然小人哉”。悻悻然，怨恨失意之貌。两
相比较，以“硁硁”为本字。

斗筲之人：斗与筲皆为古代容量器具，一斗为十升，一筲为一
斗二升，比喻所容无多，器量狭小。

【简评】

一般而言，我们把“言必信，行必果”当做良好德行，但孔子
对此却评价不高，称之为“硁硁然小人”以及“匹夫匹妇之为谅”
（14.17）。不仅如此，《史记·孔子世家》还记有孔子违约之事：
“过蒲，会公叔氏以蒲畔，蒲人止孔子。弟子有公良孺者，以私车
五乘从孔子。其为人长贤，有勇力，谓曰：‘吾昔从夫子遇难于匡，
今又遇难于此，命也已。吾与夫子再罹难，宁斗而死。’斗甚疾。

蒲人惧，谓孔子曰：'苟毋适卫，吾出子。'与之盟，出孔子东门。孔子遂适卫。子贡曰：'盟可负邪？'孔子曰：'要盟也，神不听。'"相同故事，《孔子家语·困誓》亦有所记，惟其最后孔子曰为"要我以盟，非义也"。

不少其他文化背景之人以为：孔子一面提出"主忠信""人而无信不知其可""民无信不立"等主张，另一面却又违背誓约，可见其虚伪。然而，西方近代著名思想家卢梭的见解却正与孔子相同："如果我仅仅考虑强力以及由强力所得出的效果，我就要说：'当人民被迫服从而服从时，他们做得对；但是，一旦人民可以打破自己身上的桎梏而打破它时，他们就做得更对。因为人民正是根据别人剥夺他们的自由时所根据的那种同样的权利，来恢复自己的自由的，所以人民就有理由重新获得自由；否则别人当初夺去他们的自由就是毫无理由的了。'"（卢梭：《社会契约论》）今之法学同样认为：契约的效力要以签约者的意思自由表达为前提。

孔子更是主张"君子义以为质"（15.18）、"君子义以为上"（17.23），即仁义是信用等一切德目所以为道德之根据，言行若不合仁义，则必有损于他利乃至公利，改之犹恐不及，如何还可贯彻到底？故"君子贞而不谅"（15.37）。无独有偶，古希腊柏拉图在《理想国》中讨论何为正义时，记有苏格拉底类似观点："欠债还债"并不必然正义，若有人承诺为朋友代管武器，可到约定归还之日，朋友却得病疯狂，若他执意归还武器，则有可能害人害己，故"欠债还债"此时即非正义。《孟子·离娄下》："大人者，言不必信，行不必果，惟义所在。"最能得孔子之意。

孔孟之于苏格拉底、卢梭之间，正可谓哲人所见略同。

qiān

13.21　子曰："不得中行而与之，必也狂狷乎！

孔子说："不能和践行中道的人交往，也一定要和狂放与谦逊

狂者进取，狷者有所不为也。"

之人交往！狂放之人积极进取，谦逊之人有不肯做的底线。"

【注释】

中行：即行中，践行中庸之人。《后汉书·独行传序》引孔子曰："与其不得中庸，必也狂狷乎！"可知古本"中行"亦作"中庸"。行、庸上古音旁转，可相假。

狂：本义疯狗，引申为不受拘束。

狷：本读 juàn，义为狭小急躁，《说文解字》："狷，褊（biǎn）急也。"与章句"有所不为"不合，应非本字。今按："狷"入元部，"谦"在淡部，元淡通转，故"狷"当通"谦"，谦让，正可与"狂"对举。另，"狷"亦通"廉"或"洁"，可备一说。

【简评】

今日人多以为中庸为保守，其实谬甚。所谓中庸，就是以仁义为根据，视不同的具体情况，综合考虑各种因素，选择当下最适当之言行。中庸之道使仁义具有最大的现实可行性，不仅需要坚持原则的勇气，更需要变通形式的智慧，行之最难，故而孔子说："中庸之为德也，其至矣乎，民鲜久矣！"

与践行中庸之人相比，狂狷之人相对易得。人而狂放，则不受拘束，故常能进取；人而谦退，则不为私利而争，是以有所不为。

13.22　子曰："南人有言曰：'人而无恒，不可以作巫医。'善夫！""不恒其德，或承之羞。"子曰："不占而已矣。"

孔子说："南方人有古语说：'人要是没有恒心，就不可以设占作卜。'这话说得好啊！""如果自己没有恒心，就会因此承受蒙羞。"孔子评论说："要是没有恒心，就不要占卜了。"

【注释】

南人：李零认为："孔注说是'南国之人'，不能确指是哪一国。上博简和郭店简的《缁衣》都作'宋人'，很重要。宋在鲁的西南。所谓'南人'其实是宋人。宋是商人的后代。商人最热衷卜筮。"（李零：《丧家狗——我读〈论语〉》）此说可从。

人而无恒：而，假设连词，如果、倘若。恒，恒心。

不可以作巫医：《礼记·缁衣》作"不可以作卜筮"，上博楚简与郭店楚简《缁衣》也皆作"卜筮"。盖巫医也用卜筮来占问祸福吉凶。医者，上古本就出自巫，《广雅·释诂四》："医，巫也。"至春秋时方才分为百工之一，故语源上巫医乃是同义复词，从巫医并举可知南人之言所传久远。

不恒其德，或承之羞：其，反身代词，自己。或承：陆德明《经典释文》："或承，郑玄本作咸承。"按：或、咸上古音通，可相假；咸，常。孔安国注："此《易·恒卦》之辞。言德无常则羞辱承之。"

不占而已：即不恒其德，不占而已，"不恒其德"承上省。郑玄注："《易》所以占吉凶，无恒之人，《易》所不占。"

【简评】

本章之"恒"颇有深意。一般都训作"恒心"，其实"恒"与"常"古代互训，而可以有"常道""法则""常度"等义，作动词则为"有原则""有法度"等义。故本章之"恒"不仅是"恒心"，更是心有原则、法度，以明占卜取舍。

卜筮作为古代测问祸福吉凶的方法，具有不确定性。从《左传》等书可知，对于同一事件，不同占法所得结果各异，甚至是同一占法在不同时候所得结果也有差别。因此，古人为了提高占卜成功率，常须连续设占，多方设占，以择取其中合理可信者。故而一方面，人若没有恒心，则难以通过占卜得到合理的结果；另一方面，人若心中没有取舍原则，就会无所适从，非但不能测定祸福吉凶，反而使之举棋不定，徒增困惑。故《易·益卦》之辞曰："立心勿恒，凶。"

孔子对于占卜的态度，马王堆帛书《要》篇有记：

子赣曰："夫子亦信其筮乎？"子曰："吾百占而七十当，唯周梁山之占也，亦必从其多者而已矣。"子曰："《易》，我后其祝卜矣！我观其德义耳。幽赞而达乎数，明数而达乎德，又仁守者而义行之耳。赞而不达于数，则其为之巫；数而不达于德，则其为之史。史巫之筮，乡之未也，始之而非也。后世之士疑丘者，或以《易》乎？吾求其德而已，吾与史巫同涂而殊归也。君子德行焉求福，故祭祀而寡也。仁义焉求吉，故卜筮而希也。祝巫卜筮其后乎！"（丁四新：《楚竹简与汉帛书〈周易〉校注》）

13.23　子曰："君子和而不同，小人同而不和。"

孔子说："君子之间和谐不争但意见却不必相同，小人之间意见相同但却有利益相争而并不和谐。"

【注释】

君子：可作两解：一是义同于"大人"，即贵族统治者；二是德行有成之人。

小人：亦可作两解：一是义同于"庶民"，即被统治者；二是德行未立之人。

【简评】

本章意义，何晏《论语集解》注："君子心和，然其所见各异，故曰不同。小人所嗜好者同，然各争利，故曰不和。"所言有理。

"和"与"同"有何区别？《左传》《国语》均有所论，可作参考：

《国语·郑语》：史伯曰：今王"去和而取同。夫和实生物，同则不继。以他平他谓之和，故能丰长而物归之。若以同裨同，尽乃弃矣。故先王以土与金木水火杂以成百物，是以和五味以调口，刚四支以卫体，和六律以聪耳，正七体以役心，平八索以成人，建九纪以立纯德，合十数以训百体。出千品，具万方，计亿事，材兆物，收经入，行姟(gāi)极。故王者居九畡(gāi)之田，收经入以食兆民，周训而能用之，和乐如一。夫如是，和之至也。于是乎先王聘后于异姓，求财于有方，择臣取谏工而讲以多物，务和同也。声一无听，物一无文，味一无果，物一不讲，王将弃是类也而与剸(zhuān)同，天夺之明，欲无弊，得乎？"

《左传·昭公二十年》：齐侯论梁丘据，"曰：'惟据与我和夫？'晏子对曰：'据亦同也，焉得为和？'公曰：'和与同异乎？'对曰：'异。和如羹焉，水火醯(xī)醢(hǎi)盐梅以烹鱼肉，燀(chǎn)之以薪，宰夫和之，齐之以味，济其不及，以泄其过。君子食之，以平其心。君臣亦然。君所谓可，而有否焉，臣献其否，以成其可。君所谓否，而有可焉，臣献其可，以去其否。是以政成而不干，民无争心。……先王之济五味、和五声也，以平其心，成其政也。声亦如味，一气，二体，三类，四物，五声，六律，七音，八风，九歌，以相成也。清浊大小，短长疾徐，哀乐刚柔，迟速高下，出入周疏，以相济也。君子听之，以平其心，心平德和。……今据不然。君所谓可，据亦曰可；君所谓否，据亦曰否。若以水济水，谁能食之？若琴瑟之专壹，谁能听之？同之不可也如是。"

13.24 子贡问曰："乡人皆好（hào）之，何如？"子

子贡问道："同乡的人都喜欢他，这人怎样？"孔子说："不明

曰："未可也。""乡人皆恶之，何如？"子曰："未

要点。"子贡又问："全乡村的人都厌恶他，这人怎样？"孔子说："也不明要

可也。不如乡人之善者好之，其不善者恶之。"

点。不如这样说：全乡村的好人都喜欢他，而不好的人都厌恶他。"

【注释】

可：肯切，《说文解字》："可，肯也。"段玉裁注："凡中其肯綮曰肯。"未可，即未中肯綮，不得要领，不明要点。又皇侃疏为"可信"，亦通。

【简评】

一乡之中，人之好坏各异，却尽皆喜欢一人，则此人必是投各方所好之好好先生，即孔子所谓德之贼的乡愿；同理，如果乡人尽皆厌恶一人，则此人或行正义之事，而使乡人私利尽损，如有全村以毒品营利之"贩毒村"，若中有一人，义而举报，则村民皆恨之。然而，若乡中之好人喜欢，但坏人厌恶，则必是好人无疑。故孔子也说："众恶之，必察焉；众好之，必察焉。"（15.28）

13.25　子曰："君子易事而难说也。说之不以
孔子说："君子容易共事却很难取悦：不通过正路取悦
道，不说也；及其使人也，器之。小人难事而易
他，是不会高兴的；等到他使用人时，就量才为用。小人难以共事却
说也：说之虽不以道，说也；及其使人也，求
容易取悦：即使不通过正路取悦他，也会高兴；等他使用人时，就责
备焉。"
备求全。"

【注释】

说：通悦。

器之：即"以器使之"，量才为用。

求备：即要求人完美无缺，反过来就是对人吹毛求疵。

【简评】

君子之所以容易共事，在于即便与之没有私交，只要做事不违反原则，也不会受他们刁难。取悦君子既容易也难：容易在于只需忠于职守，做好分内之事，就可使之高兴；难在于有人所以要取悦于君子，本为非分之想，故君子不为所动。君子用人秉持公心，视人之才具而分配其所能胜任的任务。所以孔子曾说："唯仁者能好人，能恶人。"（4.3）就在于他们坚持原则，不因个人喜好而改变公正。小人则相反，在于他们为人处事只凭一己之私而不讲原则：与之有利则喜，与之不利则怒而刁难。其好恶不居，喜怒无常，故难相处。小人妒贤嫉能，故对人责备求全，吹毛求疵。

13.26　子曰："君子泰而不骄；小人骄而不泰。"

孔子说："君子宏大而不骄纵，小人骄纵而不宏大。"

【注释】

泰：通太，本字作"大"。旧注训"泰"为安详，不确。

骄：本义马强壮貌，又指野马，引申为骄纵、放逸，又有自大之义。

【简评】

泰与骄相同之处在于皆有大，区别在于泰为宏大，骄为自大。

13.27　子曰："刚、毅、木、讷，近仁。"

孔子说："坚强、果决、质朴、出言谨慎，近似于践行仁义了。"

【注释】

刚：坚强。

毅：做事坚定不移直至达成目的；《尚书·皋陶谟》"扰而毅"，孔安国传："致果为毅。"

木：质朴。

讷：《说文解字》："讷，言难也。"本义为出言迟钝困难，这里引申为出言谨慎。

仁：践行仁义。

【简评】

践行仁义需要刚、毅、木、讷，但做到刚、毅、木、讷本身未必为了实现仁义，故而说是"近仁"，还不是"仁"。

13.28　子路问曰："何如斯可谓之士矣?"子曰：
子路问："私下怎么做才称得上卿大夫?"孔子说："相互
　　　　　sī
"切切偲偲、怡怡如也，可谓士矣。朋友切切偲偲，兄
促进，和睦相处，可以称作卿大夫。朋友之间相互促进，兄弟之间和睦
弟怡怡。"
相处。"

【注释】

士：见13.20。皇侃疏："问为士之行，和悦切磋之道也。"

切切偲偲：相互切磋。

【简评】

13.20章讲卿大夫工作，这里讲私下与家人朋友相处。士指卿大夫，孔子教育学生就是按照当卿大夫的标准来要求，以把他们教育成合格的政治人才。

13.29 子曰："善人教民七年，亦可以即戎矣。"

孔子说："善人使民众练习七年，就可以让他们从事战争了。"

【注释】

善人：见 11.21 注。

教：练习。《战国策·秦策一》"兵法之教"，高诱注："教，习也。"

即戎：定州简本作"节戎"，即、节古音通。包咸注："即，就也。戎，兵也。言以攻战。"今按：《玉篇》："就，从业"。即戎，从事战争。

【简评】

春秋时代主以车战，车战则需要车徒合编配合作战，训练纯熟，需要很长时间。《公羊传》："秋八月壬午，大阅。大阅者何？简车徒也。"何休注："故比年简徒谓之蒐(sōu)，三年简车谓之大阅，五年大简车徒谓之大蒐。"这里训练步卒需要两年，训练战车需要三年，训练战车与步卒合练需要五年。皇侃本章疏："夫教民三年一考，九岁三考，三考黜陟幽明，待其成者，九年为正可也。今云七年者，是两考已竟，新入三考之初者也。若有可急，不暇待九年，则七年考亦可。"皇侃与何休，一说十年，一说九年，皆言训练长久之意。教习民众七年，虽训练未足，但已基本可战。

13.30 子曰："以不教民战，是谓弃之。"

孔子说："用未经训练的民众去作战，这样做叫作遗弃他们。"

【注释】

以：用、将。

不教民：未经训练的民众。

是：代指"以不教民战"。

【简评】

战争以生死相竞，一役而存亡殊途。故以不教民战，若驱羔羊而入虎狼之口，徒送性命而已。非善人所当为。

宪问篇第十四

14.1 宪问耻。子曰：“邦有道，穀（gǔ）；邦无道，穀，耻也。”“克、伐、怨、欲，不行焉，可以为仁矣？”子曰：“可以为难（nán）矣，仁则吾不知也。”

原宪问什么是耻辱。孔子说："国家政治有序，才求取俸禄；国家政治无序，求取俸禄，就是耻辱。"原宪又问："好胜、自夸、怨愤、贪求都不做，算得上仁人吗？"孔子说："可以算难以做到了，是否算得上仁人我就不知道了。"

【注释】

邦有道：《论语·季氏》："天下有道，则礼乐征伐自天子出；天下无道，则礼乐征伐自诸侯出。自诸侯出，盖十世希不失矣；自大夫出，五世希不失矣；陪臣执国命，三世希不失矣。天下有道，则政不在大夫。天下有道，则庶人不议。"可知所谓"邦有道"乃指一邦政令皆从国君出，没有僭越而各得其分。

穀：庄稼与粮食的总称。春秋时朝廷发以谷物作为俸禄，故《尔雅·释言》云："穀，禄也。"这里做动词，求取俸禄之义。

克：好胜

伐：自夸、自以为是。

怨：忿恨。

欲：贪求。

不行：行为上没有克、伐、怨、欲这四种过失。

【简评】

本章句读，古今注家皆同，唯有朱熹注读为："邦有道，谷；邦无道，谷；耻也。"释为："邦有道不能有为，邦无道不能独善，而但知食禄，皆可耻也。"诚然不通，以备一说。

仁义有消极之道，如"己所不欲，勿施于人"，乃自己所不当为，更有积极之道，如"己欲立而立人，己欲达而达人"，乃自己所当为，两者合而为一方成仁义。仅行消极之道，虽然难能可贵，但仅能自适而已，不足以安人。孔子曾赞子路"不忮不求，何用不臧"，意即子路不害人、不贪求，怎么会不善呢？子路于是每天都吟诵这句话，孔子则又鞭策他"是道也，何足以臧"，意即仅仅做到消极的"不忮不求"又怎么称得上完善呢？(9.27) 同理，"克、伐、怨、欲不行"亦为消极之道，可以不害人、不贪求，但还不足以称为仁义。

可参见前言"仁义之道"部分，以及 9.27。

14.2 子曰："士而怀居，不足以为士矣。"

孔子说："作为卿大夫如果贪图安逸，就没有资格做卿大夫了。"

【注释】

而：假设连词，倘若、如果。

怀居：贪图安逸。

【简评】

刘宝楠《论语正义》引吴英《经句说》："士初生时，设弧于门左，为将有事于四方也。膂力方刚，经营四方，士之志也。若系恋所居，乃偷安而无意人世者，故孔子警之。"其说可从。

14.3 子曰："邦有道，危言危行；邦无道，危行言孙。"

孔子说："国家政治有序，言语正直，行为正直；国家政治无序，行为正直，言语谦逊。"

【注释】

危:正,《广雅·释诂一》:"危,正也。"

【简评】

君子虽以移风易俗,匡正天下为己任,但亦需审时度势,自我保护,方能有所作为。所谓"小不忍则乱大谋"。

14.4　子曰:"有德者必有言;有言者不必有德;
孔子说:"有道德的人必然有词章,有词章的人不一定有道德;

仁者必有勇,勇者不必有仁。"
仁义之人一定有勇气,有勇气的人不一定有仁义。"

【注释】

言:词章,《尚书·洪范》"二曰言",孔安国传:言"词章"。

【简评】

君子非惟力行独善,其志亦在化世,故有德者必有所言,以向世人推行仁义;文人有言,其理足以传世,然其学问非为自己践行(参见14.24),故有言者不必有德。仁者以践行仁义为己任,故其勇足以杀身成仁;勇者可以忘身而搏虎,然其或逞于血气,或急于功名,而不必出于仁义。

《左传·襄公二十四年》有记:穆叔如晋。范宣子逆之,问焉,曰:"古人有言曰,'死而不朽',何谓也?"穆叔未对。宣子曰:"昔匄(gài)之祖,自虞以上为陶唐氏,在夏为御龙氏,在商为豕韦氏,在周为唐杜氏,晋主夏盟为范氏,其是之谓乎?"穆叔曰:"以豹所闻,此之谓世禄,非不朽也。鲁有先大夫曰臧文仲,既没,其言立。其是之谓乎!豹闻之,大上有立德,其次有立功,其次有立言，虽久不废，此之谓不朽。若夫保姓受氏，以守宗祊（bēng），世不绝祀，无国无之，禄之大者，不可谓不朽。"

可知，穆叔所谓"立言"是指立道德之词章，而非一般意义上的言语。旧注多训"言"为"巧言""辩言"，未能得本章之意。

14.5 南宫适（kuò）问于孔子曰："羿善射，奡（ào）荡

南宫适向孔子请教："后羿精于射术，奡能陆地行舟，却

舟，俱不得其死然。禹稷躬（jì）稼，而有天下。"夫

都不能寿终正寝。禹和稷亲自耕种粮食，从而得到了天下。"孔子没

子不答。南宫适出，子曰："君子哉若人！尚德

有回答。南宫适出去后，孔子说："君子啊这个人！崇尚道德啊这

哉若人！"

个人。"

【注释】

羿：夏代有穷国国君，亦称为"后羿""夷羿"，善于射箭，《淮南子·本经训》记有"后羿射日"的传说。据传因沉湎于狩猎，不理国事，被臣下寒浞所弑，夺其君位。

奡：相传是寒浞之子，生有大力，能够陆地行舟，然其施行暴政，被少康所灭。

俱不得其死然：都不能寿终正寝。意为：自恃武力的人，也因武力而暴卒。

【简评】

本章云"南宫适问"，其言却未问，更疑之处是孔子亦不答。

有人揣测南宫适之言，有以孔子拟先圣，应如禹、稷而得天下之意，故孔子不答。后世颂孔子为"素王"或本此与？

14.6 子曰："君子而不仁者有矣夫，未有小人而仁者也。"

孔子说："君子不合仁义可能是有的，却没有小人能符合仁义。"

【注释】

君子而不仁者有矣夫：有，或有。《旧唐书·魏征传》魏征引为："孔子曰：'君子或有不仁者焉。'"

【简评】

君子尚未达圣人之地，故尚不能全德，偶然也有心不在焉，失于细节之时；小人动机惟出私利，故其言行无关仁义。

14.7 子曰："爱之，能勿劳乎？忠焉，能勿诲乎？"

孔子说："爱他，能不教导他吗？忠于他，能不为他谋虑吗？"

【注释】

劳：可训为三义皆通：其一读为本字，操劳之义；其二通"教"，教导。其三通"忧"，忧虑。孔子以德为上，而操劳、忧虑未必关乎道德，故训为"教"义胜。

诲：亦可两训：其一读为本字，使明白道理；其二李零以为当训"谋"（李零：《丧家狗——我读〈论语〉》）。今按：诲与谋同源一字，后分化为二。两者皆通，后者为长。

【简评】

　　不知孔子言说所指对象为谁。"爱之，能勿劳乎"似长辈与上位者所说之言，以其对晚辈与下位者应当仁爱而教导；"忠焉，能勿诲乎"似晚辈与下位者所说之言，以其对长辈与上位者应当尽忠而为其谋虑。曾子有"为人谋而不忠乎"之言。(1.4)

14.8　子曰："为命，禆谌(bì chén)草创之，世叔讨论(lún)之，行人子羽修饰之，东里子产润色之。"

孔子说："郑国制定外交文件，最初由禆谌来草拟，再由世叔来整理，再由外交官子羽来修饰，最后由东里子产来使它富有文采。"

【注释】

　　命：可泛称朝廷公文，从后文"行人"看，这里指外交文件。《说文解字》："命，使也。"朱骏声《说文通训定声》："在事为令，在言为命，散文则通，对文则别。"

　　禆谌：郑国大夫。

　　世叔：即太叔文子，名游吉，郑国大夫。子产死后继承为相。

　　讨论：讨，整理。论，即伦，理，做动词也是整理。讨论，同义复词，整理。

　　行人：职官名，掌朝觐聘问，接送宾客等外交事务。

　　子羽：姓郑名挥，字子羽。郑国大夫。

　　东里子产：即公孙侨，字子产，时郑国宰相。居于东里，故称东里子产。比孔子略早而同时，是当时著名政治家。

【简评】

　　本章所述可见《左传·襄公三十一年》："郑国将有诸侯之事，子产乃问四国之为于子羽，且使多为辞令，与禆谌乘以适野，使谋可否，而告冯简子，使断之。事成，乃授子太叔使行之，以应对宾客，是以鲜有败事。"

　　其时，郑国子产当政，裨谌、冯简子、子太叔（即世叔）、子羽皆为其辅臣。孔子本章所述，谓子产知人善任，集众贤合谋良令，治理郑国，卓然有效。

　　14.9　或问子产。子曰："惠人也。"问子西。
　　　　　有人问子产如何。孔子说："是个宽爱之人。"又问子西如何。

曰："彼哉！彼哉！"问管仲。曰："人也，夺伯氏
孔子说："普通啊！普通啊！"又问管仲如何。孔子说："是个仁德之人。他褫
pián
骈邑三百，饭疏食，没齿无怨言。"
夺了伯氏的三百户采邑，致使伯氏只能吃菜度日，却终生没有怨言。"

【注释】

　　惠人：有仁爱的人。《说文解字》："惠，仁也。"

　　子西：春秋时有三个子西：一是子产的宗亲，郑国大夫公孙夏；二是楚国的斗宜申；三是楚国的令尹公子申。今从第三者。

　　彼哉：旧有两训：其一，《广韵·五置》引作"子西彼哉"，《玉篇》："彼，邪也。"其二，马融注："彼哉彼哉，言无足称。"如今日轻贬之言："就他啊！"今按：彼，古有"众人"之义，故"彼哉"乃言其泯然众人之意，如今日之言"普通""一般"；《庄子·养生主》"彼其所以会之"，成玄英疏"彼，众人也。"《后汉书·催骃传》"彼采其华"，李贤注："彼，彼众人也。"

　　管仲：齐桓公时杰出的政治家。

　　人也：人，旧注有二：一是通"仁"；二是人才。然先秦"人"训为"人才"罕见，故今从前说，人即仁，不过，孔子这里仅谓管仲是有仁义之人，非谓其为"仁人"。在《论语》语境中"仁人"

有特定的内涵，孔子自认为也未能达到。

夺：没收家产。《周礼·天官·太宰》"六曰夺"，郑玄注："夺，谓臣有大罪，没入家财者。"

伯氏：名偃，齐桓公异母兄长，齐襄公时大夫。

骈邑：地名，当为伯氏的封邑。

【简评】

本章孔子评论子产、子西、管仲三个历史人物。

孔子曾称赞子产："有君子之道四焉：其行己也恭，其事上也敬，其养民也惠，其使民也义。"（5.16）另外还有两处：一是《左传·襄公三十一年》记子产不毁乡校，孔子说："以是观之，人谓子产不仁，吾不信也。"二是《左传·昭公二十年》记子产临终之前嘱咐子太叔："我死，子必为政。唯有德者能以宽服民，其次莫如猛。夫火烈，民望而畏之，故鲜死焉。水懦弱，民狎而玩之，则多死焉，故宽难。"孔子赞叹："善哉！政宽则民慢，慢则纠之以猛。猛则民残，残则施之以宽。宽以济猛；猛以济宽，政是以和。"子产去世，孔子称之为"古之遗爱"。由此可见，孔子之所谓"仁政"，并非一味宽容，而是要据其情势，刑礼兼施，宽猛相济。

朱熹注曾说："子西，楚公子申，能逊楚国，立昭王，而改纪其政，亦贤大夫也。然不能革其僭王之号。昭王欲用孔子，又沮止之。其后卒召白公以致祸乱，则其为人可知矣。彼哉者，外之之辞。"可见子西一是不能举贤，阻止楚昭王任用孔子；二是不能听信良言，招致白公之乱。故孔子评以贬意。

孔子对管仲各有褒贬，本章赞其为政公正仁爱，以至于伯氏封邑被夺，生活贫苦却并无怨言。

14.10　子曰："贫而无怨难，富而无骄易。"

孔子说："贫穷而没有怨恨困难，富有而不骄奢容易。"

【简评】

　　人居贫困之地，若无恒心，则不免怨天尤人，难以随遇而安。孔子曾说："好勇疾贫，乱也。人而不仁，疾之已甚，乱也。"(8.10)人富而与人交，疏财仗义相对容易。

　　14.11　子曰："孟公绰^{chuò}为赵、魏老则优，不可
孔子说："孟公绰做赵氏和魏氏的家臣有余，却做不了滕、薛
以为滕、薛大夫。"
这样小国的大夫。"

【注释】

　　孟公绰：鲁国大夫，《史记·孔子世家》曾记载孔子曾师从于他。

　　为赵、魏老则优：做赵氏与魏氏的家臣则有余。老，家臣之长。优，多、余。

　　滕、薛：滕国与薛国，都是鲁国周围的小国。

【简评】

　　为何孟公绰在赵、魏两大家族能胜任家臣，却不足以做滕、薛两个小国的大夫？孔安国注曰："公绰性寡欲，赵、魏贪贤，家老无职，故优。滕、薛小国，大夫政烦，故不可为。"意即孟公绰寡欲故不愿多事，而赵、魏两家贤能者较多，各司其职，无须家老亲力亲为，故而做家臣之长较为清闲，符合其心性。而滕、薛是两个小国，国政繁杂而臣下无多，故大夫须身兼数职，诸事多亲力亲为，则与孟公绰心性不合，当会令其不胜其烦，难以持久。

　　孔子评论孟公绰之言寓用人之道：清心寡欲者，则于名利能谦让不贪，是其所长，然其心性简略而欲无为，则不能进取成事，是

其所短。

14.12　子路问成人。子曰:"若臧武仲之知^{zhì},公
子路问什么是完善的人。孔子说:"如果有臧武仲的智慧,孟

绰之不欲,卞^{biàn}庄子之勇,冉求之艺,文之以礼乐,
公绰的清心寡欲,卞庄子的勇敢,冉求的多才多艺,再加上礼乐的修饰,就可

亦可以为成人矣。"曰:"今之成人者何必然?见利
以成为完善的人了。"又说:"在当今要成为完善的人何必要这些?看到利益就

思义,见危授命,久要不忘平生之言,亦可以为成
想到仁义,见到国家危险可以交出生命,长期处于贫困却不忘曾经的诺言,就

人矣。"
可以成为完善的人了。"

【注释】

　　子曰:古本"曰"之上多无"子"字,故注家多以为当作"子路问成人曰"。然而定州简本作"子曰",今从简本。

　　成人:完美的人。成,完备、完全。

　　若臧武仲之知:像臧武仲那样的智慧。若,像。臧武仲,鲁国大夫,曾准确预测到齐国的内乱,在鲁国以智谋著称。知,通智。

　　公绰之不欲:像孟公绰那样的没有贪欲。公绰,即孟公绰,鲁国大夫。

　　卞庄子之勇:像卞庄子那样的勇敢。卞庄子,鲁国卞邑大夫。

　　冉求之艺:像冉求那样的多才多艺。

　　今:指春秋那种礼崩乐坏、道德缺失的特定社会。

　　见危授命:遇见危难能献出自己的生命。授,给予、授予。

　　久要:要,通约,两者双声旁转,引申为贫困。也有训"久"

为"旧"。两者皆通，前者义胜。

平生：以前，《汉书·王章传》"平生狱上呼囚"，颜师古注引张晏曰："平生，先时也。"

亦可：虽不理想，却也符合基本条件。

【简评】

孔子所欲教育者为君子，要求博雅，而非专才，所谓"君子不器"。完成博雅即是"成人"：智慧，寡欲，勇敢，博学多能，克己复礼，可谓贤德与才能皆备。然而，若逢春秋之世，于礼崩乐坏之中，犹能见利思义，见危授命，不忘诺言，亦算得上成人，因为若不能以道德为前提，愈是智慧、勇敢、博学多能，其危害社会亦甚。若贤与能之间不能两全，则须以贤德为先。

14.13　子问公叔文子于公明贾，曰："信乎，夫
孔子向公明贾询问公叔文子的情况说："真的吗？公叔先生
子不言，不笑，不取乎？"公明贾对曰："以告者过
不说话、不笑、不获取？"公明贾回答说："告诉你的人说错了！先生到了
也！夫子时然后言，人不厌其言；乐（lè）然后笑，人不
时机才说话，人们就不讨厌他说的话；高兴了才笑，人们就不讨厌他笑；
厌其笑；义然后取，人不厌其取。"子曰："其然！
应当获取时才获取，人们就不讨厌他获取。"孔子说："是这样！难道真是
岂其然乎？"
这样吗？"

【注释】

公叔文子：卫国大夫公孙拔，谥号"文"。

公明贾：当时公叔文子的家臣。

信乎：可以相信吗？

以告者过也：告诉你的人错了。以，语气词。过，错误。

时然后言：到了时机才说话。时，指该说话的时机。

乐然后笑：高兴才笑。

义然后取：应当取时才取。义，这里指分内应当得到。

【简评】

本章述时机对于言行的重要性。

14.14　子曰："臧武仲以防求为后于鲁，虽曰不

孔子说："臧武仲用防地来向鲁君求取后嗣，虽然他口上说不

yāo

要君，吾不信也。"

是要挟君主，但我是不信他的。"

【注释】

臧武仲：参见本书 14.12。

防：臧武仲的封邑防城，处于齐鲁边境，地缘位置较为重要。

后：后嗣。

要：要挟。

【简评】

《左传·襄公二十三年》记载背景如下：鲁国"三桓"之一的季武子只有两个庶子，而没有嫡子。在两个庶子中，季武子更喜欢有才能的次子悼子，而想立他为嗣，但感到难办，就请臧武仲帮忙。臧武仲果然帮季武子办成此事，而招致了季武子的长子公弥的怨恨。后来公弥设计陷害臧武仲，诬告他要造反，季武子信以为真，下令攻打臧武仲，臧武仲只好逃到邾国。臧武仲是臧氏家族的

继承人，害怕家族因为自己而被剥夺世袭爵位的资格，因此就从邾国返回封地防给鲁襄公写信，说："非敢私请，苟守先祀，无废二勋，敢不辟邑。"意即：我不敢为自己免罪，如果能够让臧氏其他子弟作为继承人守祖先的宗祀，不要废除臧文仲与臧宣叔两代人的功勋，我自己怎敢不离开封邑？鲁襄公答应了他的要求。由于防邑位于齐鲁边境，地缘位置非常重要，如果投靠齐国则对鲁国威胁很大，故臧武仲此举确有以防邑来要挟鲁襄公的嫌疑。

孔子评价臧武仲说："知之难也。有臧武仲之知，而不容于鲁国，抑有由也。作不顺而施不恕也。"（《左传·襄公二十三年》）意即：真正做到有智慧还是困难的。具备臧武仲这样智力的人，却不能在鲁国待下去，是有原因的。因为他的言行不顺从长幼秩序，施加给别人时，没有遵循己所不欲勿施于人，故而招致别人的报复，以致亡命他国。

朱熹认为："武仲得罪奔邾，自邾如防，使请立后而避邑，以示若不得请，则将据邑以叛，是要君也。范氏曰：'要君者无上，罪之大者也。武仲之邑，受之于君，得罪出奔，则立后在君，非己所得专也。而据邑以请，由其好知而不好学也。'杨氏曰：'武仲卑辞请后，其迹非要君者，而意实要之。夫子之言，亦《春秋》诛意之法也。'"（朱熹《论语集注》）朱子所说虽然不错，似未全得孔子之意。

14.15　子曰："晋文公谲(jué)而不正，齐桓公正而不谲。"

孔子说："晋文公权诈而不合正道，齐桓公合正道而不权诈。"

【注释】

谲：权诈。郑玄注："谓召天子而使诸侯朝之。仲尼曰：'以臣召君，不可以训。' 故书曰：'天王狩于河阳。' 是谲而不正也。"

正：正道。马融注："伐楚以公义，责包茅之贡不入，问昭王南征不还，是正而不谲也。"

【简评】

齐桓公与晋文公皆为春秋霸主，待周天子却态度各异：齐桓公尊王而攘夷，晋文公挟天子以令诸侯。故孔子评齐桓公为正，晋文公为谲。

14.16　子路曰："桓公杀公子纠，召^{shào}忽死之，
　　　子路说："齐桓公杀了公子纠，召忽为他殉死，管仲却没有。"

管仲不死。"曰："未仁乎？"子曰："桓公九合诸
子路说："这样不仁德吧？"孔子说："齐桓公九次会盟诸侯，没有使用武力，

侯，不以兵车，管仲之力也。如其仁，如其仁。"
都是因为管仲的作用。这就是他的仁德，这就是他的仁德。"

【注释】

桓公杀公子纠，召忽死之，管仲不死：公子纠与公子小白同为齐襄公的异母弟弟。管仲与召忽辅佐公子纠，而鲍叔牙则辅佐公子小白。齐襄公荒淫无道、政令无常，公子纠与公子小白为避祸分别逃亡鲁国与莒国。后齐国内乱，齐襄公与其后的执政者相继被杀，公子小白在与公子纠的王位竞争中获胜，成为齐国国君，即齐桓公。齐桓公威加鲁国，使之处死了公子纠，而召忽为之殉节而死。管仲则在鲍叔牙的劝说下辅佐齐桓公，成就霸业。

如其仁：倒装省略句，其仁如此。"此"字因代指上句"九合诸侯，不以兵车"而省。意思是：管仲的仁义就表现在这些地方。

【简评】

详下。

14.17 子贡曰："管仲非仁者与? 桓公杀公子

子贡说："管仲不是有仁德之人吧? 齐桓公杀死了公子纠,管

纠,不能死,又 相 之。"子曰："管仲相桓公,霸
　　　　　　　　xiàng

仲不能殉死就罢了,还做了齐桓公的宰相。"孔子说："管仲做齐桓公的宰相,

诸侯,一匡天下,民到于今受其赐。微管仲,吾其
　　　　　　　　　　　　　　　　fēi

助他称霸诸侯,统率诸侯匡正天下,民众到今天还享受着他这些恩赐。如果没

被 发 左 衽 矣。岂若匹夫匹妇之为谅也,自经于沟渎
pī　rèn　　　　　　　　　　　　　　　　　　　　　　dú

有管仲,我们就要散着头发穿着夷狄服装了。他怎么能像小民为实现小信小

而莫之知也。"

用,把自己吊死在沟渠之上而不被人知呢。"

【注释】

一匡:统率诸侯使天下得以匡正。一,统一聚合、统率;《礼记·玉藻》"一食之人",郑玄注:"一,犹聚也。"《玉篇》:"一,合也。"匡,匡正。

微:通非,假设连词,若非,如果没有。旧注有训为"无",微与无古音难通。

被发左衽:散着头发,衣襟向左开,为当时夷狄的服饰。而中原则为束发,衣襟向右开。这里指代被落后民族征服,而被迫改换装束。

匹夫匹妇:按周礼等级,贵族可以有妻妾,而庶民只能一夫一妻,故匹夫匹妇是庶民、小民的代指。匹,单。

谅:信用。匹夫匹妇之谅,即庶民的小信小用。

自经于沟渎：即自己上吊于沟渠之上。《广雅·释诂》："经，绞也。"

【简评】

《论语》涉及管仲凡四条，孔子如何以仁义臧否人物，于中可探。

人若未能成圣，则必身兼善恶，而难全德。故须比较人之得失，量其举足轻重，衡其影响大小，方可定论。以历史人物而言，其身处要位，言行抉择之间，往往利益攸关，波及广大，故尤须以中庸辩证之法，全面考察。

仲由、子贡所攻讦管仲者，以其不能殉死公子纠，所亏者乃管仲私德，终究不过两人私利而已。而管仲相齐桓公，尊王攘夷，一匡天下，振华夏文明于衰落之间；九合诸侯，弭兵止杀，救千万民众于沟壑之中。如是观之，个人私德与华夏文明孰轻？两人私利与千万人公利孰大？其是非如日月之明，何须论哉！故孔子虽明察管仲有不知礼与奢侈之恶（3.22），然与其为善相较，仍评之以"仁"，是管仲足以当之。而"仁"之于孔子之论，可谓惜墨如金，遍观《论语》所有古今之人，得其"仁"评者，不过数人而已。顾炎武云："夫子之于管仲，略其不死子纠之罪，而取其一匡九合之功，盖权衡于大小之间，而以天下为心也。"（清·顾炎武：《日知录》）其说为是。

仲由、子贡虽从政之能才，却未解仁义根本，不知大小权衡。后世如孟子、荀子虽才高八斗，然其苛求完人于乱世，贬管仲既有之功以矜自己未成之事，亦未得孔子中庸之传，不能行以中道，故皆难臻宏大之境，而止于狂狷之儒。孔子慨叹："可与共学，未可与适道；可与适道，未可与立；可与立，未可与权。"（9.30）"中庸之为德也，其至矣乎，民鲜久矣。"（6.29）信哉斯言！至于思、孟以降，游离中庸之道，流变至于孝道理想主义，而主之于宋、元、明、清之世，终有鲁迅先生于《狂人日记》中借狂人痛斥之"吃人"礼教，是知后儒能明孔子之道者，亦复鲜矣。

14.18　公叔文子之臣大夫 撰（zhuàn），与文子同升诸
公叔文子的家臣大夫僎，与文子一起升为国家大臣。孔子听了
公。子闻之曰："可以为'文'矣。"
这件事后说："可以给予他'文'的谥号了。"

【注释】

公叔文子：公孙拔，谥号"文"，卫国大夫。可知该条前两句是孔子再传弟子所加。

臣：公叔文子的家臣。

僎：人名，为人事迹不可考。孔安国注："大夫僎本文子家臣，荐之使与已并为大夫，同升在公朝。"

【简评】

举贤与能，也是仁德之一。可与 15.14 对读。

14.19　子言卫灵公之无道也，康子曰："夫如
孔子说卫灵公治国无道，季康子说："这样的话，他为什么没
是，奚而不丧?"孔子曰："仲叔圉治宾客，祝鮀（tuó）治
有亡国呢?"孔子说："有仲叔圉为他主持外交，祝鮀为他掌管祭祀，王孙贾为
宗庙，王孙贾治军旅。夫如是，奚其丧?"
他管理军队。这样的话，怎么会亡国呢?"

【注释】

卫灵公：姓姬名元，卫国国君，在位四十一年。为人有谋略而多猜忌，能知人善任，但性格暴躁，与其夫人南子一样，喜爱美色，生活荒淫。

丧：丧国。

仲叔圉：即孔圉，卫国大夫，谥号"文"，故世称孔文子。

祝鮀：注见本书 6.16。

王孙贾：卫国大夫，事迹甚少。

【简评】

卫灵公虽生活荒淫，却能得以善终。季康子不明所以，孔子答是因为卫灵公知人善任。盖君主虽私德亏污，若可守住任贤用能之大节，犹能稳定局面，支撑不倒。

14.20　子曰："其言之不怍（zuò），则为之也难！"

孔子说："人在说话的时候没有惭愧之意，那么要做到这话也困难。"

【注释】

其言之不怍：一个人说大话毫无惭愧之意。其，不定代词，某个人。言，这里指说大话。怍，惭愧。

为之：做到所说的话。

【简评】

许诺要心存敬畏。好说大话，轻许诺言之徒，往往说话之时，即存有不履行之心。朱熹认为："大言不惭，则无必为之志，而不自度其能否矣。欲践其言，岂不难哉！"（朱熹《论语集注》）故大言不惭者，不可委以重任。

14.21 陈成子弑简公。孔子沐浴而朝，告于哀

陈成子杀了齐简公。孔子斋戒沐浴后上朝，向鲁哀公报告说：

公曰："陈恒弑其君，请讨之。"公曰："告夫三

"陈恒杀了他的君主，请讨伐他。"鲁哀公说："向当政的三位大夫报告吧。"

子！"孔子曰："以吾从大夫之后，不敢不告也。君

孔子说："因为我自从当过大夫之后，不敢不来报告。君上说：'向当政的三位

曰'告夫三子'者。"之三子告，不可。孔子曰：

大夫报告。'"孔子到当政的三位大夫那里报告，没有得到许可。孔子说：

"以吾从大夫之后，不敢不告也。"

"因为我自从当过大夫之后，就不敢不报告。"

【注释】

陈成子弑简公：陈成子，即陈恒，齐国大夫，谥号成子。简公，即齐简公。陈恒弑齐简公事见于《左传·哀公十四年》。

沐而朝：斋戒沐浴后上朝。马融注："将告君，故先斋。斋必沐浴。"这里用"沐"代指斋戒沐浴。

三子：即鲁国三桓：季氏、叔孙氏、孟孙氏。三家势力大于鲁国国君，为实际的执政者。

【简评】

陈成子弑简公，按礼诸侯当起兵共同讨伐。但春秋晚期，礼崩乐坏，诸侯各怀私利，礼仪早已不行。孔子之告鲁君与三桓，乃自认职责所在，尽忠而已，本未期待能得所请，也是知其不可而为之吧。

14.22　子路问事君。子曰："勿欺也，而犯之。"

子路问侍奉君主之道。孔子说："不要欺骗他，但可以犯颜诤谏。"

【注释】

犯：冒犯。

【简评】

朱熹注引范氏之言："犯非子路之所难也，而以不欺为难，故夫子教以先勿欺而后犯也。"又《朱子语类》："子路性勇，凡言于人君要他听，或至于说得太过，则近乎欺。"其说或是。

14.23　子曰："君子上达，小人下达。"

孔子说："君子向上通达，小人向下通达。"

【简评】

君子超越自我以达于完善，小人沉沦自我而成为宵小。皇侃疏："上达者，达于仁义也。……下达，谓达于财利，所以与君子反也。"其说未达。孔子君子之义，文质彬彬，贤能兼备，非仅止于仁义而已。

14.24　子曰："古之学者为己，今之学者为人。"

孔子说："古时学习道理的人是为了自己践行，今日学习道理的人是为了满足他人。"

【简评】

孔安国注："为己，履而行之。为人，徒能言之。"即：学问道理是为自己践行，谓之为己；学问道理只为说与他人，换取名利，自己却未必践行，谓之为人。

14.25　蘧伯玉使人于孔子。孔子与之坐而问焉，

qú

蘧伯玉派人到孔子那里。孔子与他坐下后问道："先生在做什

曰："夫子何为？"对曰："夫子欲寡其过而未能

么？"使者回答说："先生想要减少自己的过失却没有完全做到。"使者出去

也。"使者出。子曰："使乎！使乎！"

了。孔子说："好使者啊！好使者啊！"

【注释】

　　蘧伯玉：即蘧瑗（yuàn），字伯玉。卫国大夫。

　　未能：不完善。《玉篇》："能，工也，善也。"

　　使乎：使者的榜样啊。陈群注："再言使乎，善之也，言使得其人也。"

【简评】

　　既能称颂委托之人，亦能婉转表达其意，这是使者的榜样，故孔子以"使乎！使乎！"赞叹其人不辱使命。

14.26　子曰："不在其位，不谋其政。"曾子曰：

孔子说："不在那个职位上，就不谋划在那个职位上的政事。"

"君子思不出其位。"

曾子说："君子的思考不会超出他的职位。"

【注释】

　　曾子：曾参。

【简评】

　　孔子言之有理，而曾子所说过分。盖不在其位，情势难以尽知，若非所托而越俎代庖，则于己轻率，于主政者不尊，故不在其位，当不谋其政。然则，不论大小，于职位之上下左右，皆须有所了解思虑，方能胜任本职，故曰"思不出位过分"。

14.27　子曰："君子耻其言而过其行。"

孔子说："君子把言语超过了自己的实践看作耻辱。"

【简评】

　　皇侃疏："君子之人，顾言慎行，若空出言而不能行遍，是言过其行也，君子耻之。小人则否。"其说是。

14.28　子曰："君子道者三，我无能焉：仁者不忧，知者不惑，勇者不惧。"子贡曰："夫子自道也。"

孔子说："君子应当达到的有三点，我都没有做到：仁德方面没有忧虑，智慧方面没有疑惑，勇敢方面没有恐惧。"子贡说："这是老师说自己的。"

【简评】

　　参见本书 9.29。

14.29　子贡方人。子曰："赐也，贤乎哉？夫我则不暇。"

子贡传述他人的过失。孔子说："赐啊，你擅长做这个吗？我是没有这个时间啊。"

【注释】

方人：传说他人过失。陆德明《经典释文》云："郑本作'谤人'。"今按：方，通谤。《玉篇》："谤，对他人道其恶也。"即传述别人的坏处、过失，与今人用诽谤指"无中生有"之类，意义不同。另，"方"还可通"并"，引申为对比，皇侃疏："方，比方人也。子贡以甲比乙，论彼此之胜劣者也。"亦通。

贤：本义为多才，引申擅长。

【简评】

参见"道听而途说，德之弃也"（17.14）。

14.30 子曰："不患人之不己知，患其不能也。"

孔子说："不要忧虑别人不了解自己，要忧虑自己没有能力。"

【注释】

其：反身代词，自己。

【简评】

参见"人不知而不愠"（1.1），"不患人之不己知，患不知人也"（1.16）。

14.31 子曰："不逆诈，不亿不信。抑亦先觉

孔子说："不预判别人会欺诈，不臆测别人不讲信用，却又能

者，是贤乎！"

预先察觉别人的欺诈与没有信用，就是贤人啊。"

【注释】

不逆诈：不预判别人欺诈。逆，预料。

不亿不信：不臆度别人不守信用。亿，通臆。

抑亦先觉者：即"抑亦先觉诈、不信者"。又能预先察觉别人的欺诈与没有信用。抑，语气词。亦，又。

【简评】

《朱子语类》："人有诈、不信，吾之明足以知之，是之谓先觉。彼未必诈而逆以诈待之，彼未必不信而先亿度其不信，此则不可。"其说可从。

14.32　微生亩谓孔子曰："丘何为是栖栖者
微生亩对孔子说："孔丘你为什么总是到处忙碌啊？莫不是要
与？无乃为佞乎？"孔子曰："非敢为佞也，疾
想展示您能言善辩吗?"孔子说："我不敢为了逞口舌之能，是忧虑那些顽固之
固也。"
人啊。"

【注释】

微生亩：姓微生，名亩。事迹不详。

栖栖：忙碌不安貌。

无乃为佞乎：莫不是要逞口舌之能？佞，能言善辩。

疾固：忧虑顽固。

【简评】

详见"天下有道，丘不与易也"（18.6）。

14.33 子曰："骥[jì]不称其力，称其德也。"

孔子说："对于千里马人们不称道它的力量，而是称道它的德行。"

【注释】

骥不称其力，称其德也：省略句，即"骥，人不称其力，而称其德也"。骥，千里马。

【简评】

郑玄注："德者，调良之谓。"即人们称道千里马的是它训练有素，而非其力量天赋。

14.34 或曰："以德报怨，何如？"子曰："何以

有人说："用仁德回报怨恨，怎么样？"孔子说："如果这样又

报德？以直报怨，以德报德。"

拿什么回报仁德呢？应该用等值的怨恨回报怨恨，以仁德回报仁德。"

【注释】

直：通值，等值。

【简评】

孔子所论本意，非指民众之间的相互关系，而是政府治理民众所应遵循的原则。《礼记·表记》所记较为完整："子曰：'以德报德，则民有所劝；以怨报怨，则民有所惩。'""子曰：'以德报怨，则宽身之仁也；以怨报德，则刑戮之民也。'"以孔子之见，为政者以德报怨则失之过宽，子产认为"唯有德者能以宽服民"（见14.9注），否则，易使民众怠惰放纵，终至国乱而不可收拾；以怨报德则失之太酷，易逼民众铤而走险，最后不得不以刑戮镇

压。上述二者，只能作权宜之计，不可为通用之法，如刘邦入关中之约法三章，诸葛亮治蜀之法用重典("刑乱国用重典"语出自《周礼·秋官·大司寇》，可知儒家思想本有法家因素。)等，虽然如此，亦须谨慎抉择，如成都武侯祠赵藩之联所云："不审时度势即宽严皆误。"只有以德报德，如救人者嘉奖，才能鼓励民众知何事所当为；只有以怨报怨，如盗窃者刑拘，才能警戒民众知何事不当做。可知，以德报德与以怨报怨方合中道，可以作平常之则，其用于人与人之间，国与国之间，亦足可行。

14.35　子曰："莫我知也夫！"子贡曰："何为其莫知子也？"子曰："不怨天，不尤人，下学而上达。知我者，其天乎！"

孔子说："没有人了解我啊！"子贡说："为什么没有人了解先生呢？"孔子说："我不怨恨上天，不责怪他人，下学人事而上达天命。能了解我的，只有上天啊！"

【注释】

尤：责怪。

【简评】

本章之"下学而上达"，孔安国注为："下学人事，上知天命。"古人多从之。今人却多释为：从基础、平常知识学起，达到广大高深的道理。今按：以古注为是。本章孔子非论学习次第，而是自认为已达天命，且以之为使命，却不为人识，唯有天知。知天命是天知己的条件，故"上"在此语境中应指天。

liáo sù

14.36　公伯寮愬子路于季孙。子服景伯以告，

公伯寮向季孙诬告子路。子服景伯将这个情况告知孔子说：

曰："夫子固有惑志于公伯寮，吾力犹能肆诸市朝。"

"季先生已经被公伯寮迷惑了，不过我的力量还能将他处死并陈尸示众。"孔子

子曰："道之将行也与，命也。道之将废也与，命也。

说："正道如果要行使，这是命运。正道如果要废除，这也是命运。公伯寮还

公伯寮其如命何！"

能把命运怎么样呢！"

【注释】

公伯寮：姓公伯，名寮，字子周。或为孔子弟子。

愬：通诉，诬告，诽谤。

季孙：季孙，鲁国三桓之一。

子服景伯：鲁国大夫。

夫子：指季孙氏。

肆：处死而陈尸示众。

【简评】

参见"文王既没，文不在兹乎？天之将丧斯文也，后死者不得与于斯文也。天之未丧斯文也，匡人其如予何"（9.5）。

14.37 子曰："贤者辟世，其次辟地，其

孔子说："有贤德的人是避开混乱的时代，其次的人是避开混

次辟色，其次辟言。"子曰："作者七

乱的地方，再次的人是避开君主厌恶自己的脸色，最次的人是避开君主厌恶自

人矣。"

己的语言。"孔子说："这样做的已经有七个人了。"

【注释】

世：本义为三十年，泛称为时代。旧注有训"世"为"社会"，

但"世"并无此义。世在先秦均作时间讲，如时代。

辟地：避开危乱之地，所谓"危邦不入，乱邦不居"（8.13）。

作者七人：这样做的有七个人。至于具体何人，旧注有不同说法。王弼注："七人：伯夷、叔齐、虞仲、夷逸、朱张、柳下惠、少连。"与《微子》篇第八章所列逸民相符。似合理。

【简评】

邢昺疏："此章言自古隐逸贤者之行也。子曰'贤者辟世'者，谓天地闭则贤人隐，高蹈尘外，枕流漱石，天子诸侯莫得而臣也。'其次辟地'者，未能高栖绝世，但择地而处，去乱国，适治邦者也。'其次辟色'者，不能懔择治乱，但观君之颜色，若有厌已之色，于斯举而去之也。'其次辟言'者，不能观色斯举矣，有恶言乃去之也。"又朱熹注引程颐云："四者虽以大小次第言之，然非有优劣也，所遇不同耳。"

14.38　子路宿于石门。晨门曰："奚自?"子路

子路在石门过夜。守门人说："从哪里来?"子路说："从孔氏

曰："自孔氏。"曰："是知其不可而为之者与?"

而来。"守门人说："就是那个明知道做不到却执意要去做的人吗?"

【注释】

石门：郑玄注："石门，鲁诚外门也。"

晨门：皇侃《论语集解义疏》："晨门，守石门晨昏开闭之吏也。"

【简评】

子路曾说："不仕无义。长幼之节，不可废也，君臣之义，如

之何其废之？欲洁其身，而乱大伦。君子之仕也，行其义也。道之不行，已知之矣。"（18.7）所以守门小吏说他"是知其不可而为之者"。

14.39　子击磬(qìng)于卫。有荷蒉(kuì)而过孔氏之门者，
孔子有次在卫国击磬。有一个背着草筐的人从孔子门前走过，

曰："有心哉，击磬乎！"既而曰："鄙哉，硁硁(xìng)乎！
说："这击磬声里是心有寄托啊！"听了一会又说："浅薄啊，这幽怨若失的击

莫己知也，斯己而已矣。深则厉，浅则揭(qì)。"子曰：
磬之声！诉说着无人理解自己之意啊，不过自以为是罢了。水深就掀起上衣渡

"果哉！末之难矣。"
过去，水浅就提着下衣趟过去。"孔子说："果真这样，就没有为难之处了。"

【注释】

蒉(kuì)：草筐。

硁硁：通悻悻，怨恨失意的样子。定州简本作"巠巠"，悻、巠双声叠韵。旧注皆以"硁"为本字，故牵强曲折不能得其义。

斯己：以己为是，即自以为是。斯，是。己，自己。

深则厉，浅则揭：语出《诗经·邶风·匏有苦叶》："济有深涉，深则厉，浅则揭。"《尔雅·释水》："以衣涉水为厉。繇(yóu，通由，从、自之义)膝以下为揭，繇膝以上为涉，繇带以上为厉。"包咸注："言随世以行己。若遇水，必以济，知其不可则当不为也。"

果哉：即真做到随世忘己。果，本义为树木上的果实，转注为实，引申为信实，《广雅·释诂一》："果，信也。"旧注有训为"果决"，言荷蒉者循世忘己果决。亦通。

末之难矣：即难之末矣，没有为难之处了。末，本义为木之尽头，故《玉篇》："末，尽也。"再引申为没有，故《小尔雅·广诂》："末，无也。"难，为难。旧注有训"难"为"诘难"，徒增晦涩而已。

【简评】

朱熹注："圣人心同天地，视天下犹一家，中国犹一人，不能一日忘也。故闻荷蒉之言，而叹其果于忘世。且言人之出处，若但如此，则亦无所难矣。"可谓得意者。然而，孔子终以天下为己任，云"天下有道，丘不与易也"，无法如隐士那般为适己而忘世。

14.40　子张曰："《书》云：'高宗谅阴，三年不
子张说："《书》说：'殷高宗居丧，三年不说话。'是什么意
言。'何谓也？"子曰："何必高宗？古之人皆然。
思？"孔子说："不只是殷高宗，古代的人都是这样。国君死了，百官就自己聚
　　　　hōng　　　　　　　　　　　zhǒng
君薨，百官总己以听于冢宰三年。"
集起来听命于冢宰三年。"

【注释】

高宗：孔安国注："高宗，殷之中兴王武丁也。"

谅阴：旧注四说：一为居丧时近墓而住的简易房屋，又叫倚庐；谅通梁，阴通庵。二为"亮闇（yín）"，一种哑病。三是训"谅"为诚信，"阴"为沉默。四是训"谅"为诚信，训"阴"为"衣"，衣为"衣祀"，其周祭期限为一年。

三年：这里当虚指为时间长久之义。三，古代既可指实数，也可约指为"大于二小于九"之数，与"几""数"等语义相当，还

可表示为套数而无实义。年，本义指稻谷从播种到成熟的一个周期，亦引申作时间。故"三年"，即可实指三年，亦可约指数年，还可虚指为诸如数月、年余等一段较长时间。

言：政令。注见13.3。

古之人皆然：谓三年之丧，古人普遍实行。今按：不论传世文献，还是地下证据，多显示上古丧期不定，未发现上古天下曾通行三年之丧，不知孔子所言何本。

君薨：《礼记·曲礼下》："天子死曰崩，诸侯死曰薨，大夫死曰卒，士曰不禄，庶人曰死。"

百官总己以听于冢宰：自己聚集以听命于太宰。总，聚集；《说文解字》："总，聚束也。"己，百官自己。冢宰，即太宰，辅佐天子总理百官之长。

【简评】

本章"高宗谅阴，三年不言"成后世儒家"三年之丧"的基本依据。孔子虽未确指"三年不言"为丧期，但不妨推测他是此观点。《礼记·丧服四制》首次明确将"高宗谅阴，三年不言"解释为丧期，董仲舒《春秋繁露》亦承此义，后遂为《论语》各注家广泛采用。

然而"高宗谅阴，三年不言"不见于传世本《尚书》，惟《尚书·无逸》载周公之言有所涉及："其在高宗，时旧劳于外，爰暨小人。作其即位，乃或亮阴，三年不言。其惟不言，言乃雍。"这里看不出殷高宗武丁"三年不言"与丧期之间的必然联系。目前可见最早评论殷高宗"三年不言"的记载见于《国语·楚语上》：楚灵王对曰："昔殷武丁能耸其德，至于神明，以入于河，自河徂亳，于是乎三年，默以思道。卿士患之，曰：'王言以出令也，若不言，是无所禀令也。'武丁于是作书……若武丁之神明也，其圣之睿广也，其智之不疚也，犹自谓未乂，故三年默以思道。"可见，楚灵王认为武丁之所以"三年不言"，是要"默以思道"，与丧期无关。《吕氏春秋·重言》所载武丁所以"三年不言"，乃怕自己言之不类，故出言慎重，也与丧期无关。《史记·殷本纪》则记为：武丁"三年不言，政事决定于冢宰，以观国风"。同样与丧期无关。

况且，三年此处可虚指时间，作"长久"讲，未必是实数三年。"高宗谅阴，三年不言"意为：高宗信实执行衣祀(方述鑫：《"三年之丧"起源新论》)，很长时间未颁布政令。孔子在为弟子解答时，将三年实数化，成为三年之丧传统的滥觞。

参见"三年之丧，天下之通丧也"(17.21)。

14.41 子曰："上好礼，则民易使也。"

孔子说："君主爱好礼仪，那么民众就容易役使。"

【简评】

所谓圣人制礼以别尊卑，故礼亦是权力等级之固化。然而，辩证言之，则礼又是对权力之约束。故君主好礼，则必约束己欲，使民以时，使民以义。

14.42 子路问君子。子曰："修己以敬。"曰："如斯而已乎?"曰："修己以安人。"曰："如斯而已乎?"曰："修己以安百姓。修己以安百姓，尧舜其犹病诸!"

子路问什么是君子。孔子说："修养自己从而谨慎地对人处事。"子路说："仅仅是这样吗?"孔子说："修养自己从而使亲朋家族得到安定。"子路又说："仅仅是这样吗?"孔子说："修养自己从而使民众得到安定。修养自己从而使民众得到安定，尧舜做起来也很困难啊!"

【注释】

敬：内心谨慎而警醒。《玉篇》："敬，慎也。"《释名·释言语》："敬，警也；恒自肃警也。"又孔颖达《礼记正义》引何胤云疏《曲礼》"毋不敬何允"云："在貌为恭，在心为敬。"

安人：使贵族得到安定。在春秋及其以前，"人"一般指士以上的贵族，庶民以及奴隶称作"民"。这里"人"与下文"百姓"互文见义，故不宜解作一般意义的人。

安百姓：使人民得到安定。春秋之前，贵族才有姓，庶民及奴隶无姓，故"百姓"最早指贵族。后随着许多贵族家族衰落而成为庶民，使得庶民之中也有了姓，由此"百姓"逐渐演变为一种包括人与民的泛称。

其犹病诸：其，指代"修己以安百姓"。病，困难。诸，"之于"的混读，语气词，无实义。

【简评】

《大学》所谓：修身、齐家、治国、平天下，其原型正来自本章之修己以敬，修己以安人，修己以安百姓。

14.43 原壤夷俟。子曰："幼而不孙弟，
原壤伸腿坐着等人。孔子说："小时候不孝顺父母尊敬兄长，

xùn tì

zhǎng

长 而无述焉，老而不死，是为贼。"以杖
长大了又不学无术，老了都还不归正道，真是个祸害啊！"说完用拐杖敲了敲

jìng

叩其胫。
原壤的小腿骨。

【注释】

原壤：孔子的旧交。

夷俟：伸腿坐着等人。夷，通跠。《广雅·释诂三》："跠，踞也。"又《广雅·释言》："跠，蹲也。"《慧琳音义》卷二十四引《考声》注"蹲踞"云："竖膝坐曰蹲，伸足坐曰踞。"俟，等待；又《慧琳音义》卷四十一引《考声》注"俟时"云："俟，候来者也。"今按：按礼人前应该跪坐，故不论是竖膝而坐，还是伸足而坐，皆是失礼。

孙弟：即逊悌。

无述：无術或无法。述，通術。按："术"与"術"古义有别，術可训为"道"。又《尔雅·释言》："律，述也。"又《尔雅·释诂一》："律，法也。"旧注多训"述"为"称述"，实无训诂学根据，"述"只有"遵循"或"传述"两类义项，固无"称"义，"称述"中心词在"称"不在"述"。而遵循、传述二义用于"长而无述"皆不可解。

老而不死：本句自古失注，盖尽皆默认"死"作"死亡"解，而以为无须注释之故。今按："死"当训"归"，《淮南子·精神训》："死，归也。"《列子·天瑞》有孔子之言可引以为注："死也者，德之徼也。古者谓死人为归人。夫言死人为归人，则生人为行人矣。行而不知归，失家者也。"张湛注："徼，归也。"故"老而不死"犹言"老而不归"，意指原壤少长无德，到老尚不知回归正道。

叩其胫：叩，轻击。胫，小腿骨。盖原壤蹲踞而不觉失礼，孔子叩击以提醒之。

【简评】

《礼记·檀弓下》也记有孔子与原壤的故事："孔子之故人曰原壤，其母死，夫子助之沐椁。原壤登木曰：'久矣，予之不托于

音也。'歌曰：'狸首之班然，执女手之卷然。'夫子为弗闻也者而
过之。从者曰：'子未可以已乎？'夫子曰：'丘闻之，亲者毋失其
为亲也，故者毋失其为故也。'"

　　原壤在其母葬礼上放浪形骸，唱非礼之歌，孔子却佯装未见。
随从以为孔子应当与原壤绝交，孔子却答以故旧不遗之意。皇侃
疏："原壤者，方外之圣人也，不拘礼敬，与孔子为朋友。"原壤是
否为圣人不可知，但他乃自居方外而不拘礼法，却当如是。《论语》
中之隐者、狂人、小吏等人，虽外不拘礼法，其内皆为善人，孔子
知其与己之间，不过是各从其志而已，故皆以恭敬而待之。本章孔
子与原壤之言，亦与故友笑谈于真假之间而已。

　　《荀子·法行》："孔子曰：'君子有三思而不可不思也：少而不
学，长无能也；老而不教，死无思也；有而不施，穷无与也。是故
君子少思长，则学；老思死，则教；有思穷，则施也。'"

　　参见"故旧不遗"（8.2）以及"故旧无大故，则不弃也"
（18.10）。

14.44　阙党童子将命。或问之曰："益者与？"

有个阙党来的童子受人差遣来见孔子。有人问孔子："他是来

子曰："吾见其居于位也，见其与先生并行也。非求

求教增进学问的吗？"孔子说："我看见他站在成年人的位置上，还看见他与成

益者也，欲速成者也。"

年人并排行走。这不是想求教增进学问啊，这是想急于求成。"

【注释】

　　阙党：一般认为是孔子故里，在今山东曲阜。

　　童子：古代未行冠礼之前称为童子。

　　将命：承受他人差遣。将，奉；郑玄注《诗经·周颂·我将》
"我将我享"云："将，犹奉也。"《说文解字》："奉，承也。"命，

差遣，命令。又马融注："将命者，传宾主之语出入。"

益者与：即童子求益者与？"童子"承上省，"求"因下而省。益，本义为增加，这里指童子前来请教以增益学问。《礼记·曲礼上》"请益则起"，郑玄注："益，谓受说不了，欲师更明说之。"

先生：这里指年长者。

居于位：即居于先生之位，"先生"因后省。马融注："童子隅坐无位，成人乃有位。"先生，这里指成年前辈。

并行：并排而行。

【简评】

本章孔子述求益与速成之别。《孟子·告子下》："徐行后长者谓之弟，疾行先长者谓之不弟。"阙党童子，年未及冠，却与长辈同坐并行，是为不悌。童子所当学之应对洒扫，阙里童子不求益学之，却欲与长辈平交攀谈，孔子认为是速成而非上进。

卫灵公篇第十五

15.1　卫灵公问 陈 于孔子。孔子对曰："俎豆之
zhèn
　　　　　　　　　　　　　　　　　　　　　　　　　　zǔ
卫灵公向孔子询问军事。孔子回答说："有关礼仪的事情，我曾

事，则尝闻之矣；军旅之事，未之学也。"明日遂行。
经学习过；军队的事情，我还没学过。"第二天就告辞离开了。

【注释】
　　陈：布阵，代指军事。
　　俎豆：祭祀与宴会时盛装祭品或食品的两种器皿。这里代指礼
仪。《泰伯》篇的"笾豆之事"与此相同。
　　闻：本义"听到"，这里与下文"学"互文见义，指学习、受
教。《战国策·秦策二》"谨闻令"，高诱注："闻，犹受也。"

【简评】
　　春秋乱世，大国有侵夺之心，小国有防患之意，天下因之皆备
军事。故卫灵公所问亦在情理之中。孔子弟子冉求曾率军击败强
齐，季氏问其军事从何而学，冉求答曰孔子。可知，孔子本人精通
军事。孔子不答卫君所问，盖政治之于军事形同本末，本固则末
强。小国本不可以仅凭军事存于诸侯之间。

15.2　在陈绝粮，从者病，莫能兴 。子路愠见，
　　　　　　　　　　　　　　　　　　xīng　　　　　yùn
孔子在陈国没有了粮食，跟随的人受饥饿所困，都不能站起来

曰："君子亦有穷乎?"子曰："君子固穷，小人穷
了。子路带着怒气去见孔子说："君子也有穷困的时候吗?"孔子说："君子在

斯滥矣。"

穷困时固守原则，小人在穷困时就无所不做了。"

【注释】

在陈绝粮：孔安国注："孔子去卫如曹，曹不容，又之宋。宋遭匡人之难，又之陈。会吴伐陈，陈乱，故乏食。"详情可参见《史记·孔子世家》。

从者病，莫能兴：病，本有受困之义，这里指因为饥饿而受困，皇侃疏："病，饥困也。"兴，站起来。

愠见：愠，带着怒气。见，面见；旧注有训"见"为"现"，亦通。

君子固穷：即"君子穷固"，君子穷困却固守原则。固，坚固、固守。旧注有训"固穷"为"固守穷困"，望文生义。君子非不求富贵，亦非不去贫困，穷达以道而已。

小人穷斯滥矣：小人穷困就没有原则了。斯，承接连词，就。滥，本义为水流越出水道四处蔓延，引申为没有节制，没有原则。

【简评】

人之穷达，非仅需个人努力，亦在诸缘遇合。因缘不足，穷困虽君子难免。子路不达此理而有怒色，可谓"贫而无怨难"。孔子不答其问而说之以君子与小人穷困之别：君子穷困仍坚守原则，而小人穷困则无所不为。言下之意，子路当以君子之德要求自己。

先秦典籍多记孔子陈蔡之事，司马迁《史记·孔子世家》将之综合甚详。从其中可见，子路、子贡等弟子皆有怨尤之意。"在陈绝粮"之所以不同于"桓魋之厄"与"匡人之畏"而为历代注家高度重视，在于这次困难动摇了弟子们坚守道义的决心，产生了普遍的信仰危机。而孔子以其对仁义之道义的坚定信仰，对困难的乐观主义精神，耐心地一一解答弟子们的疑惑，终于化解了这次信仰危机。

而在《墨子·非儒》却别有故事。在墨家的记叙中，不但孔门弟子信仰动摇，甚至孔子本人也前后不一，并不能"一以贯之"，因此言行虚伪。至于《墨子》所录真伪，客观而言无法定论，取舍只在信与不信之间，这里仅稍淡而已。

15.3　子曰："赐也，女以予为多学而识之者
　　　　孔子说："端木赐啊，你以为我博学是因为靠记住它们吗？"子
与？"对曰："然，非与？"曰："非也！予一以
贡回答说："对啊，难道不是这样吗？"孔子说："不是这样啊！我是用一个根
贯之。"
本原则将所有的知识贯穿起来。"

【注释】

女以予为多学而识之者与：你以为我博学是因为记住了那些知识吗？而，因果连词。识，记忆。之，代指博学的知识。

【简评】

本章孔子述系统学习以及整理知识的重要性。今日有所谓"把书读厚"与"把书读薄"之说。所谓把书读厚，即将书中涉及之细节补充出来；把书读薄，则是将书中知识逻辑化、系统化、结构化，以简驭繁。两者次第，既可以先读厚再读薄，也可以交替使用，皆无不可。

参见"吾道一以贯之"（4.15）。

15.4　子曰："由，知德者鲜矣！"
　　　　孔子说："仲由，能理解道德的人很少啊！"

【注释】

由：即仲由，子路的字。

【简评】

孔子本章所谓"德"非一般道德,实乃中庸之义。参见"中庸之为德也,甚矣乎,民鲜久矣"(6.29)。

15.5　子曰:"无为而治者,其舜也与?夫何为
孔子说:"做到无为而治的人,只有舜了吧?他怎么做的?只不
哉?恭己正南面而已矣。"
过是使自己庄严端正地听政而已。"

【注释】

南面:古代君主听政座位在北,面向南方,故一般用南面代指君主听政之处。

【简评】

道家无为而治,是"常使民无知无欲,使夫智者不敢为也"。而儒家无为而治,是君主以身作则,树立道德典范,以使近悦远来,万民敬仰,从而尽皆效法。

15.6　子张问行。子曰:"言忠信,行笃敬,虽
子张问通行之道。孔子说:"说话真诚可靠,行为忠厚谨慎,即使
mò
蛮貊之邦,行矣。言不忠信,行不笃敬,虽州里,
在偏远未化之地,也能通行。说话不真诚可靠,行为不忠厚谨慎,即使是在家乡,
cān
行乎哉?立,则见其参于前也,在舆,则见其倚于
能够通行吗?站立的时候,就像看见这句话陈列在面前,坐车时,就像这句话刻在
衡也,夫然后行!"子张书诸绅。
前面的横木上,这样就可以通行了。"子张把孔子的话写在了束腰的大带之上。

【注释】

问行：行，通行。《吕氏春秋·仲夏纪》"行理义也"，高诱注："行，犹通也。"行又可训运动，再转注为通。

蛮貊之邦：本指南蛮、北狄，后引申为未开化之地。

其：指代"言忠敬，行笃敬"。

参于前：陈列于前。参，陈列。

舆：车厢。

衡：马车套在马颈上的横木。《释名·释车》："衡，横也，横马颈上也。"

绅：束于腰间垂下的大带。

【简评】

古人不论游学还是求职，常需出行。本章子张问出门通行之道，孔子答曰：若能"主忠信，行笃敬"，即使偏远之地亦可通行。由此可知，孔子将此二条视作人类之基本道德，故不论文明程度与风俗习惯如何，皆可通行。

15.7　子曰："直哉史鱼！邦有道，如矢；邦无
孔子说："真是刚直啊史鱼！国家政治有序之时，像箭一样刚
道，如矢。君子哉蘧伯玉！邦有道，则仕；邦无道，
直；国家政治无序之时，也像箭一样刚直。真是君子啊蘧伯玉！国家政治有序
则可卷而怀之。"
之时，就出来做官；国家政治无序之时，就收藏自己。"

【注释】

史鱼：名鳅（qiū），字子鱼，卫国大夫。或曰史鱼即祝鮀，未知可否。

如矢：像箭一样直。

卷而怀之：收藏自己。之，反身代词，指自己。卷，收；怀，藏。

【简评】

国家无道，士人大致有如下态度：其一，为求取俸禄而同流合污，如是可耻；其二，为家所累，而不能去职，则谨小慎微以求自保，所谓"邦无道，危行言孙"（14.3）、"邦无道，免于刑戮"（5.2）；其三，去职归隐，不与世合作，独善其身，所谓"危邦不入，乱邦不居。天下有道则见，无道则隐"。如伯夷叔齐，孟子所谓"圣之清者"；其四，为天下生民争利，有道与无道皆进，如伊尹，孟子所谓"圣之任者"；其五，在位以直道做事，被任命则尽职，被贬黜也不以为意，如柳下惠，孟子所谓"圣之和者"；其六，出仕为民，能进则进，不行则退，孟子所谓"圣之时者"，孟子认为这是圣人之集大成者，非孔子莫属。

15.8　子曰："可与言而不与之言，失人；

孔子说："可以和他言说却不与他言说，就错过对的人；不可以

不可与言而与之言，失言。知（zhì）者不失人，亦不

和他言说却和他言说，就失去了言说的价值。有智慧的人既不会错失对的人，

失言。"

也不会失去言说的价值。"

【注释】

知：通智。

【简评】

苏轼自论作文之法有"常行于所当行，常止于不可不止"之说，

其意与孔子本章之论略似。与人相交，既不可失人，亦不可失言，然则何人可与之言？何人又不可与之言？其行其止，要不在言，而在识人。

15.9　子曰："志士仁人，无求生以害仁，有杀
孔子说："有志于成为卿大夫的仁德之人，不会为了求得生存就
身以成仁。"
损害仁义，只会牺牲自己来完成仁义。"

【注释】
　　志士仁人：志士，有志于成为卿大夫的人。仁人，有仁德的人。意为：有志于成为卿大夫的仁德之人。

【简评】
　　《国语·晋语二》亦有"杀身以成志，仁也"之言，可知孔子示喻弟子多用成语。志士仁人，将践行仁义作为自己生命的终极价值，故可以牺牲生命以成就价值。
　　参见"求仁而得仁，又何怨"（7.15）。

15.10　子贡问为仁。子曰："工欲善其事，必先
子贡问怎么做仁人。孔子说："百工想要做好自己工作，就必
利其器。居是邦也，事其大夫之贤者，友其士之
须先要使自己的工具好用。要想做仁人，就要先在行正道的国家居住，给大夫
仁者。"
之中有贤德的人做事，与士人中有仁德的人交朋友。"

【注释】
　　事：任职做事。
　　居是邦：即为仁居是邦，"为仁"承前省。居，居住。是，正

直；《说文解字》："是，直也。"《礼记·乐记》"而疑是粗精之体"，孔颖达疏："是，谓正也。"《荀子·劝学》"使目非是无欲见也"，杨倞注："是，谓正道也。"邦，诸侯邦国。"居是邦"意为：居住在一个正道的国家。旧注训为"在一个国家"，非是。

【简评】

本章孔子论工作环境对成人之重要性，以答子贡为仁之问。具体而言，即要择其贤能者为上级，交其互谅者为朋友。

参见"里仁为美"（4.1）。

15.11 颜渊问为邦。子曰："行夏之时，乘殷之
颜渊问治国之法。孔子说："施行夏代的历法，乘坐殷代的大

lù   yuè
辂，服周之冕，乐则《韶》《舞》。放郑声，远佞
车，穿着周代的礼服，演奏《韶》《舞》之乐。放逐郑国的乐，远离花言巧语

人；郑声淫，佞人殆。"
之人；郑国的乐放纵，花言巧语的人危险。"

【注释】

为邦：治国之法。

辂：本义是绑在车辕上用于拉车的横木，这里代指大车。《玉篇》："辂，大车也。"

乐：中国先秦所谓"乐"包括诗歌、器乐、舞蹈，相当于今日之文艺。

舞：通武。见 3.25 注。

佞人：以言语取悦于上之人。

淫：过当、放纵之义。《说文解字》："淫，浸淫随理也。"徐锴系传："随其脉理而浸渍也。"段玉裁注："浸淫者，以渐而入也。"

可知"淫"本无过当等义。然"淫"另有一义,《说文解字》:"一曰久雨为淫。"《尔雅·释天》:"久雨谓之淫,淫谓之霖。"则知"淫"通"霖",《玉篇》:"霖,雨不止。"《慧琳音义》:"久雨不止谓之霖,淫也。"可知,"淫"乃借"霖"之"久雨不止"转注而得"过当"义。《尚书·大禹谟》"罔淫于乐",孔安国传:"淫,过也。"《诗经·周南·关雎序》"不淫其色",孔颖达疏:"淫者,过也。过其度量谓之为淫。"由"过当"而为"放纵",《尚书·无逸》"则其无淫于观",郑玄注:"淫,放恣也。"故男女之欲过当、放纵,亦谓之淫,今人之"淫"似已专主此义。故应知,所谓"郑声淫"本非专指郑声之"男欢女爱",而是泛指其六欲七情之表现,总体有过当、放纵之质。

殆:危险。

【简评】

本章孔子视颜渊为道统传人,故教以综合创作之法,使之以明中庸之道。

孔子曾说:"殷因于夏礼,所损益,可知也;周因于殷礼,所损益,可知也。"(2.23)可知以孔子之见,制度既有历史相因性,亦有变革性。可以代代相因者,即是精华。孔子认为夏之时,殷之辂,周之冕,以及《韶》《舞》之乐,皆可相因而综合以入今日之礼乐制度。近世以来之流俗观念,中庸遂与保守同义,然而孔子却以为是"至德",因为中庸非惟不保守,反而要与时偕行,故亦曰"时中",其用之于历史,则有相因与损益之辩证:既传承善法,亦革除恶习,还须随时地之变而综合创作。中庸与保守,圣人与善人由此别焉。(11.21)

文艺影响民风,若《关雎》之"乐而不淫,哀而不伤",使人节制以行中道;郑声则悲欢不拘,使人放纵或至偏悖,与佞人之言略似;佞人以言语谄媚于人,故能投人之好,饰人之短,促人潜在之瑕放纵为现实之恶，（12.16）其危害尤甚于郑声。故孔子叮嘱颜渊要"放郑声，远佞人"。

15.12　子曰："人无远虑，必有近忧。"

孔子说："人如果没有长远的考虑，就必定会遭遇眼前的忧患。"

【简评】

《礼记·中庸》亦有："凡事预则立，不预则废。"其意略同。

15.13　子曰："已矣乎！吾未见好^{hào} 德如好色者也。"

孔子说："完了啊！我还没有遇见像喜好美色那样喜好仁德的人。"

【注释】

色：美色。古代美色并不特指女色。

【简评】

据《史记·孔子世家》，孔子"居卫月余，灵公与夫人同车，宦者雍渠参乘出，使孔子为次乘，招摇市过之"。孔子遂有本章之叹。然则好色与好德，二者终有难易之别：好色乃人性自然，所谓"食色性也"，而好德则须学而时习，化性起伪，始有君子小人之别。故好色容易，而好德难。

15.14　子曰："臧文仲其窃位者与！知柳下惠之贤，而不与立也。"

孔子说："臧文仲是窃取职位的人啊！明明知道柳下惠的贤德，却不给予他职位。"

【注释】

臧文仲：鲁国大夫臧孙辰，谥号"文"，故亦称臧文仲，历事鲁庄公、闵公、僖公、文公四位君主，世袭司寇之职。约早孔子百年。

窃位：窃取职位，指贤能本不足以胜任，却又占据着那个职位。

柳下惠：姓展名获，字季，又字禽，鲁国大夫，曾为士师官，封邑柳下，谥号"惠"，故也称柳下惠。与臧文仲同时。为人正直，有女子坐怀不乱的传说。

立：通位，职位。

【简评】

贤者以公利为己利，因而贤者在位，可使民众受惠，合于君子修己安人之道，故任贤举能乃仁义题中所应有。

齐桓公称霸而齐鲁相邻，臧文仲以其非凡外交之才，使弱鲁斡旋于强齐之下，能终得安全；又废除关卡，促进了商业繁荣；曾力阻鲁僖公为解大旱而欲烧死巫尪(wāng)之事，而有仁爱之名等。《左传·襄公二十三年》记有穆叔论及何谓不朽时曾说："鲁有先大夫曰臧文仲，既没，其言立。其是之谓乎！"意即臧文仲的言论词章符合道理，有不朽的价值。总之，臧文仲是鲁国历史上有重大影响的人，颇有仁智之名，但孔子却对其多有批评，除本章外，还曾说"臧文仲居蔡，山节藻棁，何如其知也?"(5.18)

臧文仲是司寇，柳下惠是士师，故臧是柳的直接上级。柳下惠为人正直，曾数次对臧文仲的政策提出批评，(《国语·鲁语》)遭到臧文仲三次贬黜。(18.2)正直之人能不循私利，不畏权势，遇事据理谏诤，此其所长，但也有不明变通，不合时宜之短，作为上级当用其所长，容其所短。但是臧文仲却因柳下惠的直言而贬黜他，故孔子认为臧文仲心胸不广，其仁德不足以当司寇之位。

15.15　子曰："躬自厚而薄责于人，则远怨矣！"

孔子说："多责备自己而少责备他人，就可以远离怨恨了。"

【注释】

躬自厚而薄责于人：即"躬厚（责）于自而薄责于人"，前"责"因下省。躬，自己。厚，多。薄，少。

【简评】

详见"君子求诸己"（15.21）。

15.16　子曰："不曰'如之何，如之何'者，吾

孔子说："不想着'怎么办，怎么办'的人，我对他也没有办

末如之何也已矣？"

法了。"

【简评】

孔安国注："不曰如之何者，犹言不曰奈是何。……如之何者，言祸难已成，吾亦无如之何。"参见"人无远虑，必有近忧"（15.12）。

15.17　子曰："群居终日，言不及义，好行小

孔子说："整天聚在一起，却在言谈中不涉及道义，喜好搬弄

慧，难矣哉！"

nán

小聪明，这样难有所成啊！"

【注释】

群居终日：整天聚在一起谈论。群居，与下一句互文见义，聚合谈论。

言不及义：言谈之中没有涉及道义。

小慧：小聪明。

难：旧注有训"难教导""难成人""难有所成"等多义。

【简评】

参见"饱食终日，无所用心，难矣哉"（15.17）。

15.18　子曰："君子义以为质，礼以行之，孙以（xùn）

孔子说："君子把仁义作为根本，按礼仪来施行它，用谦逊来

出之，信以成之。君子哉！"

表达它，用诚心来完成它。君子就是这样做的啊！"

【注释】

义，仁义。

质：根本、根底、本质。《说文解字》："质，以物相赘。"本义为抵押之物，可引申为根本，再引申为"形体"，《左传·僖公二十三年》"策名委质"，孔颖达疏："质，形体也。"又可抽象为"体用"之"体"，《易·系辞下》"以为质也"，韩康伯注："质，体也。"

行之：行，施行。之，本章皆指代"义"。

孙：通逊，谦逊。

出：表现。《玉篇》："出，见也。"

信：真诚、诚心。《说文解字》："信，诚也。"即不把礼仪仅作为形式，而要作为内心真诚的表现，否则礼仪就徒具形式，失去了意义。

成：完成。

【简评】

《论语笔解》："韩曰：操行不独义也，礼与信皆操行也。吾谓君子体质先须存义，义然后礼，礼然后逊，逊然后信，有次序焉。"（唐·韩愈、李翱：《论语笔解》卷下）韩说得意。仁义是根本原则，但它在生活中要依照礼仪来施行，要用自谦的态度来表现，最后，还要把它作为内心真诚的意愿来完成。《中庸》有云："诚者，物之终给，不诚无物；是故君子诚之为贵。"若无诚心，则仁义将不复为践行之目的本身，而蜕变为实现其他目的之手段与形式。

15.19　子曰："君子病无能焉，不病人之不己知也。"
孔子说："君子以没有能力为耻辱，却不以别人不了解自己为耻辱。"

【注释】

病：使动词，以为病。邢昺疏："病，犹患也。"《仪礼·士冠礼》"以病吾子"，郑玄注："病，犹辱也。"

【简评】

参见"不患人之不己知，患不知人也"（1.16），"不患无位，患所以立；不患莫己知，求为可知也"（4.14），"不患人之不己知，患其不能也"（14.30）。

15.20　子曰："君子疾没世而名不称焉。"
孔子说："君子痛恨辞世时一生言行不符合君子之名。"

【注释】

疾：痛恨。
没世：辞世。

名不称焉：名声不被称述；也可读作不称名，即一生言行不合君子之名。后者义胜。

【简评】

参见"君子耻其言而过其行"（14.27）。

15.21　子曰："君子求诸己，小人求诸人。"

孔子说："君子责备自己，小人责备他人。"

【注释】

求：责。另，求亦可通"罪""纠"。

诸：之于合读。

【简评】

"君子求诸己，小人求诸人"是中国文化之本质特点之一。与外向性文化动辄指斥、干涉他人不同，中国文化作为内向性文化的典型，立足"反求诸己"，遇事则"躬自厚而薄责于人"。反求诸己作为仁义的工夫，由近及远，由小至大而有"修己以敬""修己安人""修己以安百姓"的次第，即《大学》所谓"修身、齐家、治国、平天下"的原型。所谓"平天下"，非其他文化以助人为名，通过诸多手段迫使他人屈从己意的"霸道"或"王道"，而是自立典范，以使近悦远来的"仁道"。

15.22　子曰："君子矜而不争，群而不党。"

孔子说："君子相互尊敬而不相争，以类相聚而不结党营私。"

【注释】

矜：本义矛柄，《说文解字》："矜，矛柄也"；另其转注亦有自大等义，《礼记·表记》"不矜而庄"，郑玄注："矜，谓自尊大也。"然则"矜"不论作"矛柄"还是"自大"，均使文义费解，自大岂非更能相争？况且庙堂之上，事关国民，君子又岂能不与小人争？故可知"矜"当非本字。今按：矜当通"敬"，如此则文义通顺。定州简本作"鵸（qí）"，矜、鵸上古音通。

群：同类相聚。《说文解字》："群，辈也。""辈，若军发车百两为一辈。"段玉裁注："若军发车百两为辈，此就字之从车言也。朋也、类也、此辈之通训也。""辈，引申之为什伍同等之称。"

党：本义为行政聚居单位，《释名·释州国》："五百家为党。"引申为以同乡亲旧之情而类聚，《礼记·坊记》"睦于父母之党"，郑玄注："党，亲也。"《荀子·非相》"党学者"，杨倞注："党，亲比也。"再引申为以私利同而类聚，《国语·晋语五》："举以其私，党也。"《国语·晋语五》"比而不党"，韦昭注："阿私曰党。"后称私党为朋党。

【简评】

《国语·晋语六》郤（xì）至亦曾言："仁人不党。"孔子之言盖春秋时之成语。

君子与小人虽都以类相聚，却又有本质区别。君子以道义相聚，小人以私利凑合。道义为公，故君子相聚而不结私类；私利营私，故小人凑合而成朋党。君子以义交，故相互尊敬；小人既以利合，故亦复以利争，如今人所言"没有永远的朋友，只有永远的利益"。

《国语·晋语八》有记叔向曰："君子比而不别。比德以赞事，比也；引党以封己，利己而忘君，别也。"可作本章之解。

15.23　子曰："君子不以言举人，不以人
孔子说："君子不会因有人话说得好就举荐他，也不会因为人

废言。"
不好就废弃他好的话。"

【简评】

　　人之好坏与其所言是否有理，并无必然关系，故须持公心以辨
人之言。虽人之有恶，然其言有理者亦不妨用之；虽言之失理，然
其人素有贤能者亦不妨举荐之。要做到"不以言举人，不以人废
言"，则须先内建公正仁义之心，所谓"唯仁者能好人，能恶人"
(4.3)。

15.24　子贡问曰："有一言而可以终身行之者
子贡问："有可以终身都可以践行的一句话吗？"孔子说："那

乎？"子曰："其恕乎！己所不欲，勿施于人。"
就是恕吧！自己不想承受，不要施加给他人。"

【简评】

　　儒家仁义之道，其践行原则就消极而言是"己所不欲，勿施于
人"，教人何事不当做；就积极而言是"己欲立而立人"，教人何
事应当做。然而，若消极与积极产生道德两难而不可并世而立，则
消极之道优于积极之道。

15.25　子曰："吾之于人也，谁毁谁誉？如有所
孔子说："我对于他人，诽谤了谁？又赞誉了谁呢？如果有被

誉者，其有所试矣。斯民也，三代之所以直道而
誉者，就一定有事实根据。夏、商、周的人都是这样，这就是为什

行也。"
么这三代能够行使正道的原因。"

【注释】

毁：诽谤。本义为指出他人的不好之处，犹今日所言"批评"，而与今所谓"中伤他人"之"诽谤"有很大不同。《战国策·齐策三》"夏侯章每言未尝不毁孟尝君也"，高诱注："毁，谤。"《玉篇》："谤，对他人道其恶也。"

所誉：誉，毁誉，毁承前省。

试：本义为用，引申为检验。

斯民：即三代民斯，"三代"因后省。斯，这样。

三代：指夏、商、周。

【简评】

孔子主忠信，故行笃敬，而绝自欺欺人。实事求是，言必有据，不做信口之言，乃至于毛泽东所谓"没有调查就没有发言权"等，皆为忠信之用。儒家义理并不难，难在于践行，故曾子每日有"传而不习"之省。孔子所言如"知之为知之，不知为不知，是为知也。""君子于其所不知，盖阙如也。""道听途说，德之弃也。"谁不能言？真做到者，鲜矣！

15.26　子曰："吾犹及史之阙文也：'有马者借
孔子说："我还看到史书的阙文：'有马车的人借给他人乘

人乘之。'今亡(wú)矣夫！"
坐。'今天都没有了啊！"

【简评】

此章自古歧义叠出，难知本意。朱熹注引胡氏曰："此章义疑，不可强解。"确为审慎之论。故只能字面直译：我还看到史书阙文，有马车的人借给他人乘坐。今天都没有了啊。

包咸注："古之史于书字有疑，则阙之，以待知者。""有马者不能调良，则借人使乘习之。孔子自谓及见其人如此，至今无有矣。言此者以俗多穿凿。"虽从者较多，但已属添字解经，其实未必如此。

高尚榘《论语歧解辑录》另备一说："孔子说：'我好像看到某部史书有缺漏的文字，原来的本子有"有马借人乘之"这句话，今天看到的本子没有。'如此理解，文理皆通。孔子说这话的意思是，古代史书经后人辗转传抄，往往有缺漏，提醒人们警戒。"可通。

15.27　子曰："巧言乱德。小不忍，则乱
孔子说："花言巧语会破坏道德。小处不忍耐，就会破坏大的
大谋。"
计划。"

【简评】

前言"人无远虑，必有近忧"，乃是远近之辩证；此言"小不忍，则乱大谋"，则是大小之辩证。不论远近、大小，取舍要在见识格局。格局不到，则难远大，自然也不知何为远虑，孰是大局。

15.28　子曰："众恶之，必察焉；众好之，必
　　　　　　　　wù　　　　　　　　　　　　　　　　hào
孔子说："众人厌恶的人，一定要考察实情；众人喜欢的人，
察焉。"
也一定要考察实情。"

【简评】

参见"乡人皆好之"（13.24）。

15.29　子曰："人能弘道，非道弘人。"

孔子说："人能够使道宏大，而不是道能使人宏大。"

【注释】

弘：使宏大。

【简评】

形而上之谓道，故道由物而赋形。天地万物，惟人自由，故亦惟人能普遍践行天道，使及之于万物。孟子所谓："亲亲而仁民，仁民而爱物。"（《孟子·尽心上》）其得于孔子之意与？然则至大无外，至小无内，道无所不在，而人其所能得之者各异，循大道而行之者则为大人，由小径而行之者则为小人。大小固在人之自由取舍之间，所谓"我欲仁斯仁至也"（7.30），"为仁由己，而在人乎哉"（12.1），"三军可以夺帅，匹夫不可以夺志"（9.26）。此之谓"非道弘人"。

15.30　子曰："过而不改，是谓过矣！"

孔子说："犯了过错而不知悔改，这才称得上过错啊！"

【简评】

人非圣贤，孰能无过？过而能改，人之常道。然则，人非全知，不知而失者常有，知而后能改，亦人之所善。明知故犯，过而不改，不知其可也。

15.31　子曰："吾尝终日不食，终夜不寝，以思，无益，不如学也。"

孔子说："我曾经整天不吃东西，整夜不睡觉，用以思考，但没有进益，不如学习啊。"

【注释】

以思：即以"终日不食，终夜不寝"思。

【简评】

孔子曾言："学而不思则罔，思而不学则殆。"此乃思与学之中道。本章似乎又强调学重于思，故有学者为之所惑而不知所措。把握本章，关键在于"不如学"之前提在于"苦思而无益"，即若苦思无益，则必是己之学养尚不足以思虑如此问题，则不如先学习他人之见，以待异日再思。

15.32　子曰："君子谋道不谋食。耕也，馁
孔子说："君子作事是谋求践行道义而不是谋求获取饭食。耕

在其中矣；学也，禄在其中矣。君子忧道不
种田地来获取饭食，却可能饥饿；学习以践行道义，却可能获取俸禄。所以君

忧贫。"
子忧虑不能践行道义而不忧虑贫困。"

【注释】

谋：本义为预先对某事的各方面进行思议计划；《玉篇》："谋，谋计也。"《易·讼》"君子以作事谋始"，孔颖达疏："凡欲兴作其事，先须谋虑其始。"孔子这里指作事所谋求的出发点与目的。

耕：耕而不学。

馁：饥饿。定州简本作"饥"。

学：虽学不耕。

禄：官吏的俸给；先秦皆以粮作俸禄，故亦称"禄米"。定州简本作"食"。

【简评】

孔子言下之意：耕田者虽能种粮，却不主分配，故常不得所食，而学好则能出仕，求取俸禄，因此得而食之。宋真宗赵恒《励学篇》所谓："富家不用买良田，书中自有千钟粟。安居不用架高楼，书中自有黄金屋。出门莫恨无人随，书中车马多如簇。娶妻莫恨无良媒，书中自有颜如玉。男儿欲遂平生志，五经勤向窗前读。"可谓将本章之意，发挥至极，而终成帝王网人之术。

15.33　子曰："知^{zhì}及之，仁不能守之，虽得之，
孔子说："用智力来争取民众，若不用仁爱来维护他们，即使

必失之。知及之，仁能守之，不庄以莅^{lì}之，则民不
得到了，最终也必定会失去他们。用智力来争取民众，也能够用仁爱来维持他

敬。知及之，仁能守之，庄以莅之，动之不以礼，
们，若不能敬重地治理他们，就不会得到民众的尊重。用智力争取民众，用仁

未善也。"
爱来维护他们，用敬重来治理他们，但役使民众不合礼义，仍不完善。"

【注释】

知及之：知，通智。下同。及，本义为"追"，《国语·晋语二》"往言不可及也"，韦昭注："及，追也。"引申为争取、求取。之，代指民众，下同。

仁不能守之：即不能以仁守之。守，维护，《玉篇》："守，护也。"之，本章均应训作"民众"，旧注有训为"官位"者，实令文义费解。

不庄以莅之，则民不敬：定州简本作"不状以位之"，上古庄、状双声叠韵，莅、位邻纽叠韵，均可相假；庄、莅仍为本字。庄，

敬重,《礼记·曲礼上》"非礼不诚不庄",郑玄注:"庄,敬也。"
莅,本义为视察,引申为管理、治理。

动:劳作。《说文解字》:"动,作也。"

【简评】

本章孔子述如何得众。

小到团队,大至国家,如何争取民众?都是组织者必须解决的
问题。孔子将得众分为四个层次:其一,得众。天下之大,民风各
异,故争取民众需要智慧。其二,维护。相处长久之道在于维护,
而维护之道在于仁爱以待民。其三,和谐。和谐之道,在于相互尊
重,而责任在于上者而不在于下,故上者尊重民众,则民众尊重上
者。其四,长治久安。礼法一般相对合理规定着社会关系,若非恶
法,则依礼法治国相对最为公正,是长治久安之道。

尤可注意,孔子之道固然始之于情,然则其收功皆在于礼。答
颜渊问仁曰:"非礼勿视,非礼勿听,非礼勿言,非礼勿动。"
(12.1)答孟懿子问孝曰:"生,事之以礼;死,葬之以礼,祭之以
礼。"(2.5)所谓礼者,法也。故可言孔子为政之道,就是依礼法
治国。

15.34　子曰:"君子不可小知,而可大受也;小
孔子说:"对君子不可用小事来辨别他,却可以授与重大任务;

人不可大受,而可小知也。"
小人不可授与重大任务,却可以用小事来辨别他。"

【注释】

小知:即以小知。知,审察辨别。《大戴礼记·本命》:"审伦
而明其别,谓之知。"又《吕氏春秋·有始》"以寒暑昼夜知之",
高诱注:"知,别也。"

受：通授。

【简评】

朱熹注本章云："此言观人之法。知，我知之也。受，彼所受也。盖君子于细事未必可观，而材德足以任重；小人虽器量浅狭，而未必无一长可取。"

《淮南子·主术训》："是故有大略者不可责以捷巧，有小智者不可任以大功。人有其才，物有其形，有任一而太重，或任百而尚轻，是故审毫厘之计者，必遗天下之大数；不失小物之选者，惑于大数之举，譬犹狸之不可使搏牛，虎之不可使搏鼠也。"

其说可从。

15.35　子曰："民之于仁也，甚于水火。水火，吾见蹈而死者矣，未见蹈仁而死者也。"

孔子说："人民对于仁义的惧怕，超过了洪水与烈火。洪水与烈火，我见过踏进里面而死亡的人，却不曾见过践行仁义而死亡的人啊。"

【注释】

民之于仁：即民之惧于仁，"惧"因于后文之义而省。

蹈：本义踏，引申有践行之义，孔子此处语义双关。

水火：这里指大水大火，与"水火，吾见蹈而死者矣"互文见义——能致人死亡的定是大水与大火，而非日常生活所需之水火可明。

【简评】

对于"民之于仁也，甚于水火"，自古有两种释读：一是马融注："水火与仁，皆民所仰而生者也，仁最为甚。"意为人民对仁的需要，超过了对水火的需要。二是王弼注："民之远于仁也，甚于远于水火。"从后文来看，王弼注为是。人因蹈水火而死，故惧而远离水火，故可推知，人离仁义较水火更远，则人之惧于仁义亦较水火更甚。

本章孔子感叹人之不肯行仁者，其普遍更甚于躲避洪水烈火。其余注解皆失之于穿凿。

15.36　子曰："当仁，不让于师。"

孔子说："承担仁义，就是老师也不能谦让。"

【注释】

当：本义为两田相值，引申为遇到、面临、承担、担任等义。这里以上诸义皆通。

师：旧注皆训为"师傅"之"师"，唯黄式三《论语后案》云："或曰师，众也。或曰'师'作'死'。屈原怀沙赋'知死不可让兮'本此，与上章未见蹈仁而死互相发明。"录以备考。

【简评】

孔子刚健之言，足可与亚里士多德之"吾爱吾师，吾更爱真理"相颉颃(xié háng)。

朱熹注："当仁，以仁为己任也。虽师亦无所逊，言当勇往而必为也。盖仁者人所自有而自为之，非有争也，何逊之有？"其说甚是，余注皆懦弱而不能传孔子之道。

孟子云：浩然正气"至大至刚，以直养而无害，则塞于天地之间。其为气也，配义与道；无是，馁也。是集义所生者，非义袭而取之也。行有不慊于心，则馁矣"。"昔者曾子谓子襄曰：'子好勇乎？吾尝闻大勇于夫子矣：自反而不缩，虽褐宽博，吾不惴焉。自反而缩，虽千万人吾往矣。'"（《孟子·公孙丑下》）其言甚得孔子之传而光大之。

仁者必有大勇，至于可以杀身成仁，故君子义之所在，虽千万人吾往，又何让于师？

15.37 子曰："君子贞而不谅。"

孔子："君子正直而不必诚信。"

【注释】

贞：通正。

谅：定州简本作"梁"，梁、谅古音通，谅仍为本字。朱熹注："谅，则不择是非而必于信。"韩愈《论语笔解》以为本章承接上章，故"谅"当作"让"，可备一说。

【简评】

详见"言必信，行必果，硁硁然小人哉"（13.20）。

15.38 子曰："事君，敬其事而后其食。"

孔子说："侍奉国君，要先尽心为他做事，然后才领取他发的俸禄。"

【注释】

事君：侍奉君主，为国君做事。

敬其事而后其食：先尽心为国君做事，然后才去获取国君的俸禄。

食：俸禄。

【简评】

既已事君，则所做之事与应得之食，已成契约，故尽心为君所谋，逮为自己忠信，至于食禄是否可得，则看君之诚信，非我可控，故不必为怀。

15.39　子曰："有教无类。"
孔子说："教育不分族类。"

【注释】
　　类：族类。

【简评】
　　《吕氏春秋·孟夏纪》："故师之教也，不争轻重、尊卑、贫富，而争于道。其人苟可，其事无不可。"或可作本章之解。

15.40　子曰："道不同，不 $\overset{\text{xiāng}}{\text{相}}$ 为谋。"
孔子说："处世的基本原则不同，就不相互一起谋划。"

【简评】
　　处世基本原则不同，则谋划之目的、方向、价值评估亦不相同，若前提无法达成一致，其余议论则必徒然无功，因之毫无必要。参见"君子矜而不争，群而不党"（15.22）。

15.41　子曰："辞达而已矣。"
孔子说："言语明白通畅就可以了。"

【注释】
　　辞：言语。

达：明白通畅。

已：止。

【简评】

孔子以为，语言其用在于交流，能使意思明白表达即可，不必求其色彩华丽。

15.42 师冕见，及阶，子曰："阶也。"及席，
师冕来见孔子，到了台阶，孔子就说"这是台阶。"到了席

子曰："席也。"皆坐，子告之曰："某在斯，某在
位，孔子又说："席位在这里。"大家都入座后，孔子告诉师冕："某人在这

斯。"师冕出，子张问曰："与师言之道与？"子曰：
里，某人在这里。"师冕走后，子张问："这是和乐师的交往之道吗？"孔子

xiàng
"然，固 相 师之道也。"
说："是啊，这就是引导乐师的当然之道啊。"

【注释】

师冕：乐师，名冕。先秦乐师多盲人。

某在斯：定州简本作"某在此"，斯、此相通。

固：本义为四塞之地，引申为坚固，又孳乳有必然等义。《吕氏春秋·本味》"固不独"，高诱注："固，必也。"这里应训作"必然""当然"。

相：引导。《尔雅·释诂下》："相，导也。"

【简评】

先秦乐师多盲人，其太师、少师则更是必选盲人而任之。《周礼·春官·宗伯》："大师，下大夫二人；小师，上士四人；瞽矇，

上瞽四十人，中瞽百人，下瞽百有六十人。"郑玄注："凡乐之歌，必使瞽矇为焉。命其贤知者以为大师、小师。"该乐官制度来源甚古，却不知何以如此。东晋王子年《拾遗记》曾载师旷之事，或可参考："师旷者，或出于晋灵之世，以主乐官，妙辨音律，撰兵书万篇。时人莫知其原裔，出没难详也。晋平公之时，以阴阳之学显于当世。熏目为瞽人，以绝塞众虑，专心于星算音律之中。考钟吕以定四时，无毫厘之异。"师旷为专注音律，进化听觉，竟自盲其目。或许古人认为，盲人较之常人，更能专注音律而修习至较高境界吧。

如何乐师相处？大约礼书未记，故有子张之问，孔子回答对待盲人乐师本当如此。从文中可见，孔子充分体谅了盲人的难处，提示了盲人所欲知却又难知的各种信息，颇合于仁义之道。

季氏篇第十六

16.1 季氏将伐颛臾。冉有、季路见于孔子
季氏将要攻打颛臾。冉有、子路拜见孔子说：“季氏将要对颛臾
曰：“季氏将有事于颛臾。”孔子曰：“求！无乃
采取军事行动。”孔子说：“冉求！这个过错不是你造成的吗？颛臾的主君，以
尔是过与？夫颛臾，昔者先王以为东蒙主，且在
前先王曾经使其主持蒙山的祭祀，而且它的国土现在已经在鲁国境内，是鲁国
邦域之中矣，是社稷之臣也。何以伐为？”冉有
的臣下了，为什么还要攻击它呢？”冉有说：“季氏先生想要攻击它，我和子路
曰：“夫子欲之，吾二臣者皆不欲也。”孔子曰：
都不想。”孔子说：“冉求！周任有句话说：‘根据自己的能力去担任相应的职
“求！周任有言曰：‘陈力就列，不能者止。’危
务，没有相应的能力就应辞职。’如果遇到危险而不帮助，将要倒下却不扶起，
而不持，颠而不扶，则将焉用彼相矣？且尔言过
那还用助手来做什么呢？你的话说错了啊。老虎与犀牛从笼子里跑了出来，龟
矣。虎兕出于柙，龟玉毁于椟中，是谁之过
甲和宝玉在木匣里被毁坏，是谁的过错呢？”冉有说：“如今的颛臾，城池坚固
与？”冉有曰：“今夫颛臾固而近于费。今不取，
而且靠近费邑。现在不攻取它，以后必定会成为季氏子孙的忧患。”孔子说：
后世必为子孙忧。”孔子曰：“求！君子疾夫舍曰
“冉求！君子厌恶不说是自己贪求，却换说成必须这样做的借口。我曾听说诸
欲之，而必更为之辞。丘也闻有国有家者，不患
侯与卿大夫们，并不忧虑财物短缺而是忧虑不能各得其分，不忧虑人口稀少而

寡而患不均，不患贫而患不安。盖均无贫，和无
是忧虑不能安分守己。各得其分就没有贫困，和谐就不会人口稀少，安分守己

寡，安无倾。夫如是，故远人不服，则修文德以
国家就不会灭亡。正因为这样，所以边远的人不归服，就修养文化与德行以使

来之。既来之，则安之。今由与求也，相夫子，
他们前来归服。既然使他们前来归服，就要使他们能够安定。现在仲由和冉求

远人不服而不能来也；邦分崩离析而不能守也；
啊，帮助季氏先生做事，边远之人不归服却不能使他们前来归服；国家分崩离

而谋动干戈于邦内。吾恐季孙之忧，不在颛臾，
析却不能将它收拢；却想图谋在国境内动用武力。我是怕季氏的忧虑，不是来

而在萧墙之内也。”
自颛臾，而是在自己的家门之内啊”

【注释】

季氏：旧注多说为季桓子，另有说为季康子。

颛臾：国名，其地邻近季氏封地，季氏想将之兼并以扩张势
力。孔安国注：“颛臾，伏羲之后，风姓之国。本鲁之附庸，当时
臣属鲁。季氏贪其地，欲灭而取之。”

冉有、季路：冉有，即冉求，字子有。季路，即仲由，字子路
或季路。两人皆孔子弟子，其时同为季氏家臣。

有事：有军事行动。《左传·成公十三年》：“国之大事，在祀
与戎。”有事者，非祀即戎。

无乃尔是过与：即是过无乃尔与？

东蒙主：孔安国注：“使主祭蒙山。”

陈力就列，不能者止：马融注：“言当陈其才力，度己所任，
以就其位。不能则当止也。”

相：助手，《尔雅·释言》：“相，佐助。”

兕：犀牛。

柙：关猛兽的槛笼。

龟：龟甲，另一说为宝龟。

椟：木柜、木匣。

固而近于费：固，坚固。费，费邑，季氏的封邑。

君子疾夫舍曰欲之，而必更为之辞：即君子疾夫舍曰欲之，而更曰必为之之辞。意为：君子讨厌这样的言辞：不说是自己贪求颛臾，而换说成是不得不这样做。舍，放弃；舍曰，不说。传世本"而必"后无"更"字，程树德《论语集释》考异："皇本'必'下有更字。《太平御览》述无而字。《天文本论语校勘记》：古本、足利本、唐本、津藩本、正平本'而必'下有更字。"可知宋本而前"而必"后皆有"更"字。

有国有家：有国，指诸侯；有家，指卿大夫。

不患寡而患不均，不患贫而患不安：此二句，传世本皆如此。意为：不担心财富少而担心不能各得其分，不担心民众少而担心不安定。程树德《论语集释》考异："《春秋繁露·度制》引孔子曰：'不患贫而患不均。'《魏书·张普惠传》亦引孔子曰：'不患贫而患不均。'"今按：寡义为"人少"、贫义为"财少"，从下文"盖均无贫，和无寡，安无倾"可知，"均"与"贫"对，而"寡"与"安"对。但谢遐龄将之释为："其实古文写作有'互文'之法，以求文字生动，如江淹《恨赋》'孤臣危涕，孽子坠心'把'涕'与'心'对调位置，以求文字出奇。董仲舒《春秋繁露》中的引文，如刘宝楠《论语正义》所说，系'依义引文'。"（《不患寡而患不均》，《群言》2003 年第 5 期。）如此亦通。且定州简本亦作"不患寡而患不均，不患贫而患不安"，故仍从传世本。

萧墙之内：借指季氏与其臣下。郑玄注："萧之言肃也。墙谓屏也。君臣相见之礼，至屏而加肃敬焉，是以谓之萧墙。后季氏家臣阳虎果囚季桓子。"

【简评】

孔子提出"不患贫而患不均，不患寡而患不安"，有人以为是今日"平均主义"之滥觞。所谓"平均主义"，即不论个人差别，所得皆按人头均等。然而，考之古语，"均"之本义却并非如此。

均从匀，而匀又从勹（xún），与旬乃古今字，王国维释"旬"曰："《说文》训裹之勹，实即此字。后世不识，乃读若包，殊不知勹乃旬之初字。"（王国维：《观堂集林》）《说文解字》："旬，遍也。十日为旬。"段玉裁注："日之数十，自甲至癸而一遍。"今按：旬者，巡也，日遍巡十干谓之旬，故凡从勹，皆有普遍之义。《玉篇》："均，遍也。"《说文解字》："均，平遍也。"平、遍音义通，这里可作同义复词之用。"遍"之于财富分配，以今言释之，即利益均沾。然而，均沾并非等同分配。均另有"调和"之义，《诗经·小雅·皇皇者华》"六辔既均"，毛传："均，调也。"《周礼·天官·内宰》"正岁均其稍食"，郑玄注："均，调度也。"《类篇·土部》："均，和也。"可见，既言调和，则非等同。

董仲舒《春秋繁露·度制》："孔子曰：'不患贫而患不均。'故有所积重，则有所空虚矣。大富则骄，大贫则忧，忧则为盗，骄则为暴，此众人之情也。圣者则于众人之情，见乱之所从生，故其制人道而差上下也，使富者足以示贵而不至于骄，贫者足以养生而不至于忧，以此为度而调均之，是以财不匮而上下相安，故易治也。"又说："孔子曰：'君子不尽利以遗民。'……故君子仕则不稼，田则不渔，食时不力珍，大夫不坐羊，士不坐犬。……以此防民，民犹忘义而争利，以亡其身。天不重与，有角不得有上齿，故已有大者，不得有小者，天数也。夫已有大者，又兼小者，天不能足之，况人乎！故明圣者象天所为，为制度，使诸有大奉禄，亦皆不得兼小利、与民争利业，乃天理也。"可知，儒家之调均原则，乃是依各自社会身份来分配，故朱熹注曰："均，谓各得其分。"

由上可知，"均"作为财富分配原则，其一要利益均分，使每个社会成员都有最低生活保障，"明君制民之产，必使仰足以事父母，俯足以畜妻子，乐岁终身饱，凶年免于死亡"（《孟子·梁惠王上》)，虽"鳏、寡、孤、独、废、疾者，皆有所养"(《礼记·大同》)，以今日经济学而言，则要求政府提供基本社会保障；其二具体收入依各自社会身份而调和，以使各得其分，以今日经济学而言，收入取决于社会分工。可知，古之"均平"绝非今之"平均主义"，其义甚明。

16.2　孔子曰："天下有道，则礼乐征伐自天子出；天下无道，则礼乐征伐自诸侯出。自诸侯出，盖十世希不失矣；自大夫出，五世希不失矣；陪臣执国命，三世希不失矣。天下有道，则政不在大夫。天下有道，则庶人不议。"

孔子说："如果天下有道，那么礼乐的制作与征伐的命令都出自大子；如果天下无道，那么礼乐的制作和征伐的命令都出自诸侯。如果出自诸侯，大概传承十代就很少不消失的；如果出自大夫，传承五代就很少有不消失的；如果是卿大夫的家臣把持了国家政权，传承三代就很少有不消失的。如果天下有道，那么政权就不会在卿大夫的手中。天下有道，那么平民就不会议论政治。"

【注释】

失：失去政权。

陪臣执国命：大夫的家臣把持国家政权。陪臣，对天子而言，诸侯为臣，卿大夫为陪臣；对诸侯而言，卿大夫为臣，其家臣为陪臣。国，诸侯的封地称邦或国。

【简评】

本章孔子总结了诸侯、卿大夫、家臣分别掌握政权时，国祚之长短，大致符合迄他为止的历史进程。孔子用"希"，表明所述为大约之数，不可视作必然之定势，否则即落入历史宿命论中。

16.3　孔子曰："禄之去公室五世矣，政逮（dài）于大夫四世矣，故夫三桓之子孙微矣。"

孔子说："俸禄不由朝廷发放已经五代了，政权转移到大夫的手中已经四代了，所以'三桓'的子孙就要衰微了。"

【注释】

禄之去公室：官吏的俸禄不由朝廷发放，而是由掌握鲁国实权的"三桓"发放，表示那时鲁国君主已经失去对政权的控制。

逮：到。

三桓：鲁桓公有四子，嫡长子继承君位为鲁庄公；庶长子孟孙氏、庶次子叔孙氏、嫡次子季孙氏皆为卿。由于三家为鲁桓公之后，故称"三桓"。其后三家实力超过公族而控制了鲁国的政权，其中以季孙氏势力最大而成为实际执政者。

【简评】

本章是孔子依据上述历史经验，推论"三桓"家族之兴衰。然而，历史并未验证孔子这一推论。

16.4　孔子曰："益者三友，损者三友。友直，友谅，友多闻，益矣。友便辟（pián bì），友善柔，友便佞（piǎn nìng），损矣。"

孔子说："有益的朋友有三种，有害的朋友也有三种。正直的朋友，诚信的朋友，见闻广博的朋友，是有益的。谄媚逢迎的朋友，善变的朋友，花言巧语的朋友，是有害的。"

【注释】

友直：即直友，下文皆同。直，正直。

谅：定州简本作"梁"，谅、梁古音通，故可相假。

便辟：即便嬖(bì)。嬖，本为宠爱，引申为以谄媚迎合而获人之爱。

善柔：善变，没有原则。《说文解字》："柔，木曲直也。"段玉裁注："凡木曲者可直，直者可曲，曰柔。"这里"柔"不取其"弱"义。旧注多训"善柔"为"工于媚悦"之类，无训诂根据，且义与便辟重复，不可取。

便佞：花言巧语。便，通"谝(piǎn)"，故"便佞"《说文解字》作"谝佞"。《说文解字》："谝，巧言也。"

【简评】

李颙《四书反身录·论语下》："人生不可无友，交友不可不择，友'直、谅、多闻'，则时时得闻己过，闻所未闻，长善救失，开拓心胸，德业学问日进于高明。若与'便辟、柔、佞'之人处，则依阿逢迎，善莫予责，自足自满，长傲遂非，德业、学问日堕于匪鄙。为益为损，所关匪细，交友可不慎乎！"（清·李颙：《二曲集》）其说可参考。

16.5　孔子曰："益者三乐，损者三乐。乐节礼
孔子说："有益的快乐有三种，有害的快乐也有三种。以礼仪节

乐(yuè)，乐道人之善，乐多贤友，益矣。乐骄乐，乐佚
制为快乐，以称道他人的善良为快乐，以多交有德行的朋友为快乐，是有益的。

游，乐宴乐，损矣。"
以骄纵快意为快乐，以放浪游荡为快乐，以恣意宴饮为快乐，这是有害的。"

【注释】

益者三乐，损者三乐：即益乐者三，损乐者三。意为：有益的快乐有三种，有害的快乐有三种。

乐节礼乐：定州简本作"乐节礼"。乐，以为乐。

乐骄乐：定州简本作"乐骄"。骄，骄纵。乐，快意。

乐佚游：定州简本作"失游"，失、佚古音通。佚，放浪没有节制。游，游荡。

宴乐：宴，宴饮。乐，恣意。

【简评】

李颙《四书反身录·论语下》："礼以谨仪节，乐以养性情，此日用而不可离者。所乐在此，斯循绳履矩，身心咸淑，闻人之善，喜谈乐道，爱慕流连，即此便是己善。或道德迈众，或经济擅长，以至'直''谅''多闻'，忠孝廉节，有一于斯，便是贤友。交一贤友，则得一友之益。所交愈多，则取益愈广。骄奢佚惰，惟晏乐是耽者，乌足以语此！昔人谓'晏安鸩毒，剧于病卧'，又云'安于逸乐，如陷水火'，故君子所其无逸。"（清·李颙：《二曲集》）其说可参考。

16.6 孔子曰："侍于君子有三愆〔qiān〕：言未及之而言谓之躁，言及之而不言谓之隐，未见颜色而言谓之瞽〔gǔ〕。"

孔子说："与君相伴子容易犯三种过失：没到该说话时就说话叫做急躁，到了说话之时却不说叫做隐瞒，不看脸色就说话叫做瞎子。"

【注释】

侍：陪伴。

愆：过失。定州简本作"衍"，愆、衍古音通。

言未及之而言谓之躁：即未及之言而言谓之躁，"言"因后省。《荀子·劝学》引作"未可与言而言谓之傲"，《盐铁论·孝养》亦引作："言不及而言者，傲也。"今按：躁、傲古音通，且傲亦可训为"躁"，《荀子·劝学》"故不问而告谓之傲"杨倞注："傲，喧躁也。"

瞽：定州简本作"鼓"，瞽、鼓古音通。《周礼·春官·宗伯》"瞽矇，上瞽四十人，中瞽百人，下瞽百有六十人"，郑玄注引郑众云："无目眹(zhèn，瞳仁)谓之瞽，有目眹而无见谓之矇，有目无眸子谓之瞍。"

【简评】

《荀子·劝学》："问楛(kǔ，粗劣)者，勿告也；告楛者，勿问也；说楛者，勿听也。有争气者，勿与辩也。故必由其道至，然后接之；非其道则避之。故礼恭而后可与言道之方；辞顺而后可与言道之理；色从而后可与言道之致。故未可与言而言，谓之傲；可与言而不言，谓之隐；不观气色而言，谓之瞽。故君子不傲、不隐、不瞽，谨顺其身。《诗》曰：'匪交匪舒，天子所予。'此之谓也。"其言可参考。

16.7 孔子曰："君子有三戒：少之时，血气未定，戒之在色；及其壮也，血气方刚，戒之在斗；及其老也，血气既衰，戒之在得。"

孔子说："君子要防止三种事情：年少之时，血气还没有安定，要防止贪恋美色；等到壮年之时，血气正当刚强，要防止好勇斗狠；等到年老之时，血气已经衰微了，要防止贪得无厌。"

【注释】

壮：年满三十岁，《释名·释长幼》："三十曰壮。"

老：有五十与七十两说。皇侃疏："老，谓年五十以上也。"《礼记·曲礼上》："七十曰老。"《说文解字》："七十曰老。"《国语·吴语》"有父母耆老而无昆弟者"，韦昭注："七十曰老。"可见，七十称"老"，其义较古。

戒之在得：防止贪得无厌。得，贪得。

【简评】

本章孔子述人生三个阶段，针对各自相应的生理特点，所要着重约束之处。

16.8　孔子曰："君子有三畏：畏天命，畏大人，

> 孔子说："君子有三种敬畏：敬畏天命，敬畏为政者，敬畏圣人

畏圣人之言。小人不知天命而不畏也，狎大人，侮

> 所说的道理。小人不知天命因而不敬畏它，不尊重为政者，轻视圣人所说的

圣人之言。"

> 道理。"

【注释】

畏：敬畏。

大人：这里指在高位的为政者。郑玄注："大人，谓天子、诸侯为政教者。"

不知天命而不畏也：定州简本作"不知天命而畏也"，皆通。

狎：亲近而不恭敬。

侮：轻视；《广雅·释诂三》："侮，轻也。"

言：这里指言说的道理。《诗经·陈风·东门之池》"可与晤言"，毛传："言，犹道也。"

【简评】

天命靡常，非人力可测，故而当畏；圣人贤能皆备，思虑远大，故其言亦当畏。惟敬畏大人之言，以今人之见，岂不以为孔子乃官本位者？其实，孔子所谓"君君"，意味着惟为君者之贤能配得上君主之名时，为君者方为实至名归的君主，故此处所谓"大人"乃是应然之"大人"，而非具体之为政者。

刘宝楠《论语正义》："天命，兼德命、禄命言。知己之命原于天。则修其德命，而仁义之道无或失。安于禄命，而吉凶顺逆必修身以俟之，妄为希冀者非，委心任运者亦非也。且得位，则行义以达其道；不得位，亦必隐居以求其志。此方是天地生人，降阙德于我躬之意。故惟君子能知天命而畏之也。其畏之者，恐己之德有未至，无以成己之物，有负于天耳。……是故'畏天命'则戒谨恐惧，必致其修己安人、安百姓之学。'畏大人'则秉礼怀刑，必无有干犯其长上者。'畏圣人'之言，则古训是式必无有敢蔑弃先王之典者。"其说可参考。

16.9 孔子曰："生而知之者，上也；学而知之

孔子说："天生就知道的是上等人；通过学习知道的是次一等的

者，次也；困而学之，又其次也；困而不学，民斯

人；遭遇困境才学习的是再次一等的人；遭遇困境仍不不学习的，是下等的庶

为下矣。"

民啊。"

【注释】

困：遭遇困境。

民斯为下：即斯为下民。定州简本作"民也"。

【简评】

以孔子之见，庶民之所以为庶民，不在于其出身于庶民，而在于其"困而不学"。出身于庶民犹可学而上达，自我超越而不再为庶民，困而不学则即使出身富贵，犹可能家道中落而为庶民。故庶民者，是不知上达之道而落入下流之人。

16.10 孔子曰："君子有九思：视思明，听思聪，色思温，貌思恭，言思忠，事思敬，疑思问，忿思难，见得思义。"

孔子说："君子有九种事情需要考虑：看时要考虑是否看明白，听时要考虑是否听清楚，脸色要考虑是否温和，仪态要考虑是否谦恭，言说时要考虑是否真诚，做事时要考虑是否慎重，有疑问时要考虑是否该向人学习，愤怒时要考虑是否会带来后患，看见收益时要考虑是否合乎正义。"

【注释】

问：学习，《列子·说符》"所为问道者为富"，张湛注："问，犹学也。"又可训为"辩论"，《礼记·学记》"善问者，如攻坚木"，孔颖达疏："问，谓论难也。"两者皆通，前者义胜。

色：脸色。

貌：仪态。《尚书·洪范》"一曰貌"，孔安国传："貌，容仪也。"

忿思难：旧注"难"有二训：一是读 nàn，愤怒时要想到后患；二是读 nán，愤怒时要想到困难。两者皆通，前者义胜。

【简评】

本章述君子应该考虑的九件事情。

16.11 孔子曰："见善如不及，见不善如探汤。
孔子说："看见善事就怕自己赶不上去做，看见不善的事就如摸到
吾见其人矣，吾闻其语矣。隐居以求其志，行义以
了热水赶紧避开。我看见过这样的人，也听到过这样的话。隐居以完成自己的志
达其道。吾闻其语矣，未见其人也。"
向，践行正义以实现自己的原则。我听说过这样的话，却没有见过这样的人啊。"

【注释】

求：完成，《尔雅·释诂下》："求，终也。"

达：达到。

道：这里指法则、原则。

【简评】

隐居以保持个人德行，相对容易；因为无法践行仁义，完成正
道，所以暂时隐居起来继续修习贤能，以待他日完成自己志愿，就
比较困难了。仅为个人清白而隐居，所完成的仅是私德；以天下为
己任而暂时隐居，所要完成的才是仁义正道。参见"天下有道，丘
不与易也"（18.2）。

16.12 齐景公有马千驷，死之日，民无德而称
齐景公有马四千匹，他死的时候，民众认为他没有任何品德值得
焉。伯夷、叔齐饿于首阳之下，民到于今称之。"诚
称颂。伯夷、叔齐饿死在首阳山下，人们到今天还称颂他们的品德。《诗》说："人
不以富，亦只以异。"其斯之谓与？
的成就不在于富有，只在于品行卓越。"这话说的就是齐景公与伯夷、叔齐吗？

【注释】

民无德而称焉：即民无德而称齐景公焉。

诚不以富，亦只以异：语出《诗经·小雅·我行其野》。意为：人的成就不在于富有，只在于品行卓异。诚，通成。此二句本在《颜渊》篇第十章(12.10)，朱熹注引程颐云："此错简，当在第十六篇齐景公有马千驷之上。"杨伯峻《论语译注》认为原文固然费解，若移二句到此亦无证据。今按：二句置于此章毕竟文意通畅，故且从程颐说。

【简评】

前面说"骥不称其力，称其德"(14.33)，人们称颂千里马，不是为其力量而是为其训练有素；这里言人们称颂人的是其品行，而非其富贵。

16.13　陈亢(gāng)问于伯鱼曰："子亦有异闻乎？"对

陈亢向伯鱼问道："您父亲对您有过不同寻常的传授吗？"孔鲤回答

曰："未也。尝独立，鲤趋而过庭。曰：'学《诗》

说："没有。父亲曾经独自站在庭院里，我快步从那里走过。父亲看见说：'学《诗》

乎？'对曰：'未也。''不学《诗》，无以言。'鲤

了吗？'我回答：'还没有。'父亲说：'不学《诗》，就不能用它来交谈。'我就退下来

退而学《诗》。他日又独立，鲤趋而过庭。曰：'学

学习《诗》。另一天，父亲又独自在庭院里，我又从那里快步走过。父亲说：'学习礼

礼乎？'对曰：'未也。''不学礼，无以立。'鲤退

仪了吗？'我回答说：'还没有。'父亲说：'不学习礼仪，就不能用它立足。'我就退

而学礼。闻斯二者。"陈亢退而喜曰："问一得三，

下来学习礼仪。这样受教只有两次。"陈亢告退下来高兴地说："问了一个问题得到三

闻《诗》，闻礼，又闻君子之远其子也。"

个收获：学到《诗》的作用，学到了礼的作用，还学到了君子如何勉励自己的儿子。"

【注释】

陈亢：即陈子禽。见 12.10 注。

伯鱼：即孔鲤，字伯鱼，孔子之子。

异闻：不同寻常的传授。闻，传授或受教；《战国策·秦策二》"谨闻令"，高诱注："闻，犹受也。"

远：古棣认为当通"勉"。可从。

【简评】

孔子弟子陈子禽好奇孔子是否对自己儿子会教不传之秘，结果是没有，故马融注："以为伯鱼孔子之子，所闻当有异。"参见"二三子以我隐乎？吾无隐乎尔"（7.24）。

16.14　邦君之妻，君称之曰夫人，夫人自称曰小童；邦人称之曰君夫人，称诸异邦曰寡小君；异邦人称之亦曰君夫人。

国君的妻子，国君称她为夫人，夫人自称为小童；本国之人称她为君夫人，在其他国家称她为寡小君，其他国家的人也称她为君夫人。

【注释】

邦君：即诸侯国的国君。

称诸异邦：诸，之于合读。即称之于异邦，指本国人在其他国家称呼邦君之妻。

【简评】

本章述不同身份的人分别称呼诸侯之妻所用名称。

阳货篇第十七

17.1　阳货欲见孔子，孔子不见，归孔子豚^{kuì tún}。孔
　　阳货想见孔子，孔子不见，就赠送给孔子小猪。孔子探察到阳

子时其亡也，而往拜之，遇诸涂^{sì wú}。谓孔子曰："来！
货不在家，就前去拜见，却在途中与阳货相遇。阳货对孔子说："你来！我有

予与尔言。"曰："怀其宝而迷其邦，可谓仁乎？
话对你说。"接着说："身怀治国之道却让他的国家走向歧途，可以称得上有仁

曰："不可。""好从事而亟失时，可谓知乎？"曰：^{qì zhì}
德吗？"孔子回答："不可以。"阳货又说："很想投身事业却累次失去时机，

"不可。""日月逝矣，岁不我与。"孔子曰："诺。
可以上称得上有智慧吗？"孔子回答："不可以。"阳货又说："时光在流逝啊，

吾将仕矣。"
年岁不会等待我们。"孔子说："好。我会出来做事的。"

【注释】

　　阳货：孔安国注："阳货，阳虎也。季氏家臣，而专鲁国之政，
欲见孔子，使仕。"

　　归：通馈，赠予。

　　豚：小猪。

　　时：通伺，探察、候望。

　　亡：不在家。

　　涂：通途。

　　怀其宝而迷其邦：身怀治国之道而让他的国家走向歧途。《广

雅·释诂》："宝，道也。"迷，迷失道路。《韩非子·解老》："凡夫失其所欲之路，而妄行之，则为迷。"迷其邦，即使其邦迷。

好从事而亟失时：从事，投身事业。亟，累次。失时，失去时机。

【简评】

本章记阳货欲请孔子出仕，然其名声不好，孔子不愿出入其门，故避而不见。阳货于是赠小猪给孔子作为礼物，以迫使孔子相见。按周礼，"大夫亲赐士，士拜受，又拜于其室"。"敌者不在，拜于其室。"（《礼记·玉藻》）即大夫赠士礼物，士必须接受，并到大夫家回拜；如果大夫赠礼而士未在，则士随后须回拜大夫。孔子选择阳货不在家时回拜，结果正巧与阳货在途中相遇。

阳货与孔子问答之中，除"孔子曰"外，答曰者是谁？旧注有二：其一认为答者皆是孔子；其二认为是阳货自问自答。今按：答者当是孔子。其时孔子未仕，身份是士，而阳货已大夫，上级问话，可以答而不答本是失礼，孔子当不为。又有人云，孔子每答阳货之问，是屈身以敬小人，则其言差矣。阳货其时事情未露，孔子以士答大夫所问是礼恭而非心敬。

胡文炳《四书通》云："此一事耳，而见圣人之一言一动，无非时中之妙。阳货欲见孔子而遽见之，非中也。既有馈而不往拜之，非中也。不欲其称则中小人之计，非中也。不幸遇诸涂而又避之，则绝小人之甚，非中也。理之直者其辞易至于不逊，非中也。辞之逊而或有所诎，非中也。圣人不徇物，而亦不苟异，不绝物，而亦不苟同，愈雍容不迫，而愈刚直不诎，此所以为圣人时中之妙也。"（元·胡炳文：《四书通·论语通》卷九）其说理近是。

17.2 子曰："性相近也，习相远也。"

孔子说："人的天赋是接近的，是积习使他们相互有了很大的区别。"

【注释】

性：天赋、禀性。先秦文献中，单用"性"字一般指"人性"。定州简本作"生"，生、性古今字。

【简评】

《论语》仅两处涉及性：本章外，尚有"夫子之文章，可得而闻也；夫子之言性与天道，不可得而闻也"（5.13）。

中国传统学问皆以天人合一为旨归，但孔子对人性与天道却存而不论，子贡曰："夫子之言性与天道，不可得而闻也。"即或是七十子时代，以今考古所得竹帛而言，亦多言伦理，人性仅是初涉，而罕及天道。天人关系的学问逻辑，必然由人伦上究天道，再反证己之人道合理。子贡作为七十子人物，盖有见儒家与别派在人性与天道上必有问难，然则夫子未言，无可依据，故生慨叹。故非当时学者不论，儒家尚未得立而已。

本章孔子对人性存而不论，却重视后天积习对人的影响，较之后世聚讼于人性善恶，更能抓住人的本质，即不论人性善恶，人可以通过后天积习而完善自己逮可确定，修习道德，教化百姓，移风易俗，于是存焉。

17.3　子曰："唯上知与下愚不移。"
孔子说："只有上等的智者与下等愚人是不可改变的。"

【注释】

上知：当指生而知之者。（见 16.9）
下愚：当指困而不学者。（见 16.9）

【简评】

有人认为人之知识皆来自后天，故称孔子本章言论为"唯心主义"偏见。且不说生而知之者是否客观存在，仅就逻辑而言，本章并无矛盾之处。既然上知天生，自然无人可使之改变；既然下愚陷入困境仍不知学，自然别无他法使之学。

从上章"性相近，习相远"看，孔子亦当主张人之本性取决于后天积习，即使有上知与下愚，也极其罕见，不能作平常之论，更不可作教育与移风易俗之用。

17.4　子之武城，闻弦歌之声。夫子莞尔而笑，
孔子去到武城，听到了弦歌之声。先生微笑着说："杀鸡怎么用

曰："割鸡焉用牛刀？"子游对曰："昔者偃也闻诸夫子
得着杀牛的刀？"子游回答说："以前我曾经听先生说过：'君子学习了道理就

曰：'君子学道则爱人，小人学道则易使也。'"子曰：
会爱他人，小人学习了道理就容易驱使。'"孔子说："你们几个注意！言偃

"二三子！偃之言是也。前言戏之耳。"
说得很对啊。我前面所说只是玩笑。"

【注释】

武城：鲁国一个小邑。孔子弟子言偃在此做邑宰，即相当于如今县长。子游是言偃的字。

闻弦歌之声：皇侃疏："但解'闻弦歌之声'，其则有二：一云孔子入武城界，闻邑中人家家有弦歌之响，由子游政化和乐故也。缪播曰：'子游宰小邑能令民得其所弦歌以乐也。'又一云谓孔子入武城，闻子游身自弦歌以教民也。故江熙云：'小邑但当令足衣食教敬而已，反教歌咏先王之道也。'"

莞尔：微笑的样子。

割鸡焉用牛刀：孔安国注："言治小何须用大道也。"

【简评】

　　参见朱熹《论语集注》："君子小人，以位言之。子游所称，盖夫子之常言，言君子小人皆不可以不学，故武城虽小，亦必教以礼乐。……嘉子游之笃信，又以解门人之惑也。"

　　　　　　　　　　　　　　　 bì　　　　　　　　　　　　　　　 yuè
17.5　公山弗扰以费畔，召，子欲往。子路不说，
　　公山弗扰以费城为根据叛乱，邀请孔子，孔子想要前往。子路
曰："末之也已，何必公山氏之之也。"子曰："夫召我
不高兴，说："没有地方去而已，何必要去公山氏那里。"孔子说："邀请我去
者而岂徒哉？如有用我者，吾其为东周乎？"
难道会被闲置吗？如果他要用我，我应当能在东方复兴周道吧？"

【注释】

　　公山弗扰：季氏家臣。亦作公山不狃，上古"弗扰"与"不狃"同音。

　　以费畔：以费城为根据叛乱。费，季氏的封邑费城。畔，通叛。

　　末之也已：没有去处罢了。末，无。之，去。已，罢了。旧注有以为"末"当通"蔑"，虽通，不如前者义长。

　　何必公山氏之之也：即何必之之公山氏也。前"之"作动词"到"，后"之"代指公山氏之处。

　　召我者而岂徒哉：召我的难道会是空位吗？徒，空。从后文"如有用我者"可知，这里"徒"指召去后不得任用而被空置。

　　吾其为东周乎：何晏注："兴周道于东方，故曰东周也。"又皇

侃疏：“若必不空然而用我时，则我当为兴周道也。鲁在东，周在西，云东周者，欲于鲁而兴周道，故云吾其为东周也。”

【简评】

本章载公山弗扰据费城以叛季氏，招孔子而孔子欲往，其事清之前人皆不疑。清中期后，崔述《洙泗考信录》、赵翼《陔余丛考》均将此章本事系于鲁定公十二年，云孔子其时已仕，故断此章伪作。(清·崔述：《洙泗考信录》；清·赵翼：《陔余丛考》)而今人多考定此事于鲁定公八、九年间，以《论语》所记为真，而崔述、赵翼等疑古为非。

程树德引曹月川云：“阳虎与不狃，欲去三桓，一也。虎欲见，孔子不见，不狃召，欲往，其用心必有异乎？盖弗扰名为畔臣，势不得来见，故欲见，而召不害向慕之诚。虎不来见，又瞰亡归之豚，其意谲矣。且二人皆欲去三桓者，不狃意张公室，特不知非家臣宜举耳；虎本不在公室，特欲假公室，制大夫为利而已。观异日吴欲伐鲁，不狃止之，虎乃劝齐三加于鲁，则可见夫子不见欲往，殆谓是欤？”其说有理。

17.6　子张问仁于孔子。孔子曰：“能行五者于
　　　子张向孔子问践行仁义的方法。孔子说：“能够在天下推行五种
天下，为仁矣。”请问之。曰：“恭、宽、信、敏、
品德，就是践行仁义了。”子张请问具体内容。孔子说：“谦恭、宽宏、诚实、
惠。恭则不侮，宽则得众，信则人任焉，敏则有功，
勤勉、爱人而好施。谦恭就不会招致侮辱，宽宏就能得到众人拥护，诚实就能
惠则足以使人。”
获得他人信任，勤勉就能做出成果，爱人而好施就足以使唤他人。”

【注释】

恭：姿态谦逊。

宽：宽宏。

信：诚实。

敏：通勄，勤勉。

惠：《逸周书·谥法》："爱民好与曰惠。"即爱人而好施。惠与仁所别在于：惠用于为政者，而仁可通用所有人。

【简评】

朱熹注："行是五者，则心存而理得矣。于天下言无适而不然，犹所谓虽之夷狄不可弃者。"可从。

17.7　佛肸召，子欲往。子路曰："昔者由也闻

佛肸邀请孔子，孔子想要前往。子路说："以前我从先生那里听

诸夫子曰：'亲于其身为不善者，君子不入也。'佛

说过：'亲自做坏事的人，君子是不到他那里去的。'佛肸以中牟为根据叛乱，

肸以中牟畔，子之往也，如之何！"子曰："然。有

先生却要前往，这是为什么？"孔子说："是的。我曾经说过这样的话。但是，

是言也。不曰坚乎，磨而不磷；不曰白乎，涅而不

我不也说过坚硬的东西是磨不薄的吗？不也说过白的东西是染不黑的吗？我难

缁。吾岂匏瓜也哉？焉能系而不食？"

道是匏瓜吗？怎么能只挂在墙上而不能食用呢？"

【注释】

佛肸：晋国权臣赵鞅的家臣，任中牟邑宰。

亲于其身为不善者：即于其亲身为不善者。

磷：薄。《广雅·释诂一》："磷，襮（bó）也。"襮，通薄。又《玉篇》："磷，薄也。"

涅：染黑。《说文解字》：“涅，黑土在水中也。”引申为染黑。

缁：黑色。

匏瓜：葫芦。

系而不食：悬挂起来不能食用。王夫之《四书稗疏·论语下》"匏瓜"云：“瓠（hù）之于匏，一物而异名。当其生嫩可食则谓之瓠，及其畜之为笙、瓢、杓、壶之用，皮坚瓤腐而不可食矣，则谓之匏。系者，谓其畜而系之于蔓也。不食者，人不食之也。故可以喻其徒老而不适于用也。”可谓得意之论。

【简评】

崔述《洙泗考信录》将本章佛肸之乱系在立于鲁哀公二十年之赵襄子时，孔子已卒，故断本章伪作。(清·崔述：《洙泗考信录》)今人多考定此事为鲁哀公初期，赵简子、孔子俱在，故以崔述为非。

程树德引翟灏《四书考异》云：“‘佛肸之畔，畔赵简子也。’简子挟晋侯以攻范中行，佛肸为范中行家邑宰，因简子致伐，距之。于晋为畔，于范中行犹为义也。且圣人神能知几，范中行灭，则三分晋地之势成。三分晋地之势成，则大夫自为诸侯之祸起，其为不善，较佛肸孰大小哉？子路见未及此，但知守其常训。圣人虽有见焉，却难以前知之几为门弟子语也，故但以坚白恒理答之。”其说有理。

刘宝楠《论语正义》：“《史记·孔子世家》：‘佛肸为中牟宰。赵简子攻范、中行，伐中牟。佛肸畔，使人召孔子’云云。是中牟为范、中行邑，佛肸是范、中行之臣。于时为中牟宰，而赵简子伐之，故佛肸即据中牟以畔也。《左》哀五年传：‘夏，赵鞅伐卫，范氏之故也。遂围中牟。’此即简子伐中牟之事。然则佛肸之召孔子，当在哀五年无疑矣。……盖圣人视斯人之徒莫非吾与，而思有以治之，故于公山、佛肸皆有欲往之意。且其时天下失政久矣，诸侯畔天子，大夫畔诸侯，少加长，下凌上，相沿成习，恬不为怪。若必欲弃之而不与易，则滔滔皆是，天下安得复治？故曰'天下有道，丘不与易也'，明以无道之故而始欲仕也。且以仲弓、子路、冉有皆仕季氏。夫季氏非所谓窃国者乎？而何以异于畔乎？子路身仕季氏，而不欲夫子赴公山、佛肸之召，其谨守师训，则固以'亲于其身为不善，君子不入'二语而已，而岂知夫子用世之心与行道之义固均未为失哉？"（清·刘宝楠：《论语正义》）刘氏所论甚有见识。

孔子曾叹："可与共学，未可与适道；可与适道，未可与立；可与立，未可与权。"孔子之所欲从公山不狃、佛肸之召即是中庸权衡之道。子路未识，而崔述、赵翼等欲为孔子"辩诬"，其更不识中庸之道何为。

17.8 子曰："由也，女（rǔ）闻六言六蔽矣乎？"对曰："未也。""居！吾语女。好仁不好学，其蔽也愚；好知（zhì）不好学，其蔽也荡；好信不好学，其蔽也贼；好直不好学，其蔽也绞；好勇不好学，其蔽也乱；好刚不好学，其蔽也狂。"

孔子说："仲由啊，你听过六种过失及其六种弊端没有？"子路回答："没有听过。"孔子说："坐下！我说给你听。爱好仁德却不爱好学习，它的弊端就是愚昧；爱好智慧却不爱好学习，它的弊端就是放纵；爱好诚信却不好学习，它的弊端就是害人害己；爱好正直却不爱好学习，它的弊端就是急切；爱好勇敢却不爱好学习，它的弊端就是犯乱；爱好刚强却不爱好学习，它的弊端就是狂妄。"

【注释】

六言：言，旧注有三：一，品德；二，事情；三，"愆"之假字,过失。训言为品德,没有训诂根据;训言为事,不够具体。训言为愆为是。"六愆"是指文中"好仁不好学"等六种过失。

六蔽:由六种过失而导致的六种弊端。蔽,通弊。

居:坐。

荡:本义为大水摇动,引申为散漫、放纵而没有节制。《左传·庄公四年》"余心荡",杜预注:"荡,动散也。"《庄子·大宗师》"遥荡恣睢",陆德明经典释文引王云:"荡,纵散也。"

贼:本义为破坏,《左传·文公十八年》:"毁则为贼。"《说文解字》:"贼,败也。"后又引申为害人,《左传·昭公元年》"不僭不贼",杜预注:"贼,害人也。"《玉篇》:"贼,伤害人也。"

绞:急切。《说文解字》:"缢也。从交从糸。"段玉裁注:"为两绳相交而紧谓之绞。"由交而紧引申为"急",交即切,故绞有"急切"之引申义。《玉篇》:"绞,切也。"

【简评】

本章孔子所谓"六愆六弊",其根本原因即是"不学",然而,不学何谓?这里的学习,应当皆指学习礼义。

17.9　子曰:"小子!何莫学夫《诗》?《诗》,
孔子说:"学生们!为什么不学习《诗》?《诗》,可以感发意

xìng
可以兴,可以观,可以群,可以怨。迩之事父,远
志,可以开阔视野,可以与人交往相聚,可以抒发郁怨。近了说可以侍奉父

zhì
之事君。多识于鸟兽草木之名。"
母,远了说可以侍奉君主。还可以记住许多鸟兽草木的名称。"

【注释】

兴：感发志意。《诗经·周南·关雎序》"四曰兴"，孔颖达疏："兴者，起也。取譬引类，起发己心。"《诗经·周南·关雎》"关关雎鸠，在河之洲"，毛传："兴也。"陈奂傅疏："盖好恶动于中而适触于物，假以明志谓之兴。"

观：观览，这里指开阔视野。

群：与人交往相聚。

怨：抒发郁怨。

【简评】

本章孔子述学诗的好处。

17.10　子谓伯鱼曰："女为《周南》《召 南》矣乎？
ru　　　　　　shào

孔子对伯鱼说："你学《周南》《召南》了吗？一个人如果不

人而不为《周南》《召南》，其犹正墙面而立也与？"

学《周南》《召南》，他就如同正对着墙面站立啊。"

【注释】

伯鱼：即孔鲤，字伯鱼。孔子之子。

《周南》《召南》：是《诗经·国风》最前两篇。

正墙面：还可有两读：面正墙，或正面墙。然而，"正墙"自古失注，可知古人皆读为"正墙面"。今按：当读作"正面墙"，即正对墙面站立，或正面向墙站立。

【简评】

孔子所谓"其犹正墙面而立也与"，其所喻何意，旧注分歧，难以确解。《周南》《召南》是《诗》之最前两篇，孔子大意或是：

若没学这两篇，就如正对墙面，无法窥知墙后之物，故无法进一步学《诗》。朱熹解为："所以谓之'正墙面'者，谓其至近之地亦行不得故也。"（《朱子语类》卷四十七·论语二十九）

17.11　子曰："礼云礼云，玉帛云乎哉？乐云乐^{yuè}云，钟鼓云乎哉？"

孔子说："礼啊礼啊，难道说得只是些玉帛之类的礼品吗？乐啊乐啊，难道说的只是些钟鼓之类的乐器吗？"

【注释】

玉帛：指礼节往来时所馈献的礼物。钟鼓：奏乐时所用的乐器。郑玄注："言礼非但崇此玉帛而已，所贵者，乃贵其安上治民。"马融注："乐之所贵者，移风易俗，非谓钟鼓而已。"又朱熹注："敬而将之以玉帛，则为礼；和而发之以钟鼓，则为乐。遗其本而专事其末，则岂礼乐之谓哉？"

【简评】

孔子认为：礼是仁之外在表现，仁为本，而礼为终。失去仁之本，则礼仪即成无本之木。春秋"礼崩乐坏"，诸多礼仪真情已逝，徒具形式，孔子由是感叹。

17.12　子曰："色厉而内荏^{rěn}，譬诸小人，其犹穿窬^{yú}之盗也与？"

孔子说："脸色威严却又内心怯弱之人，如果用一种小人来比喻的话，他就像钻洞翻墙的小偷吧？"

【注释】

内荏：内心软弱。

厉：朱熹注："厉，威严也。"

穿窬之盗：穿墙与爬墙的盗贼。窬，翻墙而入。

【简评】

黄式三《论语后案》引刘孔才《人物志》曰："处虚义则色厉，顾利欲则内荏，厉而不刚者，私欲夺之也。"所谓"无欲则刚"，人若内心多欲，则外表虽严正威严，但其实难以抵御诱惑，不能坚持原则。

17.13　子曰："乡愿，德之贼也。"

孔子说："好好先生，是对仁德的败坏。"

【注释】

乡愿：指没有是非原则，随处顺从、迎合他人之所谓好人。但为何"乡愿"二字有如此含义？自古无解。有注家认为"乡愿"当训作"向圆"，可备一说。

贼：败坏；《说文解字》："贼，败也。"

【简评】

《孟子·尽心下》：孔子曰："过我门而不入我室，我不憾焉者，其惟乡原乎？乡原，德之贼也。"曰："何如斯可谓之乡原矣？"曰："何以是嘐(xiāo，虚夸)嘐也？言不顾行，行不顾言，则曰：'古之人，古之人。'行何为踽(jǔ，独行不进)踽凉凉？生斯世也，为斯世也，善斯可矣。"阉然媚于世也者，是乡原也。万子曰："一乡皆称原人焉，无所往而不为原人，孔子以为德之贼，何哉？"曰："非之无举也，刺之无刺也。同乎流俗，合乎污世。居之似忠信，行之似廉洁。来皆悦之，自以为是，而不可与入尧舜之道，故曰'德之贼'也。"

孟子所述"乡愿"，略似今日心理学之"迎合型人格"。仁德之人，坚持原则而有所不为，乡愿却无原则而媚俗，并无仁德之实，却尽享好人之名，故谓"德之贼"。

17.14　子曰："道听而涂说，德之弃也。"

孔子说："在路上听到却又在路上传说出去，这是对道德的抛弃啊。"

【注释】

涂：通途。

【简评】

当今自媒体蔚为大观，各种消息，未知来源，不辨是非，却都信手转发，可谓道听途说之登峰造极。

17.15　子曰："鄙夫可与事君也与哉？其未得之

孔子说："小人可以和他一起侍奉君主吗？他在没有得到侍奉

也，患得之；既得之，患失之。苟患失之，无所不

君主的机会时，就焦虑如何才能得到它；得到之后，又焦虑是否会失去它。一

至矣。"

旦焦虑会失去它，就没有什么事做不出来了。"

【注释】

鄙夫：小人。《吕氏春秋·君守》"鲁鄙人遗宋元王闭"，高诱注："鄙人，小人也。"

未得之：之，代指"事君"。意为：没有得到侍奉君主的机会。

患得之：今传世各本皆作如此，何晏注："患得之，患不能得之也。"然而，王符《潜夫论·爱日》引作"患不得之"，《孔子家语·在厄》引作"患弗得之"，《荀子·子道》引作"则忧不得"，故宋沈作喆《寓简》卷二引东坡解云："患得之，当作'患不得之'。"今按：患得之，应当解作：忧虑如何才能得到它。如此无须添字解经，而文义通顺。

【简评】

小人侍奉君主是为获取私利，故未侍奉君主时，则挖空心思以得到机会；一旦得到机会，则又会为保住位置而不择手段。

17.16 子曰："古者民有三疾，今也或是之亡^{wú}

孔子说："古代的人有三种缺点，今日这三种缺点中所含有的正直

也。古之狂也肆，今之狂也荡；古之矜也廉，今之

都没有了。古人狂放却也有所不为，今人狂妄却放纵无忌；古人自大却也洁身自

矜也忿戾；古之愚也直，今之愚也诈而已矣。"

好，今人自大却又怨恨诿过他人；古人愚钝却也刚直，今人愚笨却又好欺诈罢了。"

【注释】

三疾：三种毛病。

今也或是之亡也：即"今也三疾或是之亡也"，"三疾"承上而省。或，有；《广雅·释诂一》："或，有也。"是，正、直。

肆：肆，固守，引申为坚守原则，有所不为。《诗经·周颂·昊天有成命》"肆其靖之"，毛传曰："肆，固也。"《国语·周语下》引"肆其靖之"，韦昭注也训"肆"为"固"。旧注多训"肆"为"敢言""不拘小节"等，不知所本。另有训"肆"为"肆"，释义也甚不可解。

荡：狂妄而放纵无忌。孔安国注："荡，无所据。"即没有原则，引申为无所顾忌。故"肆"义应与之相对为"有所据"，则训"肆"为"固"文义通顺。

矜：自大。《淮南子·本经》"和而弗矜"，高诱注："矜，自大也。"

廉：清白。本义为侧边，《说文解字》："廉，仄也。"段玉裁注："廉、棱也。"今按："廉"通"敛"，《释名·释言语》："廉，敛也，自检敛也。"廉由此转注为清廉，《广雅·释诂一》："廉，吏之清也。"《玉篇》："廉，清也。"旧注有训"矜"为"矜持"，训"廉"为"棱角"之类，皆不合文义。陆德明《经典释文》云："鲁读'廉'为'贬'，今从古。"贬、敛古音通。

忿戾：忿，怨恨。戾，本义为屈曲、弯曲，引申为诿过、怪罪；《说文解字》："戾，曲也。"段玉裁注："引伸之训为罪。"戾，定州简本作"谊"，戾、谊古音通。

【简评】

在孔子眼中，古人好行直道，尽管也有缺点，但其缺点之中同时又蕴含可贵的优点。今人则世风日下，将古人的缺点全都发展，却将其中蕴含的优点尽皆丧弃。

可参见本书 13.21。

17.17　子曰："巧言令色，鲜矣仁。"

孔子说："善于讨好他人的话与迎合他人的脸色，很少是出自仁爱。"

【注释】

巧言：善于讨好他人的语言。

令色：令通伶。伶色，讨好他人的脸色。

【简评】

邢昺《论语注疏》引包咸注："巧言，好其言语；令色，善其颜色；皆欲令人说之，少能有仁也。"巧言令色，大多不出自真诚，而无诚不仁，故孔子谓之"鲜矣仁"。也见1.3。

17.18　子曰："恶紫之夺朱也，恶郑声之乱雅乐
　　　　　　　　孔子说："厌恶紫色侵夺了红色的正位，厌恶郑国声乐破坏了
也，恶利口之覆邦家者。"
雅乐的主流地位，厌恶巧言善辩的人颠覆了国家。"

【注释】

朱：正红色。
利口：能说善道。

【简评】

紫色含有红，却不是正红，但人们喜爱它却超过了正红；郑国文艺使人放纵，但人们喜爱它却超过了雅乐；心术不正却又能言善道之人，到处受到欢迎，终于使国家政权倾覆。

17.19　子曰："予欲无言。"子贡曰："子如不
　　　　　　　孔子说："我不想说话了。"子贡说："先生要是不说话，我们
言，则小子何述焉？"子曰："天何言哉？四时行
这些学生要依循什么呢？"孔子说："天又说过什么呢？四季不停运行，百物不
焉，百物生焉，天何言哉？"
停生长，天又说过什么呢？"

【简评】

本章或为孔子周游列国无果而生之感叹。"天何言哉？四时行焉，百物生焉"，即天不会向人言说，而只通过其创作的天地万物来显示天命。这一思想来自《诗经·大雅·文王》："上天之载，无声无臭。仪刑文王，万邦作孚。"意为：上天的行为，人无法凭借感官认知，故天命靡常；而文王受命于天，故其德行足可模范，以为万邦的庇护。《孟子·万章上》亦云："天不言，以行与事示之而已矣。"在这一传统的天人关系中，由上而下有三个层次：天命、天地万物显示的规律性天道以及人对天道的认识与把握。其中天命靡常，非人力可测；天道有常，但只是天命中可显示的部分，故天道不可等同天命；人通过天地万物的规律性运行，来认识与把握天道。可见，人所认识的道理，只能达到相对规律的天道，而不能直达天命，因而天命对人的认知在绝对与无限上始终具有超越性。

"天不言"是中国传统天人关系区别于其他文化神人关系的本质特征之一。

17.20　孺悲欲见孔子，孔子辞以疾。将命者出

孺悲想要拜见孔子，孔子以生病为由推辞不见。等传递命令的

户，取瑟而歌。使之闻之。

人出了门，孔子就取出瑟边鼓边唱，故意让他听见。

【注释】

孺悲：生平不可考。

将命者：为孺悲传递命令的人，不是指孺悲。

【简评】

孺悲其事迹难考，惟《礼记·杂记》记其故事："恤由之丧，

哀公使孺悲之孔子学士丧礼，士丧礼于是乎书。"但所记孺悲受鲁哀公之命到孔子处学礼，与本章孔子拒见孺悲是否为同一事？无法确定。孔子为何以生病为由不见孺悲，而且还故意告诉他自己其实没病？其因由用意皆不可考，故不妄加揣测。

17.21　宰我问："三年之丧，期(qī)已久矣。君子三年

宰我问："为父母守丧三年，这个期限太长了啊。君子三年不行

不为礼，礼必坏；三年不为乐，乐必崩。旧谷既没，新

礼，礼必然会被破坏；三年不奏乐，乐必然崩溃。去年的旧谷吃完了，今年的新谷

谷既升，钻燧改火，期可已矣。"子曰："食夫稻，衣

入库了，用于钻燧的不同木材已经轮换了一轮，一周年的期限就可以了。"孔子说：

夫锦，于女(rǔ)安乎？"曰："安。""女安则为之！夫君子

"一年就吃好的米，穿好看的衣服，你心安不？"宰我回答："我心安。"孔子说：

之居丧，食旨不甘，闻乐(yuè)不乐(lè)，居处不安，故不为也。

"你心安就去做！君子在三年的丧期之中，吃美味不觉得甘甜，听音乐不觉得欢乐，

今女安，则为之！"宰我出。子曰："予之不仁也！子

住在家里不觉得安心，所以不会这样做。现在你能心安，那就去做！"宰我出去后，

生三年，然后免于父母之怀。夫三年之丧，天下之通丧

孔子说："宰我没有仁德啊！子女出生三年后，才能脱离父母的怀抱。为父母守丧

也。予也有三年之爱于其父母乎？"

三年，是天下通行的丧礼。宰我也有三年之爱给你的父母吗？"

【注释】

三年之丧：从下文可知，这里指父母三年之丧。

期(qī)已久矣：期，期限、周期，这里指三年。旧注有读为jī，

一周年之义，于句不通。

旧谷既没，新谷既升：去年的陈谷吃完了，今年的新谷入库了。陈谷换新谷，意为一周年。升，通登，古代每年新谷入库，要举行"登礼"。

钻燧改火：钻，即钻木取火；燧，即以燧石取火。改火：皇侃《论语集注义疏》引马融注："《周书·月令》有更火，春取榆柳之火，夏取枣杏之火，季夏取桑柘之火，秋取柞楢之火，冬取槐檀之火。一年之中钻火各异木，故曰改火也。"一轮改火，周期也是一年。

期可已矣：期有两读，一音 qī，期限，这里指换谷、改火的一周年，译作：这个期限就可以了。二音 jī，本指一周年，译作：一周年就可以了。两读皆通，后者义胜。

食夫稻，衣夫锦：省略句，即期(jī)食夫稻，衣夫锦。"期"承上省。稻：大米，当时北方多食粟(小米)，而稻产于南方，故珍贵。锦，有文彩的丝织品，这里指用锦制作的衣服。一年就吃大米，穿华服，你心安吗？

【简评】

本章尤可注意孔子的两个观点：

其一是孔子提出三年之丧为天下通丧，然而，今之学者基于传世文献与出土证据，已基本确定，殷周两代未曾通行过三年之丧。

其二是孔子首次为丧期之所以要三年提供了根据。《礼记·曲礼上》"礼不下庶人"，郑玄注："为其遽于事且不能备物。"即是说，践行礼仪需要相应的时间、精力、经济成本，庶人难以达到，故对其不做要求，比如三年之丧，百工农田之家绝难遵守。不仅如此，宰我甚至认为，三年之丧与维持礼乐不可两全，从而尝试一年之丧。孔子并未正面回应宰我的难题，而是提出：三年之丧之所以合理，在于人皆当回报父母三年怀抱之情。但是，若有人提出：我们不仅要报答怀抱之情，更应报答养育之恩，故对父母应守诸如十五年之丧，不知孔子会作何答复？

孔子自言"述而不作，信而好古"（7.1），以三年之丧观之，他对古典既有创造性解释，也并非果真不作。孔子教育目的，不仅是培养有德者，更在于培养预备干部，故其损益礼仪或都有政治之用，如俭麻冕之礼，而隆上下之别等（9.3），其弟子有若将孝道的政治功能阐释得如此明白，的确也有师传之源。故孔子特作三年之丧，以重传承之念，熄妄为之心，与其隆上下之别，其用意相同。孔子所重民、食、丧、祭（20.1），其他礼仪固不能与丧祭之礼相权衡，而礼不下庶人，故礼之轻重本亦无碍于民与食。宰我未解乃师三年移孝作忠，稳定制度之深意，减杀丧期，此或孔子斥其"不仁"之真正原因。

参见"高宗谅阴，三年不言"（14.40），"三年无改于父之道，可谓孝矣"（1.11），"其为人也孝弟，而好犯上者，鲜矣"（1.2）。

17.22 子曰："饱食终日，无所用心，难矣哉！
孔子说："整天吃饱了饭，却没有用心的地方，就糟糕了！不
不有博弈者乎，为之犹贤乎已。"
是有博采与对弈围棋吗？做这些也胜过无所用心。"

【注释】

博弈：博采与对弈围棋。

为之犹贤：博弈也胜过无所用心。贤，胜过；《仪礼·乡射礼》"右贤于左"，郑玄注："贤，犹胜也。"

【简评】

皇侃疏："若无事而饱，衣食终日，则必思计为非法之事，故云难矣哉，言难以为处也。"

17.23　子路曰："君子尚勇乎?" 子曰："君子义以
子路说:"君子崇尚勇敢吗?"孔子说:"君子把仁义作为最高
为上。君子有勇而无义为乱，小人有勇而无义为盗。"
原则。如果君子勇敢而没有仁义就会叛乱，小人勇敢而没有仁义就会偷窃。"

【注释】

义以为上：即以义为上，将仁义作为最高原则。

君子：本指贵族，《论语》中大多用以指有仁德之人。这里指
贵族。

小人：本指庶民，《论语》中大多用以指无仁德之人。这里指
庶民。

盗：窃取财物。《左传·僖公二十四年》："窃人之财，犹谓
之盗。"

【简评】

见 13.20 注。

17.24　子贡曰："君子亦有恶乎?" 子曰："有
子贡说:"君子也有厌恶的事情吗?"孔子说:"有厌恶的事情。厌恶
恶。恶称人之恶者，恶居下流而讪上者，恶勇而无
传播他人的缺点，厌恶处于下层却只看到上层的不是，厌恶勇敢而不讲礼仪的人，厌
礼者，恶果敢而窒者。"曰："赐也亦有恶乎?" "恶
恶果敢而顽固的人。"孔子问子贡:"你也有厌恶的吗?"子贡说:"厌恶把狡辩当作智
徼 为知者，恶不孙以为勇者，恶讦以为直者。"
慧的人，厌恶把不谦逊当作勇敢的人，厌恶把揭发他人的隐私当作正直的人。"

【注释】

称：传播。

居下流而讪上：处于社会下层却只看到社会上层的不是。讪，诽谤；《说文解字》："讪，谤也。"应分别的是，诽谤在古代指揭发、谈论别人具有的不好之处。这与如今多用诽谤指无中生有、添油加醋有所不同。

果敢而窒：果敢而又顽固。窒，阻塞不通，引申为顽固。

徼以为知：徼，定州简本与郑玄注本皆作"绞"，两字双声叠韵，这里"绞"为本字。绞以为知，即把苛察绞绕当作智慧。旧注训"徼"为"抄袭"，既无训诂上的根据，且也义不可通。

讦以为直：把当面指责与告发别人的隐私当作直率。包咸注云："讦，谓攻发人之阴私。"

【简评】

本章孔子与子贡各述厌恶之事。

17.25　子曰："唯女子与小人为难养也，近之则

孔子说："只有女子与小人难以相处，亲近了就不恭敬，疏远

xùn

不孙，远之则怨。"

了就抱怨。"

【注释】

养：相处、对待。

【简评】

现代社会以来，女权运动兴起，故孔子本章言论常被人诟病，于是有人为替圣人翻案，重点句读如下：其一，"唯汝子与小人难

养也"，意为：只有您与小人难以相处；其二，"唯！汝子与！小人难养也。"意为：您这先生说得对啊，小人难以相处。前者不可取，考诸《论语》，孔子无此文义不通且当面直斥之语；后者文义可通，可备一说。

17.26　子曰："年四十而见恶焉，其终也已。"

wù

孔子说："年满四十还被人憎恶，他的一生也就这样了。"

【注释】

见恶：被人憎恶。《诗经·郑风·褰裳序》"思见正也"，孔颖达疏："见者，自彼加己之辞。"恶：憎恶。《玉篇》："恶，憎恶也。""见"字此处自古失注。今有训"见"为"还"，不确。见恶，乃成语，被人憎恶之义，如《左传·哀公二十年》"黡也，进不见恶，退无谤言"是用此义。

终：生命终结。

【简评】

古人平均寿命不到四十，若四十岁还德行未立，不能家邦无怨，则改正的机会就很少了。参见"后生可畏"（9.23）。

微子篇第十八

18.1　微子去之，箕子为之奴，比干谏而死。孔
<small>微子逃亡了，箕子成了奴隶，比干直谏被杀而死。孔子说："殷</small>
子曰："殷有三仁焉。"
<small>商有三个仁人啊。"</small>

【注释】

　　微子去之：微子，名启，殷纣王的庶兄。纣王暴虐淫乱，微子多次劝谏不听，离官出走。

　　箕子为之奴：箕子，名胥余，官至太师，因屡谏纣王被囚，乃佯狂为奴。

　　比干谏而死：比干，纣王叔父，官少师。因屡谏纣王，被剖心而死。

　　三仁：三位有仁德之人。

【简评】

　　孔子以"仁"评人，格调之高，仅次于圣人，他自认只是君子，也未曾达到仁人之地。在《论语》中，孔子凡称之为"仁"者，皆是作古之人。盖以孔子观之，人只有生命终结，其德行方能盖棺论定。故曾子曰："仁以为己任，不亦重乎？死而后已。"

18.2　柳下惠为士师，三黜。人曰："子未可以
<small>柳下惠任职士师，被多次贬职。有人对他说："先生不可以去他</small>
去乎？"曰："直道而事人，焉往而不三黜？枉道而
<small>国谋职吗？"柳下惠说："用正直的方式对待他人，又怎么会不被多次贬职呢？</small>

事人，何必去父母之邦。”

如果要用邪曲的方式对待他人，又何必离开父母之国呢?”

【注释】

士师：亦作"士史"，官职名，掌禁令刑狱。

三：此处既可以实指三次，也可以虚指为多次。

黜：有贬职与撤职两义，《说文解字》："黜，贬下也。"《玉篇》："黜：退也，贬也，下也，去也，放也，绝也。"两义皆通。

去：离开故国去他国谋职。

直道：正直的方式。

枉道：邪曲的方式。

【简评】

柳下惠以直道事人，三次遭贬而不去父母之邦，一般人认为其言行高洁，但朱熹《论语集注》引胡氏说："此必有孔子断之之言而亡之矣。"其实，孔子对柳下惠有所断之言是"降志辱身矣，言中伦，行中虑。其斯而已矣"（18.8）。盖以孔子观之，柳下惠本有以其贤能用世之志，三黜而不去父母之邦，其实是放弃了自己原来的志意，仅能做到"言中伦，行中虑"而已，是为降志辱身。

18.3　齐景公待孔子，曰："若季氏则吾不能，

齐景公谈到孔子的待遇，说："如果像鲁君对待季氏那样，我做

以季、孟之间待之。"曰："吾老矣，不能用也。"

不到，给您的待遇就在季氏与孟氏之间吧。"又说："我老了，恐怕不能任用您

孔子行。

了。"孔子就离开了齐国。

【注释】

待：待遇。

季、孟之间：孔安国注："鲁三卿，季氏为上卿，最贵。孟氏为下卿，不用事。言待之以二者之间也。"

【简评】

孔子见齐景公，司马迁系于三十五岁，今之学者亦言三十六岁。

《史记·孔子世家》："景公问政孔子，孔子曰：'君君，臣臣，父父，子子。'……他日又复问政于孔子，孔子曰：'政在节财。'景公说，欲以尼谿田封孔子。晏婴进曰：'夫儒者，滑稽而不可轨法，倨傲自顺，不可以为下；崇丧遂哀，破产厚葬，不可以为俗。今孔子盛容饰，繁登降之礼，累世不能殚其学，当年不能究其礼。君欲用之以移齐俗，非所以先细民也。'异日，景公止孔子曰：'奉子以季氏，吾不能，以季孟之间待之。'齐大夫欲害孔子，孔子闻之。景公曰：'吾老矣，弗能用也。'孔子遂行，反乎鲁。"

齐景公待孔子在季、孟之间，不可谓不高，孔子之所以离开齐国，是因齐景公后来所言："吾老矣，不能用也。"既不能用，虽位高而去，故孔子非恋富贵之人，可明。

参见"君君，臣臣，父父，子子"（12.11）。

18.4　齐人归^{kuì}女乐，季桓子受之，三日不朝。孔
齐国人送给鲁国一批歌舞伎，季桓子接受了，好几天都不上朝。
子行。
孔子就离开了鲁国。

【注释】

女乐：歌女舞伎。

【简评】

孔安国注："桓子，季孙斯也，使定公受齐之女乐，君臣相与观之，废朝礼三日。"可见，三日不朝者，非止季桓子，鲁定公也在列。孔子弟子为尊者讳，阙笔于鲁定公。这倒也合于师传，孔子也曾为鲁昭公讳。参见"陈司败问昭公知礼乎"（7.31）。但就季氏为实际执政者而言，孔子真正看重者，还是季氏的态度。

18.5 楚狂接舆，歌而过孔子，曰："凤兮！凤
楚国有个狂人迎着孔子的车，唱着歌从孔子车旁走过，歌词是：

cuī
兮！何德之衰？往者不可谏，来者犹可追。已而！
"凤啊凤啊，以你之德为何要到这衰败之地？过去的已经不可改变，未来的还

已而！今之从政者殆而！"孔子下，欲与之言。趋而
可以补救。停下吧！停下吧！如今从政的人都危险了啊！"孔子下车想要和他

辟之，不得与之言。
交谈。这个人快步走开躲避而去，孔子没能和他说上话。

【注释】

楚狂接舆：旧注两读，一为：楚国有个狂人名叫接舆；二为：楚国有个狂人迎着孔子的车子。接，迎。舆，本义为车厢，代指车。

凤兮凤兮，何德之衰：凤，喻有德之人，这里指孔子。德，指凤鸟所怀之德。之，到、往。何德之衰，即德何之衰。

追：补救，《玉篇》："追，救也。"

已而：已，止，这里是让孔子停车回去之意。而，语气词，古音在之部，与衰、追之微部可以合韵。

殆：危险。《说文解字》："殆，危也。"又可训为"败坏"，《广雅·释诂一》："殆，坏也。"两者皆通。

【简评】

耕者、小吏、狂人乃《论语》中三类隐士。身有贤能而自甘边缘而不仕，方谓之隐，其余则无所谓隐。程树德引《鲍瓜录》云："晨门、荷蒉、沮、溺、丈人，皆无意于遇孔子而遇之者也。楚狂则有意于遇孔子而遇之者也。"楚国政治斗争诡谲，从政危险，孔子入楚而楚狂恐其不知，故前来善意提醒。

18.6　长沮(jù)、桀溺(jié)耦(ǒu)而耕，孔子过之，使子路问
长沮、桀溺正相伴耕作，孔子从那里经过，就让子路向他们询问
津焉。长沮曰："夫执舆者为谁？"子路曰："为孔
渡口。长沮说："那个守在车里的人是谁？"子路说："是孔丘。"长沮说："是鲁
丘。"曰："是鲁孔丘与？"曰："是也。"曰："是知
国的孔丘吗？"子路回答："是的。"长沮说："他是知道渡口在哪里的人啊。"子
津矣。"问于桀溺，桀溺曰："子为谁？"曰："为仲
路又转问桀溺。桀溺说："您是谁？"子路回答："我是仲由。"桀溺又问："是鲁
由。"曰："是鲁孔丘之徒与？"对曰："然。"曰：
国孔丘的弟子吗？"子路回答："是的。"桀溺说："随波逐流的人满天下都是，
"滔滔者天下皆是也，而谁以易之？且而与其从辟人
你们与谁一起改变天下呢？而且你们与其跟从避开坏人的人，怎么比得上跟从避
之士也，岂若从辟(bì)世之士哉？"耰(yōu)而不辍(chuò)。子路行
开时代的人呢？"说完就耕作土地不再停止。子路把刚才说的话告诉孔子，先生
以告。夫子怃(wǔ)然曰："鸟兽不可与同群，吾非斯人
怅然若失地说："人不可以和鸟兽聚在一起生活，我不和人在一起要和谁在一起
之徒与而谁与？天下有道，丘不与易也。"
呢？如果天下政治有序，我也就不和他人一道来改变时代了。"

【注释】

长沮、桀溺：两位不知名隐者。长沮、桀溺乃追记之名，而非真名，或时见一人瘦（长）而耕于低湿之处（沮），一人高大（桀）而耕于田水之中（溺），因而名之。

耦而耕：旧注自古有二：一是两人各用一耜（sì）相伴而耕；二是两人共用一具耒（lěi）耜，协同耕作，叫作"耦耕"。

津：渡口，后也引申为路口。

执舆者：执，本义拘捕、捉拿，引申为坚持，又引申为坚守。舆，车。执舆者，守在车里的人。

滔滔者：旧注有二：一是比喻混乱的样子；二是指随波逐流的人。后者义胜。滔滔，古本作悠悠，漂动不定之貌。

谁以易之：倒装句，以谁易之，用谁来改变天下呢？又，"以"乃"与"之假借，两字双声合韵，故此句也可能为：与谁易之。两者皆通，后者义胜。

与其从辟人之士也，岂若从辟世之士哉：辟，通避，逃避。辟人之士，逃避人的人；辟世之士，逃避时代的人。

耰而不辍：耰，本义为松碎泥土、平整田地的农具，也指用耰来碎土整地的活动，这里引申为一般耕作。辍，中止。

怃然：惊异或失望的样子。

鸟兽不可与同群，吾非斯人之徒与而谁与：倒装句，不可与鸟兽同群，吾非与斯人之徒而与谁？

丘不与易也：省略句，丘不与（之）易也。之，指滔滔者。

【简评】

桀溺所谓"滔滔者"，自古注家歧义不定，要而言之，一说拟人情，二说喻世态。今按：从下文孔子一再说"与"可知，"滔滔者"当是指人，而非世态。世态动荡人所共知，不待人言，而"与人"，意为寻求同道之人，一起改易世间乱态。孔子问津口，当在江河岸边，故桀溺以河水滔滔，喻人之随波逐流，天下皆是，孔子又如何可能找到同志，与之改易天下？

孔子"天下有道，丘不与易"之言，显明儒家与隐士之别。天下无道，挺身而出以匡正之，方是君子之义；而天下有道，则可"浴乎沂，风乎舞雩，咏而归"；隐士则反是，天下无道则隐，有道则现，何必要君子？

18.7　子路从而后，遇丈人，以杖荷蓧（diào）。子路问
子路跟从孔子出游落在了后面，遇到一个老人，用木棒担着竹筐。

曰："子见夫子乎？"丈人曰："四体不勤，五谷不
子路问道："您见到过我老师吗？"老人回答："四肢不劳动，不能分辨五谷。谁是

分。孰为夫子？"植其杖而芸。子路拱而立。止子路
老师？"说完树立起木棒就开始除草。子路拱手站立在一旁等候。老人留子路住宿，

宿，杀鸡为黍（shǔ）而食之，见其二子焉。明日，子路行
又杀鸡做饭给他吃，还让两个儿子见过了子路。第二天，子路告辞离开，将情形告

以告。子曰："隐者也。"使子路反见之。至则行
诉了孔子。孔子说："是个隐者啊。"让子路返回再去拜见他。到了后发现老人已经

矣。子路曰："不仕无义。长幼之节，不可废也，君
离开。子路说："不出仕为官是不合仁义的。既然长幼之间的礼节不可以废除，那

臣之义，如之何其废之？欲洁其身，而乱大伦。君
么君臣之间的大义又怎么可以废除呢？老人想洁身自好，却违悖了更大的伦理。君

子之仕也，行其义也。道之不行，已知之矣。"
子出仕为官，为的是践行仁义。仁义之道不能推行，是早已知道的了。"

【注释】

从而后：即从孔子而后。

以杖荷蓧：杖，木质棍棒。荷，担、挑。蓧，旧注有二：一是

竹编的除草农具，二是竹筐。

　　四体不勤，五谷不分，孰为夫子：四体，即四肢。勤，劳累。五谷，古代指五种谷物，大多认为是稻、黍、稷、麦、菽；这里泛指农作物。分，旧注有二：一是治理；二是分辨。

　　两句的"不"字：自古两注：一是"不"表否定，"四体不勤，五谷不分"的对象为子路或"夫子"。二是"不"作语气词，用以加强对后一词的肯定，类似"好不""岂不"，"四体不勤，五谷不分"的对象为丈人自己。

　　植其杖而芸：植，本义为用于关闭门户的直立木柱，引申为凡是木柱直立都叫作"植"，因而植又可引申为"树立"。又，植也可做"置"之假借字，放置之义。芸："耘"的假借字，除草。

　　拱：两手在胸前参合。

　　止：留。《国语·郑语》"与止之"，韦昭注："止，留也。"

【简评】

　　本章录子路批判隐者之言，但不见于《史记·孔子世家》，亦不见于《史记·仲尼弟子列传》。子路对隐者的态度，与孔子不全相同。孔子对隐者采取同情之理解，对伯夷、叔齐等评价甚高。子路之义的出发点也与孔子不同，孔子之义为仁义，子路之义为君臣。仁义者为天下而仕，不得不有君臣之义，非为君臣而行君臣之义也。

　　18.8　逸民：伯夷、叔齐、虞仲、夷逸、朱张、柳下惠、少连。子曰："不降其志，不辱其身，伯夷、叔齐与！"谓："柳下惠、少连，降志辱身矣，言中伦，行中虑。其斯而已矣。"谓："虞仲、夷

逸民有：伯夷、叔齐、虞仲、夷逸、朱张、柳下惠、少连。孔子说："不降低自己的意志，不辱没自己的身份，这是伯夷和叔齐啊！"又评论说："柳下惠、少连，降低了意志辱没了身份，但是言语符合伦理，行为符合思虑。他们不过如此而已。"又评论说："虞仲、夷逸，虽然离世隐居而放弃言

逸，隐居放言，身中清，废中权。""我则异于是，无
论，但自身符合清廉，废弃世事符合权宜。"最后说："我与这些都不同，没有

可无不可。"
一定要这样，也没有一定不要这样。"

【注释】

逸民：本指失去贵族身份而成为庶民的人。亦称前朝遗贵而于本朝无位之人。后泛指有贤能而不仕之人。逸，通佚。

虞仲、夷逸、朱张、少连：此四人事迹已不可考。

不降其志，不辱其身：不降低自己的意志，不辱没自己的身份。

言中伦，行中虑：言语符合伦理，行为符合思虑。谓柳下惠等虑定而后动。

放言：放弃言论。

身中清，废中权：皇侃《论语集解义疏》："身不仕乱朝，是中清洁也；废事免于世患，是合于权智也。"可从。

无可无不可：马融注："亦不必进，亦不必退，唯义所在也。"

【简评】

本章孔子评论逸民以及自己与他们的区别。众人之中伯夷、叔齐以死殉志，获评最高；柳下惠、少连、虞仲、夷逸各有所是亦各有不足，孔子自己则行中道，居于仁义，可进则进，当退则退。

18.9 大师挚适齐，亚饭干适楚，三饭缭适蔡，
太师挚去了齐国，亚饭干去了楚国，三饭缭去了蔡国，四饭缺
四饭缺适秦。鼓方叔入于河，播鼗武入于汉，少师
去了秦国。击鼓的方叔去了黄河地区，摇鼗的武到了汉水地区，少师阳与击磬
阳、击磬襄入于海。
的襄去了海滨。

【注释】

大师挚：大师，即太师，总管一国之乐，按周礼，太师为下大夫，共有两人。挚，人名，鲁国太师。

亚饭干、三饭缭、四饭缺：天子四饭，每饭听乐，故有亚饭、三饭、四饭等乐师之职。干、缭、缺，皆是鲁国乐师人名，事迹已不可考。

鼓方叔：鼓，击鼓。方叔，人名，鲁国乐师，事迹不详。

播鼗武：播，摇。鼗，一种小鼓，两边有绳系小耳锤，摇动起来耳锤敲击鼓面作响，俗称"拨浪鼓"。武，人名，鲁国乐师，事迹不详。

少师阳：少师，是太师的助手。阳，人名，鲁国少师，事迹不详。

击磬襄：磬，一种用玉或石做的乐器，形如曲尺，一般悬挂于架上，敲击作响。襄，即师襄子，鲁国太师，孔子曾向他学琴。

【简评】

先秦时乐师称呼是司职加人名，如师涓，则指司职太师名涓的乐师；鼓方叔，则指司职击鼓名方叔的乐师等。在周朝乐师制度中，太师为首席，少师为辅助，其下各种器乐皆有乐师司职。天子每日用饭四次，每饭必乐，而专职饭间奏乐的乐师称之为亚饭、三饭、四饭。由于周公劳苦功高，周朝廷曾特许鲁国可用部分天子之礼，而鲁国乐师亦有四饭，则不知是应有的天子之礼，还是僭越。

本章乐师当为鲁哀公时人，其中师挚与孔子友善，曾听其演奏《关雎》，有"洋洋乎盈耳哉"之叹（8.15）。另有孔子与鲁国太师讨论奏乐（3.23），不知何时何人，但说明孔子与鲁国乐师交好。

本章述鲁国乐师骨干四散而逃，因史籍不载，未知何故。

18.10 周公谓鲁公曰："君子不施其亲，不使大
周公告诉鲁公说："君子不会轻侮自己的亲戚，不会使大臣抱

臣怨乎不以。故旧无大故，则不弃也。无求备于
怨不被任用。故交旧友没有大的罪恶，不会遗弃他们。不要对一个人求全

一人。"
责备。"

【注释】

周公：周公旦。

谓：告诉。

鲁公：周公之子伯禽，封地在鲁。

君子：这里指贵族。

施：陆德明《经典释文》云："弛，旧音绝(shī)"，可知有古本作
"弛"。定州简本亦作"施"，当为本字，义为轻侮，《广雅·释诂三》：
"施，㧊(yì)也。"《说文解字》："㧊，侮也。"此外，程树德《论语集
释》云："施字有三说。孔注：'施，易也。不以他人之亲易己之亲。'
《程子外书》云：'施，与也。不私与其亲暱(nì)也。'……惟韩、李
《笔解》读作弛，《集注》用之。考施、弛二字古多通用，《周官·遂
人》注'施读为弛'可证也。此文'不施'即'不弛'叚借。郑注
《坊记》云：'弛，弃忘也。'以训此文最当。"程说亦通。

以：任用。

故旧：故交旧友，又或指前朝旧臣。

大故：大的罪恶。孔安国注："大故，谓恶逆之事。"故，通
辜，《玉篇》："辜，罪也。"

【简评】

本章是周公交代儿子伯禽的为政用人原则，或是为了表明孔子

思想来源有自，故编辑者收集于此。《礼记·中庸》孔子曰："仁者人也，亲亲为大。"即本章所谓"君子不施其亲"；"赦小过，举贤才"（13.2），即本章所谓"不使大臣怨乎不以""无求备于一人"；孔子不遗原壤（14.43），即本章所谓"故旧无大故，则不弃也"。

18.11 周有八士：伯达、伯适、仲突、仲忽、叔夜、叔夏、季随、季骃。

周初有八位武士：伯达、伯适、仲突、仲忽、叔夜、叔夏、季随、季骃（guā）。

【注释】

八士：士，武士。周初只有武士，而无文士。八位武士事迹不可考。

【简评】

旧注有对这八人的各种揣测，其实都无实据，故从略。

子张篇第十九

19.1　子张曰："士见危致命，见得思义，祭思
子张说："士大夫遇见危险献出生命，见到收益想到仁义，祭祀
敬，丧思哀，其可已矣。"
时能想到内心敬慎，居丧时能想到悲哀，这就可以了。"

【注释】

士：见 13.20 注。

致：本义为送，引申为献出。《说文解字》："致，送诣也。"

【简评】

参见本书 14.12。

dǔ
19.2　子张曰："执德不弘，信道不笃，焉能为
子张说："坚守道德却不能扩大，信仰道义却不虔诚，这种人怎
有？焉能为亡？"
能算有？怎能算无？"

【注释】

笃：本义为坚固，这里引申为虔诚。

【简评】

皇侃疏："人执德能至弘大，信道必便笃厚，此人于世乃为可

重。若虽执德而不弘，虽信道而不厚，此人于世不足可重。如有如无，故云焉能为有、焉能为亡也。"其说可从。

19.3　子夏之门人问交于子张。子张曰："子夏
子夏的门人向子张问交友之道。子张说："子夏是怎么说的？"

云何？"对曰："子夏曰：'可者与之，其不可者拒
门人回答："子夏说：'好的就与他交朋友，不好的就拒绝。'"子张说："这

之。'"子张曰："异乎吾所闻。君子尊贤而容众，
和我听到的不同。君子尊重善良的人，也宽容平凡的人，使善者得到赞美，使

嘉善而矜不能。我之大贤与，于人何所不容？我之
还不能善者能够为善。如果我足够善良，对他人还有什么不能宽容的？如果我

不贤与，人将拒我，如之何其拒人也？"
并不善良，他人就会拒绝与我结交，我又怎么有机会拒绝他人呢？"

【注释】

问交：问交友之道。

可：善，好。《左传·僖公二十二年》"阻而鼓之，不亦可乎"，这里"可"训"善"。

贤：善。《礼记·内则》"献其善者为宗子"，郑玄注："贤，犹善也。"《玉篇》："贤，有善行也。"

嘉善而矜不能：即嘉善而矜不能善，"善"承上省。嘉，赞美；矜，通贤，训为能或善，使之能或使之善。意为：使善者得到称赞而使不善者为善。

【简评】

本章讨论朋友之道。其中子夏"君子尊贤而容众，嘉善而矜不能"之言，亦见《韩诗外传》卷九子贡答堂衣若之语，注家以为是子夏与子贡同闻于夫子之语。蔡邕《正交论》云：

"子夏之门人问交于子张，而二子各有所闻乎夫子。然则以交诲也，商也宽，故告之以拒人，师也褊，故训之以容众。各从其行而矫之，若夫仲尼之正教，则泛爱众而亲仁。故非善不喜，非仁不亲，交游以方，会友以文，可无贬也。"（东汉·蔡邕：《蔡郎中集·外集》）蔡氏所谓孔子对弟子因材施教，就交友之道各有所说，其言有理。

然子张与子夏何是何非？《韩诗外传》卷九孔子恰好有所仲裁："子路曰：'人善我，我亦善之；人不善我，我不善之。'子贡曰：'人善我，我亦善之；人不善我，我则引之进退而已耳。'颜回曰：'人善我，我亦善之；人不善我，我亦善之。'三子所持各异，问于夫子。子曰：'由之所持，蛮貊之言也；赐之所言，朋友之言也；回之所言，亲属之言也。'"（西汉·韩婴撰、屈守元笺疏：《韩诗外传笺疏》卷九）以此观之，则是子夏之言更合于孔子朋友之道。

19.4 子夏曰："虽小道，必有可观者焉；致远
子夏说："即使是小道，也必定有值得借鉴之处；但走远了恐怕
恐泥，是以君子不为也。"
就会窒碍难行，所以君子不去践习它。"

【注释】

小道：盖指孔子及其崇尚的诸如文、武、周公之外的学说。

泥：滞碍难行，包咸注："泥，难不通也。"郑玄注："泥，谓滞陷不通。"

【简评】

小道之所以为小道，在于其有效性止于短小之处，而不能致于远大。

19.5　子夏曰："日知其所亡^{wú}，月无忘其所能，

子夏说："每天知道自己所不知道的，每月不忘自己已经学会

可谓好学也已矣。"

的，就可以称得上好学了。"

【注释】

　　日：每日。

　　其：反身代词，自己。

【简评】

　　本章子夏述"温故而知新"（2.11）之义。

19.6　子夏曰："博学而笃志，切问而近思，仁

子夏说："广泛学习而志向坚定，合理分析问题而从近处思考，

在其中矣。"

仁义就在这过程中了。"

【注释】

　　博学而笃志：旧注"志"有两训：一是"识（zhì）"，故"笃志"义为"强记"；二是意向，《说文解字》："志，意也。"故"笃志"义为"意向坚定"。两者皆通，后者义胜。

　　切问：切，旧注有训为"切己""切实""恳切""深切"等不一而足。然其中心词皆非"切"字，故都属添字解经，不足为凭。也有训为"急""近""要"等义，虽然可通，但皆为引申，且急、要二义，又是从近或迫引申而来，为先秦文献所少见。今按：《说文解字》："切，刌（cǔn）也。"而"刌，切也。"可知，刌、切乃是同义互训。段玉裁注："凡断物必合法度。故从寸。""其实作寸

作刌皆得如切物之度其长短也。"可见，切的本义为：用刀依法度将东西分断、分割、分析成几个部分。

近思：近，近处。又，近亦可通"进"。

【简评】

博学而意向不定，则终于博杂而歧路亡羊；志向远大，而不从身边着眼，则终于好高骛远而志大才疏。

19.7　子夏曰："百工居肆以成其事，君子学以
子夏说："百工在店铺中来完成活计，君子通过学习来完成自己
致其道。"
的道义。"

【注释】

百工：各种手工业者。

肆：陈列商品的店铺。

【简评】

本章子夏以居肆对百工完成工作的重要性，比喻学习对君子实现道义的重要性。

19.8　子夏曰："小人之过也必文。"
子夏说："小人对自己的过错必定要加掩饰。"

【注释】

文，掩饰。

【简评】

皇侃疏引缪播云："君子过由不及，不及而失，非心之病，务在改行，故无咎也。其失之理明，然后得之理着，得失既辨，故过可复改也。小人之过生于情伪，故不能不饰，饰则弥张，乃是谓过也。"其说有理。

19.9　子夏曰："君子有三变：望之俨然，即之也
子夏说："君子有三个变化：远看时仪态庄严，接近时态度温
温，听其言也厉。"
和，听他说话时义正辞严。"

【注释】

俨然：严肃庄重的样子。

即之：接近他。之，代君子。

厉：义正辞严。郑玄注："厉，严正也。"

【简评】

皇侃疏引李充云："君子敬以直内，义以方外，辞正体直，而德容自然发，人谓之变耳，君子无变也。"

19.10　子夏曰："君子信而后劳其民，未
子夏说："君子取得信任后才劳役民众，如果没有取得信任民
信则以为厉己也；信而后谏，未信则以为谤
众就会认为是虐待自己；君子取得信任后才会进谏，如果还没有取得上级信任
己也。"
就会被认为是在揭露自己的过失。"

【注释】

信：取信。

厉：虐待。《逸周书·谥法》："暴漫无亲曰厉。"

【简评】

子夏述取信于人的重要性。

19.11 子夏曰："大德不踰闲，小德出入可也。"

子夏说："大的道德原则不可越过，小的道德细节有些出入是可以的。"

【注释】

大德：大的道德原则。一般指涉及广大价值的道德规范。

踰闲：踰，越过。《说文解字》："踰，越也。"闲，本义栅栏，引申为界限。

【简评】

《韩诗外传》卷二记本句为孔子之言："孔子遭齐程本子于郯（tán）之郊，倾盖而语终日。有间，顾子路曰：'由，来！取束帛十匹以赠先生。'子路不对。有间，又顾曰：'取束帛十匹以赠先生！'子路率尔而对曰：'昔者，由也闻之于夫子：士不中道相见，女无媒而嫁者，君子不行也。'孔子曰：'夫《诗》不云乎：野有蔓草，零露浤（tuán，盛多）兮。有美一人，清扬婉兮。邂逅相遇，适我愿兮。且夫齐程本子，天下之贤士也，吾于是而不赠，终身不之见也。大德不逾闲，小德出入可也。'"

《晏子春秋·杂上》有晏婴对孔子曰："吾闻大者不踰闲，小者出入可也。"可见，这句话可能也是春秋时成语，并非由孔子或子夏发明。从《韩诗外传》来看，孔子与齐程本子半路相遇，无人引荐却错车交盖相谈长久，且还要以束帛相送，子路以为不合礼故而不悦。孔子却认为此时需要权变：若守礼，不相谈于路，赠之以束帛，可能此后终身不复再见，则要"可以言而不与之言，失人"，故出入小节而得与贤者相交，中庸之道也。

可知，"大德不逾闲，小德出入可也"这一命题并非普遍成立，而须在道德两难条件下权衡出入方可。

19.12　子游曰："子夏之门人小子当洒扫、
子游说："子夏让未成年的门人做些洒水扫尘、应接对答、

应对、进退，则可矣，抑末也。本之则无。如
前进退下的礼仪，虽然也行，但终是一些细枝末节。学问的根本没有学

之何？"子夏闻之曰："噫！言游过矣！君子之
到，这怎么可以呢？"子夏听到这话后说："唉！言游错了啊！培养君子的

道，孰先传焉？孰后倦焉？譬诸草木，区以别
方法，哪些要先传授？哪些要后传授？这就好比存储草木，是需要分类放

矣。君子之道，焉可诬也？有始有卒者，其惟
置的。对于培养君子的方法，怎么可以自以为是呢？能兼备根本与枝叶

圣人乎！"
的，只有圣人吧！"

【注释】

子夏之门人，小子当洒扫、应对、进退：当，当作。小子，年幼者。旧注多将"门人小子"断为一句，对此程树德《论语集释》按："古人无此累坠重复文法，仍以属下读为是。"可从。意为：子夏的门人被当作年幼者做着洒扫、应对、进退这些事。亦可读为：子夏之门人小子当洒扫、应对、进退。门人小子，即小子门人，未

成年的门人。当,担任,《玉篇》:"当,任也。"

则可矣,抑末也:虽然也行,却未免细枝末节了。

倦:通"传"。旧注多以"倦"为本字,释读曲折难解。训"倦"为"传",文通理顺。

譬诸草木,区以别矣:比如对于草木,要分类收藏。意为君子之道的传授,要因材施教,不可固执一法。区,收藏、放置。

君子之道,焉可诬也:程树德《论语集释》考异:《汉书·薛宣传》引作:"君子之道,焉可怃也。"又云:"《论语竢质》则谓'怃'当作'憮(hū)'。"《尔雅·释言二》:"憮,傲也。"傲慢故自以为是。可知本句意为:对君子之道,怎么可以自以为是呢?言子游对君子之道的传授,不明因材施教,却自以为是。旧注多以"诬""怃"为本字,难免晦涩。

有始有卒:始,即子游所谓"本",《国语·晋语二》"大坚树在始",韦昭注:"始,根本也。"卒,即子游所谓"末"。有始有卒,意为本末兼备。

【简评】

本章述子游与子夏对于教育的不同见解。子游轻视基础礼仪,而子夏则认为应该因材施教,不可一概而论,并且认为能够本末兼备者,才是圣人。

19.13　子夏曰:"仕而优则学,学而优则仕。"

　　子夏说:"为官有余力就学习文化,学习文化有余力就去为官。"

【注释】

优:多、余,这里指有多余的精力或时间。

【简评】

皇侃疏:"若仕官治官,官法而已。力有优余,则更可研学先王典训也。""学既无当于立官,立官不得不治,故学业优足则必进仕也。"

19.14　子游曰:"丧致乎哀而止。"

子游说:"在丧礼中表达出悲哀就可以了。"

【注释】

致:达到。

【简评】

子游述"哀而不伤"之义。

19.15　子游曰:"吾友张也为难能也,然而未仁。"

子游说:"我与子张都有对方难以做到的才能,然而我却没有他那样的仁德。"

【注释】

友:旧注多训"友"为名词"朋友",而程树德《论语集释》据王闿运《论语训》按:"此友字系动词,言我所以交子张之故,因其才难能可贵,己虽有其才,然未及其仁也。"其说有理。今按:《释名·释言语》:"友,有也,相保有也。"《荀子·大略》:"友者,所以相有也。"可知"友"可训为"相互所有"。

末仁:即吾未友张仁,"吾"领有前后两句,"友张"承前省。

【简评】

　　本章旧注多训"未仁"为"未达到仁义"，则贬抑子张德行过甚，更与史据不合。《大戴礼记·卫将军文子》："业功不伐，贵位不善，不侮可侮，不佚可佚，不敖无告，是颛孙之行也。孔子言之曰：'其不伐则犹可能也，其不弊百姓者则仁也。《诗》云：恺悌君子，民之父母。'夫子以其仁为大也。"可见，孔子犹赞子张之仁大，怎可谓其不仁？故知，子游本义是自己未达到子张之仁。

　　19.16　曾子曰："堂堂乎张也，难与并为仁矣。"
　　曾子说："子张仪容端庄，我的仁德还难与他相比啊。"

【注释】

　　堂堂：仪表端庄的样子。

　　难与并为仁：即为仁难与之并。本句主语自古解读为二：其一为子张，云子张空有仪表，其德行却难以与仁义相并；其二为曾子，云曾子自觉仁义难与子张相并。据上章，以后者义胜。

【简评】

　　孔子曰："质胜文则野，文胜质则史。文质彬彬，然后君子。"又说："君子义以为质，礼以行之。"子贡也说："文犹质也，质犹文也。"可知，儒家义理所谓仁义，并非只有质没有文，而是文质皆备。故曾子所言甚明：在仁义的仪容方面，自己不如子张。旧注云子张只注重仪容，而忽略仁义本身，实在不知所本。

　　19.17　曾子曰："吾闻诸夫子：人未有自致者也，
　　曾子说："我听先师说过：人没有自动竭尽全力的，如果有的
必也亲丧乎！"
话，那必定是在父母的丧事中啊！"

【注释】

人未有自致者也，必也亲丧乎：句中省略"若有"。亲，父母。

【简评】

皇侃疏："人子为孝，皆以爱敬而为体，而孟庄子为孝非唯爱敬，爱敬之外别又有事，故云其他可能也。""此是其他可能之事也。时人有丧，三年之内，皆改易其父平生时臣及政事。而庄子居丧，父臣父政虽有不善者，而庄子犹不忍改之，能如此者，所以是难也。"其说有理。

19.18　曾子曰："吾闻诸夫子：孟庄子之孝也，
　　　　曾子说："我从先师那里听说：孟庄子的孝道，其他言行都是别人
其他可能也，其不改父之臣与父之政，是难能也。"
能做到的，而他不更换父亲所用的臣下，以及父亲的政策，都是别人难以做到的。"

【注释】

孟庄子：名远，鲁国大夫。其父为鲁国大夫孟献子，死于鲁襄公十九年。孟庄子在四年内没有更化其父所用之臣，也未改变其父之政策。

【简评】

参见本书4.20，孝道包含了对历史的尊重与其合理性的承认。

19.19　孟氏使阳肤为士师，问于曾子。曾子曰：
　　　　孟氏让阳肤作典狱官，阳肤向曾子请教。曾子说："执政者为
　　　　　　　　　sǎn　　　　　　　　　　　　　　　　　　　　　　lián
"上失其道，民散久矣。如得其情，则哀矜而
法不尊，所以民众也随之放纵很久了。如果你审出民众犯法的实情，要哀怜他
勿喜。"
们而不要沾沾自喜。"

【注释】

孟氏：鲁国下卿。

阳肤：曾子弟子。

民散：民，民众。散，放纵，不检点约束。《礼记·乐记》"马散之华山之阳"，郑玄注："散，犹放。"《荀子·修身》"庸众驽散"，杨倞注："散，不拘检者。"

矜：通怜。

【简评】

曾子有病，孟敬子曾与探望(8.3)，这里又任命曾子学生为士师，可见孟氏与曾子交好。本章记阳肤问曾子士师之道，曾子回答是统治者自身不正，而失教化之责，故要予民众以同情。马融注："民之离散，为轻漂犯法，乃上之所为，非民之过。"

19.20　子贡曰："纣之不善，不如是之甚也。是

子贡说："殷纣王的不好，并没有传说的那么过分。所以君子

wù

以君子恶居下流，天下之恶皆归焉。"

厌恶处在下流的位置，因为天下所有的坏事都会归到那里。"

【简评】

本章涉及如何读史。子贡与孟子都对史书表示怀疑，但所持根据却截然不同。

子贡所言颇得孔子之传，读史能实事求是，在传说中梳理真相，难能可贵。相似说法亦见于《列子·杨朱》："天下之美归之舜禹周孔，天下之恶归之桀纣。"《吕氏春秋·用众》也说："虽桀纣犹有可畏可取者，而况于贤者乎！"

孟子同样认为："尽信《书》，不如无《书》。"但不信之处与

子贡正相反："吾于武成，取二三策而已矣。仁人无敌于天下，以至仁伐至不仁，而何其血之流杵也。"（《孟子·尽心下》）孟子认为周武王以仁义之师讨伐殷纣暴虐之徒，天下人会箪食壶浆以迎王师，怎么可以战至"血之流杵"？故臆断为不可信。

19.21　子贡曰："君子之过也，如日月之食焉！

子贡说："君子的过错，好比日食或月食啊！有了污点，每个

过也，人皆见之；更也，人皆仰之。"

人都能看见；改正后，每个人都会仰慕。"

【注释】

日月之食：日食和月食。

【简评】

君子譬如白璧，自身过错很少，一旦有了就会明显，而一旦改正了，也会很明显。

19.22　卫公孙朝问于子贡曰："仲尼焉学？"子

卫国的公孙朝向子贡询问："仲尼从什么地方学的知识呢？"

贡曰："文武之道，未坠于地，在人。贤者识其大

子贡说："周文王与周武王的文化，还没有毁灭，承载在人的身上。贤能的人

者，不贤者识其小者，莫不有文武之道焉。夫子焉

记得他们的大道，不贤的人记得他们的小道，他们无不保有周文王和周武王

不学？而亦何常师之有？"

的文化。先生跟什么人不能学？又何必要有固定的老师呢？"

【注释】

卫公孙朝：卫国的公孙朝。

焉：从何。《汉书·公孙弘卜式兒宽传》"焉能致此位乎"，颜师古注："焉，于何也。"

文武：即周文王与周武王。

【简评】

本章子贡言孔子学无常师而至于博大。孔子自言其少小贫贱，故多学于人，以至三人行必有我师。据《史记·仲尼弟子列传》所记，"孔子之所严事：于周则老子；于卫，蘧伯玉；于齐，晏平仲；于楚，老莱子；于郑，子产；于鲁，孟公绰。数称臧文仲、柳下惠、铜鞮(dī)伯华、介山子然，孔子皆后之，不并世。"《孔子家语》还记他曾问礼于郯(tán)子，学乐于苌(cháng)弘，学琴于师襄子等。

19.23　叔孙武叔语大夫于朝，曰："子贡贤于仲
叔孙武叔在朝廷中对大夫们说："子贡比仲尼还要贤能。"子
尼。"子服景伯以告子贡。子贡曰："譬之宫墙，赐
服景伯把这话告诉了子贡。子贡说："比如宫墙，我的墙仅有齐肩之高，所以
之墙也及肩，窥见室家之好。夫子之墙数仞，不得
能从上面看到屋内摆设的好处。我先生的墙高好几仞，人们如果没有找到门进
其门而入，不见宗庙之美，百官之富。得其门者或
去，就看不见里面宗庙的壮美，房舍的众多。但是能找到门的可能太少了。叔
寡矣。夫子之云，不亦宜乎！"
孙先生的说法，不是也恰当吗！"

【注释】

叔孙武叔：叔孙仇，谥号"武"。鲁国大夫。

子服景伯：鲁国大夫。

仞：周制以八尺为一仞。

官：乃"馆"之古字，房舍。

富：本义为财产众多，后凡众多皆可引申作"富"。这里训"众多"。

【简评】

在鲁国"三桓"之中，孟孙氏与孔子最为交好，季孙氏虽与之政见不合，却也能以礼相待，唯独叔孙氏与孔子交恶，史籍不载其故，不知所以。本章记叔孙家武叔诋毁孔子，子贡为乃师挺身而辩，捍卫了孔子荣誉。

19.24　叔孙武叔毁仲尼。子贡曰："无以为也，
叔孙武叔诋毁仲尼。子贡说："没有用啊，仲尼是诋毁不了的。

仲尼不可毁也。他人之贤者，丘陵也，犹可逾也；
其他人的贤能就好像丘陵，还可以翻越；仲尼的贤能就好像日月，找不到途径

仲尼，日月也，无得而逾焉。人虽欲自绝，其何伤
可以翻越。一个人想要自绝于日月，这对日月又有什么损伤呢？只能更多显示

于日月乎？多见 xiàn 其不知量也！"
他的不自量力罢了。"

【注释】

自绝：即自绝于日月。

见：通现。

【简评】

同上章，略。

19.25　陈子禽谓子贡曰："子为恭也，仲尼岂贤
陈子禽对子贡说："您是对老师表示尊敬，仲尼怎么会比您更

于子乎？"子贡曰："君子一言以为知^{zhì}，一言以为不
贤能？"子贡说："君子一席话既可以显示聪明，也可以显示不聪明，所以说话

知，言不可不慎也。夫子之不可及也，犹天之不可
不能不谨慎啊。我先生的不可企及，就犹如上天没有阶梯可以攀登一样。我先

阶而升也。夫子之得邦家者，所谓立之斯立，道^{dǎo}之
生如果能成为诸侯或卿大夫，那么他所说要树立的就会树立，所要引导的就会

斯行，绥之斯来，动之斯和。其生也荣，其死也哀，
通行，所要招抚的就会前来投奔，所要感化的就会和谐。他活着的时候光荣，

如之何其可及也。"
死的时候让人哀痛，他人怎么能够企及呢？"

【注释】

　　陈子禽：或为孔子弟子，但《史记·仲尼弟子列传》不载，故有说此陈子禽乃与陈亢同名而异人。

　　为恭：即子以孔子为恭。意为：对孔子表示尊敬。

　　之得邦家：之，假设连词，若。得邦家，孔安国注："谓为诸侯及卿大夫。"

　　立之斯立，道之斯行，绥之斯来，动之斯和：孔安国注："言孔子为政，其立教则无不立，道之则莫不兴行，安之则远者来至，动之则莫不和睦，故能生则荣显，死则哀痛。"立，立教。道，通导。绥，安。动，感化。

【简评】

　　有人认为陈子禽以孔子不若子贡贤德，故其当不是孔子弟子。其说不为无理。然则还有一种可能性，即陈子禽此番与子贡论孔子，或在其师从孔子之前，故不了解孔子之博大也在情理之中。

尧曰篇第二十

20.1 尧曰："咨！尔舜！天之历数在尔躬。
尧说："啧！舜啊！天命运数已经在你自身了。诚信执行中道，

允执其中。四海困穷，天禄永终。"舜亦以命
直到四海的终极，上天赐予的禄位长及终生。"舜也用这些话教导禹。商汤说：

禹。曰："予小子履，敢用玄牡，敢昭告于皇
"我小子履，冒昧用黑色公牛作为祭品，谦卑地向伟大光明的上帝报告：您认

皇后帝：有罪不敢赦。帝臣不蔽，简在帝心。
为有罪的我不敢赦免。上帝啊！您的臣仆们都无可遮掩，一切都在您的心里明

朕躬有罪，无以万方；万方有罪，罪在朕躬。"
鉴。如果我有罪过，您不要因此降罪万方；如果万方百姓有罪，责任在我一个

周有大赉，善人是富。"虽有周亲，不如仁
人身上。"周受上天大赐，所以善人众多。"即使是周族的亲戚，也比不上仁德

人。百姓有过，在予一人。"谨权量，审法度，
之人。百姓若有过错，错在我一个人之身。"谨慎订立度量衡，审明法度，修

修废官，四方之政行焉。兴灭国，继绝世，举
复官职的效能，政令就可以通达四方了。复立无罪被灭亡的诸侯，接续未能世

逸民，天下之民归心焉。所重：民、食、丧、
袭的贵族，举用隐逸的贤人，天下的民众就会归心于国家。国家要重视的是：

祭。宽则得众，信则民任焉，敏则有功，公
民众、粮食、丧礼、祭祀。宽厚就能得到众人拥护，诚信就能得到民众信任，

则说。
勤勉就会做出成果，公正就会使民众高兴。

【注释】

咨：相当于"啧"，大声赞叹。

天之历数在尔躬：语出《尚书·大禹谟》："予懋乃德，嘉乃丕绩，天之历数在汝躬，汝终陟元后。"天之历数：在天则是日月星辰运行的轨道、次序、周期，以及与之相应的四时推移，二十四节气的迭代，在人则通过天地的观察总结其运行规律，制成历法，以安排百事，推算气数运命。《尚书·洪范》"五曰历数"，孔颖达疏："算日月行道所历，计气朔早晚之数，所以为一岁之历。"句意为：天命运数已经在你自身了。

允执其中：《说文解字》："允，信也。"《尔雅·释诂》："允，诚也。"句意为：诚信执行中道。旧注有谓"允"为"公允"，非是。公允乃后来引申义，似未见于先秦文献。中道乃天道，既已受天命，则应完成替天行道之使命，故曰诚信执行中道。

四海困穷：困，这里不取"贫困"义。《国语·越语》下："日困而还。"困训尽。《广雅·释诂一》："困，极也。"又"终，极也。"《广雅·释诂四》："困，穷也。"《说文解字》："穷，极也。"可见，"困穷"是同义叠用，与"终极"等义。四海困穷，即四海的终极、四海的尽头。四海，古人谓九州四周环海，代指整个天下。又《尔雅·释地》："东至于泰远，西至于邠国，南至于濮铅，北至于祝栗，谓之四极。觚竹、北户、西王母、日下，谓之四荒。九夷、八狄、七戎、六蛮，谓之四海。"

天禄永终：天禄，上天所赐的禄位。永，长。终，这里指终生。以上三句的意思是：诚实执行中道，直至四海尽头，上天赐予的禄位就会长及终生。

舜亦以命禹：舜也用这些话教导禹。

予小子履，敢用玄牡，敢昭告于皇皇后帝：皇皇，即晃晃，光明盛大普照之貌。后，君。帝，上帝。句意为：我小子履，冒昧用黑色的公牛作为祭品，谦卑向伟大光明的上帝报告。孔安国注：

"履，殷汤名。此伐桀告天文。殷家尚白，未变夏礼，故用玄牡。"

有罪不敢赦：有罪之人我不敢赦免。天子乃替天行道，天降其罪，天子必代而伐之，而不敢擅自赦免。左传、国语中仍有此观念。包咸注："顺天奉法，有罪者不敢擅赦。"

帝臣不蔽，简在帝心：帝臣，上帝的臣子。不蔽，不可遮蔽。简，通监，《说文》："监，临下也。"徐锴《说文解字系传》："安居以临下，监之也。"《尔雅·释诂》："监，视也。"可见，监本义为安居在上，向下察看。句意为：上帝的臣子们是无可遮蔽的，因为一切都在上帝的心里监察着。

朕躬有罪，无以万方：省略句，无以万方，即无以罪万方。如果我有罪过，不要因此降罪万方。

万方有罪，罪在朕躬：如果万方有了罪过，那都是我的罪过。谓天子政教失修，以致百姓失措。

周有大赉，善人是富：定州简本《论语》作："周有泰来，"泰、大相通，赉、来相假。《说文解字》："赉，赐也。"这里指天赐。富，本义财产多，引申为众多。句意为：周受上天大赐，所以善人众多。

虽有周亲，不如仁人：孔安国注："亲而不贤不忠则诛之，管蔡是也。仁人谓箕子、微子，来则用之。"

谨权量，审法度，修废官：邢昺《论语注疏》："权，秤也。量，斗斛也。谨饬之使钧平。法度，谓车服旌旂之礼仪也。审察之，使贵贱有别，无僭逼也。官有废阙，复修治之，使无旷也。如此，则四方之政化兴行焉。"可从。

兴灭国，继绝世，举逸民：兴，复立。灭国，被灭的诸侯。绝世，封有采邑的贵族被杀，或因罪被罢黜，选其子孙中有贤德者守其采邑，建立祠堂祭祀始封之人，叫作继绝世。逸民，隐居的贤人。句意：复立无罪被灭亡的诸侯，接续不能世袭的贵族，举用隐逸的贤人。

【简评】

本章估计是书摘，不知谁为，却阐明了儒家的天命、天道与政道的关系。

尧之语舜"天之历数在尔躬"，以示天授君权。天子既受天之命，则有永远虔诚执行天道于天下的责任。商汤祷上帝之文，则显示上帝全知全能，人间一切都不能逃脱他的监察；天子既然受命治理万方，则对万方负有教化之责。

天道历数所示天地万物各有分量，故"谨权量，审法度，修废官"形成制度。天有好生之德，故"兴灭国，继绝世，举逸民"。厚德载物，故宽以得众；天行健，君子以自强不息，故敏则有功；皇天无亲，万物皆被其泽，是为至公。

参见前言"天人之道"。

20.2 子张问于孔子曰："何如斯可以从政矣？"

子张向孔子请教说："怎样才可以从政？"孔子说："尊崇五种

子曰："尊五美，屏四恶，斯可以从政矣。"子张

美德，摒弃四种邪恶，就可以从政了。"子张说："什么叫作五种美德？"孔子

曰："何谓五美？"子曰："君子惠而不费，劳而不

说："君子给予民众好处却不耗费财物，劳役民众却不被怨恨，有欲求却不贪

怨，欲而不贪，泰而不骄，威而不猛。"子张曰：

婪，宏大却不傲慢，威严却不刚猛。"子张问："什么叫给予民众好处却不耗

"何谓惠而不费？"子曰："因民之所利而利之，斯

费财物？"孔子说："顺着民众所能获利的方面给予有利的政策引导，这不就是

不亦惠而不费乎？择可劳而劳之，又谁怨？欲仁而

给予民众好处却不耗费财物么？选择适合劳作的时机来使民众劳作，谁又会怨

得仁，又焉贪？君子无众寡，无小大，无敢慢，斯

恨呢？追求仁义从而得到仁义，又从哪里去贪婪呢？君子不论面对的是大族还

不亦泰而不骄乎？君子正其衣冠，尊其瞻视，俨然

是小户、庶民还是贵族，都不敢傲慢，这不就是宏大而不傲慢吗？君子使自己

人望而畏之，斯不亦威而不猛乎？"子张曰："何

<small>的衣冠端正，目光居高临下而有敬意，仪态严肃使人看到就生敬畏，这不就是</small>

谓四恶？"子曰："不教而杀谓之虐；不戒视成谓

<small>威严却不刚猛吗？"子张又问："什么叫作四种邪恶？"孔子说："不先教化就</small>

之暴；慢令致期谓之贼；犹之与人也，出纳之吝，

<small>就行杀戮叫作虐待；不事先告诫而看着犯罪形成再行惩罚叫作残暴；下令缓慢</small>

谓之有司。"

<small>致使人超过规定的期限叫作陷害；意图施惠于人，却又出手吝啬，就叫有司。"</small>

【注释】

惠：使人得到好处、利益。

劳：使人出力，役使。

泰：通太。《说文解字》："泰，滑也。"《广雅·释诂》："泰，通也。"本义为非常通达。

猛：凶恶。《玉篇》："猛，恶也。"

因民之所利而利之：皇侃疏："谓民水居者利在鱼盐蜃蛤，山居者利于果实材木，明君为政，即而安之，不使水者居山，渚者居中原，是因民所利而利之，而于君无所损费也。"因，随顺、缘由；《吕氏春秋·君守》"何因哉"，高诱注："因，犹顺也。"《玉篇》："因，缘也。"

众寡：众，指人口多。寡，指人口少。这里借指家族的大小。

小大：小，即小人，本指庶民。大，大人，本指贵族。

尊其瞻视：尊，敬意，《广雅·释诂一》："尊，敬也。"瞻，从上向下看，《说文解字》："瞻，临视也。"又《说文解字》："视，瞻也。"则视即瞻。瞻视，同义复词，即目光居高临下的样子。

不戒视成：不戒，不事先告诫。视成，眼看犯罪而不干涉，坐等犯罪形成，然后再加以惩罚。

慢令致期谓之贼：慢令，本该早下的命令，却延误耽搁。致，招致；期，期限，引申为到期。贼，《玉篇》："贼，伤害人也。"句意为：下令缓慢招致到期的叫害人。

犹：意图、谋划，《礼记·儒行》"犹将不忘百姓之病也"，郑玄注："犹，图也。"《诗经·大雅·文王》"厥犹翼翼"，郑玄注："犹，谋也。"旧注皆训"犹"为"如"，遂不能使句义得通。

与人：施惠于人。

出纳：偏义复词，只取出义。

有司：官吏任职，职有专司，司之俞专，官职越小，这里当指专职小吏。

【简评】

本章孔子述"五美"之道：治国经济之道为"惠而不费"，具体做法是"因民之所利而利之"；使民之道为"劳而不怨"，具体做法是"择可劳而劳之"；待人之道为"泰而不骄"，具体做法是"无众寡，无小大，无敢慢"；仪容之道为"威而不猛"，具体做法是"正其衣冠，尊其瞻视，使人望之俨然"。又述"不教而杀""不戒视成""慢令致期""犹之与人也，出纳之吝"等所谓"四恶"教人戒之。

其中，"犹之与人也，出纳之吝，谓之有司"古注较为费解，今按：此句孔子当是区别为政者与小吏之不同：小吏权责专小，只能严格遵令依法而出，而为政者博大，既然要施惠于人，就须使民众得到实惠，而非宣布惠民，却又吝啬财物，此所谓"口惠而实不至"，诚属于欺民也。

20.3 子曰："不知命，无以为君子也。不知礼，
孔子说："不知道天命，就不能根据它来成为君子。不知道礼
无以立也。不知言，无以知人也。"
仪，就不能凭借它在世上立足。不知道语言，就不能通过它来了解别人。"

【注释】

命：天命。

无以为君子：即无以命为君子，"命"承前省。以下"无以"句型皆同。以，缘由、根据；《战国策·燕策二》"以女自信可也"，鲍彪注："以，由也。"为，成为、成就；《国语·晋语四》"黍不为黍"，韦昭注："为，成也。"《广雅·释诂三》："为，成也。"

【简评】

天命使万物各有其分，君子则之以礼义为上；天命又有常异之变，则生穷通夭寿之理，不明此理则不能贫而无怨、富而不骄，故不能为君子。礼者，社交之规范，不知礼，则手足不知所措。言者，或正或反，皆人之心声，不知言故不辨别人心。

主要参考书目

郑玄《论语注》,《十三经古注》本,中华书局 2014 年版

何晏《论语集解》,《汉魏古注十三经》本,中华书局 1998 年版

皇侃《论语集解义疏》,商务印书馆 1937 年版

邢昺《论语注疏》,《十三经注疏》本,1980 年版

朱熹《四书章句集注》,新编诸子集成本,中华书局 1983 年版

刘宝楠《论语正义》,中华书局 1990 年版

杨树达《论语疏证》,上海古籍出版社 2013 年版

杨伯峻《论语译注》,中华书局 1980 年版

钱穆《论语新解》,生活·读书·新知三联书店 2012 年版

程树德《论语集释》,中华书局 1990 年版

孙钦善《论语本解》,生活·读书·新知三联书店 2009 年版

杨逢彬《论语新注新译》,北京大学出版社 2016 年版

高尚榘主编《论语歧解辑录》,中华书局 2011 年版

郭沂校注《孔子集语校注》,中华书局 2017 年版

钱锺书《管锥编》,中华书局 1979 年版